宽严相济刑事政策
研究与适用

侯宏林　著

KUANYAN XIANGJI XINGSHIZHENGCE
YANJIU YU SHIYONG

法律出版社 LAW PRESS · CHINA

图书在版编目(CIP)数据

宽严相济刑事政策研究与适用 / 侯宏林著. -- 北京：法律出版社, 2021

ISBN 978 - 7 - 5197 - 5419 - 8

Ⅰ. ①宽… Ⅱ. ①侯… Ⅲ. ①刑事政策－研究－中国 Ⅳ. ①D924.04

中国版本图书馆 CIP 数据核字(2021)第 041358 号

宽严相济刑事政策研究与适用
KUAN YAN XIANG JI XINGSHI ZHENGCE YANJIU YU SHIYONG

侯宏林 著

策划编辑 赵明霞 田 浩
责任编辑 赵明霞 田 浩
装帧设计 汪奇峰

出版发行 法律出版社
编辑统筹 法商出版分社
责任校对 王晓萍
责任印制 胡晓雅
经　　销 新华书店

开本 710 毫米×1000 毫米 1/16
印张 23.75 **字数** 398 千
版本 2021 年 7 月第 1 版
印次 2021 年 7 月第 1 次印刷
印刷 三河市龙大印装有限公司

地址:北京市丰台区莲花池西里 7 号(100073)
网址:www.lawpress.com.cn
投稿邮箱:info@lawpress.com.cn
举报盗版邮箱:jbwq@lawpress.com.cn
销售电话:010 - 83938349
客服电话:010 - 83938350
咨询电话:010 - 63939796

书号:ISBN 978 - 7 - 5197 - 5419 - 8
定价:96.00 元

凡购买本社图书,如有印装错误,我社负责退换。电话:010 - 83938349

自　序

写作是个苦差事，加之自己内心更倾向做一些实践的事情，所以我向来很少写东西。偶尔有一点智慧的灵光，翻开前人的书一看，早都写得明明白白了，哪还需要自己再说什么。当然要说是懒散也可以，不过从多年来在最高人民法院多次荣获嘉奖、办案标兵等荣誉称号看，应该说工作还是挺努力的。

但有些事终究是躲不过。在经多年调研后参与起草的最高人民法院《关于贯彻宽严相济刑事政策的若干意见》于2010年2月出台后，我终于可以放松心情，全身心地投入办案实践中了。但在办案工作和之后的零星调研中，我却意外地发现，实践中仍然存在对宽严相济刑事政策的模糊认识，日积月累，发现这并不是个别现象。由此引发了我极大的感慨。基于自己曾接受长达十年系统的法学教育，多次参与全国性的审判调研，长期在刑事审判一线办案，我认为自己有责任将多年来通过学习、调研和办案所积累的对宽严相济刑事政策的认识写出来，为大家理解宽严相济刑事政策提供一点帮助。如果畏于写作的艰难，耽于日常性工作的自我满足，我感觉良心难安。这种强烈的感觉时时催压着我，使我无法再懒散下去。之后便利用业余时间准备，2012年左右开始写作，其间几经搁置，数度几欲放弃，最终在2020年完成任务。

记得在博士学习期间，有同学在闲聊中谈起，有意对中国近代租界土地制度进行研究，但之前了解不多，心里没底，就征询导师意见，导师鼓励说，认真研究3个月，你就是这个领域的专家。而在我自己，则实在缺乏这样的智慧。我从2001年开始攻读博士学位，专注于刑事政策研究，2004年以《刑事政策的价值分析》论文获得博士学位，2005年将博士论文修改后出版同名学术专著，2006 年 7 月开始到最高人民法院，先后参与多项关于宽严相济刑事政策的专题调研，并参与起草最高人民法院《关于贯彻宽严相济刑事政策的若干意见》，直到 2010 年文件出台，其间对刑事政策的学习、研究经历了十个年头。之后，全身心投入刑事审判实践，尤其是死刑案件复核工作，倾力将宽严相济刑事政策贯彻到审判实务中，到如今 2020 年，又已十年。研学十年，殚精竭虑，思维唯恐不周。实践十年，临渊履薄，行事唯恐不慎。从而立到天命，人生能有几个二十年。即便如此，个人的认知还是非常有限。与前辈、同事深厚的经验智慧相比，自己的片羽灵思恰如日下烛光，而研读前人广博精微的论著，更深感自己的粗陋与浅薄。但内心压力催迫使然，惟有勉强成书，希望能有人从中得到点滴启发。人生百年一瞬，世间万事浮云。俯仰但求无愧天地，褒贬由来自在春秋。斯篇之作，为无为，何有于我哉。

侯宏林

二〇二〇年九月于北京

前　言

宽严相济刑事政策是我国的基本刑事政策，其传承自惩办与宽大相结合政策，原发于中国数千年的社会生活本身，内在地包含着中国传统文化的中庸思想和理性精神。21 世纪以来，随着中央提出宽严相济刑事政策，宽严相济刑事政策研究渐成显学，学术文章、论著不断涌现。但总体而言，现有的研究还是偏重于理论，对实务的分析相对较少。而在实践中，仍然存在一些对宽严相济刑事政策的模糊认识。这些都在一定程度上影响了宽严相济刑事政策效用的充分发挥。在建设社会主义法治中国的时代背景下，有必要对宽严相济刑事政策开展进一步深入的研究。

本书分为三章十四节，对于宽严相济刑事政策从历史、理论和实务三个维度进行了全方位的深入研究。

第一章“宽严相济刑事政策的历史沿革”，是对政策历史渊源和发展沿革的回溯与发掘。第一章第一节“宽严相济刑事政策的历史渊源”，对中国古代的惟刑之恤、明刑弼教、宥过刑故、罪疑惟轻、刚柔相济、明德慎罚、列用中罚、世轻世重、德主刑辅、宽猛相济等 10 种宽严相济政策思想进行了阐述，这些思想共同构成宽严相济刑事政策的历史渊源。

第一章第二节“宽严相济刑事政策的发展沿革”。新民主主义革命以后，宽严相济政策经历了一个从作为政治斗争策略的镇压和宽大两个政策、镇压与宽大相结合政策，到作为刑事政策的惩办与宽大相结合政策的历史演进过程。21 世纪以来，宽严相济刑事政策从提出到完善，在实践中逐渐得到全面贯彻。

第二章“宽严相济刑事政策的理论研究”，是对政策基本内容和精神实质的阐述与揭示。第二章第一节“宽严相济刑事政策的基本内容”。政策的基本内涵可概括为宽严并用、宽严有度、宽严互补、宽严顺势四点。政策内容方面，选择理论和实践中关注较多的三项政策内容进行了论述。关于严打政策，强调严打只是宽严相济刑事政策的一个方面，严打必须依法进行，突出重点，确保案件质量。关于因民间矛盾激化引发的犯罪酌予从宽处罚政策，指出刑事政策意义上的民间矛盾有其特定的含义，其特征不仅在于对象相对特定、日常多有发生，而且包括较容易取得公众理解、社会容忍度较高。民间矛盾主要包括婚姻家庭矛盾等 6 种，在个案处理中要特别注意矛盾的起因性质等 13 个重要因素。关于死刑政策，对于“保留死刑，严格控制和慎重适用死刑”政策作了全面分析，尤其强调对死刑个案在具体事实认定、证据审查和法律适用、政策把握上的极其慎重态度。

第二章第二节“宽严相济刑事政策的精神实质”。政策的精神实质，并非简单的“区别对待”，而是“刑罚理性”，即刑罚应该是理性的、科学的、正当的、恰如其分的，是它应该是的那个样子。在中国传统文化的语境中，理性精神与中庸思想相契合，刑罚理性也就是刑罚中庸，或称刑罚中用。刑罚理性要求刑罚适用必须兼顾天理、国法、人情。天理、国法、人情之间犹如“一箭双雕式”的关系，惟有以国法为“抓手”，方能充分地兼顾天理、人情，从而将政策要求落到实处。

第三章“宽严相济刑事政策在死刑复核案件中的适用”，是对政策在死刑复核案件中适用的实务分析。以 10 个具有代表性的死刑复核案例为出发点，分别对政策在死刑复核案件中适用的 10 个重要问题进行了深入的剖析。

第一节“严格控制死刑的适用”以被告人吴某甲故意杀人死刑复核案为例，对于刑事案件误判问题，从危害、原因和预防三个方面进行了全面的分析。对于死刑案件误判的预防，不仅要在实体上始终坚持最高的证明标准，而且要在程序上坚持最严格的规范要求。

第二节“推断明知毒品案件中的死刑适用”以被告人李某甲运输毒品死刑复核案为例，分析了被告人对毒品不同明知的情况下死刑的适用原则。在区分主要依靠直接证据认定的确实明知和主要依靠间接证据形成锁链认定的推断明知的基础上，对于推断明知根据其认知程度不同，分为确定明知、推定明知和推测明知三个层次，进而提出不同的死刑适用原则。

第三节“防卫的限度”以被告人屈某甲故意杀人死刑复核案为例，对于防卫限度进行了全面的研究，并借助对于防卫限度的分析，深入探讨了司法裁判背后潜在的思维逻辑，明确提出，事实、证据、法律、政策、权力意志、价值观念和文明发展是裁判背后的决定因素。这 7 个因素层层作用、反作用，共同形成裁判背后的逻辑体系，构成对裁判结果的逻辑支撑。对于司法裁判，必须借助对其背后逻辑体系的深入分析才能准确理解和把握。

第四节“死刑案件中的司法精神病鉴定”以被告人邓某甲故意杀人死刑复核案为例，研究了被告人的司法精神病鉴定问题。对于各界关注最多、争议最大、矛盾最为突出的司法精神病鉴定启动难问题，从完善司法精神病鉴定的启动机制、提高鉴定的科学性、消除法官对启动鉴定的顾虑三个方面进行了深入分析。在提高鉴定的科学性方面，提出确保鉴定启动和开展程序的公正性、提高鉴定意见内容的科学性、对精神病状况与刑事责任能力状况分层判断、对限制刑事责任能力分级评价等四点尤为重要。对于法官在鉴定启动方面存在的各种顾虑，应采取有针对性的措施给予有效化解。

第五节“贩卖毒品罪既遂的认定”以被告人王某戊、彭某乙贩卖、运输毒品死刑复核案为例，对于贩卖毒品罪既遂标准这个在理论和实践中都存在巨大争论的问题，进行了广泛而深入的研究。基于实践中毒品交付的 7 种方式和贩卖毒品行为的 39 个环节，提出以毒品交易进入“实质交付环节”为标准认定贩卖毒品罪的既遂较为妥当。实质交付以“三因聚齐”即卖家、买家与毒品三因素齐聚于同一时空为基本特征，但在不同的交付方式中具体表现又各有不同。在当面交付即送货上门或上门提货的情况下，只要“三因聚齐”，即可认定既遂。在隔空交付即约定点交付或代办托运的情况下，只要卖家将毒品在约定点放置好并告知买家或交付托运完毕，相当于“隔空抛物”，即可认定既遂。在拟制交付即简易交付、占有改定或指示交付的情况下，只要双方达成协议，即可认定既遂。

第六节“自首制度的价值分析与实践运用”以被告人苗某甲故意杀人死刑复核案为例，运用价值分析方法，对自首制度的本质、种类和作用进行了深入研究。自首制度具有强烈的功利色彩，其本质可归纳为以迁善去恶为追求的功利置换，是以交易性价值为基础并追求改进性价值的一种制度安排。从价值论的角度，自首可以分为兼具交易性功利价值和改进性功利价值的自首、仅具有交易性功利价值的自首和无价值自首三类。对于不同种类的自首，在量刑时应作不同的考量。对于无价值自首，特别是恶意自首的，不考虑因具有自首情节而从宽处罚。

第七节“运输毒品罪的死刑适用”以被告人谢某某运输毒品死刑复核案为例，

研究了运输毒品罪的死刑适用问题。从社会学的角度分析，运输毒品犯罪有其深刻的社会原因，判处死刑对于防控运输毒品犯罪只能起到有限的作用。在立法尚未对运输毒品罪废除死刑的情况下，可考虑通过出台司法解释等规范性文件和严格贯彻刑事政策的方式对运输毒品罪的死刑适用进行有效的控制。立足于审判实践，对运输毒品罪确定合理的死刑适用数量标准，既能统一司法尺度，避免司法的随意性，也能在一定程度上控制死刑的适用。

第八节“死刑复核案件中的附民调解工作”以被告人耿某甲故意杀人死刑复核案为例，对在死刑复核案件中如何开展好附民调解工作进行了研究。要在真正全面把握案情，准确找到双方纠结关键点的基础上，积极探索民调工作的方式方法，通过切实的努力，尽量促使双方达成谅解，实现案结事了的良好效果。

第九节“死刑复核案件中的刑事和解”以被告人王某辛故意杀人死刑复核案为例，研究了死刑复核案件中的刑事和解问题。要准确把握可以适用刑事和解的案件范围，并在实践中严格审查、认真适用，严格防止出现“花钱买刑”、“花钱买命”等扭曲司法公正的现象。

第十节“努力维护司法公正”以被告人李某申故意杀人死刑复核案为例，对于在死刑复核案件中如何维护司法公正进行了深入的探讨。刑事审判中的司法不公主要有实体不公正、程序不公正、办案效率低下等10种表现，对此均应坚决避免。维护司法公正是一个复杂的系统工程，需要从完备法律制度、配置合格人才等10个方面共同发力。司法公正的维护，终归要落实到具体的个案中。这需要司法人员的不懈努力。

目　　录

第一章

宽严相济刑事政策的历史沿革

人心惟危，道心惟微，
惟精惟一，允执厥中。
——《尚书·大禹谟》

第一章
宽严相济刑事政策的历史沿革

第一节 宽严相济刑事政策的历史渊源

在五千年的中华文明史中，法治思想浩如烟海。宽严相济的政策思想贯穿始终，就像一条红线，连接从上古到近代的历代王朝，并促成了成康之治、文景之治、贞观之治、康乾之治等系列盛世。

宽严相济的政策思想，在中国的法治思想史上有多种不同的表述，包括惟刑之恤、德主刑辅等，这些思想共同构成宽严相济刑事政策的历史渊源。择其要者，分述如下。①

一、惟刑之恤

惟刑之恤，语出《尚书·舜典》②，含义是：适用刑罚，要常怀忧虑之心。其

① 本书所列中国古代的宽严相济政策思想，文字表达各有不同，立足视角多有差异，内在含义自有侧重，但就根本思想上而言是基本一致的，既体现了中华法治文化的博大精深，也表明了宽严相济政策思想的源远流长。对于这些思想，本书主要依据语出的时间先后为序进行阐述。

② 《尚书》是我国最早的历史文献汇编，包括从上古的尧舜到春秋秦穆公时期的各种文献资料，相传为孔子编定，原为100篇。经秦焚书及秦末战乱，《尚书》毁损严重，流传下来的有两个残本，一为《今文尚书》，系根据西汉学者伏生口述整理所得，使用当时通行的隶书记录，共28篇；另一为《古文尚书》，系汉武帝末年在孔子故居墙壁中发现，使用先秦古文字书写，孔子后裔孔安国将其献于朝廷。经西晋永嘉之乱（311年），今文、古文《尚书》全部散失。东晋初年，豫章内史梅赜（zé）向朝廷献出《孔传古文尚书》共58篇，其中33篇与伏生《今文尚书》28篇内容相同，另外独有的25篇被后人称为“晚书”。唐初孔颖达以此为底本撰写《尚书正义》，作为官方定本，公开颁行，流传至今。宋代

重心在于刑罚适用要十分慎重，以避免刑罚适用不当，产生违背初衷的效果。①

尧帝传位于舜后，舜帝治理天下多有建树，四方平治，百姓咸服。制定刑法就是其主要功绩之一。《尚书·舜典》载："象以典刑，流宥五刑，鞭作官刑，扑作教刑，金作赎刑。眚灾肆赦，怙终贼刑。钦哉，钦哉，惟刑之恤哉！"②大意是③：用图像画出五种常刑④，刻画在器物之上，使民众广为知晓，不敢冒犯。对犯了重

学者吴棫质疑《孔传古文尚书》中"晚书"25篇的真实性，朱熹更称其为"假书"，疑为魏晋六朝人所写。之后疑古辨伪之风日盛，到今天大多数学者均认为"晚书"系伪书。但也有学者认为"晚书"是真古文献，如杨善群认为，将《古文尚书》认定为伪书是"疑古思潮在中国学术史上的长期泛滥而造成一系列冤假错案中的一个"。（参见杨善群：《中国学术史奇观——"伪古文〈尚书〉"真相》，上海人民出版社2019年版，"自序"，第2页。）还有学者提出，"晚书"25篇虽然不是真正的孔壁古文，但其内容并非完全凭空杜撰，而是魏晋时人根据流传于民间的多种《尚书》传本辑佚而成的，可看作《古文尚书》的西晋辑佚本，具有很高的史料价值。

《尚书·舜典》记载了舜帝的名字、品德、尧帝对他的考验、受禅的过程、即位后的种种建树等，是记载舜帝史实的重要简册。本篇《今文尚书》与《古文尚书》皆有，惟《古文尚书》中之《舜典》系从《今文尚书》中的《尧典》中析出。

① 对于"惟"字，根据我国历史上第一部词典、被列为儒家十三经之一的《尔雅》，有两种释义，其一为"谋"，宋邢昺（bǐng）疏释为谋议，并称："惟者，思谋也。"其二为"思"，邢昺疏释为思念，并引《方言》之语云："惟，凡思也。凡思之貌亦曰慎，或曰惄（nì）。"舍人曰："惄，志而不得之思也。"[参见（晋）郭璞注、（北宋）邢昺疏：《尔雅注疏》，上海古籍出版社2010年版，第20～21、51～52页。]《说文解字》释"惟"为"凡思也"，而"凡"是指"最括也"，因此"惟"也就是指最广泛的思考；《汉语大词典》释义有"思考、思念""为、是""只有、只是"等多种（参见罗竹风主编：《汉语大词典》（第七卷），汉语大词典出版社1991年版，第598～599页）；《古汉语常用字字典》中列举了"惟"的六种含义，第一种就是"思，考虑"（参见王力等编写、蒋绍愚等修订：《古汉语常用字字典》，商务印书馆2016年版，第427页）。"之"字有多种含义，《汉语大词典》释义之一为"用、取"，如《战国策·齐策三》："故物舍其所长，之其所短，尧亦有所不及也。"（第一卷，第676～677页）。对于"恤"字，《说文解字》释为"忧也"，《汉语大词典》释义有"忧虑、忧患""体恤、怜悯""周济、救济""慎"等多种（第七卷，第523页）。"惟刑之恤"一语中，"惟"可理解为思谋、思考，"惟刑"也就指思考用刑，决定刑罚的适用。"之"可理解为用、取，引申为应该、要注意做到。"恤"可理解为忧虑、忧心，引申为谨慎、慎重。

② （战国）孟子等：《四书五经》，中华书局2009年版，第218页。象，图像。扑，榎（jiǎ）楚，作为打人的木棍。眚（shěng），过失。灾，害。肆，遂。怙，依恃。终，坚持。怙终，怙恶不悛，有所仗恃而终不悔改。钦，敬。

③ 《尚书》成书年代久远，经文纠结难明之处多有，为历代学者所犯难。例如，蔡枢衡先生认为现传《尚书》是西汉文帝时伏生口诵，伏女转传，晁错耳听手记，只是一种听讲笔记，所用文字形和义都不正确，故在《中国刑法史》（广西人民出版社1983年版）中对《尚书》的解读，力排望文生义法，而用音韵、训诂的方法（见该书"序"，第7～9页），但对很多内容的研究结论，却与通行的理解大相径庭。例如，对"象以典刑、流宥五刑、鞭作官刑、扑作教刑、金作赎刑"，蔡先生认为是关于五种象刑的记述，象以典刑是指衿缨象身受墨刑的形状，流宥五刑是指幪巾同身受劓刑的形状，鞭作官刑是指菲屦象身受膑刑的形状，扑作教刑是指草裙象身受宫刑的形状，金作赎刑是指交领象身受杀刑的形状（见该书第65～68页），如此等等。对这些争议，恐笔者穷尽一生之心力，也难辨明其中之是非。本书对《尚书》内容的释义，参阅了古今多种文献资料，个别地方加入笔者的理解。

④ 五刑，初为墨（刻面）、劓（yì，割鼻）、剕（fèi，断足）、宫（去生殖器）、大辟（死）五刑，汉唐时逐步演化为笞、杖、徒、流、死五刑。

罪，本应处以五刑的人，如果属情有可原者，则代之以流放以示宽宥，这是重中有轻的道理。五刑之外，又用皮做鞭，用为官府之刑，鞭笞那些怠慢、贻误公事的官员。用木棍做刑，棒打那些不服教育的人。对于犯罪较轻的人，可以允许其向官府缴纳钱财，以赎免其罪责，这是轻中极轻的情形。对犯重罪者处以五刑，对情有可原者处以流刑，对官员处以鞭刑，对不服教育者处以扑刑，对情节较轻者处以赎刑，这是刑罚的五个基本规则。如果犯罪是出于无心之失、偶然差误，或者因遭逢不幸，陷于有过的，则直接释放，赦免其罪。但如果有人依恃势力，敢于作恶，或者不改前非，以致屡犯的，则依法治罪，或杀或刑，不准宥赎。小心啊，小心，对刑罚要常怀忧虑、敬畏之心，适用刑罚一定要十分慎重啊！①

《尚书·舜典》中惟刑之恤一节，记载了中国上古时期舜帝的刑法实践，是现存关于古代中国刑法思想的最古老的历史文献，在中国刑法思想史上具有非常重要的地位。明代张居正指出："夫舜之制刑，轻重取舍，错综斟酌，极其谨慎，敬而又敬者，杲何心哉！惟念夫死者不可复生，刑者不可再续，故虽兢业戒慎，犹以为不能尽得天下之情，深恐刑罚一或失当，则必滥及于无辜。其哀矜怜恤之仁，常寓于法制之内，所以又说钦哉钦哉，惟刑之恤哉。盖刑罚以禁恶，乃圣人不得已之意，而钦恤以慎刑，尤圣人不忍人之心。以此为心，岂有刑罚不中者哉！"② 明代邱浚③认

① 对此节中的"扑作教刑"，曾运乾《尚书正读》（华东师范大学出版社 2011 年版）引前贤之语，称"扑为教官为刑者"（见该书第 23 页），明代张居正《尚书直解》（九州出版社 2010 年版）提出"竹片、荆条，二物名为扑，用为学校之刑，责治生徒"（见该书第 12 页）。笔者对此种解释存疑：学生调皮捣蛋，能有多严重，非得要运用刑罚对治，且严厉程度重于赎刑？从本句前后之内容，五刑宥之为流刑，流刑之下为针对官员的鞭刑，鞭刑之下为本刑，本刑之后是针对极轻犯罪的赎刑，综合分析，笔者认为，本刑可理解为针对平民百姓不服从教化而实施，情节较轻尚不必施之以肉刑或流刑的犯罪行为，从而与前之针对官员的鞭刑并列。

② （明）张居正撰：《尚书直解》，王岚、英巍整理，九州出版社 2010 年版，第 12 页。《书经直解》（其中包含《尚书直解》）为明万历初张居正为给皇帝讲解所作，因万历皇帝当时年幼，故译以常言，取其易解。

③ 南宋真德秀（1178～1235，理学家，曾任礼部侍郎、户部尚书、参知政事等职）为使人君治国有方，平天下有望，博采经传子史之言，著《大学衍义》43 卷，对格物致知、诚意正心、修身齐家作了衍义，为元、明、清三代皇族学士必读之书。明代邱浚（1421～1495，政治家、理学家、史学家、经济学家和文学家，曾任文渊阁大学士、户部尚书兼武英殿大学士等职）鉴于真氏所衍，缺治国平天下之要，便因其所余而推广之，补其略以成其全，著《大学衍义补》160 卷。《慎刑宪》为《大学衍义补》第 9 目，该目下的子目依次为：总论制刑之义、定律令之制、制刑狱之具、明流赎之意、详听断之法、议当原之辟、顺天时之令、谨详谳之议、伸冤抑之情、慎眚灾之赦、明复仇之义、简典狱之官、存钦恤之心、戒滥纵之失。《慎刑宪》中观念叙说，源于经史，阐释微义，博采子集，所著按语为后世学者所推崇，对于研究中国古代刑法思想具有重要的参考价值。

为："《尚书·舜典》此章，万世论刑之祖。'象以典刑'以下七句，凡二十八字，万世圣人制刑之常典。'钦哉钦哉，惟刑之恤哉'二句，凡九字，万世圣人恤刑之常心。圣贤之经典，其论刑者千言万语，不出乎此。帝王之治法，其治刑者千条万贯，亦不外乎此。后世帝王所当准则而体法焉者也。"①

惟刑之恤包含着丰富的刑罚思想，主要有如下三点：

1. 刑罚的产生与存在有其客观必然性，刑罚不可不用。上古之初，本无刑罚。随着生产力的发展，社会生产日益复杂，行为失范日益严重，刑罚随之而生，以维护社会的良好秩序。因此，刑罚是一种无奈但又必要的选择。《尚书·吕刑》载："永畏惟罚，非天不中，惟人在命。天罚不极，庶民罔有令政在于天下。"② 意思是说：要始终保持对刑罚的畏惧之心。对于犯了罪的人进行惩罚，不是老天爷非得跟你过不去，而是你自己不拿自己当回事，自取其咎。如果你犯了罪，还没有受到惩罚，那天下的老百姓就都没有好日子过了。《四库全书总目提要》按语："刑为盛世所不能废，而亦盛世所不尚。"③ 实际上是说，任何社会都不能没有刑罚，但也不能过分倚靠刑罚。这是中国刑法历史经验的总结。④

2. 对刑罚要常怀忧虑之心，适用刑罚要十分慎重，绝对不可滥用。恤，是忧虑之义。刑罚乃国之重器，动辄牵涉人的生杀予夺，适用不能不慎重。刑罚从其内容来讲是一种"恶"，从其目的来讲是一种"善"，从其适用效果来讲则具有"双刃剑"的特性：用之得当，国家与个人两得其利，用之不当，则国家与个人两受其害。但刑罚能否适用得当，从而达到以"恶"助"善"的目的，全在于实际适用的具体把握，甚至可凝结于适用者的一念之间，稍有不慎，即可能宽严失度，或过或不及，损及刑罚本意。唐孔颖达注曰："舜陈典刑之义，敕天下使敬之，忧欲

---

① （明）邱浚编著、鲁嵩岳整理点评：《慎刑宪点评》，法律出版社 1998 年版，第 19 ~20 页。

② （战国）孟子等：《四书五经》，中华书局 2009 年版，第 285 页。《吕刑》是我国现存最古老的刑书，是我国第一部成文法典。西周中叶，王道衰微，诸侯不睦。为缓和社会危机，穆王命司寇吕侯"作修刑辟"，史称《吕刑》。《吕刑》总结了勤政慎刑的历史经验，告诫诸侯合理用刑，通篇体现了"明德慎罚"的法律思想，是研究我国早期法律思想和法律制度的重要材料。原《吕刑》早已失传，现存系后世补作，但保留了原《吕刑》的许多内容，具有珍贵的史料价值。本篇《今文尚书》与《古文尚书》皆有。

③ （清）纪昀：《四库全书总目提要》卷八十二（史部三十八，政书类二），载中国古典文学网，http：//www. zggdwx. com/skqszmty/82. html，最后访问日期：2020 年 7 月 12 日。

④ 参见蔡枢衡：《中国刑法史》，广西人民出版社 1983 年版，第 3 页。

得中。”[①] 惟刑之恤，重心就在于强调，要始终保持对刑罚的忧虑、敬畏之心，要通过慎重地适用刑罚，切实做到刑罚轻重适中，达到最好的效果。

3. 刑罚适用要讲究策略，要坚持宽严并用。一方面，图解五刑，使民知避，对敢于冒犯者以五种刑罚分处之，严惩不贷，以儆效尤，这是适用刑罚“严”的一面。另一方面，对虽犯重刑但情有可原者处以流刑，对官员处以鞭刑，对不服教育者处以扑刑，对情节较轻者处以赎刑，则是适用刑罚“宽”的一面，体现了区别对待的思想。而其总的指导方针，或者说核心思想，则是适用刑罚要十分谨慎，当重罚的固然要重罚，但该轻处的也要切实做到轻处，既不能不加区别地一律从严，也不能片面地一律从宽，惟此方能符合天理、人情，产生良好的治理效果。

惟刑之恤这一古老的刑法思想对后世产生了深远的影响。周朝时提出的明德慎罚、世轻世重，春秋时提出的德主刑辅、宽猛相济等思想，都与此一脉相承，并在后世不断充实和发展，在实践中得到广泛的运用。

二、明刑弼教

明刑弼教，语出《尚书·大禹谟》[②]，含义是：彰明刑罚，辅弼教化。其重心在于明确了刑罚在社会治理中对道德教化的辅助作用。

《尚书·大禹谟》载：“帝曰：‘皋陶，惟兹臣庶，罔或干予正。汝作士，明于五刑，以弼五教。期于予治，刑期于无刑，民协于中，时乃功，懋哉！’”[③] 这是对舜帝与司法官皋陶对话的记录，从中可知皋陶对刑罚的实际执行情况和舜帝的评价，体现了当时的刑罚思想。舜帝所说的大意是：皋陶啊，治理国家，固然要有刑罚以惩治犯罪，但这些刑罚自身并不必然就能保证人们都不犯罪。当今天下的百姓，没有人做违法犯罪的事，我的政令畅通无阻，这是什么原因呢？这是因为，你作为司法官，彰明了墨劓剕宫大辟五种刑罚，使百姓知晓各种刑罚的厉害，从而畏惧刑罚，远离犯罪，以此来辅助道德教化，达到理想的治理效果。最初一些人道德败坏，以至于犯罪，虽然难免对他们施以刑罚，但在你作为司法官的内心，又何尝

---

① （清）阮元校刻：《十三经注疏》，中华书局 1980 年版，第 128 页。

② 《尚书·大禹谟》记录了舜帝与禹、益、皋陶诸大臣讨论政事的对话等。本篇惟《古文尚书》独有。

③ （战国）孟子等：《四书五经》，中华书局 2009 年版，第 220 页。臣：臣民。庶，众。干，犯。正，同“政”。士，掌管刑狱的官员。五教，即父义、母慈、兄友、弟恭、子孝这五种伦理道德的教育。协，符合。中，中道。时，通“是”。懋，勉。

想适用这些残酷的手段使他们受罪呢！这都是为了通过惩罚一个实施了犯罪的人，而让千万个可能实施犯罪的人心生恐惧，促使他们改过迁善，大家和谐相处，行为举措得当适度，没有人再实施犯罪，自然也就不必再适用刑罚了。你这种彰明刑罚，以辅教化的做法效果确实不错，功劳很大，你今后要再接再厉啊！①

明刑弼教的思想明确了刑罚的目的及发挥作用的方式，具体而言，主要包括如下内容：

1. 刑罚的目的是预防犯罪，“期于无刑”。适用刑罚，根本目的并不是仅仅使人遭受痛苦，而是以此警戒世人免于犯罪，从而达到社会大治，不必再动用刑罚。《尚书·吕刑》载：“罚惩非死，人极于病。”② 意思是：对犯罪的人并不一定都要适用重刑甚至死刑，因为在绝大多数情况下，即使只是判处很轻的刑罚，也会让受罚者感觉比得重病还痛苦，以后坚决不敢再犯了。《孟子·尽心上》载孟子曰：

---

① 对该节内容，学者多有不同理解。例如蔡枢衡先生认为：“明于五刑，以弼五教”意思是写在列刑章中，不许擅自砍取罪人的脂肉，“期于予治”意思是腰胸分解调理，“刑期于无刑”意思是用犯人四肢和胸腰作成无骨肉和肉羹吃。（参见蔡枢衡：《中国刑法史》，广西人民出版社 1983 年版，第 151～152 页。）宁汉林教授、魏克家教授认为：“以弼五教”的“以”意为去除、停止，“弼五教”“期于予治”是两种残酷的死刑，“刑期于无刑”五字实际含义应是头部、手足、腰，有骨头和无骨头的肉，置火锅中烹而食之，相当于后世的烹刑，是一种极为残酷的死刑；并提出，“既然‘刑期于无刑’是被虞舜所废除的残酷死刑，又怎么会以此作为刑事立法的指导思想呢！虞舜时期是处于奴隶社会的中期，不可能有现代意义的刑期于无刑的思想”。（参见宁汉林、魏克家：《中国刑法简史》，中国检察出版社 1997 年版，第 42～43 页。）

② （战国）孟子等：《四书五经》，中华书局 2009 年版，第 285 页。对于“罚惩非死，人极于病”中的“罚”，多种文献均解释为赎刑，例如，南宋蔡沈释义：“罚以惩过，虽非致人于死，然民重出赎亦甚病矣。”（参见（明）邱浚编著、鲁嵩岳整理点评：《慎刑宪点评》，法律出版社 1998 年版，第 189 页。）换言之，赎刑虽然不能致人于死地，但仅交赎金也够让人痛苦了。蔡枢衡先生则运用音韵、训诂等方法进行研究，认为“罚惩非死，人极于病”是指：处以死刑、肉刑，非为惩罚罪人，而在于使人远离犯罪，亦即在于威吓一般人使不致犯罪。刑罚的作用，不在于报复既往的损害，而在于使一般人不敢犯罪。（参见蔡枢衡：《中国刑法史》，广西人民出版社 1983 年版，第 81～82 页。）对此两种解释，笔者均持有疑惑。第一种解释将此处的“罚”限定为赎刑，依据究竟何在？若从上下文分析，“……轻重诸罚有权。刑罚世轻世重，惟齐非齐，有伦有要。罚惩非死，人极于病。非佞折狱，惟良折狱，罔非在中……”并不能得出“罚”即赎刑的结论。若从自身句意分析，所惩非死的并非仅为赎刑，人极于病的更非赎刑。第二种解释将“人极于病”理解为让一般人远离犯罪这一点尚无不可，但认为对犯罪者处以死刑、肉刑目的不在惩罚犯罪者本人，似于理不通。笔者揣测，先贤是否均纠结于其中的“罚”字：若作全部刑罚解，则其中自然包含了大辟，那怎么还说“非死”呢？若不作全部刑罚解，那就首先要把大辟刑排除出去，但其他肉刑、流刑、鞭刑、扑刑呢？索性，就选最轻的赎刑，这样也恰暗合了“举轻以明重”之意。而蔡枢衡先生则径行从死刑、肉刑起步，迈过犯罪者本人，认为刑罚的目的在于防止其他人犯罪。但如果这样，刑罚对犯罪者本人的意义何在，明明是“罚惩即死”，怎么还说“罚惩非死”呢？笔者认为，将此处之“罚”理解为全部刑罚，从全句来讲，并非就逻辑不合：一方面，并非所有的刑罚都要致人于死地；另一方面，即使是最轻的刑罚，也会让受罚者感觉比得重病还痛苦。

“以生道杀民，虽死不怨杀者。”① 对此，朱熹评曰：“彼有恶，罪当死，吾求所以生之者而不得，然后杀之，以安其众而厉其余，以此生道杀之也，亦何怨之有?”张栻评曰：“先王明刑法以示民，本欲使之知所趋避，是乃生之之道也。而民有不幸而陷于法，则不得已而加辟焉，固将以遏制其流也，是亦生道而已。”② 邱浚评论说：“天地之大德曰生，人得天地之德以为生，莫不好生。圣人……存心治政，莫不以生人为本。人见其德教之施，恩泽之布以为生人也；而不知其刑罚之加，兵戈之举，亦皆所以为生人焉耳。盖死之，所以生之也。苟非其人实有害于生人，决不忍致至于死地，死一人所以生千万人也。是故无益于生人，必不轻致人于死。”③ 诚哉斯言!

2. 刑罚通过辅助道德教化的途径而发挥其治理社会的功能。要想充分发挥刑罚的功能，必须准确界定刑罚的定位，即其只是德教的辅佐，通过辅助教化而达到治理社会的目的。邱浚提出：“‘明于五刑，以弼五教’，此万古圣人制刑之本意也。可见刑之制，非专用之以治人罪，盖恐世之人不能循夫五伦之教，故制刑以辅弼之。使其为子皆孝，为臣皆忠，为兄弟皆友；居上者则必慈，与人者则必信；夫必守义，妇必守礼；有一不然，则入于法，而刑辟之所必加也。天下之人有见于此，其资质之美者，有所畏而一于为善；气禀之偏者，有所惩而不敢为恶；则彝伦为之益叙，而刑罚可以不用矣。”④ 因此，适用刑罚，必须要明确其相对于道德教化的辅助地位。

3. 为了充分发挥刑罚的功能，必须彰明刑罚，使民众知晓。《尚书·舜典》载：“象以典刑。”要求图解五刑，使民众知晓刑罚的厉害，从而主动自我约束，不实施犯罪。这与后世的司法神秘主义思想截然不同，表明了古人以公心治天下的情怀，也表明中国早在上古时期就有了罪刑法定主义的萌芽。公元前536年，郑国的子产将郑国刑法铸于鼎上，向全社会公布。公元前513年，晋国铸范宣子所作刑法于鼎上，让百姓知道国家适用的法律。这些做法在消除罪刑擅断主义、实现司法公平正义方面发挥了重要作用。

明刑弼教的目标是“无刑”。对于如何达致此目标，后世出现两种不同的思想

---

① （战国）孟子等：《四书五经》，中华书局2009年版，第111页。

② （明）邱浚编著、鲁嵩岳整理点评：《慎刑宪点评》，法律出版社1998年版，第59页。

③ （明）邱浚编著、鲁嵩岳整理点评：《慎刑宪点评》，法律出版社1998年版，第59页。

④ （明）邱浚编著、鲁嵩岳整理点评：《慎刑宪点评》，法律出版社1998年版，第22~23页。

路线：一种是以刑去刑，另一种是以德去刑。两种路线均有颇多争论。对于以刑去刑，学者多以法家思想的重要代表商鞅为例，指出商鞅主张“以杀去杀，虽杀可也；以刑去刑，虽重刑可也”[①]，“行刑，重其重者，轻其轻者，轻者不止，则重者无从止矣”[②]，“刑生力，力生强，强生威，威生德，德生于刑。”[③]“以刑去刑，国治；以刑致刑，国乱。故曰：行刑重轻，刑去事成，国强；重重而轻轻，刑至事生，国削。”[④]“此吾以杀刑之返于德而义合于暴也。”[⑤]对于以德去刑，学者多以儒家思想的代表孔子为例，指出孔子主张“为政以德，譬如北辰，居其所而众星共之”。人君对百姓要“道之以德，齐之以礼，有耻且格”[⑥]，完成刑之目的，以达无刑之治。有的学者把“以德去刑”与“以刑去刑”作为传统的“德治”与“法治”的分野，并认为“以刑去刑”必然导致重刑主义，“以德去刑”则具有轻刑的趋势。[⑦]但是，简单地将“以德去刑”归入儒家思想，将“以刑去刑”归入法家思想，似有标签化之嫌。《尚书》所载，用刑的目的在于不必再用刑，而要达成此目的，须将刑罚作为德教的辅弼。由此可知，古人在制刑之初就已明确，单纯的德教并不足以预防犯罪，而单纯的刑罚在失之苛刻之外，亦不足以消灭犯罪，惟有以刑弼教，德刑并用，方能标本兼治，达成对社会的良好治理。宋儒朱熹认为：“圣人之治，以德为化民之本，而刑特以辅其所不及而已……其始虽不免于用刑，而实所以期至于无刑之地，故民亦皆能协于中道，初无有过、不及之差，则刑果无所施矣。”“法家者流，往往常患其过于惨刻。今之士大夫耻为法官，更相循袭，以宽大为事，于法之当死者，反求以生之。殊不知明于五刑，以弼五教，虽舜亦不免。教之不从，刑以督之，惩一人而天下人知所劝戒，所谓辟以止辟，虽曰杀之，而仁爱之实已行乎中。今非法以求其生，则人无所惩惧，陷于法者愈众，虽曰仁之，适以害之……故《书》说‘刑期于无刑’，只是存心期于无，而刑初非可废。”[⑧]大儒如朱熹者，亦不能轻视刑罚的重要作用，我们今天怎能如此简单地总结说，“以

---

① 《商君书》，石磊译注，中华书局2011年版，“画策第十八”，第130~131页。

② 《商君书》，石磊译注，中华书局2011年版，“说民第五”，第50页。

③ 《商君书》，石磊译注，中华书局2011年版，“说民第五”，第52页。

④ 《商君书》，石磊译注，中华书局2011年版，“去强第四”，第44页。

⑤ 《商君书》，石磊译注，中华书局2011年版，“开塞第七”，第74页。

⑥ （战国）孟子等：《四书五经》，中华书局2009年版，第7页。

⑦ 参见王爱鲜：《“刑期于无刑”思想的社会价值》，载《山西省政法管理干部学院学报》2007年第1期，第36~38页。

⑧ （明）邱濬编著、鲁嵩岳整理点评：《慎刑宪点评》，法律出版社1998年版，第22页。

刑去刑”是法家的专利，儒家只追求“以德去刑”呢？

至于在以刑弼教，德刑并用的前提下，刑罚是轻还是重，则视乎具体情况的需要。不同的时代，不同的形势，不同的民俗风情，不同的犯罪行为，不同的人格秉性，都会对刑罚轻重产生不同的影响。但这已与“以刑去刑”“以德去刑”之争无涉，而属刑罚世轻世重，刑罚个别化的问题了。

三、宥过刑故

宥过刑故，语出《尚书·大禹谟》，含义是：宽宥过失的犯罪行为，严惩故意的犯罪行为。其重心在于刑罚适用应做到区别对待。

在《尚书·大禹谟》所载的舜帝与皋陶谈话中，舜帝表扬了皋陶明刑弼教的刑罚实践和良好效果，勉励皋陶继续努力后，皋陶说：“帝德罔愆，临下以简，御众以宽。罚弗及嗣，赏延于世。宥过无大，刑故无小……”① 大意是：这并不是我的功劳，而是因为您的德行没有过失啊。您对待臣下简要不烦，统治百姓宽厚不苛。惩罚不株连子孙，赏赐却延续到后代。人有陷于不知而误犯刑法的，您认为是无心之过，其危害不论多大，都给予宽恕。若有明知而故犯的，则认为是有心之恶，其罪行不论多小，都要给予惩处。

宥过刑故的思想在古人的其他言论中也多有体现。《尚书·舜典》记载舜帝的刑罚实践：“眚灾肆赦，怙终贼刑。”意思是指对无心之失或者因不幸而陷于有过的，赦免其罪；对仗恃作恶或者屡教不改的，则坚决予以惩处。《尚书·康诰》②载：“敬明乃罚。人有小罪，非眚，乃惟终，自作不典，式尔，有厥罪小，乃不可不杀。乃有大罪，非终，乃惟眚灾，适尔，既道极厥辜，时乃不可杀。”大意是：刑罚虽为治道所不废，但其轻重取舍，关乎人的生杀予夺，因此必须严肃、谨慎地适用，切不可率性任情，以致宽纵枉滥。一个人犯了罪，罪行虽然较轻，但如果不

---

① （战国）孟子等：《四书五经》，中华书局 2009 年版，第 220 页。罔（wǎng），没有。愆（qiān），过错。

② 《尚书·康诰》是周公以周王之命告诫康叔的诰文。据《史记·卫康叔世家》载：“卫康叔名封，周武王同母少弟也。……周公旦以成王命兴师伐殷，杀武庚禄父、管叔，放蔡叔。以武庚殷馀民封康叔为卫君，居河、淇间故商墟。周公旦惧康叔齿少，乃申告康叔曰：‘必求殷之贤人君子长者，问其先殷之所以兴，所以亡，而务爱民。’告以纣所以亡者以淫于酒，酒之失，妇人是用，故纣之乱自此始。”［参见（西汉）司马迁：《史记》，中华书局 2009 年版，第 227 页。］《康诰》篇中反复告诫康叔要明德慎罚，爱护殷民，还具体规定了施用刑罚的准则以及一些刑罚条目，对于研究周初法律制度和刑罚思想具有重要的参考价值。本篇《今文尚书》与《古文尚书》皆有。

是出于过失，而是明知故犯，屡教不改，那就是自作罪孽，自取其咎，对这样的人就必须用重刑惩处。一个人犯了罪，罪行虽然严重，但如果不是有所仗恃而存心故犯，也不是屡教不改，而纯属过失、偶然造成了危害，而这个人又如实交代了自己的罪行，真诚表示悔过，那对这样的人就不必适用重刑了。

《周礼·秋官司寇·大司寇》① 载："司刺：掌三刺、三宥、三赦之法，以赞司寇听狱讼。一刺曰讯群臣，再刺曰讯群吏，三刺曰讯万民。一宥曰不识，再宥曰过失，三宥曰遗忘。一赦曰幼弱，再赦曰老旄，三赦曰蠢愚。以此三法者求民情，断民中，而施上服下服之罪，然后刑杀。"② 大意是：司刺的职责是掌管三刺、三宥、三赦的法令，以协助大司寇审理好案件。三刺是指征求群臣的意见、征求群吏的意见、征求民众的意见。三宥是指宽宥那些由于认识错误而误犯的罪犯、由于过失而犯的罪犯、由于遗忘而犯的罪犯。三赦是指对 8 岁以下的幼童、80 岁以上的老人、天生智力障碍的人予以赦免。用这三种方法求得行为人犯罪的真实动机，做到公正判案，该重判的就重判，该轻判的就轻判，进而执行刑罚。《孔子家语·刑政第三十一》记载孔子在与仲弓的对话中说："王三宥之以听命，而制刑焉。"大意是：君王根据三种可以宽宥的情况来决定是否减免刑罚，最后根据审判结果来定刑。三国时魏人王肃对此注曰："君王尚宽宥，罪虽以（已）定，犹三宥之。不可得轻，然后刑之者也。"③ 这体现了古人对特定的犯罪人予以宽宥的思想。

宥过刑故体现了古人在适用刑罚中坚持区别对待的思想，并强调定罪量刑要主客观相结合。具体如下：

---

① 《周礼》是关于西周政治经济制度的著作，其通过官制来表达治国思想，规模宏大，内容丰富。秋官司寇即大司寇，是主管全国刑罚的长官。司刺，是司寇属下的一个官名，掌管三刺、三宥、三赦之法。本书关于《周礼》相关内容的释义主要参阅（东汉）郑玄注、（唐）贾公彦疏：《周礼注疏》，上海古籍出版社 2010 年版；《周礼》，吕友仁、李正辉注译，中州古籍出版社 2010 年版；等等。

② 不识，即不审，例如为复仇本想报复甲，看见乙时，以为乙是甲而将乙杀害。过失，例如举刀欲砍伐树木，但不小心砍到了人。遗忘，例如忘记帷帐中有人，举刀剑投射而致人伤亡。[参见（东汉）郑玄注、（唐）贾公彦疏：《周礼注疏》，上海古籍出版社 2010 年版，第 1382 页。] 此三者，大致相当于刑法中的认识错误、过于自信的过失与疏忽大意的过失三种情况。

③ 《孔子家语》，王国轩、王秀梅译注，中华书局 2011 年版，第 358 页。《孔子家语》又名《孔氏家语》，或简称《家语》，是一部记录孔子及孔门弟子思想言行的著作。今传本《孔子家语》共十卷四十四篇，魏王肃注，书后附有王肃序和《后序》。过去因为疑古派的非难，历代多认为《孔子家语》是伪书。随着 20 世纪 70 年代以来简帛文献的出土证明，确证为先秦旧籍，伪造之说不攻自破，其文献价值越来越为学界所重视。基于该书对全面研究和准确把握早期儒学的巨大价值，有学者誉之为"儒学第一书"。

1. 刑罚适用要区别对待。对不同的行为作出不同的处理，意味着刑罚适用要与罪行危害相对应，这既符合犯罪行为危害轻重不同的事理，也符合民众对不同行为感受与评价不同的情理，因而具有客观合理性。这种区别对待的思想并非仅限于宥过刑故，而是广泛体现在多种刑罚制度中。例如，对于前文提及之“三宥”与“三赦”，汉郑玄注曰：“‘三赦’与前‘三宥’所以异者，上三宥不识过失遗忘，非是故心，过误所作，虽非故为，比三赦为重，据今仍使出赎。此三赦之等，比上为轻，全放无赎。”① 可见三赦与三宥亦是根据行为和行为人的具体情况而作了区别对待，三宥的行为虽然是过误所致，但比三赦还是要重，因此虽然从轻，还是要缴纳赎金。三赦的行为比三宥的就要轻多了，直接释放，不用缴纳任何赎金。

2. 刑罚适用要注重主观恶性，坚持主客观相结合。对于无心之过，即使很严重，也可予以宽宥，对于有心之恶，即使较轻微，也要给予惩处，这是宥过刑故的基本内容，其立足点就在于探究行为人的主观心态，以主观恶性的不同来确定不同的处理方式。这就要求，适用刑罚不能“客观归罪”，而是必须要考虑主观恶性，把客观危害与主观恶性相结合，对行为进行综合评价，这就有助于实现刑罚的目的。如前所述，刑罚的目的在于预防犯罪、“期于无刑”。无心之过，因为本来就是无心所致，盖人并非皆为圣人，智识难免不足，心思难免不专，举止行为间偶然出现失误本属常有，因失误而造成严重后果者亦在所难免。对此即使给予很严厉的处罚，也难以避免再犯，反而会束缚人的思想和行为，使人精神高度紧张，举手投足间战战兢兢，草木皆兵，不知所从。而有心之恶，因为是有意而为之，明知故犯，则可以也应该严格依法给予惩处。这既符合大众的预期，也符合行为人本人的预期，给予惩处可以彰显正义，以儆效尤，如果宽宥反而会破坏刑法的权威，助长作恶者的侥幸心理。

宥过刑故的思想在后世得到广泛的传承。汉明帝强调重故、轻误，对犯罪进行区别对待。晋朝刘颂提出“纲举网疏”的思想，认为：“善为政者纲举而网疏，纲举则所罗者广，网疏则小必漏。所罗者广则为政不苛，此为政之要也。而自近世以来，为监司者，类大纲不振而微过必举。微过不足以害政，举之则微而益乱；大纲不振，则豪强横肆，豪强横肆，则百姓失职矣。……苟不至于害政，则皆天网之所

---

① （东汉）郑玄注、（唐）贾公彦疏：《周礼注疏》，上海古籍出版社2010年版，第1383页。

漏；所犯在甚泰，然后王诛所必加，此举罪浅深之大例者也。”[①] 其思想立论虽然是站在治理国家的全局高度，重心在于刑事立法要“抓大放小”，但其也包含了惩大罪而恕小过的内容，与宥过刑故、区别对待的思想一脉相承。

四、罪疑惟轻

罪疑惟轻，语出《尚书·大禹谟》，含义是：对于罪行存在疑问的，应当考虑从轻处罚。其重心在于明确在罪行存疑的情况下刑罚的适用原则，强调要比照罪行确定的情况从轻处罚，在一定程度上体现了慎刑的思想。

《尚书·大禹谟》中，皋陶在“宥过无大，刑故无小”之语后，接着赞扬舜帝的功德说：“……罪疑惟轻，功疑惟重。与其杀不辜，宁失不经。好生之德，洽于民心，兹用不犯于有司。”[②] 意思是：定罪量刑，如果在事实、证据或者依据的法律等方面存在疑问的，应当比照罪行确定的情况从轻处理。论功行赏，如果在立功的事实、情节或依据等方面存在疑问的，应当从重行赏。但有时候，罪犯的罪行存在疑问，杀了他感觉有些冤枉他了，有滥杀无辜的嫌疑，但不杀他感觉又有些放纵他了，有放纵罪犯的嫌疑。在此两难之间，您坚持认为，与其错杀无辜的人，不可挽回地剥夺其性命，宁可放纵有罪的人，姑且保留他的性命。与其让天下人说我滥杀无辜，宁可让天下人说我失职无能宽纵罪犯。这等宽容忠厚的品行，恰如天地的好生之德一般，是对天下百姓的仁爱啊。您的这种仁爱之心，完全契合天下百姓的期望。百姓都被您的仁爱所感化，生活祥和，举止有序，自然也就不会做出什么违法犯罪的事了。

罪疑惟轻的思想在《尚书·吕刑》《礼记》《左传》等文献中也多有记载。《尚书·吕刑》载：“五刑不简，正于五罚。五罚不服，正于五过。”[③] 大意是：对于本应判处五刑的罪行，如果行为人供述与所查情形不一，经深入查证，罪行仍存疑的，就不再处以五刑，而处五罚，让行为人缴纳罚金赎罪。对于本应判处五罚的行为，如果犯罪人供述与所查情形不一，经深入查证，罪行仍存疑的，就不再处以

---

① （唐）房玄龄等撰：《晋书》第五册第四十六卷，中华书局1974年版，第1304页。

② （战国）孟子等：《四书五经》，中华书局2009年版，第220页。

③ （战国）孟子等：《四书五经》，中华书局2009年版，第284页。简，核实。五罚，对罪不当五刑者所处的相应的五种赎金。不服，不应罚。五过，五种过失。五过的具体内容，有将此句后的“惟官、惟反、惟内、惟货、惟来”，也即因忌畏权势、私报恩怨、接受私情、收受贿赂、念及旧情而枉法释为五过，应属误解。此五种属“五过之疵”，即适用五过的弊病，是狱吏在适用五过中可能会出现的枉法情形，而非五过本身。

五罚，而是按照五种过失处理，直接赦免他们的罪行。孔颖达对此疏曰：“欲令赎罪，而其人不服，狱官重加简核，无复疑似之状，本情非罪，不可强遣出金，如是者则正之于五过，虽事涉疑似有罪，乃是过失，过则可原，故从赦免。”①《尚书·吕刑》又载：“五刑之疑有赦，五罚之疑有赦，其审克之。简孚有众，惟貌有稽。无简不听，具严天威。墨辟疑赦，其罚百锾，阅实其罪。劓辟疑赦，其罪惟倍，阅实其罪。剕辟疑赦，其罚倍差，阅实其罪。宫辟疑赦，其罚六百锾，阅实其罪。大辟疑赦，其罚千锾，阅实其罪。”② 大意是：所定五刑情有可疑的，应该从轻处理，赦免其刑而从罚。所定五罚情有可疑的，也应该从轻处理，赦免其罚而从过。出入之间，关系重大，不可不慎。核实罪行不但要看众人的言词，而且要仔细观察行为人的气色形貌。行为人在供述中可能说假话，但言谈举止之间，也必然有能表露其内心态度的细节。如果对罪行没有核实清楚，那就要严敬天威，不轻易用刑。罪当墨刑而存疑的，赦免墨刑而代之以罚金一百锾。罪当劓刑而存疑的，赦免劓刑而代之以罚金二百锾。罪当剕刑而存疑的，赦免剕刑而代之以罚金五百锾。罪当宫刑而存疑的，赦免宫刑而代之以罚金六百锾。罪当大辟之刑而存疑的，赦免大辟刑而代之以罚金一千锾。对这五种情况，首先都要深入核查案情，确属存疑的方可赦免从轻。《尚书·吕刑》还载：“上下比罪，无僭乱辞，勿用不行，惟察惟法，其审克之。”③ 大意是：刑法条款上没有的罪，可以上比重罪、下比轻罪加以确定，但一定注意不要听信那些差错混乱的言词，不要适用那些已废止不用的法律。要认真明察案情，深入理解法意，审慎作出裁判。

《礼记·王制》载：“附从轻，赦从重。”④ 大意是：比附入罪要从轻处理，赦免出罪则要从重处理。孔颖达对此疏曰：“‘附从轻’者，附为施刑，施刑之时，

① （唐）孔颖达：《尚书正义》卷十九（吕刑第二十九），载汉典古籍网，http：//gj. zdic. net/archive. php？aid－3226. html，最后访问日期：2020 年 8 月 1 日。

② 孚，真实。锾（huán），古代的货币单位，合六两。倍差，加倍而又有参差。赦免剕刑的罚金是赦免劓刑罚金的两倍半，即五百锾。参见（明）张居正撰：《尚书直解》，王岚、英巍整理，九州出版社 2010 年版，第 329 页；《尚书》，顾迁注译，中州古籍出版社 2010 年版，第 327 页。

③ （战国）孟子等：《四书五经》，中华书局 2009 年版，第 284 页。僭（jiàn），差错。不行，已经废止的法律。

④ （战国）孟子等：《四书五经》，中华书局 2009 年版，第 324 页。《礼记》是战国至秦汉年间儒家学者解释说明经书《仪礼》的文章选集，是一部儒家思想的资料汇编，是研究中国古代社会情况、典章制度和儒家思想的重要著作。

此人所犯之罪在轻重之间；可轻可重，则当求可轻之刑而附之，则罪疑惟轻是也。‘赦从重’者，谓所犯之罪，本非意故为，而入重罪。今放赦之时，从重罪之上而赦之，其意轻故也。即《尚书》云‘眚灾肆赦’是也。”① 《礼记·王制》并载：“疑狱，泛与众共之；众疑，赦之。”② 大意是：对于案情不实的疑难案件，应广泛征求群臣意见，如果大家都认为案情不实，就应该赦免其罪。《左传·襄公二十六年》载：“善为国者，赏不僭而刑不滥。赏僭，则惧及淫人；刑滥，则惧及善人。若不幸而过，宁僭，无滥。与其失善，宁其利淫。……故《夏书》曰：‘与其杀不辜，宁失不经。’惧失善也。”③ 大意是：善于治理国家的人，既不过多使用奖赏，也不恣意滥用刑罚。奖赏过分可能会赏及坏人，刑罚滥用则可能会伤及好人。如果迫不得已，只能退而求其次的话，那就宁愿奖赏过分一点，也绝不滥用刑罚。与其滥用刑罚使善良的人遭受不幸，宁可奖赏过分一点让坏人也得到一点好处。……所以《尚书·大禹谟》说，与其杀害无罪的人，宁肯使有罪的人得到不正常的赦免。这说的就是害怕失去善良的人啊。

正确理解罪疑惟轻思想，应主要把握以下三点：

1. 罪疑，是指罪行存疑。对于罪疑的具体内容，学者有不同的理解。例如，有的学者将罪疑分为事实认定之疑和法律适用之疑两类，并详加考据，认为罪疑惟轻中的罪疑仅指事实认定之疑④；有的学者则认为，疑罪形成主要基于三方面原因，即证据不足、罪名争议和法定刑缺陷等⑤。笔者认为，罪疑就是罪行存疑，就是在定罪量刑中遇到的疑点，这些疑点既可能存在于事实认定中，也可能存在于定罪量刑中。片面地将法律适用之疑排除于罪疑之外，不仅不符合罪疑本身的词义，也人为缩减了罪疑惟轻的基本内容，限制了罪疑惟轻精神实质的发挥。至

---

① （东汉）郑玄注、（唐）孔颖达疏：《礼记正义》卷十三（王制第五），载汉典古籍网，http：//gj. zdic. net/archive. php？aid－3109. html，最后访问日期：2020年8月1日。

② （战国）孟子等：《四书五经》，中华书局2009年版，第324页。

③ （战国）孟子等：《四书五经》，中华书局2009年版，第777页。《左传》又称《左氏春秋》《春秋古文》《春秋左氏传》，记载了从鲁隐公元年（公元前722年）至鲁哀公二十七年（公元前468年）春秋各国的历史，是中国古代第一部详备的编年纪事体历史著作。本书关于《左传》相关内容的释义主要参考（春秋）左丘明著、李梦生注释：《左传今注》，凤凰出版社2008年版；（春秋）左丘明：《左传》，张宗友注译，中州古籍出版社2010年版；等等。

④ 参见蒋铁初：《中国古代的罪疑惟轻》，载《法学研究》2010年第2期，第197～199页。

⑤ 参见（明）邱濬编著、鲁嵩岳整理点评：《慎刑宪点评》，法律出版社1998年版，第235页。

于说考据史料未见有关于法律适用之疑的案例，更完全不足为凭。但同时，将法定刑缺陷导致的疑罪也纳入其中，则有将罪疑的范围扩大化之嫌。法定刑的不合理，自可靠完善法律或依特别程序加以矫正，而与罪疑无涉。罪行存疑，总体而言，包括以下三种情形：第一是定罪事实与证据存疑，即据以定罪的事实尚不清楚、证据尚不充足，尚有合理怀疑未能排除。这种情况在实践中比较常见。第二是定性存疑，即虽然据以定罪的事实清楚，证据确实、充分，但如何定性，在法律上存在疑问。在刑事审判实践与研究中，时常会遇到一些案件，事实非常简单、清楚，但在法律上如何定性，却存在争议，法律规定不明确，法理上也很难解释清楚。这种情况虽然绝对数量不多，但一旦出现，处理起来还是让人颇费思量。第三是量刑情节存疑，即虽然罪名定性可以明确，但量刑的情节还存在疑问。这样的情节有很多种。例如，罪犯的年龄，涉及18岁上下的，有证据证实其已满18岁，但亦有证据证实其不满18岁，各方证据都不是很充足，如此等等。对于罪行存疑，古人到底是怎么想的，因其没有明说，后人很难直接知晓。但以字词含义为基础，结合事物的本来性质和实践情况，进行综合判断，应该是能探究其基本含义的。

2. 惟轻，是指对经深入核查仍不能解决疑问的从轻处理。惟，是指思考、思谋，在此更有“志而不得之思”之义，引申为经过深入核查、反复思考后仍不能解决罪行中存在的疑点。轻，是从轻处理，具体是从轻处罚，还是直接释放，应依实际情况而论。有学者考察史料发现，对此主要有两种观点，一是从赎，二是降等处罚，并认为从赎应为轻之本义。① 这种理解是不全面的。罪疑惟轻之轻，应该说是既有降等处罚之义，又有从赎之义，这两种含义并不矛盾。例如，《尚书·吕刑》所载“五刑不简，正于五罚。五罚不服，正于五过”，就是对五刑之罪存疑的，降等处罚，适用五罚，让其缴纳赎金；对五罚之罪存疑的，降等处罚，适用五过，直接赦免其罪行。可见，罪疑惟轻中的轻只是表明了态度和方向，至于具体的轻的方式，则并非仅限于从赎。

3. 罪疑惟轻是各种价值取向的折衷，在一定程度上体现了慎刑的思想。罪疑惟轻的立足点在于有罪推定，即在有一定证据证实犯罪、不能完全排除的情况下就假定罪行的存在。这种观念虽然与我们现在所推崇的无罪推定理念相悖，但在古代

① 参见蒋铁初：《中国古代的罪疑惟轻》，载《法学研究》2010年第2期，第199~200页。

社会秩序至上和有罪必罚的传统下，则有其存在的必然性与合理性。与此同时，对于存疑的罪行虽然认定有罪，但在具体处理上还是十分谨慎的，能从轻处罚的就从轻处罚，能直接释放的就直接释放。因此，虽然是有罪推定，但实际上的处理仍十分谨慎，相对于草菅人命、出入人罪，已有本质的不同。“与其杀不辜，宁失不经”更是典型地包含了宁纵勿枉的思想，表明了刑罚适用的价值取向。在刑罚适用中，不枉不纵是理想、目标。但在事实不清、证据不足或者在发生价值冲突、情理冲突等情形而难以抉择时，就不再僵化地坚持不枉不纵的理想，而是退而求其次，宁可失之于宽，也不可失之于严，体现了刑罚宽容、宽恕、宽仁的一面。这些思想，包含了疑罪从无、无罪推定的思想萌芽，对于我们今天的刑罚实践和研究具有重要的意义。

罪疑惟轻的思想被后世广泛传承。北齐时武成帝诏称：“王者所用，唯在赏罚，赏贵适理，罚在得情。然理容进退，事涉疑似……自今诸应赏罚，皆赏疑从重，罚疑从轻。”①《唐律·断狱律》第四百七十四条、第五百零二条规定了疑罪的两种表现及处理方式：一是“应议、请、减，若年七十以上，十五以下及废疾者”，其法定的有罪证明标准是众证定罪，即三人以上证明有罪，且证明有罪之人超过证明无罪之人；如果证明有罪之人达到三人以上，但证明无罪之人与证明有罪之人相等，则视为疑罪。② 二是普通人被控犯罪，如果出现虚实之证等，是非之理均，或事涉疑似，傍无证见，或傍有闻证，事非疑似之类，也视为疑罪。对疑罪的处理方式均为“各依所犯，以赎论”③。明朝法典虽然取消了疑罪处理的相关条文，但条例亦传承了罪疑惟轻的精神。《皇明条法事类纂》载：“死罪囚系三年以上，如系人命无尸、强盗无赃之类者，终是疑狱，合无罪拟惟轻，发边远充军。”④ 清代条例也有类似规定。乾隆初年定例称：“或有续获强盗无自认口供，伙盗已决无证者，俱引监候处决。”刑部说贴称该例文的目的是“因犯罪事实无从待质，若即

① （唐）魏征主编：《隋书·刑法志》，载汉典古籍网，http：//gj. zdic. net/archive. php？ aid－6872. html，最后访问日期：2020 年 7 月 12 日。

② （唐）长孙无忌等：《唐律疏议》，刘俊文点校，中华书局 1983 年版，第 550～551 页。

③ “或事涉疑似”，谓赃状涉于疑似，傍无证见之人；或傍有闻见之人，其事全非疑似。称“之类”者，或行迹是，状验非；或闻证同，情理异。疑状既广，不可备论，故云“之类”。参见（唐）长孙无忌等：《唐律疏议》，刘俊文点校，中华书局 1983 年版，第 575 页。

④ 《皇明条法事类纂·刑部类》。参见蒋铁初：《中国古代的罪疑惟轻》，载《法学研究》2010 年第 2 期，第 206 页。

行拟结，诚恐冤滥，故引监候处决，以明罪疑惟轻之义”①。

五、刚柔相济

刚柔相济，意出《尚书·洪范》②，含义是：治理社会应该坚持强硬的手段与柔和的手段并用。其重心在于治理社会应因势利导，对症下药。

《尚书·洪范》中，箕子向周武王详述了九种治国大法，其中第六种即为“三德”。《尚书·洪范》载：“三德：一曰正直，二曰刚克，三曰柔克。平康正直，强弗友刚克，燮友柔克。沉潜刚克。高明柔克。”③ 大意是：为君者治理天下有三种方法：一是正直的方法。中正而无偏邪，直道而无私曲，无思无为，垂拱而治，这是最高明的方法。二是刚克的方法。统理天下，应以刚为主，严明规则。三是柔克的方法。注重宽容，适当妥协，也是治理天下不可缺少的一种方法。这三种方法分别适用于不同的情形。如果天下太平，人心风俗都好，百姓相安无事，就以正直之德治之，虽然也有各种法律条文、各种教化手段，但不需要真正去用，坚持无为之治就行了。但在很多情况下，民众的习俗秉性不同，行为举止出格者难免，在此情况下，就要恰当地适用刚克或柔克的手段。对于那些倔强顽固不能亲近的人，就要用强硬的手段去对付，要用严刑重罚对其进行威慑，使其有所畏惧而不敢为恶。对

---

① （清）祝庆祺等编：《刑案汇览三编》卷14，盗犯待质不必援引监候处决条。参见蒋铁初：《中国古代的罪疑惟轻》，载《法学研究》2010年第2期，第206页。监候，是立决的对称，是指明清时对于判处死刑的罪犯暂时监禁监候，不立即执行，待至朝审、秋审时，按具体情况分别处理。监候有斩监候与绞监候之别。经过会审之后，凡定为情实的，就奏请执行死刑；定为缓决、可矜可疑（情有可原或案情尚有疑问）、留养承祀的，或继续监禁，或减等发落，或枷责释放。定为有词（翻供）的，要发回重审。故判决斩监候、绞监候的犯人，有可能处死，也可能不处死。

② 洪，大。范，法。洪范即指治国大法。相传大禹得“洛书”，据此演绎成“九畴”，历代以之为治国大法。到殷商时，传至箕子。箕子是商纣王的叔父，纣王淫逸，箕子屡谏不听，佯狂为奴以避祸。周灭殷后的第二年，武王向箕子询问治国之道，箕子依“洛书”阐述九种治国大法，史官录之，遂成此篇。《尚书·洪范》是《尚书》重要篇目之一，对后世君王产生了深远影响，是研究中国古代历史及政治、哲学思想的重要文献。本篇《今文尚书》与《古文尚书》皆有。

③ （战国）孟子等：《四书五经》，中华书局2009年版，第253页。德，统治方法。克，取胜。强，通“犟（jiàng）”，刚强顽固。燮（xiè），和顺。对于“沉潜”与“高明”，理解多有分歧：有的理解为底层百姓与显赫贵族（参见《尚书》，王世舜、王翠叶译注，中华书局2012年版，第152～153页）；有的理解为阴伏于下欲反抗与光明正大地顺从（参见李民、王健：《尚书译注》，上海古籍出版社2012年版，第176～177页）；还有的理解为抑制和推崇，均为动词（参见江灏、钱宗武译注：《今古文尚书全译》，贵州人民出版社2009年版，第188页）；等等。本书采张居正、屈万里等的理解，认为沉潜是指性情过于柔弱，高明是指性情过于刚烈。［参见（明）张居正撰：《尚书直解》，王岚、英巍整理，九州出版社2010年版，第175～176页；屈万里注译：《尚书今注今译》，新世界出版社2011年版，第67页］。

于那些和顺友好可亲近的人，则用柔和的方式对待，施以恩惠，劝导其一心向善。这就是以刚克刚、以柔克柔的道理，是刚克与柔克手段的正用。而对于那些性情过于柔弱、怯懦的人，要对其多加激励，使其能有所追求而奋力往前。对于那些性情过于刚烈、激进的人，则要适当地提醒其要冷静，不要过于亢奋。这就是以刚济柔、以柔济刚的道理，是刚克与柔克手段的反用。以上这些手段，虽有刚柔之异，正反之别，但其根本目的都是一样的，就是要归于中正之道，不偏不倚。

《易经》中有大量涉及刑罚运用的内容。第二十一卦《噬嗑》卦集中包含了刑罚运用的思想。卦辞曰："噬嗑。亨。利用狱。"① 对此，程颐②指出："圣人以卦之象，推之于天下之事，在口则为有物隔而不得合，在天下则为有强梗或谗邪间隔于其间，故天下之事不得合也。当用刑法，小则惩戒，大则诛戮，以除去之，然后天下之治得成矣。《噬嗑》者，治天下之大用也，去天下之间在任刑罚。"彖辞曰："颐中有物，曰噬嗑。'噬嗑'而'亨'，刚柔分，动而明。雷电合而章。柔得中而上行，虽不当位，'利用狱'也。"③ 对此，邱濬提出："圣人治天下，有为生民之梗者，必用刑狱断制之。""物有间于吾颐之中，必啮断之，而后口可闭合；口不能合，则有所窒碍，而气有不通矣。人有梗于吾治之间，必断制之，而后民得安靖；民不得安，则有所苛扰，而生有不宁矣。""治斯狱也，非明不能致其察，非威不能致其决。""明与威并行，用狱之道也。然其使于外者，用其刚，如此可尔。若夫存于中者，则又以柔为本。而其柔也，非专用柔，用柔以处刚。无太过焉，无不及焉，夫是之谓中，夫是之谓利。苟偏于一，而或过与不及，非其中矣，则为不利矣。"④ 这些论述都深刻地论述了适用刑罚必须刚柔相济的思想。

春秋时期，刚柔相济的思想得到进一步阐明。老子问道于常枞的史料记载了老子领悟到刚柔之道的情况。⑤ 据《说苑·敬慎》载，常枞有疾，老子往问焉，曰："先生疾甚矣，无遗教可以语诸弟子者乎?"常枞曰："子虽不问，吾将语子。"……

---

① （战国）孟子等：《四书五经》，中华书局2009年版，第495页。《噬嗑》卦，震卦在下，离卦在上，初、上二爻为阳，如人齿，二、三、五爻为阴，似人舌，第四爻为阳，比口中之物。口中有物，则上下不得合，唯啮（niè）之得合，合得亨通。喻施用刑罚，以去除障碍。

② 程颐（1033年~1107年），北宋思想家，与兄程颢同为北宋理学奠基人，人称"二程"。

③ （战国）孟子等：《四书五经》，中华书局2009年版，第495页。

④ （明）邱濬编著、鲁嵩岳整理点评：《慎刑宪点评》，法律出版社1998年版，第5~7页。颐，面颊、腮。梗，阻塞、妨碍。

⑤ 传说老子学道于著名文化大师常枞。常枞，又作商容。西汉刘向所撰《说苑》中作"常枞"，魏晋皇甫谧所著《高士传》中作"商容"。南朝宋小说《世说新语》注云："商容，老子师。"

张其口而示老子曰："吾舌存乎?"老子曰："然。""吾齿存乎?"老子曰："亡。"常枞曰："子知之乎?"老子曰："夫舌之存也，岂非以其柔耶? 齿之亡也，岂非以其刚耶?"常枞曰："嘻，是已。天下之事已尽矣，无以复语子哉!"①《老子》第三十六章中提出"柔弱胜刚强"，第七十六章中提出"人之生也柔弱，其死也坚强。草木之生也柔脆，其死也枯槁。故坚强者死之徒，柔弱者生之徒。是以兵强则灭，木强则折。强大处下，柔弱处上"，揭示了柔弱为上的道理。第七十八章中进一步揭示了"柔弱胜刚强"的道理："天下莫柔弱于水，而攻坚强者莫之能胜，以其无以易之。弱之胜强，柔之胜刚，天下莫不知，莫能行。"水是天下最柔弱的东西，但长年累月滴下去，无论多硬的石头都会被滴出洞来。这些道理，人人都知道，可是，没有一个人肯去做，都是好强好出头，自以为聪明。②

刚柔相济的思想主要包含以下三方面内容：

1. 治国理政，既要有强硬的手段，也要有柔和的手段。一方面，必须要有强硬的手段。无规矩不成方圆。对于违法逾矩者，如果没有严厉的手段，不足以惩治威慑。另一方面，也必须要有柔和的手段。正如邱浚所言："其所以梗吾治，而使民之不安者，必有其情焉。有其情，故有其狱也。"③ 为此，必须悉心明察，深入探讨其实施违法犯罪背后的原因，以宽容、宽恕的心态，用柔和的手段促其改恶迁善，从而达到预防犯罪的根本目的。因此，强硬的手段固然不可缺失，但柔和的手段也非常重要。

2. 对刚柔两种手段必须要区别具体情况恰当运用。对于严重、故意犯罪，使用强硬的手段，施以重罚，对于轻微、过失犯罪，使用柔和的手段，予以轻处，这是刚柔之道的两个基本方面。同时，刚柔也是相互交错、互补的。重罪中有值得宽恕的情节，如因激愤而起、被害人有过错等，轻罪中有需要重惩的因素，如动机卑劣、屡教不改等，对此均须刚柔互济，方能合乎事理与情理。

3. 刚柔适用的最高目标在于适中。程颐指出："治狱之道，全刚则伤于严暴，过柔则失于宽纵。以柔处刚而得中，得用狱之宜也。"朱熹指出："盖治狱之道，

---

① （西汉）刘向：《说苑·敬慎》，载古诗文网，https://so.gushiwen.cn/guwen/bookv_46653FD803893E4FB4A344A7887BEB43.aspx，最后访问日期：2020年5月23日。

② 参见南怀瑾：《老子他说》续集，东方出版社2010年版，第359页。

③ （明）邱浚编著、鲁嵩岳整理点评：《慎刑宪点评》，法律出版社1998年版，第7页。

惟威与明，而得其中之为贵。”[①] 事实上，刚柔都是人为的概念，都存在标签化的潜在隐患。在刚柔之间，最佳的状态是无所谓刚也无所谓柔，不刚不柔，亦刚亦柔，不偏不倚，恰当适中，圆融无碍。这才是刚柔之道的理想状态。

刚柔相济的思想在后世被广泛运用到各个领域。例如，东汉王粲《为刘荆州与袁尚书》中说：“夫金木水火，以刚柔相济，然后克得其和，能为民用。”[②]《三国演义》第七十一回说：“凡为将者，当以刚柔相济，不可徒恃其勇。”[③]《三国志·吴书·周鲂传》载：“鲂在郡十三年卒，赏善罚恶，恩威并行。”[④] 清初张岱《石匮书后集·烈帝纪·崇祯元年》载：“御卤当恩威并济，不可专恃羁縻。”[⑤] 上述恩威并行、恩威并济等词语也都表达了与刚柔相济基本相同的思想。

六、明德慎罚

明德慎罚，语出《尚书·康诰》，含义是：崇尚道德教化，谨慎适用刑罚。其重心在于强调刑罚要与教化相结合，明确道德教化的重要性，并进一步强调适用刑罚要十分谨慎。

周公东征平定“三监”和武庚叛乱[⑥]后，封康叔于殷地以统治殷民，因担心康叔年少，故于康叔上任前，对其加以训导，明确提出要坚持“明德慎罚”的思想。《尚书·康诰》载，周公对康叔说：“惟乃丕显考文王，克明德慎罚，不敢侮鳏寡，庸庸，祗祗，威威，显民。用肇造我区夏，越我一二邦以修。”[⑦] 大意是：要常念

---

① （明）邱浚编著、鲁嵩岳整理点评：《慎刑宪点评》，法律出版社 1998 年版，第 5 ~6 页。

② （东汉）王粲：《为刘荆州与袁尚书》，载百度百科，https：//baike. baidu. com/item/% E4% B8% BA% E5% 88% 98% E8% 8D% 86% E5% B7% 9E% E4% B8% 8E% E8% A2% 81% E5% B0% 9A% E4% B9% A6/13884894？fr = aladdin，最后访问日期：2020 年 6 月 14 日。

③ （明）罗贯中：《三国演义》，刘世德、郑铭点校，中华书局 2005 年版，第 400 页。

④ （晋）陈寿：《三国志》（下册），栗平夫、武彰译，中华书局 2014 年版，第 1598 页。

⑤ （清）张岱：《石匮书后集》，载百度阅读，https：//yuedu. baidu. com/ebook/58f0d974ccbff121dd3683a3？pn = 1&click_type = 10010002&rf = http% 3A% 2F% 2Fyuedu. baidu. com% 2Febook% 2F58f0d974ccbff121dd3683a3% 3Ffr% 3Daladdin% 26key% 3D% 25E7% 259F% 25B3% 25E5% 258C% 25AE% 25E4% 25B9% 25A6% 25E5% 2590% 258E% 25E9% 259B% 2586，最后访问日期：2020 年 6 月 14 日。

⑥ 周公东征，是约公元前 1042 年至公元前 1040 年，周公为巩固周朝统治，平定“三监”及武庚叛乱，征服东方诸方国的战争。武王灭商后不久即病逝，周公摄政，此时妄图复国的武庚挑唆三监作乱，周王朝面临严峻的形势。周公东征，诛武庚，杀管叔，放蔡叔，废霍叔为庶民，平定了三监之乱。

⑦ （战国）孟子等：《四书五经》，中华书局 2009 年版，第 259 页。丕，大。克，能够。庸，任用。祗（zhī），尊敬。威，刑罚。显民，显示于民，即使民众了解。用，由此。肇，始、开创。区，小。夏，此指周邦国。文王时，周为殷商的西方邦国，周人称商为“大邑”，自称“小邦”，故称“区夏”，与“小邦”同义。

想你伟大英明的父亲文王，他能坚持做到崇尚德教，慎用刑罚，不敢侮慢那些孤独无依的人，任用那些应该受到任用的人，尊重那些应该受到尊重的人，惩治那些应该受到惩治的人，并让民众知晓这种治国之道，由此开创了我们周邦国的基业，让我们的大邦、小邦都治理得井井有条。《尚书·梓材》① 中，周公也提出："罔厉杀人""肆往，奸宄杀人，历人宥。肆亦见厥君事，戕败人宥"。② 大意也就是说：不要滥杀无辜的人；对那些以前内外作乱的罪犯、杀人的罪犯、虏人的罪犯要给予宽恕；对那些以前泄露国君大事的罪犯、残害他人肢体的罪犯，也要给予宽恕。这也包含了明德慎罚的思想。

《尚书·多方》③ 载，周公训诫殷商旧臣及各诸侯国君等时说："惟天不畀纯，乃惟以尔多方之义民，不克永于多享。惟夏之恭多士，大不克明保享于民，乃胥惟虐于民，至于百为，大不克开。乃惟成汤，克以尔多方，简代夏作民主。慎厥丽，乃劝。厥民刑，用劝。以至于帝乙，罔不明德慎罚，亦克用劝。要囚，殄戮多罪，亦克用劝。开释无辜，亦克用劝。今至于尔辟，弗克以尔多方，享天之命。"④ 大意是：老天之所以不降天命给桀，是因为夏朝的众邦国君、供职众臣不知道保有福

---

① 《尚书·梓材》是周公教导康叔如何治理殷商故地的一篇训话，其中明确提出了一些对待殷商遗民的宽大政策。本篇《今文尚书》与《古文尚书》皆有。

② （战国）孟子等：《四书五经》，中华书局 2009 年版，第 263 页。奸宄（guǐ），违法作乱，在外为奸，在内为宄。历，俘虏。对于"历人"中的"历"，学者理解多有不同，例如"俘虏"（具体指俘虏人的人，参见周秉钧：《尚书易解》，华东师范大学出版社 2010 年版，第 183 页；江灏、钱宗武译注：《今古文尚书全译》，贵州人民出版社 2009 年版，第 236 页）、"同'厉'，残暴"（具体指残暴人的人，参见黄怀信：《尚书注训》，齐鲁书社 2009 年版，第 227～228 页）、"奴隶"（具体指杀掉奴隶的人，参见《尚书》，顾迁注译，中州古籍出版社 2010 年版，第 194 页；《尚书》，王世舜、王翠叶译注，中华书局 2012 年版，第 211 页）、"犯法"（具体指犯法作乱的人，参见屈万里：《尚书今注今译》，新世界出版社 2011 年版，第 95 页）、"罪人所过，知情藏匿资给"［参见（明）张居正撰：《尚书直解》，王岚、英巍整理，九州出版社 2010 年版，第 221 页］、"过路"（具体指过路的人，参见胡留元、冯卓慧：《夏商西周法制史》，商务印书馆 2006 年版，第 408 页）等。对于这样一个简单的字词，理解差异会如此之大，由此可知治学问道之不易，文化传承之艰难。

③ 《尚书·多方》是周公以成王之命，向殷商旧臣及各诸侯国君等发布的一篇诰词。成王理政后的第二年，淮夷与奄地叛乱，成王亲征，灭掉奄国，返回镐京，各诸侯国咸来朝会，周公代表成王发表诰命，要求他们认清天命，忠实服从周王朝的统治。其所告诫对象不只是殷人，也包括四方各国那些不驯服不安分的臣民，故称《尚书·多方》。方，邦、国。多方，即指众邦国。本篇《今文尚书》与《古文尚书》皆有。

④ （战国）孟子等：《四书五经》，中华书局 2009 年版，第 273 页。畀（bì），给予。纯，大，此谓天命。多方之义民，众国的君主。恭，通"供"，指供职。多士，众臣。胥，相互。至于百为，指无所不为。简，选择，此谓拥护、支持。丽，通"罹"，苦难。帝乙，商纣王之父。要，通"幽"，幽禁、监禁。殄（tiǎn），灭绝。戮，杀戮。尔辟，你们的君主，此指纣王。

命要依靠民众的道理。他们相互勾结，大肆残害民众，无所不用其极，夏朝自然陷于不可救药的地步。成汤善于取得各方诸侯的支持，取代夏桀做了人民的君主。他敬慎地对待那些遭受苦难的人，民众感动而勤勉从善。他对犯罪的人施以惩罚，也是为了使他们知惧而向善。自此以后一直到帝乙，无不坚持崇尚德教，慎用刑罚，努力使人民改恶迁善。他们监禁罪犯，杀死那些罪大恶极的人，人民因此勉力向善。他们释放那些无辜的人，人民也因此勉力向善。但到了你们的纣王，却不能和你们众邦国君共享上天的福命而至于灭亡。

《尚书·吕刑》总结了勤政慎刑的经验，通篇体现了明德慎罚的思想。例如，“德威惟畏，德明惟明”①，大意是：以德行威，天下莫不畏服；以德施明，百姓远离冤屈。“伯夷降典，折民惟刑”，大意是：伯夷颁布法令，依照刑律审理案件。“士制百姓于刑之中，以教祗德。穆穆在上，明明在下，灼于四方，罔不惟德之勤，故乃明于刑之中，率乂于民棐彝。典狱，非讫于威，惟讫于富。敬忌，罔有择言在身。惟克天德，自作元命，配享在下”②，大意是：司法官适用刑罚轻重得当，令罪犯畏罪远刑，改恶迁善，敬重道德。君主秉持美好的道德在上，群臣努力建立事功在下，政事清明，光照四方，没有人不勤行德教。因此，适用刑罚轻重得当，也就是为了引导人民远离违法犯罪。掌管刑狱的司法官，也不应当以立威为目标，而应努力做到仁厚。要常怀敬畏戒惧之心，不要口出恶言。如此才能担负上天仁爱的美德，才能成就自身的使命，才能配合天命享其禄位。“惟敬五刑，以成三德。一人有庆，兆民赖之，其宁惟永”③，大意是：要慎重适用五刑，努力实现三德。如果君王一人实施善政，那么广大臣民都会因此得到幸福，天下也就可以长久安宁了。

明德慎罚思想是周公等人在系统总结夏商以来的统治经验，特别是从夏桀、商纣亡国的历史教训基础上提出来的④，主要包含以下内容：

1. 明德，即崇尚道德教化。“明德”一词，在西周还有多种称谓，例如，《尚

---

① 本段所引《尚书》原文，均参见（战国）孟子等：《四书五经》，中华书局 2009 年版，第 284 页。

② 祗，敬重。穆穆，恭敬的样子。明明，努力的样子。灼，光照。富，仁厚。乂（yì），治理。棐（fěi），非。彝，法令、常规。富，仁厚。择言，败言、坏话。

③ 三德，即《尚书·洪范》篇中的正直、刚克、柔克三德。庆，善。赖，获利、受益。兆民，广大臣民。

④ 参见胡留元、冯卓慧：《夏商西周法制史》，商务印书馆 2006 年版，第 315 页。

书·召诰》《尚书·无逸》《尚书·君奭》[①] 中的“敬德”，《尚书·酒诰》[②] 中的“元德”，《尚书·立政》中的“逸德”等。西周金文[③]中，亦大量出现“明德”“懿德”“元德”“弘德”等词。例如，《虢旅叔钟》载“丕显皇考惠叔，穆穆秉元明德”。《班簋》载“允才（哉），显惟敬德”，《单伯钟》载“朕皇且（祖）考懿德”，等等。[④] 用词虽然不同，但“明”“敬”“元”“懿”“弘”等的含义却基本相同，均为修德之褒美词。[⑤] 周朝统治者虽然也同前朝一样，认为王权天授，“天畏（威）可畏”[⑥]，但作了重大修改。例如，周公认为，“天命”不是不能改变的，只授予有德者，此即《尚书·蔡仲之命》中所谓的“皇天无亲，惟德是辅。民心无常，惟惠之怀。为善不同，同归于治。为恶不同，同归于乱”[⑦]。明德思想非常重要的体现，就是要顺应民心。《尚书·泰誓上》载“天矜于民，民之所欲，天必从之。”[⑧]《尚书·无逸》中，周公劝诫成王说：“先知稼穑之艰难，乃逸，则知小人之依。”[⑨] 大意也就是说：要先知道耕种的艰难，这样，处在安逸的环境中才能知道百姓的疾苦。

2. 慎罚，即谨慎适用刑罚。西周统治者在提倡德教的同时，并没有把德教看成包治百病的万能良药，而是从来没有放弃刑罚。但桀、纣重刑亡国的教训，使周朝统治者认识到，严刑峻法不足以平息民众的不满，滥罚无辜更是只能导致更猛烈的反抗，因此，周朝统治者非常注意谨慎适用刑罚。西周金文中有大量慎罚思想的表述。例如，《牧簋》载“女（汝）毋敢弗帅先王作明井（刑）”，《班簋》载“文王孙亡弗怀刑”[⑩]，其中的“明刑”“怀刑”均为慎刑、慎罚之义。治国安民不能

---

① 奭（shì），召公之名。《尚书·君奭》是周成王时，周公对同时辅政的召公奭强调大臣对于王朝的重要性，希望二人能一起借鉴历史教训，和衷共济，团结一致治理国家的一篇谈话。

② 《尚书·酒诰》篇中，周公告诫康叔不要重蹈殷人酗酒亡国的覆辙。

③ 金文是汉字的一种书体名称，又称吉金文字、钟鼎文，是指铸刻在殷商和周朝青铜器上的铭文。金文应用的年代，上自商代末期，下至秦灭六国，约800多年。金文的字数，据容庚《金文编》记载，共计3722个，其中可识别的有2420个。金文略分为四种，即商朝金文、西周金文、东周金文和秦汉金文。参见百度百科“金文（殷周青铜器铭文）”。

④ 虢（guó）旅叔钟、班簋（guǐ）、单伯钟，均为西周时期青铜器，上均载有铭文。

⑤ 参见胡留元、冯卓慧：《夏商西周法制史》，商务印书馆2006年版，第314页。

⑥ 参见胡留元、冯卓慧：《夏商西周法制史》，商务印书馆2006年版，第314页。

⑦ （战国）孟子等：《四书五经》，中华书局2009年版，第272页。

⑧ （战国）孟子等：《四书五经》，中华书局2009年版，第247页。矜，怜悯、怜惜。

⑨ （战国）孟子等：《四书五经》，中华书局2009年版，第269页。稼穑，农事。依，通“衣”，指隐痛、疾苦。

⑩ 参见胡留元、冯卓慧：《夏商西周法制史》，商务印书馆2006年版，第314页。

不用刑罚，但关键是怎样适用刑罚。必须谨慎明察，确保刑罚适用得当。《易经》第十四卦《大有》卦的六五卦辞曰：“厥孚交如，威如，吉。”大意也就是说：刑罚因明察而得当，便可收到刑威民畏而民服的效果。同时，不能为了刑罚而刑罚，而是要把刑罚当成劝民向善的手段。《尚书·多方》提出“厥民刑，用劝”“要囚，殄戮多罪，亦克用劝”“开释无辜，亦克用劝”等，也都在强调要正确认识刑罚的定位，惟此才能最大限度地消除民怨，获取民心。

3. 明德与慎罚密切结合。德教与刑罚并非相互割裂的。“不敢侮鳏寡，庸庸，祇祇，威威”“制百姓于刑之中，以教祇德”等均强调二者都是治理社会的必要手段，且必须密切结合。明德是慎罚的指导思想和保证，必须首先注重教化，重视对犯罪的预防，强调教化的优先地位，先德后罚，先教后杀。适用刑罚的目的并非简单地为了惩罚，而是以教化为最终依归，要将德教寓于刑罚之中。惟此才能实现“其宁惟永”的长治久安效果。

明德慎罚思想在完善西周的法律制度，促进西周社会的发展、繁荣方面发挥了积极作用。《史记·周本纪》载“成康之际，天下安宁，刑错四十馀年不用”①，经济繁荣，文化昌明，国力强大，是周朝最为强盛的时期，史称“成康之治”，是中国历史有记录以来的第一个太平盛世，历代敬仰。后共王、懿王时期和宣王时期，明德慎罚思想又两次中兴②，对纠正统治阶级的暴虐、化解严重的社会危机、延续奴隶制阶级的统治发挥了重要作用。

明德慎罚思想和在其指导下制定的一系列司法原则，在当时的世界法制思想和立法上都是无与伦比的，并对后世产生了深远的影响。“德主刑辅”“宽猛相济”等思想由此衍生，直接指导了后世历代王朝的立法和司法实践活动，并对周边各国的立法活动产生了广泛的影响。

七、列用中罚

列用中罚，语出《尚书·立政》③，含义是：刑罚适用应当轻重适中。其重心在于适用刑罚要合于中庸之道，轻重适度，无过无不及。

---

① （西汉）司马迁：《史记》，中华书局2009年版，第21页。错，搁置、不劳使用。

② 参见胡留元、冯卓慧：《夏商西周法制史》，商务印书馆2006年版，第323~325页。

③ 《尚书·立政》是周公对成王的一篇诰词，篇中周公总结夏、商两代设官的经验教训，向成王提出一套设立官职、任用官员的建制和法度，其中特别强调了君王不能干预司法程序。本篇《今文尚书》与《古文尚书》皆有。

《尚书·立政》篇中，周公在总结了夏、商以及周文王在用人方面的经验和教训，对成王提出希望和要求后，郑重地呼唤史官上前，记载列用中罚的司法原则，以作为后世之法："司寇苏公，式敬尔由狱，以长我王国。兹式有慎，以列用中罚。"① 大意是：昔日成王时，苏忿生为司寇之官，他于大小之狱，都不敢轻易裁断，必哀矜详审，唯恐冤枉一人。所以才能引导民众改恶迁善，培养国家的根本，延长我王国的福运。前人所行乃后人之师。你要将苏公敬狱之事认真记录下来，以使后世做司寇的要慎之又慎，确保刑罚适用既合乎法律，又轻重适当。法当其情，罚当其罪，天下自然也就没有冤狱了。

列用中罚是中国古代的中庸思想的重要体现，包含了古人对于治国理政的丰富经验和深刻智慧，其主要包括如下内容：

1. 治国理政应恪守中道，不走极端。《尚书·大禹谟》载舜帝曰："人心惟危，道心惟微，惟精惟一，允执厥中。"② 大意是：人心难易其诡，道心难得其真，求真总须精专，治世方能守中，或者说，危则难安，微则难明，故戒以精一，信执其中也。③ 换言之，人虽然只有一个心，但基于私欲的心，叫作人心，基于道义的心，叫作道心。满足私欲的人心一旦起心动念，如果没有道义制约，便可能流于邪恶而不可阻止，这不是很危险吗？道义之心，人皆有之，但往往为私欲所压制，将显将露之间又被遮蔽了，所以说道心微妙难见啊。人心与道心，陈杂在方寸之间，如果不加认真辨别，自然会危者愈危，微者愈微，最终道义之公很难战胜人欲之私。所以一定要精心明察，专一地守护内心，常为自身之主，只有这样，才能真正

① （战国）孟子等：《四书五经》，中华书局 2009 年版，第 276 页。司寇，掌管刑罚的官员。苏公，指苏忿生，为成王时司寇。式，规定。由，用。兹，这。有，通"又"。列，成例、法律。中，轻重适当。

② （战国）孟子等：《四书五经》，中华书局 2009 年版，第 220 页。危，危险，此处指人为满足私欲而易违背道义、产生恶害。微，微妙，此处指道义微妙难辨，隐蔽难知。精，精心、专诚。一，专一、一心一意。允，信、才能够。执，秉持、实行。厥，其。中，中道。

③ 参见（唐）魏征等撰：《群书治要》，沈锡麟整理，中华书局 2014 年版，"卷二尚书"，第 18 页。《群书治要》为唐初魏征等受命于唐太宗，辑录前人著述，经数年呕心沥血于 631 年完成的匡政巨著。该书取材于六经、四史、诸子百家，"上始五帝，下迄晋年"，以"务乎政术，存乎劝戒"为宗旨，对一万四千多部、八万九千多卷古籍删繁取精，浓缩成五十卷的珍本，约五十余万言。该书"博而要"，是一部"用之当今，足以鉴览前古；传之来叶，可以贻厥孙谋"的经典之作，是中国历史上第一套按照经史子分类的类书，可以说是唐朝时期的"四库全书"。然而这本史诗级巨著却因当时雕版印刷术尚未发明而未普及，加之唐末战乱，致使此书在中国失传近千年，幸得由日本遣唐使抄录带去日本，经过多代人共同努力，终使该书重见天日。学人叹之谓："不幸之万幸。"

合乎中正之道。天下之治，皆本于心，端本之学，正心为要。“人心惟危，道心惟微，惟精惟一，允执厥中”被称为儒学乃至中国文化传统的“十六字心传”，是儒学精髓之所在，“开万世心学之源，道统之传，实自此始”①。《尚书·仲虺之诰》②载，仲虺告诫商汤说：“王懋昭大德，建中于民，以义制事，以礼制心，垂裕后昆。”③ 大意是：大王要努力彰显高尚的品德，在民众中建立中正之道，用义理来裁决事务争端，用礼法来制约内心思想，如果能做到这些，那你留给后世子孙的东西将是十分丰厚的。《尚书·酒诰》中，周公也告诫康叔说：“尔克永观省，作稽中德。”④ 大意是：你要始终明察自省，所作所为都要合乎中正之道。

2. 刑罚适用应恪守中道。治国理政的中正之道体现在刑罚中，便是刑罚适用应做到轻重适度，无过无不及。前引《尚书·吕刑》所载的“士制百姓于刑之中，以教祗德”“明于刑之中，率乂于民棐彝”均体现了列用中罚的思想。此外，《尚书·吕刑》还有很多规定也体现了这一思想。例如，“非佞折狱，惟良折狱，罔非在中”⑤，大意是：审理案件不要仰仗辩捷的口才，而是要心怀宽厚，务必使案件处理轻重得当。“哲人惟刑，无疆之辞，属于五极，咸中有庆”⑥，大意是：治理百姓要依靠刑法，处理无穷无尽的讼词，要仔细明察，使其一一符合五刑的标准，而且要处置适中，这样才是百姓之福。

3. 轻重互补，在动态中寻求平衡。刑罚轻重适度并非一个静态的概念。在很多情况下，案件事实错综复杂，刑罚情节轻重并存，为此就需要综合考量各种因素，在动态中实现刑罚的中道。《尚书·吕刑》载：“上刑适轻，下服。下刑适重，

---

① （明）张居正撰：《尚书直解》，王岚、英巍整理，九州出版社2010年版，第27~28页。

② 《尚书·仲虺之诰》是商朝大臣仲虺（huǐ）对商汤的一篇诰词。商汤灭夏后，放逐夏桀到南巢，自惭自己的行为不如古代圣王，尧舜禹都是用禅让继承帝位，自己却用武力取得帝位。仲虺作此诰词，以商汤所为合于天命而加以宽慰，并劝勉其发扬美德，为子孙后代造福。本篇惟《古文尚书》独有。

③ （战国）孟子等：《四书五经》，中华书局2009年版，第231页。懋，努力。中，中道。垂，流传。裕，丰厚。后昆，后裔、子孙。

④ （战国）孟子等：《四书五经》，中华书局2009年版，第261页。作，言行、举动。稽，符合。

⑤ （战国）孟子等：《四书五经》，中华书局2009年版，第285页。佞（nìng），巧言善辩，指口才辩捷之人。良，善良，指忠厚善良之人。

⑥ （战国）孟子等：《四书五经》，中华书局2009年版，第285页。哲，通“折”，制。无疆，无尽。五极，五刑的标准。

上服。轻重诸罚有权。”[①] 大意是：犯了重罪，本应判处重刑，但如果案情中有应该考虑从轻的情节，那就要从轻发落，适用较轻的刑罚。犯了轻罪，本应判处轻刑，但如果案情中有应该考虑从重的情节，那就要从重发落，适用较重的刑罚。刑罚条文是固定的，但适用时一定要结合具体情况，灵活掌握，切不可拘泥于条文的字面含义，过于僵化。

中庸思想在后世得到进一步传承和发扬，列用中罚的思想也随之不断发展。《中庸》集中阐述了中庸思想，提出“中也者，天下之大本也”“执其两端，用其中于民，其斯以为舜乎?”等重要思想，对后世产生了深远影响。

明朝朱元璋强调治世用中的思想。据《明太祖宝训》载：洪武二年正月庚子，太祖御奉天门，召元之旧臣问其政事得失。马翼对曰：“元有天下，以宽得之，亦以宽失之。”太祖曰：“以宽得之，则闻之矣。以宽失之，则未之闻也。夫步急则蹶，弦急则绝，民急则乱。居上之道，正当用宽。但云宽则得众，不云宽之失也。元季君臣耽于逸乐，循至沦亡，其失在于纵，元实非宽也。大抵圣王之道，宽而有制，不以废弃为宽；简而有节，不以任易为简。施之适中，则无弊矣。”[②] 在此，朱元璋明确指出“宽”并非“纵”，可谓切中要害。清代康熙说：“凡事宜用中，不可偏也。”“天下凡事当中道而行。”乾隆也认为：“办理天下事，惟贵合乎中道，不可拘于一偏。”“夫用中敷治，列圣相传，然中无定体，随时而用，因事而施。”“中之理，无定在而中之用甚广博，一物有一物之中，一事有一事之中，若不择之审，而行之至，则所谓执中无权，犹执一也。故夫舜之执两用中非大舜自用其中也，彼两端之间自有一定不移之中。”“为政之道，为理一切事务。惟当折衷至当，不可稍有偏倚。”[③] 并在刑罚适用中强调轻重适度、恪守中道，在实践中产生了良好的效果。

八、世轻世重

世轻世重，语出《尚书·吕刑》，是指要根据社会形势的具体情况决定刑罚的

---

① （战国）孟子等：《四书五经》，中华书局2009年版，第285页。上刑，重刑。下服，服减等之罪。下刑，轻刑。上服，服加等之罪。权，权变。

② （明）朱元璋：《明太祖宝训·卷一》，载古典文学网，http：//www. cngdwx. com/yuanmingqing/mingtaizubaoxun/298052. html，最后访问日期：2020年8月2日。

③ 阎光亮：《论康雍乾三朝宽严相济的施政方针》，载《社会科学辑刊》1993年第4期，第92～93页。

轻重宽严。其重心在于强调刑罚适用要考虑社会形势的发展，强调刑罚的动态性、灵活性。

《尚书·吕刑》载："刑罚世轻世重，惟齐非齐，有伦有要。"① 大意是：刑罚的轻重要根据社会形势的不同进行灵活调整，或轻或重，因时制宜。这样，对于整齐划一的刑罚规定，具体适用便各有不同。但要注意的是，这种调整必须既符合社会伦理道德，又有明确具体的要求。

世轻世重思想对刑罚适用提出了因时而变的要求，深刻包含了古代中国"变易""不易"的思想智慧，具体如下：

1. 刑罚适用要因时制宜，灵活变通。《周礼·秋官司寇·大司寇》载大司寇的职责是："掌建邦之三典，以佐王刑邦国，诘四方：一曰刑新国用轻典；二曰刑平国用中典；三曰刑乱国用重典。"大意是，掌管建立王国的三种法典，以辅佐天子用刑法治理天下，禁止四方诸侯为非作歹：第一种法典为轻典，用于刚刚建立的国家；第二种法典为中典，用于承平守成的国家；第三种法典为重典，用于发生叛乱篡逆的国家。郑玄注曰：新国者，新辟地立君之国，用轻法者，为其民未习于教；平国，承平守成之国也，用中典者，常行之法；乱国，篡弑叛逆之国，用重典者，以其化恶，伐灭之。② 张居正解曰：如世当开创之初，法度更新，人心未定，不可以刑威劫之，则刑罚之用，皆宜从轻；世当衰乱之余，法令废弛，人心不肃，不可以姑息治之，则刑罚之用，皆宜从重。③ 刑罚适用因时而变，体现了变易的思想。

2. 刑罚适用的变通要注意坚持一定的原则。在刑罚适用因时制宜的变通中，还应当坚持一些不变的原则。如前所说，"惟齐非齐"，无论刑罚适用异同轻重，均须"有伦有要"，既要符合社会的伦理道德规范，也要有明确具体的要求。张居正对此解曰：刑罚之轻重，或原情而定罪，或随时而制宜，虽整齐划一之中，却有参差不齐的去处；然究其归，则皆合乎人情，宜于世变；轻的不是故纵，乃当轻则轻，重的不是故入，当重则重；盖截然有伦序而不可乱，确然有体要而不可易者，岂徒任意以为之哉！又说：盖言用刑者，于经常中，不可不知权变；权变中，又不

---

① （战国）孟子等：《四书五经》，中华书局 2009 年版，第 285 页。齐，相同。伦，道理。要，要求。

② 参见（东汉）郑玄注、（唐）贾公彦疏：《周礼注疏》，上海古籍出版社 2010 年版，第 1318 ~ 1319 页。

③ 参见（明）张居正撰：《尚书直解》，王岚、英巍整理，九州出版社 2010 年版，第 330 页。

可不本于经常也。[①] 这些论述体现了变易与不易思想的融会贯通，包含了中国古人治国理政的深刻智慧。

世轻世重、三国三典是周朝统治者根据长期的治理经验提出的重要思想，受到后世统治者和思想家的普遍重视。刘邦夺取咸阳后，针对秦朝苛法虐民的教训，宣布："父老苦秦苛法久矣……与父老约，法三章耳：杀人者死，伤人及盗抵罪。馀悉除去秦法。""秦人大喜，争持牛羊酒食献飨军士。"[②] 约法三章对于刘邦争取民心、建立统一的政权发挥了重要作用。汉初统治者实行宽刑减赋、休养生息政策，逐渐形成封建的正统法律思想。汉文帝即位不久，便废除了收孥相坐之法，他说："法者，治之正也，所以禁暴而率善人也。今犯法已论，而使毋罪之父母妻子同产坐之，及为收帑，朕甚不取"，强调"法正则民悫，罪当则民从"。[③] 后又废除秦时处以灭族之刑的诽谤妖言罪[④]，发布了影响深远的废除肉刑的诏令[⑤]。经汉初的删烦除苛，出现了"禁网疏阔""刑罚用稀"的局面。景帝元年，又允许以宫刑代死刑，并减少笞刑之数[⑥]，继续完成废除肉刑的改革。这些刑罚改革措施符合当时社会的发展状况，推动了政治的进步和经济的繁荣，促成了中国历史上著名的"文景之治"。

西晋惠帝时，"政出群下，每有疑狱，各立私情，刑法不定，狱讼繁滋"，司法官刘颂认为其所处之时代为"叔世"，也就是乱世、末世，认为当时的刑法过于仁慈，法不治罪，并对此提出批评"古者用刑以止刑，今反于此。诸重犯亡者，发过三寸辄重髡之，此以刑生刑。加作一岁，此以徒生徒也。亡者积多，系囚猥畜。议者曰囚不可不赦，复从而赦之，此为刑不制罪，法不胜奸。下知法之不胜，

① 参见（明）张居正撰：《尚书直解》，王岚、英巍整理，九州出版社 2010 年版，第 330 页。

② （西汉）司马迁：《史记》，中华书局 2009 年版，第 75 页。

③ （西汉）司马迁：《史记》，中华书局 2009 年版，第 91 页。同产，同母所生者。帑（nú），古同"孥"，旧指子女，也指妻和儿女。悫（què），诚实。

④ 参见（西汉）司马迁：《史记》，中华书局 2009 年版，第 93 页。据《史记・秦始皇本纪》载，秦始皇时，术士侯生与卢生曾私自议论过秦始皇，因而激起他的愤怒，他说："卢生等吾尊赐之甚厚，今乃诽谤我，以重吾不德也。诸生在咸阳者，吾使人廉问，或为妖言以乱黔首。"［参见（西汉）司马迁：《史记》，中华书局 2009 年版，第 48 页。］由此形成了"诽谤妖言"的罪名，制造了一起一次杀害 460 余名儒生的坑儒事件。（参见张晋藩等：《中国刑法史新论》，人民法院出版社 1992 年版，第 166 页。）

⑤ 参见（西汉）司马迁：《史记》，中华书局 2009 年版，第 94 页。

⑥ 参见（北宋）司马光编撰：《资治通鉴》，大众文艺出版社 1999 年版，第 124 页。

相聚而谋不轨，月异而岁不同。故自顷年以来，奸恶陵暴，所在充斥”①，主张在司法实践中厉行重典治国的理念。

宋代是中国古代法律思想发展的重要时期，世轻世重的政策思想也进一步充实和完善。例如，神宗朝参知政事（副宰相）张方平认为：“俗无定化，法贵善更，不循古以碍今，不执此而妨彼。”宋朝名相韩琦指出：“人情万端，法制一定。夫以一定之法，而制万端之情，欲轻重得宜，古今无易，不其难哉?”苏颂②认为：“取其宜于时者，由是变而通之，或革或因，至纤至悉。”“敕著罪名，令存禁止，应于典则，尽载式文，世重世轻，盖亦随时之义。”宋徽宗也在诏书中说：“若法度有弊，随宜增改，兹治道之常情，驭世之通规。夫变而通之存乎法，推而行之存乎人。”这种立法贵乎变通的思想充分体现在宋代历朝修纂编敕的立法活动中。③

宋朝统治者常根据社会形势的需要，因时制宜，采用灵活变通的刑罚适用策略来加强对社会关系的调整。例如，耕牛是当时的重要生产工具，真宗曾诏“自今屠耕牛及盗杀牛，罪不至死者，并系狱以闻，当从重断”，规定以奏案的形式给予重断，以保护耕牛不受侵害。又如，贼盗罪对社会危害极大，宋代从仁宗时起，制定有贼盗重法，划定重法区域，严厉镇压贼盗等危害社会秩序的犯罪。孝宗时规定凡强盗两次以上，“虽为从，论死”④。

在特殊情况下，宋朝也采取刑罚从宽的原则处理案件。例如，遇饥荒年代，凡因饥饿而抢劫粮食者，减一等罪处罚。1025 年，宋仁宗下诏：“陕西灾伤州军，持杖劫人仓廪，非伤主者减死，刺配林州牢城，非主谋者又减一等，仍令长史密以诏书从事。”宋人程大昌记载：“自是诸路伤灾，即降不下司敕。而饥民盗取谷食多蒙活宥。”这是针对灾荒年代制定的特殊政策。自此以后，地方凡有灾荒，政府即下敕，从宽处理灾民劫仓强取粮食以活命的犯法行为。⑤

---

① 本段西晋相关资料参见（唐）房玄龄等：《晋书·刑法志》，载古诗文网，https：//www.gushiwen.com/dianjiv/79600.html，最后访问日期：2020 年 7 月 12 日。髡（kūn），古代剃去男子头发的一种刑罚。

② 苏颂（1020～1101 年），宋朝著名的天文学家、天文机械制造家、药物学家，官至刑部尚书、吏部尚书，晚年入阁拜相。

③ 本段宋朝相关资料参见戴建国：《宋代刑法史研究》，上海人民出版社 2008 年版，第 7、53 页。

④ 本段宋朝相关资料参见戴建国：《宋代刑法史研究》，上海人民出版社 2008 年版，第 54 页。

⑤ 本段宋朝相关资料参见戴建国：《宋代刑法史研究》，上海人民出版社 2008 年版，第 54～55 页。

九、德主刑辅

德主刑辅，发端于西周，初成于春秋，理论化于西汉，法典化于唐朝，并为后世历代王朝所传承，是中国封建正统法律思想的主要内容，其基本含义是：治国理政要先德后刑、先教后诛，以德为主、以刑为辅。其重心在于强调道德教化的指导性和优先性，并明确了刑罚相对于德教的辅助地位。

春秋时期，社会动荡，“礼崩乐坏”，孔子为了匡正天下，继承西周的明德慎罚等思想，并进一步发扬和演绎，提出为政以德、德刑并用、先德后刑等德主刑辅思想。具体而言，孔子的德主刑辅思想主要包括如下内容：

1. 以仁为本，德礼为先。“仁”是孔子思想的核心。孔子把“仁”作为最高道德标准和各种美德的源泉，强调“仁者爱人”。《中庸》载，孔子提出：“为政在人，取人以身，修身以道，修道以仁。”① 大意是：执政的好坏关键是执政者，选择执政者的标准是看他自身的修养，自身的修养以道德为标准，这个道德标准就是“仁”。换言之，为政的中心始终在人，即使是好的法制，也是人创立的。那么究竟哪一种人才能真正做好为政之道呢，那就要看这个领导人的道德学养，是否达到仁义的境界了。②《论语·为政第二》中，孔子说：“为政以德，譬如北辰，居其所而众星共之。”大意是：以道德教化来治理国家，就像北极星一样安坐在自己的位置上，其他星辰都环绕在其周围。

2. 德刑并用，德刑相济。孔子在强调道德教化作用的同时，也十分注重刑罚的作用，认为必须德刑两手并用，不可偏废。《孔子家语·五刑解第三十》中，孔子提出：“刑罚之源，生于嗜欲不节。夫礼度者，所以御民之嗜欲而明好恶。顺天之道，礼度既陈，五教毕修，民而犹或未化，尚必明其法典以申固之。”③《孔子家语·刑政第三十一》中，孔子认为：“圣人之治化也，必刑政相参焉。太上以德教民，而以礼齐之。其次以政言导民，以刑禁之。刑，不刑也。化之弗变，导之弗从，伤义以败俗，于是乎用刑矣。”④

3. 先德后刑，先教后诛。孔子认为：“道之以政，齐之以刑，民免而无耻；道

---

① （战国）孟子等：《四书五经》，中华书局 2009 年版，第 55 页。

② 参见南怀瑾：《话说中庸》，东方出版社 2015 年版，第 197 页。

③ 《孔子家语》，王国轩、王秀梅译注，中华书局 2011 年版，第 350 页。

④ 《孔子家语》，王国轩、王秀梅译注，中华书局 2011 年版，第 355 页。

之以德，齐之以礼，有耻且格。”① 大意是：用法制去引导百姓，用刑罚来约束他们，老百姓只求能免于犯罪受惩罚，却没有廉耻之心；用道德来引导百姓，用礼制去感化他们，百姓就不仅会有廉耻之心，而且有归服之心。孔子认为“政”“刑”的约束是消极的，只能治标；而“德”“礼”教化则是积极而有效的，是能够真正教化人心，防患于未然的治国安邦的重要措施，因而二者之间是有先后、主次之分的。

孔子之后，孟子也主张先德而后刑，反对滥杀无辜，认为：“杀一无罪，非仁也”②，“无罪而杀士，则大夫可以去；无罪而戮民，则士可以徙”③，强调要详察明判，慎刑慎杀。荀子继承孔孟先德后刑、先礼后刑的思想，力主把教化同刑罚相结合，认为：“不教而诛，则刑繁而邪不胜；教而不诛，则奸民不惩。”④ 既反对不教而诛，也反对教而不诛。“杀人者不死，而伤人者不刑，是谓惠暴而宽贼也……一物失称，乱之端也。夫德不称位，能不称官，赏不当功，罚不当罪，不祥莫大焉。……刑称罪则治，不称罪则乱。”⑤ 主张罪刑相称，反对罚不当罪。

西汉董仲舒以先秦儒家学说为中心，吸收道家、法家、阴阳家等思想，提出“罢黜百家，独尊儒术”，形成了统治中国达二千年之久的封建正统儒家思想。董仲舒继承和发展了孔子的德主刑辅思想，并将其置于“天人感应”“阴阳五行”说的基础之上，与其人性论融合在一起，加以论证，从而使德主刑辅思想逐渐理论化。⑥ 他用阴阳四时比喻德刑的不可偏废，认为：“王者欲有所为，宜求其端于天。天道之大者在阴阳。阳为德，阴为刑；刑主杀而德主生。……以此见天之任德而不任刑也。……王者承天意以从事，故任德教而不任刑。刑者不可任以治世，犹阴之不可任以成岁也。为政而任刑，不顺于天，故先王莫之肯为也。”⑦ 董仲舒的德刑观在汉代具有代表性，他虽重德教，但并不忽视刑法的作用，主张“厚其德而简其刑”“以刑辅德”。从董仲舒到东汉郑玄，经众多思想家的不断努力，开拓了

---

① （战国）孟子等：《四书五经》，中华书局2009年版，第7页。

② （战国）孟子等：《四书五经》，中华书局2009年版，第113页。

③ （战国）孟子等：《四书五经》，中华书局2009年版，第91页。

④ 《荀子》，中华文化讲堂注译，团结出版社2017年版，第107页。

⑤ 《荀子》，中华文化讲堂注译，团结出版社2017年版，第144～145页。

⑥ 参见李润红：《浅论儒家“德主刑辅”的法律思想及其借鉴价值》，载《云南大学学报》（法学版）2004年第2期，第76～78页。

⑦ （东汉）班固：《汉书》，中华书局2007年版，“董仲舒传”，第563页。

“引礼入法”“礼法结合”的途径。汉儒们认为，礼是维持社会秩序的行为规范，德教又是维持礼的力量，但礼和德都离不开法。他们较为详尽地论证了礼法关系和德法关系。贾谊认为“礼者禁于将然之前，而法者禁于已然之后”①。《汉书·刑法志》中指出：“《书》云‘伯夷降典，哲民惟刑’，言制礼以止刑，犹堤之防溢水也。”② 陈宠认为，礼和刑是相互呼应，互为表里的，“礼之所去，刑之所取，失礼则入刑，相为表里者也”③。刘向把刑德看作治国的“二机”，认为：“王者尚其德而稀其刑，霸者刑德并凑，强国先其刑而后其德。夫刑德者，化之所由兴也。德者，养善而进之者也；刑者，惩恶而禁后者也。故德化之崇者至于赏，刑罚之甚者至于诛。”④ 荀悦认为：“德刑并用，常典也。”⑤ 崔寔认为：“刑罚者，治乱之药石也；德教者，兴平之粱肉也。”⑥ 三国时期桓范认为：“夫治国之本有二：刑也，德也。二者相须而行，相待而成矣！天以阴阳成岁，人以刑德成治，故虽圣人为政，不能偏用也。”⑦ 西晋傅玄认为：“治国有二柄：一曰赏，二曰罚。……人之所好莫甚于生，所恶莫甚于死。……独任威刑而无德惠，则民不乐生；独任德惠而无威刑，则民不畏死。……有国立政，能使其民可教可制者，其唯威德足以相济者乎！”⑧

唐朝继承和发展了董仲舒以来的德主刑辅思想，并在刑事立法和司法实践中取得了重大进展。《唐律疏议·名例律》中提出“德礼为政教之本，刑罚为政教之用，犹昏晓阳秋相须而成者也”⑨，认为德礼为本，刑罚处于辅助地位，因政教而施用刑罚，礼与刑相辅相成。在立法中，要求约法省刑，刑罚要宽，条文要简。唐

① （东汉）班固：《汉书》，中华书局2007年版，“贾谊传”，第492页。

② （东汉）班固：《汉书》，中华书局2007年版，“刑法志”，第155页。

③ （南朝宋）范晔：《后汉书》，中华书局2007年版，“郭陈列传”，第455～456页。

④ （唐）魏征等撰：《群书治要》，沈锡麟整理，中华书局2014年版，“卷四十三说苑·政理”，第527页。

⑤ （东汉）荀悦：《申鉴·时事》，载百度百科，https：//baike. baidu. com/item/%E7%94%B3%E9%89%B4/2857129？fr = aladdin，最后访问日期：2020年7月12日。

⑥ （南朝宋）范晔：《后汉书》，中华书局2007年版，“崔骃列传”，第509页。崔骃（？～92年），东汉初期文学家。崔寔（约103～约170年）乃崔骃之孙，东汉政论家。寔，音shí。

⑦ （唐）魏征等撰：《群书治要》，沈锡麟整理，中华书局2014年版，“卷四十七政要论·臣不易”，第576页。

⑧ （唐）魏征等撰：《群书治要》，沈锡麟整理，中华书局2014年版，“卷四十九傅子”，第594页。

⑨ （唐）长孙无忌等：《唐律疏议》，刘俊文点校，中华书局1983年版，第3页。

太宗认为："死者不可再生，用法务在宽简。"[①] 在司法中，则要求依法办事，一断于法。魏征也认为："圣哲君临，移风易俗，不资严刑峻法，在仁义而已。……仁义，理之本也；刑罚，理之末也。为理之有刑罚，犹执御之有鞭策也。人皆从化，而刑罚无所施；马尽其力，则有鞭策无所用。……圣人甚尊德礼而卑刑罚……圣帝明王，皆敦德化而薄威刑也。"[②]"贞观之初，志存公道，人有所犯，一一于法。"[③]德主刑辅、礼法并用的思想与唐初采取的其他经济社会政策一起，促使在唐太宗执政的贞观年间，出现了一个政治清明、经济发展、社会安定、武功兴盛的治世，史称"贞观之治"。这是唐朝的第一个治世，也为后来的开元盛世奠定了扎实的基础。

北宋时，德主刑辅的法律思想继续发展。司马光指出："国家之治乱，本于礼。"认为礼与法之间是本与末的关系，凡属礼所允许的，必为法所不禁；而为法所禁者，必为礼所不容，法以礼为指导原则，礼以法为推行工具；礼与刑不可偏废，但应以礼为主，礼法并用；对百姓应先教后刑，在教化不起作用时，再加以刑罚。孔文仲认为："德与刑并行于天地之间，如寒暑相将而未尝离也，于是之间必有先后之次：上焉者专德以胜刑，若尧舜之无形，成周之措刑是也；中焉者，假刑以助德，若西汉宣帝任刑名，东汉明帝善刑理是也；下焉者，唯刑而已，秦人以刑致乱，隋人以刑兆变是也。"认为德与刑，孰先孰后，以何为重，关系到国家安危存亡，主张德先刑后，反对唯刑观。[④]

到了南宋，德主刑辅的思想进一步系统化。朱熹认为，三纲五常是天理的表现，是社会的最高道德标准，是治道的根本。天理和人欲是对立的，存天理就是要上下有序，尊卑有别，必须用刑罚来护卫天理。他认为，凡有讼狱，必先论其尊卑、上下、长幼、亲疏之分，而后听其曲直之辞。其法律思想，说到底就是以礼决狱，把礼的原则纳入法律之中。他认为，政者，为治之具，刑者，为辅治之法，只

---

① （唐）吴兢：《贞观政要》，俞婉君译注，二十一世纪出版社 2018 年版，"刑法第三十一"，第 283 页。

② （唐）吴兢：《贞观政要》，俞婉君译注，二十一世纪出版社 2018 年版，"公平第十六"，第 199 页。

③ （唐）吴兢：《贞观政要》，俞婉君译注，二十一世纪出版社 2018 年版，"公平第十六"，第 201 页。

④ 本段宋朝相关资料参见戴建国：《宋代刑法史研究》，上海人民出版社 2008 年版，第 2~3 页。

有德礼才是治世之本。①

宋代统治阶级在强调以礼治天下的同时，非常重视法的作用。宋太祖曾强调“王者禁人为非，莫先于法令”。宋太宗在诏书中指出：“夫刑法者，理国之准绳，御世之衔勤（勒）。轻重无失，则四时之风雨弗迷；出入有差，则兆人之手足何措？”“事之为防，曲为之制。”在这些理念的指导下，宋代进行了中国法制史上少见的大规模立法活动。②

明朝朱元璋厉行重典，但同样注重将礼的预防犯罪职能与刑的镇压犯罪职能统一起来，即“明礼以导民，定律以绳顽”③。清朝康熙帝认为治世之道以宽为本，强调治民必须以礼仪教化为主，曾谕示三法司说：要“以德化民，以刑弼教”，“敬慎庶狱，刑期无刑”④。这些思想对刑事立法和司法实践产生了重要的影响。

十、宽猛相济

宽猛相济，语出《孔子家语》，含义是：适用刑罚必须要将宽和的一面与严厉的一面相结合，并行不废，相互补充。其重心在于适用刑罚应宽猛并用，宽猛互济。

《孔子家语·政论解第四十一》载，郑子产有疾，谓子太叔曰：“我死，子必为政，唯有德者能以宽服民，其次莫如猛。夫火烈，民望而畏之，故鲜死焉；水濡弱，民狎而翫之，则多死焉，故宽难。”子产卒，子太叔为政，不忍猛而宽，郑国多掠盗。太叔悔之，曰：“吾早从夫子，必不及此。”孔子闻之曰：“善哉！政宽则民慢，慢则纠于猛。猛则民残，民残则施之以宽。宽以济猛，猛以济宽，宽猛相济，政是以和。《诗》云：‘民亦劳止，汔可小康。惠此中国，以绥四方。’施之以宽也。‘毋纵诡随，以谨无良。式遏寇虐，惨不畏明。’纠之以猛也。‘柔远能迩，以定我王。’平之以和也。又曰：‘不竞不絿，不刚不柔。布政优优，百禄是遒。’

① 参见戴建国：《宋代刑法史研究》，上海人民出版社 2008 年版，第 3～4 页。

② 本段宋朝相关资料参见戴建国：《宋代刑法史研究》，上海人民出版社 2008 年版，第 4～5 页。

③ （明）朱元璋：《大明律·序》，载国学导航网，http：//www. guoxue123. com/shibu/0401/01dmljj/001. htm，最后访问日期：2020 年 7 月 12 日。

④ 《清实录·康熙朝实录·卷之九十四》，载中国社会科学网，http：//www. cssn. cn/sjxz/xsjdk/zgjd/sb/jsbml/qslkxcsl/201311/t20131120_846845. shtml？COLLCC = 403189560&，最后访问日期：2020 年 7 月 12 日。

和之至也。”子产之卒也，孔子闻之，出涕曰：“古之遗爱。”① 大意是，郑国的子产生了病，对子太叔说：“我死之后，你一定会执政。只有有德行的人，才能够用宽和的政策来使百姓服从，差一等的人就只好用严厉的政策了。火性猛烈，人们一看就害怕，所以很少有人死于火。水性柔弱，人们轻慢而玩弄它，结果很多人被淹死了。因此施行宽和的政策很难。”子产去世后，子太叔执政，不忍心用严厉的政策，而施行宽和的政策，结果郑国出现了很多盗贼。子太叔很后悔，说：“我要是早听子产他老人家的话，也不至于出现这种情况。”孔子听到此事后说：“真好啊！政策过于宽和，百姓就会怠慢，怠慢了就要用严厉的政策加以纠正。政策过于严厉，百姓就会受到伤害，就要用宽和的政策安抚他们。用宽和调剂严厉，用严厉调剂宽和，政事因此得到调和。《诗经·大雅·民劳》中说：‘百姓已经很辛劳，稍稍休息保安康。爱护中原老百姓，可以安定国四方。’这是说施行宽和的政策。‘骄横欺诈不放纵，不良之辈要严惩。制止暴虐与劫掠，胆大妄为要严惩。’这是说用严厉来纠正宽和。‘安抚远方善友邻，以此安定我王室。’这是用政策调和以使国家安定。‘既不急躁，也不迟缓，既不过于刚猛，也不过于柔弱，施政温和而宽厚，各种福禄就都会具备。’这是和谐的最高境界。”子产去世，孔子听到消息后，流着泪说：“子产的仁爱，真是有古人遗风啊！”②

宽猛相济传承了舜帝以来的惟刑之恤、明刑弼教、明德慎罚、刚柔相济等政策思想，并在实践中做了较为全面的落实。具体而言，宽猛相济思想主要包含如下内容：

1. 宽猛并用。治国理政、适用刑罚，既不能只注重宽和的一面，也不能只注重严厉的一面。孔子说：“政宽则民慢，慢则纠之以猛。猛则民残，残则施之以宽。”刑罚宽和的一面，用心固然良苦，但正如水性柔弱，反而会使很多人不知深浅，“狎而翫之”，多有死伤。而严厉的惩罚手段看似惨烈，但正如火性猛烈，恰使很多人不敢靠近，反而保全了性命。因此必须将宽和的一面与严厉的一面相结合，不

① 《孔子家语》，王国轩、王秀梅译注，中华书局2011年版，第473页。又见于《左传·昭公二十一年》，载（战国）孟子等：《四书五经》，中华书局2009年版，第848页。

② 该段释义参考《孔子家语》，王国轩、王秀梅译注，中华书局2011年版，第474～475页；（春秋）左丘明：《左传》，张宗友注译，中州古籍出版社2010年版，第317～319页；张新泰主编：《〈左传〉精读》，新疆人民出版社2011年版，第86～91页。

可偏废。正如西晋曹摅所说："导以水柔，示以火急。宽猛相济，孰能企及。"①

2. 先宽后猛。刑罚适用须以宽大为怀，宽和为先，以德服人。但仅靠宽和并不足以维护社会的长治久安。子产说"唯有德者能以宽服民"，似有夸大道德教化功能之词，因为产生违法犯罪的原因十分复杂，即使尧舜再世，也不能仅靠教化就能完全避免犯罪的发生。但其也确实表达了优先运用道德教化治理社会的含义，只有在道德教化不足以预防违法犯罪的情况下，才"其次莫若猛"，再适用严厉的惩罚手段。

3. 宽猛审势。刑罚宽和的一面与严厉的一面并不是固定不变的，而需要审时度势，根据时间、地点、形势的不同，及时调整宽猛的重心与尺度。社会治安形势较为稳定时，要着重适用刑罚宽和的一面，努力用道德教化感化民心，预防违法犯罪。而当社会治安形势较为严峻时，则要注重适用刑罚严厉的一面，对狡诈不良之辈、侵夺暴虐之徒施以严厉的惩处。惟此方能有效维护社会治安，保障社会发展。

宽猛相济的政策思想汲取了前代的思想精华，在实践运用中产生了良好效果，并为后世王朝所传承，产生了深远的影响。三国时期，诸葛亮入蜀后，在立法宽严问题上和大臣法正进行了一场辩论。法正认为，"昔高祖入关，约法三章，秦民知德。今君假借威力，跨据一州，初有其国，……愿缓刑弛禁以慰其望"，希望采取宽缓用刑的政策。诸葛亮不同意这种主张，认为刑罚是应该宽还是应该严，应根据具体的情况而定，不能墨守成规，他说："君知其一，未知其二。秦以无道，政苛民怨……高祖因之，可以弘济。刘璋暗弱，自焉已来，……德政不举，威刑不肃。……君臣之道，渐以陵替。宠之以位，位极则贱；顺之以恩，恩竭则慢。所以致敝，实由于此。吾今威之以法，法行则知恩；限之以爵，爵加则知荣。荣恩并济，上下有节，为治之要，于斯而著矣。"② 因此，他坚决地实行了以严为主的宽猛相济政策，仅经数年，就让蜀国成了一个"吏不容奸，人怀自厉，道不拾遗，强不侵弱，风化肃然"的国家。成都武侯祠的对联——"能攻心则反侧自消自古知兵非好战，不审势即宽严皆误后来治蜀要深思"也反映了这一治理思想。

明朝朱元璋以"治乱世用重典"为原则，但也采用宽缓之治。《明史·刑法志》载，朱元璋曾说："仁义者，养民之膏粱也；刑罚者，惩恶之药石也。舍仁义而专用刑罚，是以药石养人，岂得谓善治乎？"盖太祖用重典以惩一时，而酌中制

① （西晋）曹摅：《答赵景猷》，载古诗文网，https://so.gushiwen.cn/shiwenv_2462d900f502.aspx，最后访问日期：2020年5月23日。摅，音shū。

② （北宋）司马光编撰：《资治通鉴》，大众文艺出版社1999年版，第578页。

以垂后世，故猛烈之治，宽仁之诏，相辅而行，未尝偏废也。[1]

清朝康熙等帝王对宽猛相济都有着深刻的理解。康熙说："凡用人行政，不可偏于宽，亦不可偏于严，宽严适中，始可谓善也。"雍正说："为政之道，不外宽严两端。《传》云：宽以济猛，猛以济宽者，非谓行数端宽纵之事，随济以数端之猛，行数端猛之事，随济以数端之宽也，惟在斟酌于情理之中，宜宽而宽，宽而不失于漫，宜猛而猛，猛而不失于残，宽猛咸得其宜，乃为相济之道，未有遇事之先，横宽猛之念于胸中之理也。此皆庸迂者错会古人之意耳。""帝王为治之道，有应宽者则用宽，而非废法，应严者则用严，而非滥刑。……若不论其事之当否，但今日从宽，明日从严，以一时之宽济一时之严，以一事之宽济一事之严，非惟不能相济，必致庶务咸失其宜矣。……因时制宜使得其平。"乾隆说："天下之理，惟有一中，中者，无过不及，宽严并济之道也。""治天下之道，贵得其中，故宽则纠之以猛，猛则济之以宽，而记称一张一弛，为文武之道，凡以求协乎中，非可以，矫枉过正也。"[2] 康熙、雍正、乾隆时期，国力强盛，社会稳定，经济快速发展，人口急剧增长，疆域空前辽阔，是中国古代封建王朝的最后一个盛世，史称"康乾之治""康乾盛世"，这一成就与对宽猛相济政策思想的深刻理解和实践应用有着不可分割的关系。

> 法与时转则治，治与世宜则有功。
> ——《韩非子·心度》

第二节　宽严相济刑事政策的发展沿革

中国古代的宽严相济政策思想在近代得到进一步传承。新民主主义革命以后，宽严相济政策经历了一个从作为政治斗争策略的镇压和宽大两个政策、镇压与宽大

---

① 参见（清）张廷玉：《明史》，"明史卷九十四·志第七十·刑法二"，载国学导航网，http：//www.guoxue123.com/shibu/0101/00ms/093.htm，最后访问日期：2020年8月2日。

② 以上清朝康熙、雍正、乾隆关于宽猛相济的言论，参见阎光亮：《论康雍乾三朝宽严相济的施政方针》，载《社会科学辑刊》1993年第4期，第94~95页。

相结合政策，到作为刑事政策的惩办与宽大相结合政策的历史发展过程。21 世纪以来，宽严相济刑事政策从提出到完善，在实践中逐渐得到全面贯彻。

一、镇压与宽大两个政策

第一次国内革命战争时期，中国共产党在土地革命中，针对土豪劣绅在农村造成的白色恐怖现象，强调要严厉镇压大土豪、大劣绅，“铲除剥削压迫农民之贪官污吏、土豪劣绅”①。1927 年 3 月，毛泽东同志在《湖南农民运动考察报告》中指出：“农民的主要攻击目标是土豪劣绅，不法地主，旁及各种宗法的思想和制度，城里的贪官污吏，乡村的恶劣习惯。这个攻击的形势，简直是急风暴雨，顺之者存，违之者灭。”②“革命不是请客吃饭，不是做文章，不是绘画绣花，不能那样雅致，那样从容不迫，文质彬彬，那样温良恭俭让。革命是暴动，是一个阶级推翻一个阶级的暴烈的行动。农村革命是农民阶级推翻封建地主阶级的权力的革命。农民若不用极大的力量，决不能推翻几千年根深蒂固的地主权力。”“每个农村都必须造成一个短时期的恐怖现象，非如此决不能镇压农村反革命派的活动，决不能打倒绅权。矫枉必须过正，不过正不能矫枉。”③ 对于“大劣绅、大土豪，枪毙一个，全县震动，于肃清封建余孽，极有效力。这样的大土豪劣绅，各县多的有几十个，少的也有几个，每县至少要把几个罪大恶极的处决了，才是镇压反动派的有效方法”。要允许“造成一点小小的镇压反革命派的恐怖现象”④。在这一时期，主要是强调对敌对势力的镇压。

第二次国内革命战争时期，党中央明确提出对反革命分子要区别对待、感化教育的政策。这一政策直接指导了当时的苏维埃政权的刑事立法。例如，1930 年 6 月，闽西苏维埃政府在《惩办反革命条例》中规定，对罪犯要根据不同情况进行处罚，可以实行枪决，也可以严办或究办，反动政党的党员自首者免究。1931 年 12 月 13 日，中华苏维埃共和国中央执行委员会训令（第六号）《处理反革命案件和建立司法机关的暂行程序》规定：“一定要分别阶级成分，分别首要与附和，即对豪绅地主、富农、资本家出身的反革命分子以及首要分子应该严厉处置（如宣

---

① 《中国共产党湖南区第六次代表大会之农民政纲》，载武延平等编：《刑事诉讼法学参考资料汇编》（上册），北京大学出版社 2005 年版，第 3 页。

② 《毛泽东选集》（第 1 卷），人民出版社 1991 年版，第 14 页。

③ 《毛泽东选集》（第 1 卷），人民出版社 1991 年版，第 17 页。

④ 《毛泽东选集》（第 1 卷），人民出版社 1991 年版，第 26 页。

告死刑等），对于从工农贫农劳动群众出身而加入反革命组织的分子，以及附和的分子，应该从宽处理（如自新释放等）。”① 1932年5月30日，《中华苏维埃共和国司法人民委员部对裁判机关工作的指示》中强调：“坚决地执行明确的阶级路线，阶级成分，反革命的首要与附和，要分得很清楚；豪绅、地主、富农、资产阶级之反革命犯，应处以重刑，贫苦工农应该从轻；反革命的首领应处以重刑，反革命的附和犯应该从轻。”② 1934年4月8日公布的《中华苏维埃共和国惩治反革命条例》要求对反革命分子分别不同情况适用不同的刑罚：对首要分子和再犯分子加重处罚，对附和分子和胁从者减轻或免除处罚，对犯罪后自首者减轻处罚；等等。③

抗日战争时期，中共中央、毛泽东同志在批判第二次国内革命战争时期“左”倾政策的基础上提出宽大的政策。1940年9月1日，《中央社会部关于锄奸政策与锄奸工作的指示》中指出，在锄奸工作中要坚持“联合多数”“打击少数”“各个击破，分别处理，打击主力，争取胁从”“不放过一个敌人，不制造一个敌人”等。④ 1940年12月25日，毛泽东在《论政策》一文中明确指出：“应当坚决地镇压那些坚决的汉奸分子和坚决的反共分子，非此不足以保卫抗日的革命势力。但是决不可多杀人，决不可牵涉到任何无辜的分子。对于反动派中的动摇分子和胁从分子，应有宽大的处理。”“对敌军、伪军、反共军的俘虏，除为群众所痛恶、非杀不可而又经过上级批准的以外，应一律采取释放的政策。”⑤ 随后，有些同志在执行宽大政策时理解片面，以致在实际工作中出现偏差。为此，中共中央于1942年11月6日作出《关于宽大政策的解释》，指出：“这里是提示了镇压与宽大两个政策，并非片面地只有一个宽大政策。对于绝对坚决不愿改悔者，是除外于宽大政策的，这就是镇压政策。这样同时提示的两个政策，是完全正确的，必须坚决实行的。但各地有些同志只作片面的了解，这是错误的，必须纠正。”“对于一切破坏

① 《中华苏维埃共和国中央执行委员会训令（第六号）——〈处理反革命案件和建立司法机关的暂行程序〉》，载武延平等编：《刑事诉讼法学参考资料汇编》（上册），北京大学出版社2005年版，第10页。

② 《中华苏维埃共和国司法人民委员部对裁判机关工作的指示》（节录），载武延平等编：《刑事诉讼法学参考资料汇编》（上册），北京大学出版社2005年版，第18页。

③ 参见《中华苏维埃共和国惩治反革命条例》，载武延平等编：《刑事诉讼法学参考资料汇编》（上册），北京大学出版社2005年版，第37～39页。

④ 《中央社会部关于锄奸政策与锄奸工作的指示》，载道客巴巴网，https：//www.doc88.com/p-806989278531.html，最后访问日期：2020年8月9日。

⑤ 《毛泽东选集》（第2卷），人民出版社1991年版，第767页。

民族利益的分子，必须采取坚决镇压的政策。……对于此类分子采取放任态度，并谬托于宽大政策，是完全不正确的，是脱离群众的。”“镇压与宽大是必须同时注意，不可缺一的。”① 文件虽然表述的是镇压与宽大两个政策，但实际上体现了镇压与宽大相结合的思想，被认为是镇压与宽大相结合政策的提法的渊源。②

二、镇压与宽大相结合政策

解放战争时期，毛泽东同志提出了“区别对待”“少杀”等政策思想。1947 年 10 月，毛泽东同志起草的《中国人民解放军宣言》中明确提出：“本军对于蒋方人员，并不一概排斥，而是采取分别对待的方针。这就是首恶者必办，胁从者不问，立功者受奖。”③ 1948 年 1 月 18 日，毛泽东同志在《关于目前党的政策中的几个重要问题》中强调：“必须坚持少杀，严禁乱杀。主张多杀乱杀的意见是完全错误的，它只会使我党丧失同情，脱离群众，陷于孤立。”④ 同年 11 月 1 日，中国人民解放军总部发布的《惩处战争罪犯命令》重申对待国民党反动派军政人员的政策是“首恶者必办，胁从者不问，立功者受奖”⑤。

中华人民共和国成立之初，对敌斗争形势十分严峻。1950 年 6 月 6 日，毛泽东同志在党的七届三中全会上的报告《为争取国家财政经济状况的基本好转而斗争》中首次提出镇压与宽大相结合的政策：“必须坚决地肃清一切危害人民的土匪、特务、恶霸及其他反革命分子。在这个问题上，必须实行镇压与宽大相结合的政策，即首恶者必办，胁从者不问，立功者受奖的政策，不可偏废。”⑥ 并强调“不要四面出击”“绝不可树敌太多，必须在一个方面有所让步，有所缓和，集中力量向另一方面进攻”。“为了孤立和打击当前的敌人，就要把人民中间不满意我们的人变成拥护我们。”⑦ 1950 年 7 月 23 日，政务院和最高人民法院联合发布《关于镇压反革命活动的指示》要求，在实行镇压和处理一切反革命案件中，“必须贯彻实行镇

---

① 《中共中央关于宽大政策的解释》，载武延平等编：《刑事诉讼法学参考资料汇编》（上册），北京大学出版社 2005 年版，第 131 页。

② 参见马克昌：《宽严相济刑事政策研究》，清华大学出版社 2012 年版，第 61 页。

③ 《毛泽东选集》（第 4 卷），人民出版社 1991 年版，第 1238 页。

④ 《毛泽东选集》（第 4 卷），人民出版社 1991 年版，第 1271 页。

⑤ 《惩处战争罪犯命令》，载人民网，http：//www. people. com. cn/GB/historic/1101/5151. html，最后访问日期：2020 年 5 月 16 日。

⑥ 中共中央文献研究室编：《毛泽东文集》（第 6 卷），人民出版社 1999 年版，第 72 页。

⑦ 中共中央文献研究室编：《毛泽东文集》（第 6 卷），人民出版社 1999 年版，第 74 ~ 75 页。

压与宽大相结合的政策，即首恶者必办、胁从者不问、立功者受奖的政策，不可偏废，以期团结人民、孤立反革命分子而达到逐步肃清反革命分子的目的"，从而以法令的形式确认了"镇压与宽大相结合"这一基本对敌斗争政策。① 1950 年 10 月 10 日，中共中央作出《关于纠正镇压反革命活动的右倾偏向指示》，要求各级党委全面贯彻"镇压与宽大相结合"的方针，坚决镇压罪大恶极、怙恶不悛的反革命首要分子。② 同年 11 月 8 日，中央人民政府政务院《关于加强人民司法工作的指示》指出："人民司法工作的当前主要任务，是镇压反动，保护人民。对反革命分子来说，首先是镇压，只有镇压才能使他们服罪，只有在他们服罪之后，才能得到宽大。宽大只能结合着镇压来进行，有些地区发生'宽大无边'的偏向，是必须纠正的。"③ 作为一种政治斗争策略，镇压与宽大相结合政策固然尚不完全具有现代意义上的刑事政策属性，但其为后来惩办与宽大相结合的刑事政策的出台奠定了历史基础。④

在"镇反""三反""五反"等政治斗争中，镇压与宽大相结合政策进一步发展，很多要求非常具体。⑤ 例如，毛泽东同志指出，"镇反"运动的原则是："对于有血债或其他最严重的罪行非杀不足以平民愤者和最严重地损害国家利益者，必须坚决地判处死刑，并迅即执行。对于没有血债、民愤不大和虽然严重地损害国家利益但尚未达到最严重的程度，而又罪该处死者，应当采取判处死刑、缓期二年执行、强迫劳动、以观后效的政策。特别是对于在共产党内，在人民政府系统内，在人民解放军系统内，在文化教育界，在工商界，在宗教界，在民主党派和人民团体内清出来的应判死刑的反革命分子，一般以处决十分之一二为原则，其余十分之八九均应采取判处死刑、缓期执行、强迫劳动、以观后效的政策。此外还应明确地规定：凡介在可捕可不捕之间的人一定不要捕，如果捕了就是犯错误；凡介在可杀可

---

① 参见《政务院、最高人民法院关于镇压反革命活动的指示》，载中国经济网，http://www.ce.cn/xwzx/gnsz/szyw/200705/25/t20070525_11490801.shtml，最后访问日期：2020 年 5 月 16 日。

② 参见《关于纠正镇压反革命活动的右倾偏向指示》，载大事记网，http://www.dsj365.cn/juhe/article/5063.html，最后访问日期：2020 年 8 月 9 日。

③ 《中央人民政府政务院关于加强人民司法工作的指示》，载中国人民大学法律系刑法教研室、资料室编：《中华人民共和国刑法资料摘编》，群众出版社 1982 年版，第 182 页。

④ 参见张远煌主编：《宽严相济刑事政策与刑法改革研究》，中国人民公安大学出版社 2010 年版，第 2 页。

⑤ "镇反"，指镇压反革命运动，是 1950 年 12 月至 1951 年 10 月在全国范围内进行的清查和镇压反革命分子的政治运动。"三反"，指三反运动，是 1951 年 12 月至 1952 年 10 月在中国共产党和国家机关内部开展的"反贪污、反浪费、反官僚主义"的运动。"五反"，指五反运动，是 1952 年在全国资本主义工商业者中开展的反行贿、反偷税漏税、反盗骗国家财产、反偷工减料和反盗窃经济情报的斗争。

不杀之间的人一定不要杀，如果杀了就是犯错误”①。在“五反”运动中对工商户处理的基本原则是：“过去从宽，今后从严；多数从宽，少数从严；坦白从宽，抗拒从严；工业从宽，商业从严；普通商业从宽，投机商业从严。”②

三、惩办与宽大相结合政策

1956年9月15日，中共八大的政治报告中指出：“我们对反革命分子和其他犯罪分子一贯地实行惩办与宽大相结合的政策，凡是坦白的、悔过的、立功的，一律给予宽大的处置。”③ 这标志着镇压与宽大相结合的政治斗争策略向惩办与宽大相结合的刑事政策的正式转变。时任公安部部长罗瑞卿在同月召开的“八大”第一次会议上的发言中，介绍“肃反”经验时说：“党在肃反斗争中的严肃与谨慎相结合的方针，体现在对敌反革命分子的政策上，就是惩办与宽大相结合的政策。它的具体内容就是：首恶必办，胁从不问，坦白从宽，抗拒从严，立功折罪，立大功受奖。惩办与宽大，两者是密切结合，不可偏废的。”④ 惩办与宽大相结合政策被定位为我国的基本刑事政策，并适用于各种类型的犯罪。

之后，我国进入全面建设社会主义时期，惩办与宽大相结合政策在实践中得到全面贯彻。例如，1962年12月10日，最高人民法院《关于人民法院工作若干问题的规定》中指出：“对现行反革命犯罪我们历来是从严惩办的。为了正确贯彻从严惩办的方针，更有利于分化瓦解敌人，还必须讲究策略，区别对待，坚持惩办与宽大相结合的原则。”“无论从宽或从严都要从不同时期、不同地区的阶级斗争形势出发，区别对待，宽严结合。对具体案件主要应当根据犯罪事实和具体情节，按照法律根据政策正确定罪量刑。既不能宽大无边，该判不判，该杀不杀，重罪轻判；也不能无限度地严，把不该判刑的判了，或者把轻罪的也判成重刑。”⑤ 在当时刑事法律严重缺位的情况下，惩办与宽大相结合政策在实践中发挥了十分重要的作用，犯罪控制取得了良好效果。到1965年，全国犯罪数量大幅度下降，出现了至今为人们所怀念的“夜不闭户、路不拾遗”的良好治安形势。

---

① 中共中央文献研究室编：《毛泽东文集》（第6卷），人民出版社1999年版，第158～159页。

② 中共中央文献研究室编：《毛泽东文集》（第6卷），人民出版社1999年版，第197～198页。

③ 《刘少奇选集》（下卷），人民出版社1985年版，第254页。

④ 罗瑞卿：《我国肃反斗争的主要情况和若干经验》，载《人民日报》1956年9月20日，第8版。

⑤ 《最高人民法院关于人民法院工作若干问题的规定》，载中国人民大学法律系刑法教研室、资料室编：《中华人民共和国刑法资料摘编》，群众出版社1982年版，第184～185页。

“文化大革命”十年间，国家的正常秩序遭到严重破坏，惩办与宽大相结合政策也受到歪曲和践踏，出现“问题不在大小，关键在态度”“受蒙蔽无罪，反戈一击有功”等口号，“坦白从宽，抗拒从严”等也被歪曲利用，出现了大量的冤假错案。

改革开放初期，刑事立法、司法活动逐渐恢复，惩办与宽大相结合政策被重新提出，并成为中华人民共和国第一部刑法典的制定依据。1979 年《刑法》第 1 条明确规定：“中华人民共和国刑法，以马克思列宁主义毛泽东思想为指针，以宪法为根据，依照惩办与宽大相结合的政策，结合我国各族人民实行无产阶级领导的、工农联盟为基础的人民民主专政即无产阶级专政和进行社会主义革命、社会主义建设的具体经验及实际情况制定。”整部法典的各部分主要内容，都贯彻了惩办与宽大相结合政策，是这一政策的具体化、条文化。这标志着“包容了党和国家在各个不同历史时期抗敌、制罪斗争中加以运用，并且卓有成效的最基本的政策策略”①，作为我们党和国家基本刑事政策的惩办与宽大相结合政策的全面法定化。在之后的司法实践中，这一政策得到进一步贯彻，不仅体现在累犯、自首、立功、减刑、假释等法定制度得到切实地贯彻，而且体现在犯罪动机、目的、手段、一贯表现等酌定情节也得到恰当地运用，刑事司法呈现逐渐步入良性发展轨道的趋势。②

20 世纪 80 年代初，随着社会的急剧转型，“文化大革命”期间积压的大量社会矛盾和社会问题突然集中暴露，刑事犯罪急剧上升，重大恶性案件明显增加，社会治安严重恶化。在这种情况下，中央提出依法从重从快严厉打击严重刑事犯罪的方针，并将此贯彻到刑事立法和司法的实践中。此后一个时期的政策文件对惩办与宽大相结合政策也还时有提及。例如，1982 年 4 月，中共中央、国务院《关于打击经济领域中严重犯罪活动的决定》在强调要有力打击经济领域中的严重犯罪活动的同时，提出：“一定要正确掌握政策，严格区分和正确处理两类不同性质的矛盾。”“对于在经济上犯有不那么严重的罪行的人，在他们决心悔改和清退赃款赃物以后，可以减轻或免除处分。”1989 年 8 月，最高人民法院、最高人民检察院《关于贪污、受贿、投机倒把等犯罪分子必须在限期内自首坦白的通告》中规定：

---

① 肖扬主编：《中国刑事政策与策略问题》，法律出版社 1996 年版，第 64 页。

② 参见张远煌主编：《宽严相济刑事政策与刑法改革研究》，中国人民公安大学出版社 2010 年版，第 6 ~ 7 页。

"坚决贯彻惩办与宽大相结合，坦白从宽、抗拒从严的政策。凡触犯刑律，构成犯罪的，均应予以追究；凡在限期内投案自首、坦白、立功的，均应予以从宽处理。""凡在规定期限内，拒不投案自首，坦白交代问题的；销毁证据，转移赃款赃物的；互相串通，订立攻守同盟的；或者畏罪潜逃，拒不归案的，坚决依法从严惩处。"但在严打的背景下，基本政策中宽大一面的力度已较为微弱。

1997 年修订《刑法》时，惩办与宽大相结合政策的规定被删除。① 在司法实践中，随着一轮又一轮的"严打"行动轰轰烈烈地开展，惩办与宽大相结合政策对立法和司法的指导作用逐渐削减。

四、宽严相济刑事政策的提出

21 世纪以来，随着我国经济社会的发展，法治观念和人权理念渐入人心，社会对公平正义的呼声愈益高涨，各界对犯罪、刑罚和刑事政策的认识逐渐深化。2004 年 12 月 22 日，时任中央政治局常委、中央政法委书记罗干在中央政法工作会议上指出："正确运用宽严相济的刑事政策，对严重危害社会治安的犯罪活动，严厉打击，决不手软。同时要坚持惩办与宽大相结合，才能取得更好的法律和社会效果。"② 这是中央第一次提出宽严相济的刑事政策，但还是与惩办与宽大相结合政策并提，并非独立的刑事政策。

2005 年 12 月 5 日至 6 日，罗干在全国政法工作会议上的讲话中指出：宽严相济的刑事政策"指对刑事犯罪区别对待，做到既要有力打击和震慑犯罪，维护法制的严肃性，又要尽可能减少社会对抗，化消极因素为积极因素，实现法律效果与社会效果的统一。宽严相济是我们在维护社会治安的长期实践中形成的基本刑事政

---

① 对此，多数学者认为是因为这一政策已经体现在刑法对犯罪、刑罚等的具体规定中，不再需要专门规定。（参见胡康生、李福成主编：《中华人民共和国刑法释义》，法律出版社 1997 年版，第 1 ~ 2 页；郎胜主编：《〈中华人民共和国刑法〉释解》，群众出版社 1997 年版，第 1 页；等等。）在当时持续"严打"的社会背景和罪刑法定等原则入法的热烈气氛下，这一删除并未引发过多的关注。直到数年后，有学者才在反思当年的这一删除时指出：惩办与宽大相结合政策虽然强调的是惩办与宽大两个方面，但不可否认的是，当我们论及这一政策的时候，更为强调的是宽大的一面；惩办与宽大相结合虽然是我国的基本刑事政策，但是随着 20 世纪 80 年代初犯罪高潮的到来，我国开始进入了一个"严打"时代，从实然的层面分析，"在一定程度上，'严打'刑事政策其实已经取代了惩办与宽大相结合的刑事政策"。在"严打"的背景下，"1997 年刑法修订中删除惩办与宽大相结合政策的规定是意味深长的，如果不是对这一刑事政策的直接否定，至少在'严打'的氛围下它是有些显得不合时宜的，不明不白地删除倒不失为处置之道"。（参见陈兴良：《刑事法治视野中的刑事政策》，载《江苏社会科学》2004 年第 5 期，第 117 ~ 132 页。）

② 马克昌：《宽严相济刑事政策研究》，清华大学出版社 2012 年版，第 64 页。

策。在和谐社会建设中，这一政策更具现实意义。我们要立足于当前社会治安实际，审时度势，用好这一刑事政策。贯彻宽严相济的刑事政策，一方面，必须坚持‘严打’方针不动摇，对严重刑事犯罪依法严厉打击，什么犯罪突出就重点打击什么犯罪，在稳准狠上和及时性上全面体现这一方针；另一方面，要充分重视依法从宽的一面，对轻微违法犯罪人员，对失足青少年，要继续坚持教育、感化、挽救方针，有条件的可适当多判一些缓刑，积极稳妥地推进社区矫正工作”①。这是中央第一次将宽严相济作为独立的刑事政策提出，并明确了其作为基本刑事政策的地位，在实务界和理论界引起了巨大的反响。宽严相济刑事政策由此渐成“显学”，研究成果不断涌现。

2006 年 10 月 11 日，中共中央《关于构建社会主义和谐社会若干重大问题的决定》第六部分“完善社会管理，保持社会安定有序”之（六）“加强社会治安综合治理，增强人民群众安全感”中明确指出：“实施宽严相济的刑事司法政策，改革未成年人司法制度，积极推行社区矫正。”这一决定进一步强化了宽严相济刑事政策在社会治安综合治理中的重要地位。

五、宽严相济刑事政策在司法实践中的运用和发展

作为一个政策用语，宽严相济的表述在 20 世纪八九十年代就已经出现在一些司法文件中了。例如，1986 年 9 月 13 日，最高人民检察院、最高人民法院、公安部《关于严格依法处理反盗窃斗争中自首案犯的通知》（已失效）第 3 条提出：“各级人民法院在召开从宽处理自首的犯罪分子的宣判大会时，应同时适当审判一些犯罪情节严重，拒不认罪的从严处罚的案犯，以充分体现宽严相济的政策，进一步扩大社会效果。”1992 年 9 月 24 日，公安部《关于开展追捕逃犯工作的意见》中要求：“坚决贯彻依法‘从重从快’的方针。对抓获的各类逃犯，要依法严惩。要充分发挥法律、政策的威力，体现宽严相济。要宽出气派，严出威风。凡投案自首的，予以从宽处理。对协助捕获逃犯，或检举揭发重大逃犯线索的有功人员，应给予奖励。”这一时期的宽严相济要求只出现在一些具体的刑事犯罪或工作环节中，只是惩办与宽大相结合政策框架内的一部分内容，尚不具有全面的指导意义。

在全国历年“两会”的《最高人民法院工作报告》中，宽严相济也多次被提及。1991 年 4 月 3 日的法院工作报告在总结 1990 年工作中指出：“各级人民法院继

① 马克昌：《宽严相济刑事政策研究》，清华大学出版社 2012 年版，第 64 ~ 65 页。

续贯彻依法从重从快的方针，对于那些情节严重的杀人、抢劫、重大盗窃、强奸、拐卖妇女儿童、流氓等犯罪分子，特别是惯犯、累犯、流窜犯和犯罪集团的首要分子，依法该重判的重判，该判处死刑的判处了死刑。同时，注意做到宽严相济，对具有从轻、减轻或者免除处罚情节的，依法从轻、减轻或者免予处罚，以分化瓦解犯罪分子。”① 1997 年 3 月 11 日的法院工作报告在总结 1996 年工作中指出：“坚持严格依法办案，认真执行宽严相济的政策，注重办案质量。”② 2002 年 3 月 11 日的法院工作报告在总结 2001 年工作中的“严厉惩处贪污、贿赂等职务犯罪”部分指出：“不论职务高低，只要构成犯罪，一律依法追究刑事责任，不搞法外开恩；对自首或者具有检举、揭发等立功表现的，依法从轻、减轻判处，做到宽严相济。”③ 2004 年 3 月 10 日的法院工作报告在谈及 2003 年最高人民法院办理死刑复核案件时指出：“对罪行极其严重、社会危害极大的犯罪分子，坚决依法核准死刑；对罪行虽然严重，但具有法定从轻、减轻处罚情节的，或依法可不必立即执行死刑的依法改判；对事实不清、证据不足的，依法发回重审，充分体现宽严相济、罚当其罪的立法精神，确保我院复核的案件经得起历史的检验。”④ 这些报告虽然提及宽严相济，但在这一阶段，宽严相济并非独立的刑事政策，发挥作用的空间也十分有限。

2004 年中央提出宽严相济刑事政策后，审判实务部门给予了积极的回应。最高人民法院从 2005 年开始的全国“两会”工作报告和相关重要会议中均强调宽严相济刑事政策。2005 年 3 月 9 日的法院工作报告在总结 2004 年工作时指出：“坚持‘严打’方针和宽严相济的刑事政策，严把案件事实关、证据关、程序关和适用法律关，加强司法领域的人权保障。”⑤ 2006 年 3 月 11 日的法院工作报告在总结 2005 年工作时指出：“贯彻宽严相济的刑事政策，对罪当判处死刑但具有法定从轻、减轻处罚情节或者不是必须立即执行的，依法判处死缓或无期徒刑。对认定事实不

① 《最高人民法院工作报告（1991 年）》，载中国政府网，http：//www. gov. cn/test/2008 – 03/27/content_929896. htm，最后访问日期：2020 年 5 月 16 日。

② 《最高人民法院工作报告（1997 年）》，载中国人大网，http：//www. npc. gov. cn/wxzl/wxzl/2000 – 12/07/content_3721. htm，最后访问日期：2020 年 5 月 16 日。

③ 《最高人民法院工作报告（2002 年）》，载中国人大网，http：//www. npc. gov. cn/wxzl/wxzl/2002 – 04/12/content_291710. htm，最后访问日期：2020 年 5 月 16 日。

④ 《最高人民法院工作报告（2004 年）》，载中国政府网，http：//www. gov. cn/test/2015 – 06/11/content_2878111. htm，最后访问日期：2020 年 5 月 16 日。

⑤ 《最高人民法院工作报告（2005 年）》，载中国人大网，http：//www. npc. gov. cn/wxzl/gongbao/2005 – 05/08/content_5341738. htm，最后访问日期：2020 年 5 月 16 日。

清、证据不足的案件，依法发回重审。”在安排2006年工作时，提出要“坚持宽严相济的刑事政策，对犯罪情节轻微或具有从轻、减轻、免除处罚情节的，依法从宽处罚”①。同年11月7日，时任最高人民法院院长肖扬在第五次全国刑事审判工作会议上表示，要充分运用死缓制度，“凡是可杀可不杀的，一律不杀，杀了就是犯错误。要更加注重贯彻执行宽严相济的基本刑事政策”②。2007年3月13日的法院工作报告在安排2007年工作时，提出要“认真执行宽严相济的刑事政策，最大限度地减少社会对立面”③。2008年3月10日的法院工作报告在总结过去五年的工作时指出：“严格执行宽严相济的刑事政策，做到‘该宽则宽，当严则严，宽严相济，罚当其罪’。”在谈及继续做好法院工作的认识和体会时指出：必须坚持“宽严相济”的刑事政策，力求案结事了，促进和谐社会建设；在安排2008年工作时强调：“要坚持依法严厉惩罚严重刑事犯罪与依法加强司法领域的人权保障相结合，坚持宽严相济的刑事司法政策。”④ 从上述报告和讲话可知，人民法院对宽严相济刑事政策的贯彻力度逐年加大，对政策内容的认识也越来越全面。从总的趋势看，逐渐从宽严相济刑事政策与“严打”方针并列，向宽严相济刑事政策统领全局转变。

2009年3月10日的法院工作报告在总结2008年工作“努力维护国家安全和社会稳定”中指出：“正确适用法律和宽严相济刑事政策，认真做好刑事案件审判工作，更加审慎地做好死刑复核工作。依法严惩危害国家安全犯罪、严重危害社会治安的暴力犯罪、黑恶势力犯罪、毒品犯罪和多发性侵财犯罪，不断增强人民群众的社会安全感。……对情节轻微的初犯、偶犯和过失犯罪，依法从轻、减轻或免除处罚。”⑤ 这是历年《最高人民法院工作报告》中第一次明确地在宽严相济刑事政策之下，分别谈及从严惩处严重犯罪和从宽处理较轻犯罪两个

① 《最高人民法院工作报告（2006年）》，载中国人大网，http：//www.npc.gov.cn/wxzl/gongbao/2006-03/11/content_1481458.htm，最后访问日期：2020年5月16日。

② 《凡是可杀可不杀的，一律不杀》，载新浪网，http：//news.sina.com.cn/c/2006-11-09/123610454714s.shtml，最后访问日期：2020年5月16日。

③ 《最高人民法院工作报告（2007年）》，载中国人大网，http：//www.npc.gov.cn/wxzl/wxzl/2007-03/16/content_362800.htm，最后访问日期：2020年5月16日。

④ 《最高人民法院工作报告（2008年）》，载中国人大网，http：//www.npc.gov.cn/wxzl/gongbao/2008-03/18/content_1475440.htm，最后访问日期：2020年5月16日。

⑤ 《最高人民法院工作报告（2009年）》，载中国政府网，http：//www.gov.cn/test/2009-03/17/content_1261386.htm，最后访问日期：2020年5月16日。

方面。

在检察系统，从2006年开始的全国“两会”《最高人民检察院工作报告》中，宽严相济刑事政策也都被反复提及，表明这一政策在检察工作中的贯彻日渐深入。2007年1月15日，最高人民检察院发布《关于在检察工作中贯彻宽严相济刑事司法政策的若干意见》，对于在检察工作中全面贯彻宽严相济的刑事司法政策提出了具体的意见，是人民检察院贯彻宽严相济刑事政策的重要的指导性文件。

2010年2月8日，最高人民法院发布《关于贯彻宽严相济刑事政策的若干意见》（以下简称《宽严相济意见》），明确指出“宽严相济刑事政策是我国的基本刑事政策，贯穿于刑事立法、刑事司法和刑罚执行的全过程，是惩办与宽大相结合政策在新时期的继承、发展和完善，是司法机关惩罚犯罪，预防犯罪，保护人民，保障人权，正确实施国家法律的指南”，并从总体要求、从严要求、从宽要求、相济要求和工作机制等五个方面对贯彻政策提出了具体的意见。《宽严相济意见》明确了宽严相济刑事政策作为我国基本刑事政策的地位，是人民法院贯彻宽严相济刑事政策的重要的指导性文件。

此后，宽严相济刑事政策的理念逐渐深入人心，在实践中的贯彻也越来越广泛、深入。2013年10月14日至15日召开的第六次全国刑事审判工作会议强调，要全面落实宽严相济刑事政策，做到该宽则宽，当严则严，宽严相济，罚当其罪。① 2019年10月17日至18日召开的第七次全国刑事审判工作会议对宽严相济刑事政策的强调贯穿始终，会议指出，贯彻宽严相济刑事政策不仅是第六次全国刑事审判工作会议召开以来的工作原则和成功经验，而且是新时代刑事审判工作的总体要求和适应新时代新要求的刑事司法理念的重要内容。②

① 参见《第六次全国刑事审判工作会议在京开幕》，载中国法院网，https：//www. chinacourt. org/article/detail/2013/10/id/1107432. shtml，最后访问日期：2020年5月16日。

② 参见孙航：《周强出席第七次全国刑事审判工作会议强调　牢记初心使命　忠诚履职尽责　努力把新时代刑事审判工作提高到新水平》，载《人民法院报》2019年10月18日，第1版。

一阴一阳之谓道，
继之者善也，
成之者性也。
——《易经·系辞上传》

第二章
宽严相济刑事政策的理论研究

第一节　宽严相济刑事政策的基本内容

宽严相济刑事政策是我国的基本刑事政策，其贯穿于刑事立法、刑事司法和刑罚执行的全过程，具有深刻的内涵和丰富的内容。

一、宽严相济刑事政策的基本内涵

宽严相济刑事政策，是指根据不同的社会形势、犯罪态势与犯罪的具体情况，对刑事犯罪在区别对待的基础上，科学地、灵活地运用从宽和从严两种手段，做到该宽则宽，当严则严，宽严相济，罚当其罪，打击和孤立极少数，教育、感化和挽救大多数，最大限度地减少社会对立面，促进社会和谐稳定，维护国家长治久安。

宽严相济中的“宽”是指宽大、宽缓、宽容，主要表现为非犯罪化、刑罚宽缓化和非监禁化。非犯罪化是指对一些原来作为犯罪追究的行为因其社会危害相对较小而不再认定为犯罪，从而尽量缩小刑法的打击面。刑罚宽缓化是指对较轻的犯罪和有从轻处罚情节的犯罪人依法适用较轻的刑罚，以教育、感化和挽救大多数。非监禁化则是指对更多的犯罪人判处管制、单处罚金等非监禁刑或者适用缓刑、假释等非监禁措施，从而促使其更好地改造并回归社会。

宽严相济中的“严”是指严密、严厉、严肃，主要表现为犯罪化、刑罚严厉化和严肃执法。犯罪化是指将一些原来不认为是犯罪但根据其社会危害性的变化而通过立法将其作为犯罪处理，使刑事法网更加严密。刑罚严厉化是指对严重刑事犯罪和有从重情节的犯罪人依法从严处理，以发挥刑罚打击犯罪的特殊功能。严肃执法是对执法的严格要求，以维护刑罚的威慑力和法律的严肃性。

宽严相济中的“相济”是指相互结合、弥补、协调。在宽严相济刑事政策中，宽与严这两种手段不是孤立的，更不是对立的，而是相互联系、相互依存、相互补充、相互协调的。没有宽就没有严，没有严也就没有宽。必须以宽济严，以严济宽，宽严相济，惟此方能最大限度地实现刑罚的功效，达到法律效果与社会效果的有机统一。

宽严相济刑事政策具有丰富的内涵。对宽严相济刑事政策内涵的揭示，是我们研究和适用宽严相济刑事政策的起点。一般而言，宽严相济刑事政策具有以下四项基本的内涵。①

（一）宽严并用，以宽为先

宽严相济刑事政策要求，从宽与从严两种手段要并用，而不能有所偏废。从宽，是基于教育、感化、挽救的思想，以宽容的心态对较轻犯罪或者具有从宽情节的犯罪人予以从宽处理，尽可能化消极因素为积极因素，减少社会对立面，促进社会和谐。从严，则是基于维护法律公正性与严肃性的需要，对严重犯罪或者具有从重情节的犯罪人依法从严惩处，从而体现法律的惩罚和震慑作用，实现社会的长治久安。宽与严都是预防和惩罚犯罪的必要手段。

在坚持宽严并用的前提下，要特别注意刑罚宽缓的一面。这是因为，其一，从历史的发展来看，刑罚的宽缓化符合人类社会的发展趋势和价值取向，是社会越来越进步、文明的反映；其二，在刑罚裁量中，一般要先考虑较轻的刑罚，先考虑对犯罪人进行教育、改造、挽救，只有在较轻刑罚与其罪行不相适应或者不足以惩治犯罪时，才考虑较重的刑罚；其三，在刑事追究可宽可严时，我国的政策历来强调“可捕可不捕的不捕”“可诉可不诉的不诉”“可判可不判的不判”“可杀可不杀的不杀”，体现了刑罚宽缓的思想。刑罚的宽缓化体现了人道主义和人文关怀，有利于最大限度地缩小刑罚的打击面，教育、感化和挽救大多数，促进社会主义和谐社

① 对于宽严相济刑事政策的基本内涵，笔者曾以太极图为类比进行分析。2006年秋冬某日下午，最高人民法院宽严相济刑事政策调研项目小组召开讨论会，时任刑五庭高贵君庭长、王勇副庭长、李睿懿审判长、徐留成法官等人参加，笔者将宽严相济刑事政策中的“宽”“严”与中国传统文化太极图中的“阴”“阳”相类比，深入分析了宽严相济刑事政策的基本内涵：宽严并用，如阴阳并存；宽严有度，如阴阳各有其序；宽严互补，如阴中有阳，阳中有阴；宽严顺势，如阴阳逶迤相依，浑然一体。会议结束出来回办公室的路上，正好又遇到王勇副庭长，再谈此论，欣然一笑。

会的构建。

坚持宽严并用，要反对人为地割裂宽与严的关系。一味地从严，会走向重刑主义；一味地从宽，则可能会放纵犯罪。要坚决反对不分对象的重刑主义。因为这样的重刑主义不符合时代的精神和文明的发展。对于在实践中存在的错误理解“严打”方针，将“严打”扩大化的观念和做法，一定要坚决予以纠正。同时，也不提倡一律的轻刑化。一律的轻刑化不能满足保障社会稳定、维护公平正义的需要。基于国情，现在还不能废除死刑。针对严重刑事犯罪和具有从重情节的犯罪人，一定要依法严厉打击。只有这样，才能有效地维护社会秩序，并为刑罚的宽缓化提供必要的前提和保证。

（二）宽严有度，以法为据

宽严必须有度，这个“度”就是刑事法律。从宽和从严都必须符合刑事法律的规定，在法律规定的范围内进行。同时，也要注意不断完善刑事法律，确保刑事法律对犯罪、刑罚的规定适应形势要求，与时俱进。法治的核心在于“良法善治”，刑罚适用宽严有度是法治精神的具体体现。

以刑事法律为依据对犯罪进行从宽或者从严处理，既要执行刑事法律的具体规定，更要遵循刑事法律的基本原则。其中，尤其要注意遵循罪刑相适应原则。罪刑相适应原则要求，刑罚的轻重应当与犯罪分子所犯罪行和承担的刑事责任相适应。为此，对于犯罪分子的惩罚，要在综合犯罪行为的社会危害性和犯罪人的主观恶性、人身危险性的基础上，根据法律的规定公正地对犯罪人适用刑罚。罪刑相适应原则集中体现了社会正义的要求，是刑事法律活动必须始终坚持的基本原则。

坚持宽严有度，必须反对割裂刑事政策与刑事法律的关系。刑事政策是刑事法律的灵魂与核心，刑事法律是刑事政策的条文化和定型化，二者都体现了人民的意志和社会发展的要求，是有机统一的。在宽严相济的刑事政策中，宽不是法外施恩，严也不是无限加重，而是要严格依照《刑法》、《刑事诉讼法》以及相关的法律规定，根据案件的具体情况来惩罚犯罪，该宽则宽，当严则严，宽严相济，罚当其罪。

（三）宽严互补，有机统一

在宽严相济刑事政策中，宽中有严，严中有宽，宽与严之间是相互弥补、有机统一的。在社会治安形势异常严峻的时期，刑罚适用整体趋严，但对于较轻刑事犯罪或者具有从宽情节的，还是要依法从宽。在社会治安较好的时期，刑罚适用整体趋宽，但对于严重刑事犯罪或者具有从重情节的，还是要依法从严。在具体的案件中，也要注意宽与严的有机统一。对于罪行较轻、可以从宽处罚的犯罪分子，如果具有从重情节的，要同时依法考虑从严的一面。对于罪行严重、本应重罚的犯罪分子，如果具有从宽情节的，也要同时依法考虑从宽的一面。

坚持宽严互补，要反对将宽与严进行简单化的理解，认为有宽就不能有严，有严就不能有宽。特别是在“严打”斗争中，有的往往只强调犯罪人罪行严重的一面，而不考虑其所具有的自首、立功等法定从宽的情节，这显然是不正确的。宽与严都是宽严相济刑事政策中的有机组成部分。在具体的刑事案件中，从宽与从严的情节往往交错存在。只有以个案的实际情况为基础，全面分析，综合考虑案件中所有从宽和从严的情节，才能做到对犯罪人进行合法、合情、合理的处罚。

（四）宽严顺势，有张有弛

宽严相济刑事政策中的宽与严是相对的、灵活的，而不是绝对的、固定的。要审时度势，根据不同时期、不同地区社会形势、犯罪态势的特点，以及具体的犯罪行为社会危害性和犯罪人主观恶性、人身危险性的不同，及时调整宽严的范围和力度，实事求是地掌握宽严的对象和节奏，做到有张有弛。这既是客观实际的需要，也是政策灵活性的体现。

坚持宽严审势，要反对僵化地、机械地理解宽严。不注意时代的发展，不注意党和国家工作重心的转移，仍然沿用陈旧的观念，把由于民间纠纷等内部矛盾激化引发的犯罪都看作阶级矛盾的表现，在实践中一味主张对犯罪者处以重刑，是违背社会发展规律的。无视各地情况的不同，定指标，派任务，盲目地攀比其他地区打击犯罪的成果，把一般违法行为都作为犯罪来处理，也必然要犯严重的错误。宽与严要因时代、环境而变，因社情、民意而变，因目的、需要而变，要用发展的、动态的眼光看问题，与时俱进，顺势而动，在动态中把握平衡。

二、宽严相济刑事政策内容的摘要分析

宽严相济刑事政策传承自惩办与宽大相结合政策，根植于五千年的中华文化沃土，历史源远流长，内容广博精深。《宽严相济意见》虽洋洋洒洒数千言，展开论述更需要非常大的篇幅，但也只是宽严相济刑事政策整体内容的一小部分。鉴于学界对相关内容已多有论述，本书仅选择理论和实践中关注较多的三项政策内容，简要阐述如下。

（一）坚持依法严惩严重刑事犯罪的方针

依法严惩严重刑事犯罪的方针，也即通常所说的严打政策，既是宽严相济刑事政策的重要方面，也是一项重要的具体刑事政策。《宽严相济意见》第7条规定：贯彻宽严相济刑事政策，必须毫不动摇地坚持依法严惩严重刑事犯罪的方针。对于危害国家安全犯罪、恐怖组织犯罪、邪教组织犯罪、黑社会性质组织犯罪、恶势力犯罪、故意危害公共安全犯罪等严重危害国家政权稳固和社会治安的犯罪，故意杀人、故意伤害致人死亡、强奸、绑架、拐卖妇女儿童、抢劫、重大抢夺、重大盗窃等严重暴力犯罪和严重影响人民群众安全感的犯罪，走私、贩卖、运输、制造毒品等毒害人民健康的犯罪，要作为严惩的重点，依法从重处罚。尤其对于极端仇视国家和社会，以不特定人为侵害对象，所犯罪行特别严重的犯罪分子，该重判的要坚决依法重判，该判处死刑的要坚决依法判处死刑。

严打政策产生于20世纪80年代初，是中央针对当时严重恶化的社会治安形势采取的一种非常措施。自此以后，这一政策在我国刑事政策体系中一直占据着十分重要的地位。在宽严相济刑事政策的框架内审视严打政策，严打政策体现了宽严相济刑事政策从严的一面，其最初是作为对严重刑事犯罪的严惩措施出台的，具有客观的合理性和必要性。①

但在实践中，存在一些对于宽严相济刑事政策和严打政策关系的错误认识。有的认为宽严相济刑事政策是对严打政策的排斥和否定，把二者绝对对立起来。事实上，严打政策是宽严相济刑事政策的一个重要方面。宽严相济刑事政策既涵盖对较轻犯罪和具有从宽情节的罪犯的从宽处理，也涵盖对严重犯罪和具有从重情节的罪犯的从严处理。坚持严打政策是全面贯彻宽严相济刑事政策的内在要求和有力保证。没有对严重刑事犯罪的严厉打击，就不能充分体现刑罚的威慑力和法律的严肃性，也谈不上全面贯彻宽严相济的刑事政策。必须在深刻认识和全面理解宽严相济刑事政策的基础上来准确把握和严格执行严打政策。

1. 严打必须依法进行，要做到严之有法，严之有度。严打并不是无限从重，更不是无限加重，而是对严重犯罪和有从重情节的犯罪人，严格依照法律的规定，根据罪刑法定和罪行相适应的原则，在法定刑幅度内从重惩处，当严则严，罚当其罪，坚决防止突破法律规定，有法不依。同时，对这类必须依法从重惩处的犯罪，

① 参见侯宏林：《刑事政策的价值分析》，中国政法大学出版社2005年版，第290页。

也要防止一味地只强调从重惩处而忽略其本身具有的从宽情节。必须把宽与严辩证地统一起来，既不能把执行严打与贯彻宽严相济刑事政策相对立，又不能用政策代替法律而不依法办案。实践中，要注意纠正为体现严打的效果而对具有法定从轻、减轻情节不予从轻、减轻处罚的做法。对具有自首、立功、从犯等情节的，要切实体现依法从宽的精神，依法予以从轻或减轻处罚。对有退赃、赔偿、被害方谅解等酌定从轻情节的，也要酌情予以从轻处理，最大限度地减少社会对立面，促进社会和谐。

2. 严打要突出重点，防止扩大化。坚持严打政策，并不等于说所有的刑事犯罪都是严打的对象。要从实际情况出发，在特定时期内，什么犯罪突出就重点打击什么犯罪，适时开展集中整治斗争。司法资源是有限的，有限的资源只能对应有限的目标。如果不加区别地一律严惩，不仅会深陷重刑主义的泥潭，而且会使严打无法实现预期的目标。只有突出重点，才能确保严打的效果。

3. 严打要确保办案质量。必须牢固树立证据意识，坚持证据裁判原则。对于采用刑讯逼供或者其他非法手段取得的证据，一律不能作为定案根据。必须树立程序意识，把好程序关，用程序公正保证实体公正。必须树立铁案意识，把好事实关和法律关，将每一个案件都办成铁案。

（二）对因民间矛盾激化引发的犯罪酌予从宽处罚

因民间矛盾激化引发的犯罪，是司法实践中常见的一类犯罪，也是宽严相济刑事政策的一个重要的着力点。《宽严相济意见》第 22 条规定：对于因恋爱、婚姻、家庭、邻里纠纷等民间矛盾激化引发的犯罪，因劳动纠纷、管理失当等原因引发、犯罪动机不属恶劣的犯罪，因被害方过错或者基于义愤引发的或者具有防卫因素的突发性犯罪，应酌情从宽处罚。该条规定了多种应酌情从宽处罚的犯罪，其中，因民间矛盾激化引发的犯罪是最为常见，同时也是存在最大争议的一类犯罪。

1. 民间矛盾的界定

民间矛盾，是指人民群众在日常生产、生活中产生的矛盾。从其字面意思而言，民间矛盾的内涵较为简单，外延也相对宽泛。民间与官方相对，只要不是与国家、政府之间的矛盾，原则上均属于民间矛盾。但语言文字是用来表达思想的，词不达意、言不尽意的情况多有发生，因此，任何语言文字的应用与理解，都必须注重其特定的场景，对民间矛盾概念的认知也是如此。站在刑事政策的角度谈及民间矛盾，就必须注意在此场景下民间矛盾的特定含义。

一般而言，我们谈及民间矛盾时，是将其作为酌情从宽处罚的一个情节进行谈论的。这类矛盾，主体一般相对特定，多发生在熟人之间；发生频率较高，日常交往中相互摩擦，在所难免；起因往往较为复杂，相互作用、层层加码导致对抗加剧的情形也屡见不鲜。同时，正是由于对象相对特定、日常多有发生等，一般情况下，只要没有十分特殊的情况，公众对这类矛盾都比较容易理解，也相对比较能容忍。因此，刑事政策意义上的民间矛盾，就是指人们在日常生产、生活中产生的对象相对特定、危害相对有限、较容易取得公众理解、社会容忍度较高的矛盾。据此，无因而起、无事生非的肯定不是民间矛盾激化引发的犯罪，例如抢劫、绑架、骗赔杀人、寻衅滋事的等。而虽有一定起因，但并不是公众可理解、可接受、可容忍的，也不能称为刑事政策意义上的民间矛盾，例如因奸情杀人的、欺男霸女的、因赌债杀人的、因嫖资纠纷杀人的等。

民间矛盾广泛存在于人们的生产、生活中，一般而言，主要有如下几种：

（1）婚姻家庭矛盾。这是以婚姻关系为核心而存在的一类民间矛盾，一般发生在夫妻之间，父母子女、兄弟姐妹等直系、旁系血亲之间和姻亲之间。婚姻状况既包括具备实质与形式要件的合法婚姻，也包括具备实质要件但不具备形式要件的事实婚姻，例如一些农村地区未到法定婚龄、未领结婚证，但已经按照民间习俗举办了婚礼、开始共同生活的。矛盾的内容一般是感情纠葛、生活琐事、财产分配等。发生的时间既包括婚姻关系存续期间，也包括因感情不和而分居期间，还包括离婚后，例如，有的因财产分割、子女抚养等而长时间处于争执状态。婚姻矛盾与家庭矛盾往往交织在一起，难以截然区分。实践中争议较多的，是离婚后一方因要求复婚遭拒绝而杀人，是否应认定为因婚姻家庭矛盾激化引发的。对此，有的同志持否定意见，认为这种情况下婚姻关系已经结束，故不属婚姻家庭矛盾。笔者认为，这类争执毕竟因婚姻关系而起，与婚姻关系有密不可分的联系，且作案动机明确、对象特定，故一般可以视之为婚姻家庭矛盾。

（2）恋爱纠纷。与婚姻家庭矛盾不同，恋爱纠纷是指那些还没有形成婚姻关系的人之间因感情问题发生的矛盾。感情问题非常复杂，男女在恋爱过程中，可能会因性格、爱好、经济条件等各种因素而产生矛盾，从而对恋爱关系的进一步发展造成障碍。实践中很多案件都是因性格不合、争风吃醋或一方移情别恋等而引发的。其中也有一些情况存在争议。例如，对于单方倾慕、向对方求爱而对方未答应产生矛盾的，有的同志认为不属于情感纠纷。[1] 笔者认为，一般而言，感情是双方的事，只有在两相情愿、双方已经开始恋爱后发生的纠纷才是恋爱纠纷，但也不能一概而论。行为人只要不是为非作歹、欺男霸女，而确实是真感情，确实属于身陷情网、不可自拔，自己与对方也都是单身，符合恋爱、婚姻条件的，一般也可以视为恋爱、情感纠纷。

（3）相邻纠纷。乡邻街坊因住所、土地等相邻而在生活、生产中产生的矛盾在实践中大量存在。相邻的范围是比较广的，既包括生活相邻，如因宅基地相邻而在建房、排水、采光、通行等方面产生的纠纷，也包括生产相邻，如因土地相邻而在地界、灌溉、道路等方面产生的纠纷。实践中，虽然一些住宅、土地等并不直接相邻，但处在一个相对稳定的环境、相距并不特别远，在生活、生产上有所关联，如果因琐事产生纠纷，也可以认定为相邻纠纷。另外，在街道上行走因碰撞、对视等而产生的矛盾，在酒店吃饭饭桌相邻因饮酒喧哗等而产生的矛盾，在道路上行车不慎而发生的车辆剐蹭等，虽然一般发生在陌生人之间，且双方之前、之后一般也都不会有交集，但双方在行走、饮酒、行车时，正是因为在空间上相邻而发生冲突，因此，对于此类矛盾，笔者认为，一般也可以参照相邻纠纷处理。

（4）亲友、同事之间纠纷。这是指亲戚、朋友、同事在交往过程中，因情感、财物或日常琐事等而产生的矛盾。这类矛盾起因往往多样化，存在也十分普遍。

（5）债务、劳务纠纷。这是指公民之间因民间债务或劳务而在债务偿还、劳务收入报酬的支付等方面产生的纠纷。实践中，一些地方存在很多因民间借贷而发生的纠纷。拖欠农民工工资等纠纷亦可归入该类。

（6）权属、承包纠纷。这是指公民之间因土地、山林、草场、果园等的权属或承包问题而产生的纠纷。尤其是在一些经济不很发达或土地耕种等还在生产、生活中具有一定重要性的地区，这类纠纷一旦发生，往往不容易解决。

（7）对于因婚外情、通奸等不正当男女关系而产生的矛盾，因赌债、高利贷等非法债务而产生的矛盾，因卖淫嫖娼等违法犯罪行为而产生的矛盾等，一般不认定为民间矛盾。因为这些起因行为要么违背社会伦理道德，要么违背国家法律法规，很难取得社会公众的理解和同情，进而也不应该获得政策的宽容对待。对于奸夫（妇）杀害本夫（妇）的，因违背伦理道德，为社会公众所不齿，自不应认定

---

① 参见麦子：《杀害亲属恋人“罪轻一等”?》，载《检察日报》2014年5月7日，第5版。

为民间矛盾。而本夫（妇）杀害奸夫（妇）的，因属于合法权益受到侵害一方的反击，自身本来处在受害者的位置、对方具有先在的过错，故可以按照对方有过错而在政策上考虑从宽处理。至于奸夫妇之间发生矛盾，如果是一方因不满另一方终止不正当男女关系或移情别恋、另有新欢而杀害另一方的，不应作为民间矛盾，但如果是双方因其他琐事纠纷而产生矛盾并激化的，可视情作为民间矛盾对待。高利贷纠纷中追索本金和合理利息的，一般也可视情作为民间矛盾处理。

2. 对因民间矛盾激化引发犯罪从宽处罚的政策考量

对于因民间矛盾激化引发的犯罪，刑事政策之所以要求酌予从宽处罚，笔者认为，主要是基于如下考量：

（1）客观危害相对有限。这类犯罪由于是民间矛盾激化而引发的，因此，一般情况下都是事出有因，犯罪对象相对特定，社会危害也都局限于一定的范围。与发生在社会上的以不特定人为对象的犯罪相比，因民间矛盾激化引发的犯罪的社会危害性相对较小。这种起因的特殊性和对象的特定性所决定的犯罪危害的局限性，是对该类犯罪考虑从宽处罚的客观基础。

（2）犯罪源于人性弱点。因民间矛盾激化引发的犯罪，表面原因在于婚姻家庭、恋爱、相邻等各种矛盾，但根源则在于人性的弱点。人都是有弱点的，相处越久，越能发现对方的弱点，而相处越久，也越能暴露自身的弱点，所谓“距离产生美”，当距离不存在了，美也往往大打折扣。常人由于个性、健康状况等方面的原因，难免会有脾气。正如有人所说的，“头等人，有本事，没脾气；中等人，有本事，有脾气；末等人，没本事，大脾气”，就绝大多数人而言，一般也都是有点本事，也有点脾气的。在人与人的交往中，这些自身固有的脾气难免在特定的情况下爆发出来，从而实施出格的甚至是严重的行为。高度的修养需要完善的人格，但这对绝大多数人而言是很难的。日常生产、生活中，遇到突发的或者不顺心的事，情之所激，冲冠一怒，往往在所难免。

（3）公众一般较为宽容。正是由于因民间矛盾激化引发的犯罪根源于人性自身的弱点，大多数人在很多情况下都难免会面临矛盾激化的情形，因此大众对于因民间矛盾激化引发的犯罪往往比较容易理解。人同此心，事同此理，设身处地，推己及人。很多情况下，人们会从朴素的“一个巴掌拍不响”的观念出发，去寻找事件背后的原因，最终，发现有的被害人对案发有一定过错，进而从情感上产生对被告人的同情和宽容。

（4）重惩往往后患无穷。因民间矛盾激化引发的犯罪，绝大多数都是在熟人之间的犯罪。无论是夫妻、父母子女、兄弟姐妹，还是乡邻街坊等，绝大多数并不会因为本次犯罪的处理完毕，以后就再无交集了。相反，很多在以后还要长期相处，甚至还有很多交集。如果就事论事，就案办案，机械地照搬法律对此类犯罪进行处罚，甚至由于被害方强烈的反应而对犯罪人予以严惩，那就可能会使本已激化的矛盾进一步尖锐。或许在本次犯罪的处理过程中，被告方由于理亏而不会有出格的行为，但这并不代表其就心甘情愿，而是有可能在事后再图谋报复。如此一波刚平，一波又起，冤冤相报，何有穷期？放眼未来的生活，只有尽最大努力做双方工作，促使双方互谅互让，彻底化解双方矛盾，才能真正做到案结事了，惟此才是司法价值之所在。

（5）徒耗资源无助预防。因民间矛盾激化引发的犯罪由于事出有因，情绪失控在所难免，所以就犯罪预防的角度而言，片面地严惩并不具有太大的价值。尤其是在很多案件中，犯罪人或为情所困，或陷于绝望等，因一时激愤而实施犯罪后，紧接着就实施自杀的行为。像这类犯罪，事后的刑罚惩处根本不能起到威慑作用。还有很多情况下，犯罪人一时冲动，犯罪之后随即后悔，有的还积极参与救治。故对这类犯罪，只要在刑法上给予否定评价，适当判处一定的刑罚，就足以实现对其的惩戒，而无须适用太严厉的惩罚。正如《尚书·吕刑》所载：“罚惩非死，人极于病。”对于很多因民间矛盾激化引发的犯罪，适用重刑甚至死刑往往没有任何意义，只要给予一定的惩处，就会让他感到比得了重病还难受，以后也坚决不会再犯了。刑罚资源是有限的，有限的刑罚资源应当尽可能用在确实严重、真正需要严惩的犯罪上。对于因民间矛盾激化引发的犯罪简单地给予严厉惩处，既不利于矛盾的化解，也无助于犯罪的预防，因此在政策上应当有所考虑。

3. 对因民间矛盾激化引发犯罪从宽处罚的实践操作

对于因民间矛盾激化引发的犯罪从宽处罚，是从整体、宏观、抽象、原则意义上所提出的一项政策要求，而在实践操作层面，则必须结合个案情况具体分析，并非无条件、想当然地一律从宽。而且，人的价值观是多元的，站在不同的立场，对同一问题产生不同看法本就是常态。对于因民间矛盾激化引发的犯罪，虽然一般认为在政策上应当考虑从宽，但也有人认为，对于此类犯罪不仅不应从轻反而应该严惩。例如，有的人认为，“每个人的生命价值都是一样的，这和他是不是‘家庭成员’无关。所以，以伤害对象不同做社会危害性大小的比较，本身就不应该”。相反，“杀害朝夕相处的家庭成员，危害更重一些。因为这种行为不仅为法律不容，也动摇人伦基础”①。应该说，这种观点也有一定的道理。万物并非非黑即白，世间万事亦难有绝对的是与非。对于因民间矛盾激化引发的犯罪，既要在宏观上理解从宽处罚的政策考量，从客观危害、产生根源、公众期待、后续隐患、预防效果等方面深刻认识从宽处罚的整体的、长远的、根本的意义，也要准确把握个案的情节，根据个案的具体情况，在全面深入把握案情的基础上综合评判，该宽则宽，当严则严。既不能因宏观的思考就对现实做“一刀切”的处理，也不能因过多地偏重个别的情节而忽视对政策的全面贯彻。

在实践中处理因民间矛盾激化引发的犯罪，一般而言，应注意考虑如下因素：

（1）起因性质是否可以理解或值得同情。司法实践中，作为引发犯罪原因的民间矛盾纷繁复杂，虽然绝大多数情况对于绝大多数人而言都可以理解，大家都认为是民间矛盾，可给予一定的理解、同情，但大众的理解范围肯定会有所差别，即使是认定为民间矛盾，对矛盾的理解、同情程度也会有所不同。因此，对于民间矛盾的具体情况，必须给予具体的分析。例如，恋爱纠纷，对于两情相悦开始恋爱后产生纠纷的，与单方思恋、苦苦追求不得而产生纠纷的，公众的理解、同情心就有差别。

（2）被害人是否有过错。熟人之间朝夕相处，产生摩擦在所难免。很多情况下，双方冲突有一个反复作用、层层升级的过程，在此过程中，很难界定谁对谁错。例如，恋爱纠纷的，有的是因对方游手好闲、性格古怪或有严重暴力倾向而提出终止关系；有的因对方经济条件差而提出终止关系；也有的是抱着玩世不恭的态度，花费了对方大量钱财后提出终止关系；等等。为此必须进行具体的分析。

（3）是否有预谋。因民间矛盾激化引发的犯罪，很多情况下都是一时冲动，临时起意，但也有的情况下，是经预谋而实施的。例如，有的被告人在离婚后要求复婚遭拒，便以杀害对方或亲属相威胁，甚至曾公开扬言要报复杀人。这种有预谋的犯罪相对于临时起意的，主观恶性明显更大。

（4）手段是否残忍。犯罪手段不仅决定着危害的大小，而且体现了行为人的主观恶性，对于社会公众对案件的评价也有着重要的影响。以故意杀人犯罪而

① 麦子：《“婚姻家庭纠纷”该成为“免死金牌”吗?》，载《检察日报》2014 年 4 月 23 日，第 6 版。

言，一般来说，只要能致人死亡的，任何手段都是非常残忍的，但在各种残忍的手段之中，也还是存在残忍程度的深浅高低的。例如，持刀捅刺的，一般理解要比勒颈更加残忍；而反复折磨致人死亡的，则要比一刀刺中要害部位致人死亡的更加残忍。

（5）犯罪后是否有其他恶劣行为。多数情况下，被告人因民间矛盾激化加害被害人后，会即行逃离现场，或对现场进行简单的清理、对尸体进行简单的隐藏。但也有的案件中，被告人杀人后，余恨未消，或再生邪念，继续侮辱尸体，有的为避免暴露、掩人耳目，分尸灭迹，甚至对尸体进行更恶劣的处理。这些杀人后的恶劣行为，往往会对社会公众，尤其是被害人亲属的心理造成巨大的冲击。

（6）犯罪是否旁及无辜。因民间矛盾激化引发的犯罪，由于基于特定的矛盾而发生，因此，一般情况下犯罪对象也相对特定。但也有的案件中，犯罪人会迁怒无辜。例如，有的婚姻家庭矛盾、恋爱纠纷激化引发的案件中，被告人迁怒于婚恋对方的亲属如对方的父母、兄弟、姐妹等，认为是该亲属从中作梗或没有尽力帮助自己，从而对该亲属实施加害行为。

（7）作案后有无救助、自杀等其他行为。因民间矛盾激化而实施犯罪后，有的被告人即行悔悟，通过拨打电话、告知亲友叫救护车等方式对被害人进行救治；有的随即实施自杀行为，意欲与被害人同归于尽，一了百了；有的则逃之夭夭，一走了之。不同的行为体现了被告人不同的主观恶性。

（8）是否自首。因民间矛盾激化引发的犯罪，由于是熟人之间的犯罪，事出有因，所以被告人实施犯罪后主动投案的情况比较多，有的情况下，即使被告人自己不愿意投案，但还是在亲友的规劝或陪同下投案。而自首，不仅节约了司法资源、化解了公众恐慌，而且往往体现了被告人的认罪服法心态，因此对于量刑具有重要意义。

（9）是否真诚悔罪。被告人因民间矛盾激化而犯罪，绝大多数情况下，事后都追悔莫及。但也有少数情况下，被告人即使在实施犯罪后，仍对被害方余恨未消，或仍陷于内心的绝望境地不能自拔，而表现出并不悔罪，甚至表明如果再给其选择，其还会再犯。不同的悔罪表现，直接反映了被告人不同的主观恶性和人身危险性。

（10）附民赔偿情况与被害方反应。因民间矛盾激化引发的犯罪发生后，有的被告人积极赔偿，希望能通过经济方式给予被害方一定的宽慰和补偿；有的被告人虽然自己没有赔偿能力，但其亲属愿意积极代为赔偿；但也有的被告人及其亲属态度消极，不愿意赔偿。而被害方的反应也因个案而不同。虽然很多案件因被告人积极赔偿而获得被害方的谅解，但也有的案件不论被告人如何积极赔偿，被害方均坚决不予谅解，激烈的对抗使案件处理要想实现案结事了的效果存在很大的困难。

(11) 社会舆论关注情况。对于因民间矛盾激化引发的犯罪，社会舆论往往会较为关注。个案情况不同，公众的态度和倾向意见也会有所不同。一般情况下，公众会对被告人的残暴手段产生强烈的愤慨，要求对被告人予以严惩。但也有的情况下，被害人行为有不妥之处甚至有明显过错，公众会认为事出有因，“一个巴掌拍不响”，希望对被告人从宽处理。对此，必须要深入分析，全面把握。

(12) 被告人一贯表现。在个案犯罪之外，社会公众一般还会注意被告人的一贯表现，而被告人的一贯表现事实上也反映了其主观恶性和人身危险性，有的还在一定程度上有助于分析其在所实施犯罪中的罪责。有的被告人一贯表现善良，无前科劣迹，本次犯罪只是一时冲动，属初犯、偶犯；而有的被告人则一贯表现不良，有犯罪前科，或劣迹斑斑，对被害人、亲友经常有暴力行为。一贯表现不同，在案件处理上考虑自然也就有所区别。

(13) 被告人家庭情况。被告人的家庭情况，在有的案件中，可能会成为酌情考虑的因素之一。例如，在聚众斗殴致多人死亡的案件中，原则上要尽量不同时判处同一家仅有的两个兄弟死刑。夫妻相杀，有子女的，原则上要注意听取其子女的意见。虽然有的情况下，子女会同意其他亲属的意见，要求对被告人予以严惩，但多数情况下，子女一般会希望对被告人从宽处罚，理由一般就是其已经失去了父母一方，不想再失去另一方。对此应尽可能全面、准确把握。

综上所述，对于因民间矛盾激化引发的犯罪，从宏观政策上、原则上要考虑酌予从宽处罚，但对于个案是否从宽，必须结合个案的情节，具体问题具体分析。对个案的评判，并非将各种情节进行简单堆砌，而是要在全面把握所有情节的基础上，深入分析，综合考量，理性评判。不可否认，这是一个很复杂的过程，也是一项很艰难的任务。另外，是否从宽，包括是否适用死刑，对法官来讲或许只是一项日常的工作，表面上看似乎只是简单的一纸裁定，但对当事人而言，则是天大的事。生杀予夺，全在这一纸裁定之中。面对这种裁判的艰难，有的同志希望能出台更明确、更具可操作性的标准。但是，任何规定都只能做到一定程度的明确，具体到个案裁判，还是需要法官进行综合的分析和理性的考量。而这也正是我们反复强调要提高法官的法律能力和政策水平的意义之所在。

（三）准确理解和严格执行死刑政策

“保留死刑，严格控制和慎重适用死刑”是我们党和国家一贯的死刑政策，是宽严相济刑事政策的重要内容。《宽严相济意见》第 29 条规定：要准确理解和严格执行“保留死刑，严格控制和慎重适用死刑”的政策。对于罪行极其严重的犯罪分子，论罪应当判处死刑的，要坚决依法判处死刑。要依法严格控制死刑的适用，统一死刑案件的裁判标准，确保死刑只适用于极少数罪行极其严重的犯罪分子。拟判处死刑的具体案件定罪或者量刑的证据必须确实、充分，得出唯一结论。对于罪行极其严重，但只要是依法可不立即执行的，就不应当判处死刑立即执行。

死刑政策历来是我国的重要刑事政策。在新民主主义革命时期，毛泽东同志就提出“杀人要少，但决不废除死刑”的政策。[①] 1948 年 1 月 18 日，毛泽东同志在《关于目前党的政策中的几个重要问题》中深刻指出：“必须坚持少杀，严禁乱杀。主张多杀乱杀的意见是完全错误的，它只会使我党丧失同情，脱离群众，陷于孤立。”[②] 1951 年 5 月 15 日，毛泽东同志在《镇压反革命必须实行党的群众路线》中特别强调：“凡介在可杀可不杀之间的人一定不要杀，如果杀了就是犯错误。”[③] 1956 年 4 月 25 日，毛泽东同志在《论十大关系》中指出：“一颗脑袋落地，历史证明是接不起来的，也不像韭菜那样，割了一次还可以长起来，割错了，想改正错误也没有办法。”[④] 董必武、彭真等老一辈革命家也都多次论述过“少杀”的死刑政策。上述死刑政策作为我们党和国家关于死刑问题的基本政策的地位从未动摇过。

党的十一届三中全会以后，党和国家把工作重心转移到经济建设上来，刑事政策也随之发生了一些变化。1979 年《刑法》和《刑事诉讼法》明确将死刑规定为我国的重要刑罚之一，并规定了严格的诉讼程序。但改革开放之初的中国面临巨大的犯罪压力，严重刑事犯罪对我国社会构成了极大的威胁。针对当时特别严峻的犯

① 参见肖扬主编：《中国刑事政策和策略问题》，法律出版社 1996 年版，第 224 页。

② 《毛泽东选集》（第 4 卷），人民出版社 1991 年版，第 1271 页。

③ 中共中央文献研究室编：《毛泽东文集》（第 6 卷），人民出版社 1999 年版，第 159 页。

④ 中共中央文献研究室编：《毛泽东文集》（第 7 卷），人民出版社 1999 年版，第 159 页。

罪形势，从1980年开始，最高人民法院陆续将部分死刑案件的核准权授权高级人民法院行使。1982年全国人大常委会通过的《关于严惩严重破坏经济的罪犯的规定》（已失效）和1983年全国人大常委会通过的《关于严惩严重危害社会治安的犯罪分子的决定》（已失效）将一些严重犯罪的法定最高刑提高为死刑，扩大了死刑的适用范围。1997年《刑法》和1996年《刑事诉讼法》延续了党和国家的死刑政策，在保留死刑的同时体现了严格控制和慎重适用死刑的态度。

2006年，中央作出死刑案件核准权收归最高人民法院统一行使的重大决策，其中的一个重要目的就是要更加严格地贯彻党和国家“保留死刑，严格控制和慎重适用死刑”的一贯政策，统一死刑适用的法律政策标准，以从根本上更好地维护社会稳定，促进社会和谐。自2007年1月1日死刑核准权收归最高人民法院统一行使以来，社会治安形势稳中向好，人民群众安全感不断增强，死刑政策贯彻得到全社会的广泛认同和支持。

为了继续坚定不移地贯彻执行党和国家的死刑政策，必须要准确理解死刑政策，更加严格、统一地贯彻落实好死刑政策的具体要求，确保死刑政策的基本精神落到实处。

1. 充分认识保留死刑的必然性和必要性。死刑是我国刑罚体系中的重要制度。保留死刑，符合我国现阶段的国情，适应社会治安形势的需要，顺应人民群众的意愿。当前和今后一个时期，我国仍处于人民内部矛盾凸显、刑事犯罪高发、对敌斗争复杂的时期，我们仍需要运用包括死刑在内的各种刑罚手段，切实保护国家和人民的根本利益，保障社会主义现代化建设的顺利进行。尤其是在当前治安形势依然严峻、复杂的情况下，对于危害国家安全犯罪、恐怖组织犯罪、邪教组织犯罪、黑社会性质组织犯罪、恶势力犯罪、故意危害公共安全犯罪等严重危害国家政权稳固和社会治安的犯罪，故意杀人、故意伤害致人死亡、强奸、绑架、拐卖妇女儿童、抢劫等严重暴力犯罪和严重影响人民群众安全感的犯罪，走私、贩卖、运输、制造毒品等毒害人民健康的犯罪，必须继续作为严惩的重点，依法从严惩处。对于犯罪集团的首要分子和主犯、以犯罪为业者、累犯、惯犯等，要坚决依法判处重刑。对于严重危害社会秩序，罪行极其严重的犯罪分子，特别是那些极端仇视国家和社会，以不特定人为侵害对象，穷凶极恶、滥杀无辜，造成多人死亡和重大社会影响的犯罪分子，论罪应该判处死刑的，要坚决依法判处死刑，以维护社会秩序，伸张公平正义，有效震慑犯罪，切实预防犯罪，使人民群众切实感受到法律的保护，切实增强人民群众的安全感。

2. 正确理解“严格控制死刑”。“严格控制和慎重适用死刑”，就是要立足于教育、感化和挽救大多数，最大限度地减少社会对立面，促进社会和谐。“严格控制”是对死刑适用总体上、战略上和趋势上的严格把握，就是要防止任何不必要的适用甚至滥用。同时需要特别注意的是，严格控制死刑，并非要人为地减少死刑适用，而是强调要通过严格执行法律，确保死刑这一最严厉的刑罚只适用于极少数罪行极其严重、不堪教育改造的犯罪分子。判处死刑的案件和人数的多少，是由犯罪本身的性质和严重程度来决定的，是以法律规定为依据的，而不以人的主观意志为转移。严格控制死刑表明了我们党和国家对死刑适用的基本态度。近年来，在党中央的坚强领导下，我国经济社会发展良好，综合治理工作取得了明显成效，社会治安总体稳定，社会和谐稳定，人民群众安全感上升。从公安部的统计看，近年来命案发案数连续下降。在这种情况下，死刑适用也应该相应地稳中有降。如果在某个特定的时期、特定的地区，社会治安形势和犯罪态势发生了变化，死刑适用也应相应地作出反应，而不能人为地、机械地、教条地减少或者限制死刑的适用。

3. 准确把握“慎重适用死刑”。“慎重适用”是对死刑个案在具体事实认定、证据审查、法律适用和政策把握上的极其慎重态度，就是要严格防范死刑案件出现任何人为差误，导致错判冤杀，确保每一起死刑案件都经得起历史的检验。落实慎重适用死刑，必须切实执行严格统一的证据裁判标准和法律政策标准。

（1）必须切实贯彻《刑事诉讼法》和最高人民法院、最高人民检察院、公安部、国家安全部、司法部《关于办理死刑案件审查判断证据若干问题的规定》、《关于办理刑事案件排除非法证据若干问题的规定》等文件，坚持证据裁判原则，执行证据裁判标准。

死刑案件人命关天，在认定事实和采信证据上不容许出现任何差错，必须坚持最高、最严格的证明标准。认定案件事实应有相应的证据予以证明，一切都要靠证据说话，没有证据不得认定犯罪事实。要用合法的证据来证明案件事实，对于非法取得的证据应当排除，不能作为定案的根据。对于定罪证据或者重要量刑证据有疑问、有欠缺，不能排除合理怀疑，不能得出唯一结论的，绝对不能适用死刑。当然，对于不影响定罪量刑的事实情节，或者对被告人从轻处罚的事实情节，则不需达到最高的证明标准。这也正合乎《尚书·大禹谟》中“罪疑惟轻，功疑惟重”的思想要求。

（2）必须切实贯彻《刑法》、相关司法解释和《全国部分法院审理毒品犯罪案件工作座谈会纪要》（以下简称《大连会议纪要》）、《全国法院毒品犯罪审判工作座谈会纪要》（以下简称《武汉会议纪要》）、最高人民法院《关于审理抢劫刑事案件适用法律若干问题的指导意见》等文件，坚持已经达成共识的法律政策原则，执行严格统一的法律政策标准。

①对依法不应当判处死刑的案件，无论面临多大的压力，都要坚持原则，绝不能违法适用死刑。

②要充分发挥死缓、死缓限制减刑对死刑立即执行的替代作用。对于依法应判处死刑，但不是必须立即执行的，就不应当判处死刑立即执行。

③对依法可以判处死刑的案件，是否判处死刑，要结合被告人的犯罪原因、犯罪情节、危害后果、一贯表现、认罪悔罪态度等各种法定、酌定量刑情节综合判定。具有法定从宽情节的，应当最大限度体现立法精神；有酌定从宽情节的，也应当充分体现政策，争取更好的社会效果。

④对于共同犯罪致一人死亡，依法应当判处死刑的，原则上只判处罪责最严重的一名犯罪人死刑。罪责最严重的犯罪人如因系未成年人而不适用死刑，或因具有自首、立功等法定情节或附民赔偿、被害方谅解等酌定情节而被从轻处罚，或因畏罪自杀等原因死亡的，不能对罪责相对较轻的犯罪人人为拔高判处死刑。

⑤雇凶杀人犯罪中，雇凶者作为犯罪的“造意者”，对案件发生负有直接和更主要的责任。雇凶者伙同受雇者共同直接实施杀人行为的，应认定雇凶者为罪行最严重的主犯。雇凶者虽然没有直接参与杀人行为，但参与了犯罪的策划，实施了具体组织、指挥行为的，对雇凶者也应认定为罪责最严重的主犯。雇凶者只是笼统地提出犯意，没有实施具体组织、指挥行为的，对积极实施犯罪行为的受雇者可认定为罪行最严重的主犯。多名受雇者地位、作用相当，责任相对分散或难以分清的，雇凶者应对全案负责，应认定雇凶者为罪行最严重的主犯。受雇者明显超出雇凶者授意范围，实施故意杀人等犯罪的，应对其过限行为承担责任。雇凶杀人致一人死亡的，一般不宜同时判处雇凶者和受雇者死刑立即执行。

⑥在故意杀人、抢劫等共同犯罪案件中，有同案犯在逃的，应当根据现有证据

尽量分清在押犯与在逃犯的罪责，对在押犯按其罪责处罚。罪责确实难以分清，或者不排除在押犯的罪责可能轻于在逃犯的，对在押犯适用刑罚应当留有余地，判处死刑立即执行要特别慎重。

⑦对于因民间矛盾激化等因素引发的故意杀人等犯罪案件，适用死刑要十分慎重，应当与发生在社会上的严重危害社会治安的其他故意杀人犯罪案件有所区别。被告人案发后对被害方积极进行赔偿，并认罪、悔罪的，应当作为酌定量刑情节予以考虑。

⑧对于运输毒品犯罪，应当重点打击运输毒品犯罪集团首要分子，组织、指使、雇用他人运输毒品的主犯或者毒枭、职业毒犯、毒品再犯，以及具有武装掩护运输毒品、以运输毒品为业、多次运输毒品等严重情节的被告人。对于受人指使、雇用参与运输毒品的被告人，应当慎重适用死刑。对于有证据证明确属受人指使、雇用运输毒品，又系初犯、偶犯的被告人，即使毒品数量超过实际掌握的死刑数量标准，也可以不判处死刑；尤其对于其中被动参与犯罪，从属性、辅助性较强，获利程度较低的被告人，一般不应当判处死刑。对于不能排除受人指使、雇用初次运输毒品的被告人，毒品数量超过实际掌握的死刑数量标准，但尚不属数量巨大的，一般也可以不判处死刑。一案中有多人受雇运输毒品的，同时判处二人以上死刑要特别慎重。

⑨毒品共同犯罪案件的死刑适用应当与该案的毒品数量、社会危害及被告人的犯罪情节、主观恶性、人身危险性相适应。涉案毒品数量刚超过实际掌握的死刑数量标准，依法应当适用死刑的，一般只对其中罪责最大的一名主犯判处死刑，判处二人死刑要特别慎重。涉案毒品数量达到巨大以上，两名以上主犯的罪责均很突出，或者罪责稍次的主犯具有法定、重大酌定从重处罚情节，判处二人以上死刑符合罪刑相适应原则，并有利于全案量刑平衡的，可以依法判处。

⑩对于买卖同宗毒品的上下家，涉案毒品数量刚超过实际掌握的死刑数量标准的，一般不能同时判处死刑。涉案毒品数量达到巨大以上的，也要综合考虑全案因素，同时判处上下家死刑符合罪刑相适应原则，并有利于全案量刑平衡的，可以依法判处死刑。

喜怒哀乐之未发，谓之中；发而皆中节，谓之和。
中也者，天下之大本也；和也者，天下之达道也。
——《中庸》

第二节 宽严相济刑事政策的精神实质

当我们反复提及宽严相济刑事政策时，我们到底是在强调它的什么特性？宽严相济刑事政策的核心、精髓、灵魂、本质内容何在？其精神实质是什么？笔者认为，宽严相济刑事政策的精神实质，并非简单的“区别对待”，而是“刑罚理性”。[①] 在宽严相济刑事政策的框架内，刑罚应该是理性的，是科学的、正当的、恰如其分的，是它应该是的那个样子。在中国传统文化的语境中，理性精神与中庸思想相契合，刑罚理性也就是刑罚中庸，或称刑罚中用，也即刑罚的恰当适用。以刑罚理性或称刑罚中庸为精神实质的宽严相济刑事政策的提出，是古老的中华法治智慧在新时代的复兴和重光。

一、“理性”一词的基本含义

理性是人类所追求的一种理想状态，也是人类追求理想目标的一种力量。在数千年的文明发展史中，正是理性指引着人类前进的方向，并为社会发展提供源源不断的内在动力和纠偏导正的制约保障。

理性概念是西方思想和文化的出发点。西方的哲学和科学，正是围绕这个概念发生和展开的。[②] 自古希腊哲学家们在他们的著作中开始使用“理性”一词以来，理性始终作为人们赞许、追求的东西或状态，反复不断地出现在学者的著作中。人们用大量的笔墨述说对理性的分析和追求，开展对非理性的剖析和抨击。但是，人

① 关于宽严相济刑事政策，笔者虽曾调研数年，但在很长时间内对其精神实质的认识并不清晰。很多人认为宽严相济刑事政策的精神实质是“区别对待”，笔者虽内心不认同，但因自己没有答案，也只好如此这般了。2011 年 5 月某日重庆会议期间，与同事多人闲聊，大家问宽严相济刑事政策到底是指什么，答曰区别对待，又问那什么是区别对待，答曰该宽的宽，该严的严，大家哈哈大笑，刑罚本来不就是如此吗？一时语塞，心中一片茫然。之后在办案、调研中，这个问题始终萦绕于怀。2012 年 10 月 23 日下班路上，公交车经过前门大街，眼望着窗外的银杏树，金黄、恬淡、清凉、闲静。突然，脑海里闪过四个字——“刑—罚—理—性”！那一刹那，我意识到，这才是我想要的答案。

② 参见张汝伦：《历史与实践》，上海人民出版社 1995 年版，第 269 页。

们对理性概念的认识和理解，却见仁见智，各不相同。不同文化和不同历史时代，往往赋予理性错综复杂甚至相互矛盾的内容。理性概念后来被应用到非哲学学科中，更被人们赋予了各种各样的丰富内涵。① 近代以来，随着生命哲学、意志主义和存在主义的发展，非理性主义渐入高潮，理性主义陷入重重危机②，后现代哲学思潮也对理性持激烈的批评态度③，但理性依然是思想文化领域的一个核心概念。

纵观西方哲学史上关于理性的解释，人们主要是在本体论、认识论、实践论三种不同的意义上使用“理性”一词的。④

① 这里所说的非哲学学科是指受 17～18 世纪欧洲启蒙运动影响所形成的各种学科，包括自然科学学科和社会科学学科。自然科学以数学和物理学为代表，所说的理性主要是指精确性、准确性。在社会科学中，心理学中的理性主要是指意识性、自觉性；社会学所说的理性是社会行为的有序性和规范性，有序的社会行为的根据是社会的各种规范，社会的有序性表现在社会的结构性和人的行为的规范性；教育学上的理性指观察、记忆和逻辑思维等能力；政治学上的理性是指经过思考的冷静的政治行为，决定一个政治行为是否合于理性的根据在于人的行为是否经过人的深思熟虑，而不是一时的感情冲动，因此在政治学上与理性对应的是人的冲动和凭感情行事；与哲学特别强调理性的伦理性和道德价值性不同，经济学上的理性是指人对于实用性价值的自觉性和精确性；等等。（参见李容华：《有限理性及其法律适用》，知识产权出版社 2007 年版，第 4 页。）对于理性概念的历史发展，张汝伦先生有详细的论述。（参见张汝伦：《历史与实践》，上海人民出版社 1995 年版，第 269～285 页。）

② 与古代非理性主义所提倡的把超人的、神秘的、神圣的东西作为宇宙和世界中心及基础的观念不同，近代以来的非理性主义高举人本主义旗帜，以个人本能和欲望作为世界和生命的基础与本质，例如尼采、叔本华的“意志”，柏格森的“生命冲动”，弗洛伊德的作为性欲能量的“力比多”，萨特的“存在”等，强调个人的价值和尊严，认为本能、情绪、潜意识等非理性因素在把握实在和领悟本质时具有不可替代的作用。这主要是基于科学技术的过度发展导致对人的尊严的严重漠视，科技理性的张扬践踏了人的本能的欲望，威胁到人生命的意义和价值，从而主张人的认识能力取决于人的本能而非理性。参见韩震：《重建理性主义信念》，北京出版社 1998 年版，第 64 页以下。

③ 后现代思潮是以现代性问题为矛头所指的各种学说的总和，而后现代学者所说的现代性问题，按照哈贝马斯的观点，核心就是理性问题。韦伯更是将现代性理解为理性化，他认为现代性的历史——社会学的解释模式，就是将人类历史理解为不断理性化、祛魅的过程。而非理性主义则构成后现代思潮的基本思想倾向。参见葛洪义：《法与实践理性》，中国政法大学出版社 2002 年版，第 23 页。

④ 对于理性的分类，学者们有多种见解。有的采用二分法，在分析本体理性、认知理性、实践理性、价值理性和工具理性等五种理性含义的基础上，将理性的意义归为两类：（1）人类特有的一种价值标准和评价尺度，体现着人对外部世界的合理性、真理性、完善性以及平等、正义、人权等要求；（2）一种理性方法，作为认识方法，与逻辑化、规范化、条理化、系统化等相联系，作为评价方法，与合理化、完善化、理想化相联系。（参见周世中：《法的合理性研究》，山东人民出版社 2004 年版，第 13 页。）有的采用三分法，认为理性的意义可分为认识论、本体论和实践论三个方面。（参见张智辉：《刑法理性论》，北京大学出版社 2006 年版，第 18～24 页。）有的采用四分法，认为理性可以分为存在论、认识论、价值论和人的行为方式等多个角度、层面（参见韩震：《重建理性主义信念》，北京出版社 1998 年版，第 14～17 页）；或者本体论意义上的理性、价值论意义上的理性、认识论意义上的理性和行为论意义上的理性（参见葛洪义：《法与实践理性》，中国政法大学出版社 2002 年版，第 21～22 页）；或者本体论意义上的理性、认识论意义上的理性、伦理意义上的理性和实用意义上的理性（参见李容华：《有限理性及其法律适用》，知识产权出版社 2007 年版，第 2～3 页）；等等。

（一）本体论意义上的理性

本体论意义上的理性，是指事物的本原、本质、内在规律性，是导致事物发展变化的最根本原因。

理性概念在古希腊源出于“Logos”和“nous”这两个词，它们表达了理性的最初含义。Logos，即逻各斯，作为希腊文中的一个普通词，其最基本的含义是“词、言谈”和“叙述”。古希腊哲学家赫拉克利特（约公元前544年~公元前483年）被认为是西方哲学史上第一个使用“理性”一词的人，他最先把逻各斯作为一个哲学概念提出来并加以讨论。赫拉克利特认为，逻各斯是决定一切生亡存灭过程的东西，是一切生亡存灭的东西都要遵循的东西，是协调一切的东西，它既是万物生成的根源，又是对万物生亡存灭的知。① 他指出，宇宙处于永不止息的变化状态中。“人不能两次走进同一条河流，因为新而又新的水不断地往前流动。”② 但在一定意义上，善与恶是同一的东西。“生与死，醒与睡，少与老，是同样东西。前者变化，就成为后者，后者变回来，则成为前者。”对上帝来说，一切事物都是美好、善良和合理的，因为上帝是按当然之理来安排事物的，他使万物完善，以求整体的和谐。而人类却认为有些事物不合理，而另外一些事物是合理的。因此，宇宙进程不是偶然的或随意的，而是依据“定则”，或者像我们现在所说的，由规律所支配。在一切变化和矛盾中唯一常驻或保持不变的，是位于一切运动、变化和对立背后的规律，是一切事物中的理性，即逻各斯。因此，原始的基质是唯理的基质，它有生命，有理性。③ 存在或实在是性质相同、连绵不断和不确定的质料，赋有理性、永恒和不变。④

nous，即精神，是理性概念的另一个来源，它与逻各斯紧密联系，表达了人的一个特征，就是“有理性”。但这个“有”并不是像有武器、工具意义上的“有”，而是对存在的观察，通过看，突然领悟了一种处境的全部意义。第一个把nous作为哲学基本概念加以讨论的是古希腊思想家阿那克萨哥拉（公元前500年~公元前428年）。在他那里，nous是无处不在的东西，只要有任何东西的地方，就有nous。

① 逻各斯，通常被理解为“规律”，但在古希腊时期，逻各斯有比“规律”更加丰富的内涵。参见张汝伦：《历史与实践》，上海人民出版社1995年版，第270~271页。

② ［美］梯利：《西方哲学史》，葛力译，商务印书馆1995年版，第20~21页。

③ 参见［美］梯利：《西方哲学史》，葛力译，商务印书馆1995年版，第22页。

④ 参见［美］梯利：《西方哲学史》，葛力译，商务印书馆1995年版，第26页。

但 nous 与任何东西都不同，也不会和任何东西混在一起，它是无限的、自立的，单独地靠自己而存在，是所有事物中最精纯的东西。nous 决定所有东西，既控制它们的运动，也使万物井然有序。它是一种理智，它的知和判断就像它的力量一样是无限的。作为一种超然的理智，它属于存在的范畴。① 它有支配物质的能力，能做自发的活动，是宇宙间一切运动和生命的自由的源泉。它无所不知，无论过去、现在和将来都是如此；它安排万物，是万物之本；它统治着一切大大小小的有生命的东西。②

理性思想连同古希腊的许多其他哲学思想，在亚里士多德（公元前 384 年 ~ 公元前 322 年）那里得到一个总结性的发展。亚里士多德进一步深化了本体论思想，提出了理性、善和神是最高本体的观点。他认为，运动本身和运动存在的时间是永恒的，而运动总是本体在运动，永恒的运动和永恒的时间说明必然有一个永恒的本体存在。这个永恒的本体是什么呢？当然不会是物质，因为物质只是潜能，不会自己运动起来。这个永恒的本体只能是理性，因为理性是完全现实的，它是永恒主动而不是被动的。③ 斯多葛派思想家芝诺（约公元前 490 年 ~ 公元前 425 年）及其追随者把“自然”的概念置于他们哲学体系的核心位置。所谓自然，按照他们的理解，就是支配性原则，它遍及整个宇宙，并被他们按泛神论的方式视为神。这种支配性原则在本质上具有一种理性的品格。芝诺认为，整个宇宙乃是由一种实质构成的，而这种实质就是理性。在他看来，自然法就是理性法。人作为宇宙自然的一部分，本质上就是一种理性动物。在服从理性命令的过程中，人乃是根据符合其自身本性的法则安排其生活的。理性作为一种遍及宇宙的普世力量，乃是法律和正义的基础。神圣的理性寓于所有人的身心之中，不分国别或种族。存在一种理性的普遍的自然法，它在整个宇宙中都是普遍有效的。它的要求对世界各地的任何人都有约束力。④

古罗马政治家西塞罗（公元前 106 年 ~ 公元前 43 年）也指出：“要知道，存在过源自万物本性、要求人们正确地行为和阻止人们犯罪的理性，它成为法律并非

① 参见张汝伦：《历史与实践》，上海人民出版社 1995 年版，第 273 ~ 274 页。

② 参见［美］梯利：《西方哲学史》，葛力译，商务印书馆 1995 年版，第 34 页。

③ 参见夏军、张桂岳主编：《中西哲学简史》，江苏人民出版社 1987 年版，第 20 页。

④ 参见［美］E. 博登海默：《法理学：法律哲学与法律方法》，邓正来译，中国政法大学出版社 2004 年版，第 16 ~ 17 页。

始自它成文之日，而是始自它产生之时”①；“自然本身凭借自己的力量更前进一步，因为它不是受任何教导，而是从它的第一次的、初始的理解形成的各种概念出发，凭借自己的力量，使理性得到巩固和完善”②；“为了人类的幸福和需要，自然赋予人类无比丰富的东西，以至生成的一切似乎出于精心安排，而非偶然地产生的”③。

17、18 世纪，西方社会掀起一场思想启蒙运动。德国哲学家卡西尔在论述 18 世纪启蒙时代的精神时指出：“当十八世纪想用一个词来表述这种力量的特征时，就称之为‘理性’。‘理性’成了十八世纪的汇聚点和中心，它表达了该世纪所追求并为之奋斗的一切，表达了该世纪所取得的一切成就。……十八世纪浸染着一种关于理性的统一性和不变性的信仰。理性在一切思维主体、一切民族、一切时代和一切文化中都是同样的。宗教信条、道德格言和道德信念，理论见解和判断，是可变的，但从这种可变性中却能够抽取出一种坚实的、持久的因素，这种因素本身是永恒的，它的这种同一性和永恒性表现出理性的真正本质。”④ 由此，“理性”成为一个极具象征意义的词汇，它是启蒙精神的核心，是一切现存事物的唯一的裁判者。⑤

也正是基于对理性的这种认识，自然法学派一直把理性作为自己的一面旗帜，认为法律应当符合事物自身的自然规律，应当具有理性。孟德斯鸠认为：“从最广泛的意义来说，法是由事物的性质产生出来的必然关系。在这个意义上，一切存在物都有它们的法。上帝有他的法；物质世界有它的法；高于人类的‘智灵们’有他们的法；兽类有它们的法；人类有他们的法。……由此可见，是有一个根本理性存在着的。法就是这个根本理性和各种存在物之间的关系，同时也是存在物彼此之间的关系。”⑥“我建立了一些原则。我看见了：个别的情况是服从这些原则的，仿

---

① ［古罗马］西塞罗：《论共和国　论法律》，王焕生译，中国政法大学出版社 1997 年版，第 218 页。

② ［古罗马］西塞罗：《论共和国　论法律》，王焕生译，中国政法大学出版社 1997 年版，第 194 页。

③ ［古罗马］西塞罗：《论共和国　论法律》，王焕生译，中国政法大学出版社 1997 年版，第 193 页。

④ ［德］卡西尔：《启蒙哲学》，顾伟铭等译，山东人民出版社 2007 年版，第 3 ~ 4 页。

⑤ 参见陈兴良：《刑法的启蒙》，法律出版社 1998 年版，“渴望启蒙（代序）”，第 2 ~ 3 页。

⑥ ［法］孟德斯鸠：《论法的精神》（上册），张雁深译，商务印书馆 1961 年版，第 1 页。

佛是由原则引申而出的；所有各国的历史都不过是由这些原则影响而来的结果；每一个个别的法律都和另一个法律联系着，或是依赖于一个更具一般性的法律。……我的原则不是我的成见，而是从事物的性质推演出来的。”① “支配着全世界的并不是命运。这一点从罗马人身上可以看出来：当罗马人根据一种办法来治理的时候，他们一连串的事情都是成功的，可是当罗马人根据另一种办法来行动的时候，他们就遭到了一连串的失败。”② 根据孟德斯鸠的理解，法律具有某种先验性，法律规范是普遍有效和不可改变的，各种各样的习惯之间的秩序及其相互依赖性，就构成了“法的精神”，这种法的精神最根本的要求是符合人类理性，进而成为决定历史发展的原因。贝卡利亚沿着孟德斯鸠的思想轨迹继续前行，首次以科学与理性的意识审视刑法，提出罪刑法定、罪刑均衡、无罪推定等原则，至今仍是刑事法律的圭臬。

（二）认识论意义上的理性

认识论意义上的理性，既是指人对事物本质的一种认识，也是指人类获得理性知识的能力和认识方法论。

赫拉克利特提出，灵魂是人身上的起支配作用的因素，接近于神圣理性。感性知识不如理性，眼耳的见证不可靠。没有思考的知觉不能给我们揭示隐秘的真理，这种真理只能由理性发现。③

柏拉图把心灵的认识活动分为四个等级，从低到高分别为想像、信念、理智、理性，认识对象分别为影像、可见实物（二者属可见世界）、科学、理念（二者属可知世界），由下向上，真实程度逐渐提高。由想像和信念对可见世界的认识活动产生意见，一般公民均可达到这个水平。由理智和理性对可知世界的认识活动产生知识，只有城邦的治理者（哲学王）在受过科学和辩证法教育后才能达到这个水平。其中最重要的是理性对善理念的认识。理性是逻各斯本身凭借辩证的力量而达到的那种认识。在这里，假设不是被用作原理，而是仅仅被用作假设，即被用作一定阶段的起点，以便从这个起点一直上升到一个高于假设的世界，上升到绝对真

① ［法］孟德斯鸠：《论法的精神》（上册），张雁深译，商务印书馆 1961 年版，“著者原序”，第 37 页。

② ［法］孟德斯鸠：《罗马盛衰原因论》，婉玲译，商务印书馆 2011 年版，第 115 页。

③ 参见［美］梯利：《西方哲学史》，葛力译，商务印书馆 1995 年版，第 23 页。

理，并且在到达绝对真理之后，又回过头来把握那些以绝对真理为根据提出来的东西，最后下降到结论。在这个过程中不靠任何感性事物，而只使用理念，从一个理念到另一个理念。理性是最高级的心灵状态。①

巴门尔德在哲学史上第一次把感性与理性区别开来，提出感觉提供的是意见，理智把握的才是真理。他认为，不要“以你茫然的眼睛、轰鸣的耳朵以及舌头为准绳，而要用你的理智来解决纷争的辩论”②。

笛卡尔认为，理性是认识的基本源泉，现实世界的对象和现象是直接通过理性和思维认识的，不依靠知识和感觉。理性的自然之光是认识的普遍必然性、可靠性的唯一保证。笛卡尔提出著名的哲学命题“我思故我在”，认为：当我使用理性来思考的时候，我才真正获得了存在的价值；理性可破除习惯、迷信以及种种所谓的“已成观念”，让真正的思考渗透自己的人生，那么，我的存在才有真正的意义。③

洛克认为：“理性是被认识了的真理，它和另一较少被认识的真理的联系，使我们给后者以同意。但它如果不仅是我们的判断的原因，而且还是真理本身的原因时，我们更特别和突出地称之为理性。……察觉这种真理的联系的功能，或推理的功能，也被称为理性。”④

康德认为，理性是感性的对称，感性是人的动物性，理性是人的社会性。他把理性分为纯粹理性和实践理性。所谓纯粹理性就是认识论意义上的理性，是指运用纯粹先天的知识和纯粹概念的演绎来判断正确与错误的能力。如果知识不应该消失在个别事物上，而要达到普遍性，那么就必须用理性的概念来整理、统一经验。用理性的概念来规范、整理、统一经验，也就是理性为自然立法，或提出规则。因此，理性也就是整理和系统化的能力。⑤“吾人一切知识始自感官进达悟性而终于理性，理性以外则无‘整理直观之质料而使之隶属于思维之最高统一’之更高能

---

① 参见［古希腊］柏拉图：《理想国》，张竹明译，译林出版社2015年版，“导言”第12~13页、正文第202~205页。

② 北京大学哲学系外国哲学史教研室编译：《古希腊罗马哲学》，商务印书馆1961年版，第51页。

③ 参见《我思故我在（笛卡尔的哲学命题）》，载百度百科，https：//baike. baidu. com/item/%E6%88%91%E6%80%9D%E6%95%85%E6%88%91%E5%9C%A8/341083，最后访问日期：2020年6月14日。

④ ［英］洛克：《人类理解论》（下册），关文运译，商务印书馆1981年版，第569页。

⑤ 参见张汝伦：《历史与实践》，上海人民出版社1995年版，第286页。

力矣。”①

马克思主义全面分析感性认识与理性认识的辩证关系，对理性概念进行了系统阐述。马克思主义认为，感性认识是认识的初级阶段，是对事物表面现象和外部联系的认识，是具体的、丰富的、生动的，但又是表面的、个别的、不深刻的。感性认识分为感觉、知觉和表象三种形式。感觉是人脑通过感官直接反映事物的个别特征，是对认识对象的最直接反映。知觉是感觉的综合，把各种感觉集中组合，形成对事物各方面外部特征的整体认识。表象是事物感性形象在人大脑中的再现。理性认识是认识的高级阶段，是对事物的全体、本质和内部联系的反映，是深刻的、抽象的、间接的、相对稳定的。理性认识是感性认识的飞跃，反映了事物的全体和本质。理性认识包括概念、判断和推理三种形式。概念包含了对同类事物共同的、一般的特征的认识，是理性认识的细胞。判断是概念的展开，利用概念对于事物具有或不具有某种性质进行分析判定。推理是根据事物的联系和规律，从已知合乎规律地推导出未知的认识形式，它由判断构成，是人类获得新知识的重要手段。感性认识与理性认识是辩证统一的。理性中有感性，感性中也有理性。

（三）实践论意义上的理性

实践论意义上的理性，也即实践理性，既是指实践应当遵循的原则，也是指按照目的要求控制行为以求最大满足的自制能力和在实践中进行价值判断以寻求更合理实践活动的实践方法论。

赫拉克利特在从本体论、认识论角度论述理性之外，也从实践论的角度对理性进行了深刻的阐释。他认为，人类必须服从普遍的理性，服从流行于万物中的法则。言谈明智的人必须牢牢坚守万物中普遍的因素，像一个城市坚守法规一样，而且应当格外坚定。因为一切人类法规都由神圣的法则所滋养。过唯理的生活，服从理性的命令，才合乎伦理。道德意味着守法、律己和控制情欲，这就是根据唯理的原则来约束自己。“品性是一个人的守护神。”“扑灭放纵之情，应有甚于消灭火灾。”②

斯宾诺莎指出，最强大的国家是以理性为依据、以理性为指导的国家。在这个国家中，人们在理性的指导下生活较之他们自己单独地生活能获得更多的自由和

① ［德］康德：《纯粹理性批判》，蓝公武译，商务印书馆2009年版，第268页。
② ［美］梯利：《西方哲学史》，葛力译，商务印书馆1995年版，第23页。

利益。

“由康德开始的德国古典哲学中的‘理性’，主要和基本是抽象化了的人的社会本质”①，也即实践论意义上的理性。康德认为，人类生来就有自由权利与意志自由，并表现为选择行动的自由，而法律的作用既限制自由的滥用，又保护自由不受他人的侵犯。“法则一般地被看作是实践理性产生于意志，准则出现于意志在作出选择过程的活动之中。后者对人来说就构成自由意志。”② 意志并不仅仅是一种单纯的法则，“它为行为的准则提供一种法则，因此，它就是实践理性自身”③。

黑格尔认为，在不同历史时期，理性表现为不同的形式，其内容也是不断变化的。理性并不是抽象的幻想，而是具体的现实。理性的作用表现在实践活动上，就是活动的目的性。“在黑格尔，理性就是精神、自由，它是通过历史进程，借助于人间的欲望、利害冲突来实现自己。”④

博登海默也对理性概念提出了自己的看法，他认为：“理性乃是人用智识理解和应对现实的（有限）能力。有理性的人能够辨识一般性原则并能够抓住事物内部、人与事物之间以及人与人之间的某种基本关系。有理性的人有可能以客观的和超然的方式看待世界和判断他人。他对事实、人和事件所作的评价，并不是基于他本人那些未经分析的冲动、前见和成见，而是基于他对所有能有助于形成深思熟虑之判决的证据所作的开放性的和审慎明断的评断。他也不会关注因辨识事实真相而会给他个人的物质利益所造成的后果。”⑤ 据此，理性以对事物本质的认识为基础，表现为理智地应付现实的能力，并摆脱了个人利益的束缚。美国学者理查德等对理性作了更精辟的解释：“理性是一个价值术语，它常喻示：‘应当’。即在某种情境下，一个人应当做什么。一个作了适应社会选择的人会被看成具有理性，而未作这种选择的人会被视为非理性。”⑥ 英国社会学家里克曼则指出，理性哲学的基本观

---

① 李泽厚：《批判哲学的批判——康德述评》，人民出版社 1984 年版，第 343 页。

② ［德］康德：《法的形而上学原理——权利的科学》，沈叔平译，商务印书馆 1991 年版，第 30 页。

③ ［德］康德：《法的形而上学原理——权利的科学》，沈叔平译，商务印书馆 1991 年版，第 30 页。

④ 李泽厚：《批判哲学的批判——康德述评》，人民出版社 1984 年版，第 345 页。

⑤ ［美］E. 博登海默：《法理学：法律哲学与法律方法》，邓正来译，中国政法大学出版社 2004 年版，第 473 页。

⑥ ［美］理查德·霍金斯等：《美国监狱制度——刑罚与正义》，孙晓雳等译，中国人民公安大学出版社 1991 年版，第 68 页。

念由四个原则构成：第一，人们只应当接受建立在经过彻底地、批评地考察证据和正当的推理之上的真理；第二，现实是可知的，因为它具有一种理性的因而从理智上可以理解的结构；第三，强调自我认识的重要性，即批评性地研究思维的认识能力；第四，人类在选择手段和目的方面合理地指导自身行为的能力。① 为使自己的行为建立在理性的基础上，人们就必须依赖理性标准检验、考察自己的认识活动的合理性程度。

西方哲人关于理性的分析演绎，充分揭示了“理性”一词所富含的广博深刻的内涵。千百年来，哲人们不断把积极追求的理想状态、实现这种理想状态的内在动力、促使这种理想状态实现的外在保障等各种积极的、美好的因素赋予到理性的含义之中，使“理性”一词承载了人们无限美好的理想、追求和向往，“理性”一词也因此具有了积极的、健康的、阳光的本质属性。

任何事物在本体论的意义上，都既有积极的一面，也有消极的一面。积极的一面确保事物持续存在并不断发展、完善，消极的一面则破坏事物的稳定状态，致使事物不断损坏、残缺甚至消亡。从本体论的角度，事物积极的一面，可称之为事物的理性，具有规律、自主、和谐等特性，可用“有理性”一词加以概括；事物消极的一面，则以无序、冲突、杂乱等为特征，可用“无理性”一词加以描述。本体论意义上的理性是事物本身所具有的积极的、健康的、阳光的、正面的、发展的那些属性，它是一种客观性的存在，有待于人们去发现、认识和运用。

认识论意义上的理性，则是从人的认识的角度，对理性含义所作的一种揭示。认识是人脑的一种特殊机能，人对客观世界的认识，是分阶段、分层次的。抽象的、深刻的、系统的认识，被称为理性的认识，可用“条理性”一词加以概括。与之相对应，就是具体的、肤浅的、零散的认识，可用“感性”一词加以描述。理性认识与感性认识在层次性、深刻性等方面是明显不同的。认识论意义上的理性是一种主观性的存在，它是人们认识事物的一种积极的能力，是人区别于其他动物，能够适应和改造世界的本质属性。

主观认识见之于客观存在，就构成人的实践活动。人的实践活动，从理性的意

① 参见［英］H. P. 里克曼：《理性的探险：哲学在社会学中的应用》，姚休等译，商务印书馆 2006 年版，第 11 页以下。

义上讲，应该是合目的、有理智、有节制的，但在实际生活中并不总是如此。那些合目的、有理智、有节制的实践，被称之为理性的实践，这种意义上的理性即实践论意义上的理性或称实践理性，可用“合理性”一词概括。而那些冲动的、恣意的、放纵的、狂热的、无节制的实践，则不具有理性的特征，可用“任意性”一词加以描述。实践论意义上的理性，是一种主观见之于客观的存在，是人在实践中对自己行为的一种积极的控制。人们正是借助于这种理性，实现对现实的改造和对理想的追求。

据此，“理性”一词从不同的角度、层面上有不同的含义（见表1）。从本体论的角度，理性是事物本身所固有的积极方面的属性。从认识论的角度看，理性是人类对事物进行深层次认知的能力和认识方法论。从实践论的角度看，理性则是人类根据目的选择手段并控制行为的能力和实践方法论。

表1　不同意义上的理性基本特性

意义分类	同义词	同义特征	反义词	反义特征	哲学定位
本体论 意义上的理性	有理性	规律、 自主、和谐	无理性	无序、 冲突、杂乱	客观性的存在
认识论 意义上的理性	条理性	抽象、 深刻、系统	感性	具体、 肤浅、零散	主观性的存在
实践论 意义上的理性	合理性	目的、 理智、节制	任意性	冲动、 恣意、放纵	主观见之于 客观的存在

二、中庸思想与理性精神的契合

在汉语言中，“理性”一词也早有使用。东汉徐干所言“学也者，所以疏神达思，怡情理性，圣人之上务也”① 中的理性，是指涵养性情。南朝宋范晔所言“夫刻意则行不肆，牵物则其志流。是以圣人导人理性，裁抑宕佚，慎其所与，节其所偏”② 中的理性，则是指本性、修养品性。此外，理性还具有道理、理智、从理智上控制行为的能力、判断推理的思想活动等含义。但总体来讲，中国传统文化并未

① （东汉）徐干：《中论·治学》，载古诗文网，http：//shiwens. com/bookv_4957. html，最后访问日期：2020年7月12日。

② （南朝宋）范晔：《后汉书》，中华书局2007年版，“党锢列传”，第638页。

对“理性”一词作过多的演绎。

与西方哲人主张存在主宰世界的“神”“上帝”等不同，中国先民更关心人的生存和人际关系。由此，中国古代的智慧并未向纯理智主义方向发展，而是更关注人伦关系和社会问题，如孔子“不语怪、力、乱、神”，主张很平淡、很老实地做一个普通人①。关注人伦关系和人文需求的中国哲学，孕育了自己独特的理性精神。正因为有这种理性精神，古代中国才避免了其他文化几乎普遍经历过的宗教狂热和偏激思想。②“中国实用理性的传统既阻止了思辨理性的发展，也排除了反理性主义的泛滥。它以儒家思想为基础构成了一种性格——思想模式，使中国民族获得和承续着一种清醒冷静而又温情脉脉的中庸心理：不狂暴，不玄想，贵领悟，轻逻辑，重经验，好历史，以服务于现实生活，保持现有的有机系统的和谐稳定为目标，珍视人际，讲求关系，反对冒险，轻视创新……所有这些，给这个民族的科学、文化、观念形成、行为模式带来了许多优点和缺点。”③

在中国传统文化的语境中，中庸思想与理性精神是内在契合的。中庸思想是中国传统文化的核心内容，是中华民族古老的智慧的精华，是中华文化得以数千年绵延传承的重要的精神密码。中庸思想内在地包含着理性的精神，为人们的思维、行为提供着重要的规范与指引。

（一）中庸释义

对于中庸思想，一直以来存在很多偏见。抛开“文化大革命”期间将中庸思想作为封建糟粕而予以严厉批判和彻底颠覆不谈④，日常的观念中，也对中庸思想存在诸多的误解。第一种观点认为，中庸就是中不溜、和稀泥，就是马马虎虎，糊涂敷衍，做老好人，万事得过且过，不必太认真。正如有的学者所言，如果这样理解中庸，这样用中庸，当然就会使人个个成为庸庸碌碌之辈，所谓国将不国，的确是误国之学，实在不值一谈。⑤ 第二种观点认为，庸指平常、普通，中庸就是平

---

① 参见南怀瑾：《论语别裁》，复旦大学出版社 2014 年版，第 337 页。

② 参见韩震：《重建理性主义信念》，北京出版社 1998 年版，第 21～22 页。

③ 李泽厚：《中国古代思想史论》，人民出版社 1986 年版，第 306 页。

④ 以“中庸之道”为主题词搜索历年的期刊文献，在 20 世纪 70 年代的期刊中充斥着《中庸之道必须批判》《刺向“中庸之道”的锋利匕首——读〈论“费厄泼赖”应该缓行〉》《“中庸之道”就是复辟之道》《扒下孔老二、林彪“中庸之道”的画皮》《反对革命辩证法的反动哲学——批判林彪贩卖的“中庸之道”》等文章。

⑤ 参见南怀瑾：《话说中庸》，东方出版社 2015 年版，第 131 页。

庸，进而也就是不起眼、窝囊废。这自然是对中庸作了庸俗化的理解。第三种观点将中庸理解为中间、中心、折中。但是，宇宙万事万物，哪有什么绝对的中呢？譬如一个人自认为站在中心，但在旁人的立场上看，则“东看成西，南观成北”，自认为的中心在别人看来可能也只是边际。又如《刑法》规定对于故意伤害致人重伤的，处三年以上十年以下有期徒刑，那么，在三年到十年之间，六七年就是中吗？显然不是。不同的事实、情节，不同的主观恶性、人身危险性，综合考量下来，有的可能要判至少八年才适当，有的则判四年都显得过重，哪有什么绝对的中？

那么，中庸的真正含义到底是什么？下面进行简要探讨。

1. “中庸”之“中”的含义

中是中国传统文化的一个重要概念。现存的殷代甲骨文中，有50个以上的“中”字，如孙海波《甲骨文编》中收“中”字55个，且“中”字有多种写法。[①]周代金文中亦有大量“中”字，字形亦有多样。有学者经考证认为，“中”本为旌旗之类，用于聚众。盖古者有大事，聚众于旷地，建徽帜恒居中央，四方群众见中而趋附，故“中”引申为中央之义，进而引申为一切之中。有学者则提出不同意见，认为从甲骨文和金文看，“中”明显是个指事字，与上、下、左、右为同一类。古人结绳记事，绳索本有两端，而其中点亦不难发现。不同字形的“中”，有的表示中间，有的表示上下平衡，有的表示左右平衡，还有的表示上下左右正反对称等更为复杂的平衡。由此，“中”的本义是事物的中点或中部，推而广之为中央、中间。由于“中”的重要特点是平衡，于是有了“正”的意思，正则不偏不倚，故常常“正中”相连，然后再由具体事物的正中推广到抽象的事物，则又有“中正”。“中”的意义遍及人类社会生活中。由此，中国古人把“中”作为最高的形态和最理想的状态。[②] 李格非主编的《汉语大字典（简编本）》列举了“中”字的24个义项，主要有内、里面，方位在中央，中等，正、不偏不倚，（方言）成、行、好，得当、恰当，正对上、恰好合上，科举及第，居中等。宗福邦等主编的《故训汇纂》对“中”则列举了578个义项，更为丰富。现代汉语中主要衍生出

---

① 参见段汉明：《“中”和“执中”的文化渊源梳理》，载《美与时代》（下）2019年第2期，第29页。

② 参见雷庆翼：《“中”、“中庸”、“中和”平议》，载《孔子研究》2000年第3期，第5~6页。

“中心”“中央”“中庸”“中用”“中道”“中观”“中和”“中正”“中允”等词汇。①

对于“中庸”之“中”，历来存在不同理解。影响较大的是南宋朱熹引用北宋程颐对《中庸》书题的解释称“不偏之谓中”。但正如有的学者所指出的，只要认为不偏就是中，这个中的本身，已经是一个固定的边了，有了边，早就不是中而是偏了。“不偏之谓中”不过是人的思想意识所假定的罢了。所谓中心，只是临时方便所假设的说辞。做人做事，哪里真有一个不偏之中呢？所以“不偏之谓中”，只是“徒有虚言，并无实义”而已。②

那么，“中庸”之“中”到底是什么含义呢？有的学者认为，《中庸》所谓的“中”，必须以中原音和鲁南一带的发音来读，与“打靶打中”或“射箭射中”的“中”（音仲）发音一样。③ 有的学者则认为，在“中庸”里，“中”既不是表示空间的名词（中点、重心、核心），也不是表示行为动作的动词（命中、中的），也不完全是表示时间含义的形容词（时中、适时），而主要是表征人的行为质量的形容词，即中正、正确、得当。这是“中庸”之“中”的本义，也是上古尚中思想的原义。④ 还有的学者认为，程颐以“不偏”释“中”，偏矣；朱熹以“不偏不倚”释“中”，更偏。中者，“两端”之间，未必“两端”之“中”，以“适中”解释更为妥切。“适中”者，不是正中，可能偏左，可能偏右，只是其时其境，对“两端”而言，都是一个可能的最好选择。⑤ 这些论述角度不尽相同，用语也有所差异，但核心的思想是基本一致的，即“中庸”之“中”，是指恰当、适当、适中、适度、得当、无过无不及。这个意义上的“中”，既非局限于具体的时间、空间、行为的度量规范，亦非高高在上、不接地气的抽象概念，而是既高度概括、涵摄一切，又具有实践指导功能、可操作性的思维方式和行为轨则。

2. “中庸”之“庸”的含义

对于“中庸”之“庸”，历史上主要存在两种不同的解释。一种是“常”，另

---

① 参见黄卫星、张玉能：《“中”字的文化阐释》，载《青岛科技大学学报》（社会科学版）2018年第4期，第61页。

② 参见南怀瑾：《话说中庸》，东方出版社2015年版，第136～137页。

③ 参见南怀瑾：《话说中庸》，东方出版社2015年版，第139页。

④ 参见田广清：《中庸：实现社会和谐的正确思想方法》，载《孔子研究》2000年第3期，第15～16页。

⑤ 参见钱宁：《“中庸”是做出抉择》，载《思维与智慧》2019年第4期，第20页。

一种是“用”。唐初孔颖达疏《礼记正义》引用郑玄目录云：“名曰《中庸》，以其记中和之用也。庸，用也。”程颐释“中庸”说：“不偏之谓中，不易之谓庸。中者，天下之正道，庸者，天下之定理。”朱熹在《中庸》书题下自注“庸，平常也”，并认为“中庸者，不偏不倚，无过无不及，而平常之理，乃天命所当然，精微之极致也”。明末王夫之反对朱熹说：“若夫庸之为义，在《说文》则云庸用也，《尚书》之言庸者，无不与用义同。自朱子以前，无有将此作平常解者。……故知曰中庸者，言中之用也。”① 观点纷争，迄今未休。

考察学界对“庸”的释义，既有“用”之义，也有“常”之义，更有“平庸”等多种含义。有的学者认为：“将‘庸’解为‘用’较肤浅，当为‘常’，这其实是‘庸’的本义。所谓‘中庸’就是指：中道为事物之常道。”② 但是，学术研究，当以平实为本，不能认为将“庸”理解为“用”，进而将“中庸”理解为“中用”很简洁、明了，就认为是“肤浅”。圣贤立论设教，目的在于服务大众，利益群生，能用简洁、明了的语言说明的事情，自然不应故弄玄虚，故作深沉，否则也不能称其为圣贤。一味地高推圣境，只能使简单的道理人为地复杂化，并无实益。对此，有学者也指出：“简单明白地说，是以孔颖达所引用汉儒郑玄的解释为最恰当、平实，即‘名曰《中庸》，以其记中和之用也。庸，用也。’”③ 因此，“中庸”之“庸”，就是用，也即使用、运用、适用。

3. “中庸”的含义

基于对“中庸”之“中”与“庸”的理解，中庸，也就是中用，也即恰当、适度地运用。同时，中庸也可以理解为用中，对待万事万物，都要把握好度，既不能过度，也不能不及。在过与不及这两端，有无数种选择，只有选择最为适当的那种才符合中庸之道。

据此，首先，中庸是一种思维方式和行为轨则。中庸给人们提供了一个基本的行为标准，就是恰如其分为是，过与不及为非。④ 对于任何事情都要有分寸，都要把

---

① 以上对于历代学者对“中庸”之“中”的释义，参见南怀瑾：《话说中庸》，东方出版社 2015 年版，第 134 ~ 136 页；雷庆翼：《“中”、“中庸”、“中和”平议》，载《孔子研究》2000 年第 3 期，第 8 ~ 9 页。

② 雷庆翼：《“中”、“中庸”、“中和”平议》，载《孔子研究》2000 年第 3 期，第 9 页。

③ 南怀瑾：《话说中庸》，东方出版社 2015 年版，第 138 页。

④ 参见田广清：《中庸：实现社会和谐的正确思想方法》，载《孔子研究》2000 年第 3 期，第 16 页。

握好度，尽可能做到恰如其分，避免走极端，否则就可能事与愿违，功败垂成。

其次，中庸还体现了一种道德品质和人生境界。孔子（公元前551年~公元前479年）讲“中庸之为德也，其至矣乎!”“君子中庸，小人反中庸”。朱熹也说：“君子之所以为中庸者，以其有君子之德。”中庸要求人们在待人处事中始终保持清醒的头脑和理性的态度，言行适度，进退有据，不片面，不冲动，不偏执。这种行为方式本身就体现了良好的道德品质，日久功深，自然会达到高尚的人生境界。

再次，中庸也是宇宙万物运行发展的基本条件和重要规律。无数个体对行为、事物的中庸实践，是人类社会存续和发展的基本前提和重要动力。万事万物亦皆如此，唯有各居其位，各守其“中”，相生相克，才能循环往复，生生不息。事实上，宇宙间万物中庸的运行和存在，绝大多数并不能为人所掌控或意识到，却在客观上维持着自然界与人类社会的和谐发展。

正由于对“中”的这种深刻认识，中国传统文化历来高度重视和推崇中庸思想。《论语·尧曰》载：“尧曰：‘咨！尔舜，天之历数在尔躬，允执其中。四海困穷，天禄永终。’舜亦以命禹。”《尚书·大禹谟》载：“帝曰：‘来，禹！……人心惟危，道心惟微，惟精惟一，允执厥中。……”尧、舜、禹的禅让，托付的是天下与百姓的重任，相传的是华夏文明的火种，而谆谆嘱咐、代代相传的便是执“中”的要求，实际上也就是中庸的思想。“人心惟危，道心惟微，惟精惟一，允执厥中”被称为儒家学说乃至中华文化传统中著名的“十六字心传”，推动着中华文明数千年以来的传承和发展。

（二）中庸的实践路径：中和

中庸思想的实践路径在于中和。“喜怒哀乐之未发，谓之中；发而皆中节，谓之和。中也者，天下之大本也；和也者，天下之达道也。”据此，“喜怒哀乐之未发”是“中”或称“道”之体，是“中”的根本、内在、本质、第一性，故称为“中”。“发而皆中节”是“中”或称“道”之用，是“中”的衍生、外在、表象、第二性，称为“和”。“中”“和”二者体用不同，内涵殊异，但又密切联系，互为依存。“和”是“中”之“和”，不仅出发点在于“中”，归结点在于“中”，而且其实践方法“节”的标准也在于“中”，也即处处须以“中”为标准和依归。但“中”也离不开“和”，“中”需要“和”来彰显、实现。“中”“和”相合，称为中和，是实现达到中庸境界的基本路径。有的学者对“中”“和”作不同的理解，如有的认为，“中”是“和”的前提、灵魂和保证，“和”是“中”的目标和结果，进而，和谐状态是人们努力要达到的目标，中庸则是实现和谐的思想方法和手段①；有的认为，“中庸”是就客观事物存在、发展、变化的基本规律而言的，“中和”则主要指人们运用“中庸”而达到理想的和谐境界②。文以载道，这些观点虽然各有其所欲表达的思想，但就对于“中”与“和”的关系界定而言，至少不符合《中庸》自身的界定，也不符合体为用本、用以显体的体用关系的基本逻辑。

《中庸》第一章对作为中庸实践路径的中和进行了全面阐述：

> 天命之谓性，率性之谓道，修道之谓教。道也者，不可须臾离也，可离非道也。是故君子戒慎乎其所不睹，恐惧乎其所不闻。莫见乎隐，莫显乎微，故君子慎其独也。喜怒哀乐之未发，谓之中；发而皆中节，谓之和。中也者，天下之大本也；和也者，天下之达道也。致中和，天地位焉，万物育焉。

《中庸》第一章是《中庸》的纲宗，也是子思（公元前483年~公元前402年）承继传统儒家孔门学养心法的心印，而其中对中和的阐释，更是全面理解全章内容的锁钥。“天命之谓性”，上天给人的自然禀赋就是性，这也即“中”之体，是先天的、本来的。“率性之谓道”，顺着本性行事就是道，“修道之谓教”，按照道的原则修养就是教，这些都是“中”之用，是后天的、衍生的。根据南怀瑾先生的讲解，“天命之谓性”是见道，“率性之谓道”是修道，“修道之谓教”是行道，见道之后才能修道、行道。“道也者，不可须臾离也，可离非道也”，悟后就必须起修。“是故君子戒慎乎其所不睹，恐惧乎其所不闻”，明白了天然自性的君子们，对于起心动念，随时随地都要戒慎恐惧，即使在没有人看见或听见的地方，也不敢放任，不敢随意妄作非为。这也即“君子不欺暗室”的道理。“莫见乎隐，莫显乎微”，天然自性具足一切的功能，随时随处都在鉴临自己，“无所在无所不在”，即使在最隐秘最微末最渺小之处，一切都会明显地反映在自心自性的影响之中。“故君子慎其独也”，有道的君子们，自然会注重起心动念的慎独功夫。“喜怒哀乐之未发，谓之中”，当你在灵明独耀，合于天然自性的清明心境中时，所有生理情绪的喜、怒、哀、乐等妄想之念，都未发动，那就正是“中”的自性本净的境界。“发而皆中节，谓之和”，如果偶因外来境界的引发，动了喜、怒、哀、乐

① 参见田广清：《中庸：实现社会和谐的正确思想方法》，载《孔子研究》2000年第3期，第17页。

② 参见雷庆翼：《“中”、“中庸”、“中和”平议》，载《孔子研究》2000年第3期，第14页。

等情绪妄念，当下就能自动地调整，重新归到本来清净境界中，那也就是“和”的妙用了。“中也者，天下之大本也；和也者，天下之达道也”，“中”是天下“道”的根本，“和”是天下“道”的起用、实践路径。“致中和，天地位焉，万物育焉”，假使人的修养能随时在“中和”的境界，那么你就会明白，自己本来就与天地并存在同一本位，同时也就会明白，自己本来就与万物一样，都在天地生生不已的养育之中。到了这种境界，也就与道、佛两家所说的“与天地同根，与万物一体”的道理完全一致了。①

“中”的思想古已有之，但“中庸”一词，据文献所载，系孔子首先提出，而子思为了承继其祖父的思想，书成《中庸》，并明确了实践“中庸”的路径“中和”。而“中和”的核心则在于“发而皆中节”中的“节”。此处之“节”，即节制、调节，也即通过自我的调整，实现对“中”的维护和回归。这种作为“中和”核心的“节”的观念，不仅在儒家的思想而且在中国传统文化的其他思想中也都有传承。

中国传统文化，根据一般的理解，在秦汉之前主要是儒、墨、道三家，之后，佛学西来，墨学式微，中国传统文化逐渐转变为以儒、释、道三家为主。三家学说思想深邃，内容广博，儒家以仁义教化为核心，佛家以慈悲解脱为核心，道家以顺应自然为核心，交相辉映，共同为中国人提供了立身处世的行为规范和精神归宿。即如作为中庸思想实践路径的“中和”思想，在佛、道两家也都有丰富的演绎。

儒家以“喜怒哀乐之未发，谓之中”表述“中”之体，并称其为“天下之大本”。这个意义上的“中”，与佛学的“空”、道学的“道”“无”等有基本相同的含义。对此，佛家的《中论》为批驳门徒或偏重于空、或偏重于有的错误见解，以空非真空、有非真有、即空即有、非空非有的原则，建立了“因明”义理的“中观”，提出“八不”之说，即“不生不灭，不断不常，不一不异，不来不出”的不中而中的理论。②《心经》中说“观”“空”“不生不灭，不垢不净，不增不减”。《坛经》中也说“何其自性本自清净，何其自性本不生灭，何其自性本自具足，何其自性本无动摇，何其自性能生万法”。道家的《老子》第一章就说：“道可道，非常道。名可名，非常名。无，名天地之始。有，名万物之母。故常无，欲

---

① 以上释义，主要参考南怀瑾：《话说中庸》，东方出版社 2015 年版，第 143 ~ 147 页。

② 参见南怀瑾：《话说中庸》，东方出版社 2015 年版，第 137 页。

以观其妙，常有，欲以观其徼。此两者，同出而异名，同谓之玄。玄之又玄，众妙之门。”第十五章中说：“古之善为道者，微妙玄通，深不可识。夫唯不可识，故强为之容：豫兮若冬涉川，犹兮若畏四邻，俨兮其若容，涣兮若冰之将释……”第二十一章中说：“孔德之容，惟道是从。道之为物，惟恍惟惚。惚兮恍兮，其中有象；恍兮惚系，其中有物。”第二十五章中说：“有物混成，先天地生。寂兮寥兮，独立而不改，周行而不殆，可以为天下母。吾不知其之名，强字之曰道，强为之名曰大。”根据先贤的著述，这种“道”之体确实是不好描述，也确实不好把握，但它却是实实在在地存在的。说“空”说“无”都对也都不对，运用之妙，存乎一心。《中庸》最后引用《诗经·大雅·文王》中的“上天之载，无声无臭”，意思也就是说，天性本自与天道相通，自性本来就是无形无相，无所在而无所不在的，如此而已。①

儒家以“发而皆中节，谓之和”表述“中”之用，并称其为“天下之达道”。这个意义上的“和”，基本相当于儒释道各家的“克己”“节制”“自律”“修行”等。具体的演绎博大精深。在儒家，如《论语·颜渊》载孔子说“克己复礼为仁”“己所不欲，勿施于人”，《论语·泰伯》载曾子说“士不可以不弘毅，任重而道远”。在佛家，如“诸恶莫作，众善奉行”“不尽有为，不住无为”。在道家，如《周易》中说“天行健，君子以自强不息”“地势坤，君子以厚德载物”。这体现了效法天地的思想，效法天，则为刚健的乾道，效法地，则为柔顺的坤道。《老子》第三章中说：“不尚贤，使民不争；不贵难得之货，使民不为盗；不见可欲，使民心不乱。……为无为，则无不治。”第八章中说：“上善若水”。第二十二章中说：“曲则全，枉则直，洼则盈，敝则新，少则得，多则惑。”这些都是“和”的具体方法，目的也都是为了实现“中”的目标。另如道家对联“事在人为休言万般都是命，境由心造退后一步自然宽”② 等，也无不在教化人心，调节心性。在数千年中华文化的发展中，各家学说相互影响，共同发展。儒道两家本都源自《易经》，同宗同源，而唐代以后儒家士大夫“统合儒释”，佛门释子“援儒入释”，相映合流，宋明理学更是以儒为表，以释、道为里，将三家思想融为一炉。各家学说相融相通之处，不可胜数。

---

① 参见南怀瑾：《话说中庸》，东方出版社 2015 年版，第 258 页。

② 1994 年游览青城山天师洞初见此联。2013 年故地重游，又见此联，不胜感慨。

综上所述，儒家的中庸，以及佛家的中观、道家的中道[①]，均对世间万物的存在和运行规律进行了深刻的论述。一方面，万物均有其“体”，也即其本来的、原初的、自洽的、自在的、理想的、和谐的状态；另一方面，万物亦均有其“用”，也即在原初的、自在的状态被打破后，要通过“节制”“克己”“修行”而回归到本来的和谐的状态。这种回归的行为，或称为“中庸”，或称为“中用”，或称为“用中”，抑或别称为“中观”“观中”“中道”“道中”等。这些都是在表达同样的含义，那就是，凡事皆以中为标准，执中、行中、观中、道中、用中，知时、知量，恰当、适度，无过、无不及，最终达到理想的状态。

（三）中庸思想与理性精神的内在契合性

中庸思想，无论是作为行为标准、道德规范，还是作为待人处世的实践智慧，都是与理性的精神相一致的。如前所述，西方先哲对理性做了大量深入的论述。这与中华传统文化中对于中庸思想的演绎有异曲同工之妙。

事实上，在老子（约公元前571年～公元前471年）、孔子、子思等中国先贤提出中庸、中道思想并予以深入阐释的同时，西方古希腊的先哲也提出了类似的思想。例如，德谟克里特（约公元前460年～公元前370年）说：“人们通过享乐上的有节制和生活上的宁静淡泊，才得到愉快”，“从一个极端到另一个极端的动摇不定的灵魂，是既不稳定又不愉快的。”[②] 柏拉图（公元前427年～公元前347年）把人的灵魂分为欲望、激情和理性，认为只有当理性居于领导的地位，控制并引导着欲望与激情时，人才能有正确的行为。[③] 亚里士多德认为，人的灵魂由理性和情欲组成，理性与情欲相对，是对人类本能的节制，他指出：“大家既然已经公认节制和中庸常常是最好的品德，那么人生所赋有的善德就完全应当以（毋过毋不及的）中间境界为最佳。处在这种中间境界的人们最能顺从理性。”[④]

① “中道”一词，在儒、释、道等各家均有使用，有的学者还将古希腊哲学家亚里士多德的相关思想称之为中道思想。［参见余仕麟：《孔子“中庸”思想与亚里士多德“中道”思想之比较》，载《北京大学学报》（哲学社会科学版）2003年S1期，第16页。］本书在与儒家中庸、佛家中观相并列的意义上，以“中道”指代道家的相关思想。

② 余仕麟：《孔子“中庸”思想与亚里士多德“中道”思想之比较》，载《北京大学学报》（哲学社会科学版）2003年S1期，第17页。

③ 参见张郁乎：《“中庸”的分析》，载《哲学动态》2017年第11期，第43页。

④ ［古希腊］亚里士多德：《政治学》，吴寿彭译，商务印书馆1995年版，第205页。

远在古希腊的先哲对于理性思想有如此大量的论述，尤其是在亚里士多德论述中也出现“中庸”一词，考察其上下文应与理性同义，但无论如何，其所表达的思想是明确的，就是理性、节制、无过无不及，这实质上也就是中庸的思想。在两千多年前，东西方之间尚未开始有效的文化交流，而中国和古希腊的先哲却基本同时提出了内容基本相同的中庸、理性思想。东方有圣人，西方有圣人，此心同，此理同。古印度《吠陀经》中也早说过：“真理只有一个，圣人以不同的名字称呼它。”

三、为什么刑罚应该是理性的

刑罚是刑事法律针对犯罪设定的惩罚。刑罚在其产生、存在与适用等各个环节，都必须符合理性的精神。

（一）刑罚产生于人的目的性活动，是理性的产物

刑罚基于人类的特定需求而产生，是人类为实现特定目的而做出的有意识的选择，是理性的产物。

1. 刑罚是对私人复仇的替代

一个受到伤害的人通常会寻求报复——让侵害者受到同样的伤害。这是一种很朴素的情感。社会成员尤其是受害人的亲属不仅同情受害人，也有报复侵害人的欲望。但如此一来，就会陷入以眼还眼、以牙还牙的“冤冤相报”怪圈，侵害与被侵害循环往复，双方生活永无宁日。在一个有组织的社会，这种循环报复是不能容许的。那么，如何释放受害人的报复欲望呢？如何能既平息受害人与社会成员的愤怒，也有效地维护正常的社会秩序？于是，就出现了刑罚，由中立的社会组织根据法律对侵害人进行惩罚，对受害人进行抚慰和补偿，受害人就此放弃报复，社会秩序就此重归正常。对于从复仇到报应（刑罚）的转化，有学者曾进行过深入的论述：在原始社会，由被害方实行的复仇在一开始是没有节制的。在经过长期的权衡之后，他们找到了对于各种损害赔偿的公认的比价标准，这个标准使他们形成了人与人之间或人与物之间关系的新概念。于是，粗暴的平等——以命抵命，终于为经济的平等所代替；复仇的性质发生了根本的变化——报应代替了复仇。这些转变成为人们对待一切侵害行为的普遍观念。由原始社会的血族复仇、血亲复仇、同态复仇，直至后来的赎罪和赔偿，反映了从复仇向报应的演化过程。①

在古希腊人的观念里，法治（刑罚）具有释放复仇欲望的功能。古希腊悲剧

① 参见田文昌：《刑罚目的论》，中国政法大学出版社 1987 年版，第 22 页。

作家埃斯库罗斯（Aeschylus）在《奥瑞斯提亚》（*The Oresteia*）三部曲中，讲了一个因寻求复仇而家破人亡的故事。在这个故事中，父亲为了获得神的支持而牺牲了他的一个女儿。母亲对父亲进行报复，杀死了父亲。作为对杀父的报复，儿子奥瑞斯提亚杀死了母亲和她的情人。奥瑞斯提亚因此受到复仇女神（Furies）的紧逼，复仇女神想通过杀死奥瑞斯提亚实现对其杀母行为的报复。最终，诸神裁决奥瑞斯提亚是无罪的，女神雅典娜（Athena）说服复仇女神放弃复仇，在国家及其法律的范围内和平生活。复仇女神转变成体面的女神，追求温暖舒适的家庭生活，不再对伤害家庭成员者寻求血腥的复仇。埃斯库罗斯认为，结束循环报复的唯一合理方法是建立法治，通过法律来明确什么是犯罪，对犯罪适用什么惩罚，在什么情况下可以原谅犯罪人。一个公正的法庭可以裁定一个人是否犯罪以及针对犯罪的相应惩罚。受到伤害的家庭成员必须放弃私人复仇并接受法庭根据法律所作的惩罚。较之于私人复仇，刑罚具有重要的道德优越性。从私人复仇向刑罚的转变，是从不道德到道德的转变。[①] 用刑罚取代私人复仇，就形成对私人复仇欲望的制约。事实上，如果这种欲望得不到遏制，秩序、自由、公正等人们共同追求的价值就无法实现。

刑罚起源于私人复仇的观念，虽然由于去古甚远，受到一些学者的质疑[②]，但“回溯报应刑，作为其源头的报复刑与原始复仇习惯的血缘关系清晰可辨。翻开人类历史上任何国度的最早一个法律文本，无不可见深刻在刑罚上的同态或者同害复仇的烙印”[③]。例如，古巴比伦《汉谟拉比法典》规定，对伤害他人眼睛、折断他人骨头、击落他人牙齿的自由民，应分别处以伤害其眼、折断其骨、击落其齿。古印度《摩奴法典》规定，“最低种姓的人以骇人听闻的坏话，辱骂再生族，应割断其舌”，“如果他厚颜无耻，对婆罗门的义务提出意见，国王可使人将沸油灌入他的口内和耳朵内”。初始报应刑与复仇习惯的血缘关系是如此明显，以至于日本学

---

① 参见王立峰：《惩罚的哲理》，清华大学出版社 2006 年版，第 124 ~ 125 页。

② 有学者提出，“刑罚起源于同态复仇，是资产阶级刑法学者臆造出来的”，“资产阶级刑法学者所以认为刑罚起源于同态复仇，是由于资产阶级启蒙刑法学者以罪为恶，认为刑是对恶的报应。这种以刑作为对恶的报应，寓有复仇的意思，遂以为刑罚起源于同态复仇。刑罚起源于同态复仇，是以今释古，而非依据古代的实际情况阐述刑罚的起源”。参见宁汉林、魏克家：《刑罚的由来及其理论基础》，载《政法论坛》2000 年第 6 期，第 95 ~ 96 页。

③ 参见邱兴隆：《从复仇到该当——报应刑的生命路程》，载《法律科学》2000 年第 2 期，第 83 ~ 84 页。

者牧野英一将刑罚的草创时代称为“复仇时代”。①

即使只是作为一种假说，刑罚起源于私人复仇的观念也是有价值的。对侵害者予以报复，这是一种非常真实、非常朴素的情感。“以德报怨”的情况在实际生活中不能说没有，但绝大多数人在感情上更容易接受“以直报怨”甚至“以怨报怨”。《论语·宪问》载：“或曰：以德报怨，何如？子曰：何以报德？以直报怨，以德报德。”可见，孔子是主张明辨是非的，是是非非，善善恶恶，对我好的当然对他好，对我不好的当然不理他。② 圣人如孔子者尚且只提倡“以直报怨”，而在现实生活中，多数人在多数情况下还是会“以怨报怨”。司法实践中，虽然也有对侵害者予以宽容的案例，但绝大多数情况下，被害方还是要求对侵害者施以报复性的惩罚。尤其是对普通百姓而言，“杀人偿命”的传统观念根深蒂固，报复性的情感十分强烈。例如，在很多故意杀人案中，被害人亲属反应强烈，坚决要求判处被告人死刑，甚至扬言如果法院不判被告人死刑，自己就要私力救济，将被告人亲属杀死。虽然被害人亲属未必真的就会这样去做，但其所表达出的巨大愤怒和强烈诉求却是真真切切的。类似情况在司法实践中屡见不鲜。在此情形下，由国家出面对被告人予以惩罚，在一定程度上也就可以满足被害方要求复仇的愿望。

由此可知，刑罚产生于私人复仇和建立法治秩序的双重需要，是对私人复仇的否定、替代与超越，是人类的一种理性的选择。

2. 刑罚是人的目的性产物，为了满足人的特定目的而产生，应合乎人的目的

人类的任何实践活动，都是有目的的。目的是人类实践活动的直接动因。在西方哲学史上，哲学家们把目的性视为理性的重要标志。苏格拉底认为，事物都是为某种有用的目的而存在的东西，是由理智产生的，是经深思熟虑而造成的。柏拉图则认为，世界上的事物之所以发生并且秩序井然，是因为作为创造主的神为宇宙制定了理性目的和方案。目的是现实世界的真实的原因。康德指出，有理性者与世界的其他物类的区别就在于有理性者能够替自己立个目的。③ 黑格尔也反复强调，人与动物的区别在于人有理性有思想，而动物则没有。动物的“实践活动”无论多么精巧，都没有目的性，而人的任何实践活动，都表现了特有的目的性。“人类自

① 参见邱兴隆：《从复仇到该当——报应刑的生命路程》，载《法律科学》2000 年第 2 期，第 83 ~ 84 页。

② 参见南怀瑾：《论语别裁》，复旦大学出版社 2014 年版，第 685 ~686 页。

③ 参见夏甄陶：《关于目的的哲学》，上海人民出版社 1982 年版，第 8 ~ 18 页。

身具有目的，就是因为他自身中具有‘神圣’的东西——那便是我们从开始就称作‘理性’的东西。”① 恩格斯在《路德维希·费尔巴哈和德国古典哲学的终结》中也指出：“在社会历史领域内进行活动的，全是具有意识的、经过思虑或凭激情行动的、追求某种目的的人；任何事情的发生都不是没有自觉的意图，没有预期的目的的。”② 目的性是人类按照自己预先设定的目的来活动，并使自己的活动自觉地服从这个目的的特征。目的性之所以能成为理性的标志，就是因为人类活动的目的性最能反映理性的要求，最能展示理性的力量。目的的形成过程和实现过程是最具理性的活动。③

刑罚作为人类的一种实践活动，也必然是人的目的性产物，包含着人的目的性追求。人们借助刑罚要实现的这些目的，可称为刑罚的目的。④ “从古今中外的司法理论和实践来看，无论是刑罚体系的建立，还是刑罚方法的具体应用，以及刑事政策的制定，都有形无形地受着刑罚目的的制约。”⑤ 刑罚目的是对刑罚进行思考、设计与实践应用的出发点和归宿。

而刑罚的目的问题，却是刑事法学中最具有争议的问题之一。由于学派之间的对峙、观点之间的分歧，争论达上千年之久，仍无定论。⑥ 报应主义与功利主义各执一端，报应主义认为刑罚是对犯罪的报应，功利主义认为刑罚的目的在于预防犯罪，折中主义则主张调和，将报应与预防犯罪均纳入刑罚目的的范畴。

报应的观念最早可以追溯到原始社会的复仇。在原始社会，没有国家，没有法律，对于侵害行为的惩罚之责归于被害方，由被害方对加害人进行复仇。这种复仇在开始的时候是没有节制的。随着社会文明程度的发展，复仇逐步向报应转化，但

---

① ［德］黑格尔：《历史哲学》，王造时译，三联书店 1956 年版，第 73 页。

② ［德］弗里德里希·恩格斯：《路德维希·弗尔巴哈和德国古典哲学的终结》，载中文马克思主义文库网，https：//www. marxists. org/chinese/marx－engels/21/020. htm，最后访问日期：2020 年 6 月 20 日。

③ 参见张智辉：《刑法理性论》，北京大学出版社 2006 年版，第 36～37 页。

④ 刑罚的目的，准确地讲，应称之为刑罚权的目的。何秉松教授提出，不能孤立地考察刑罚自身，就刑罚论述刑罚；传统刑罚理论的一些用语或者命题，如刑罚的目的，刑罚的正当根据，科学表述应当是刑罚权的目的，刑罚权的正当理由；刑罚与刑罚权，虽然只是一字之差，但却是“差之毫厘，失之千里”。（参见何秉松：《对传统刑罚理论的反思》，2015 年 11 月第七届全球化时代犯罪与刑法国际论坛会议文件之一，第 2 页。）曲新久教授也指出：“刑罚本身并无目的性可言，但是国家在制定、运用刑罚时是有目的的。人们不能说，刑罚本身具有什么目的，只能说人们利用其功能来达到什么样的目的。”（参见曲新久：《刑法的精神与范畴》，中国政法大学出版社 2000 年版，第 297 页。）

⑤ 谢望原：《刑罚价值论》，中国检察出版社 1999 年版，第 85 页。

⑥ 参见陈兴良：《刑法哲学》，中国政法大学出版社 2004 年版，第 362 页。

在一定意义上保留了复仇所具有的侵害与惩罚之间的对应性，这也正是朴素的平等与公正观念的反映。[①] 报应观念受到中外思想家的推崇。荀子指出："凡刑人之本，禁暴恶恶，且征（惩）其未也。……凡爵列、官职、赏庆、刑罚皆报也，以类相从者也。一物失称，乱之端也。夫德不称位，能不称官，赏不当功，罚不当罪，不祥莫大焉。"[②] 据此，刑罚是对犯罪的一种恶的报应，刑罚的轻重取决于犯罪的严重程度。在西方思想史上，亚里士多德最早将刑罚的目的归结为对犯罪的报应。亚里士多德认为："以刑罚惩治罪恶，就某一意义（例如给人以痛苦而言），仍旧只是一件可以采取的坏事，相反（就惩恶的目的在于消除恶行而言），善施恰是开创某些善业而成为善德的基础。"[③] 据此，刑罚的目的在于消除恶行，即消除业已发生犯罪所产生的罪恶，以恶报恶。[④]

报应观念一经形成，很快就被神学化，神意报应成为报应主义的最初形态。神意报应主义以神的旨意作为报应的理由，认为国家对罪犯适用刑罚是秉承神意，"替天行罚"成为刑罚权的唯一根据。及至近代，康德从个人自由出发解释国家与法的起源，在否定神意报应主义的基础上，创立了道义报应主义。康德从以尊重人作为目的的价值出发，认为对人的行为的反应只能以行为的性质为根据，而不能另立根据或另有所求。康德坚决反对功利主义的刑罚理论，认为："法院的惩罚绝对不能仅仅作为促进另一种善的手段，不论是对犯罪者本人或者对公民社会。惩罚在任何情况下，必须只是由于一个人已经犯了一种罪行才加刑于他。因为一个人绝对不应该仅仅作为一种手段去达到他人的目的。……如果公正和正义沉沦，那么人类就再也不值得在这个世界上生活了。"[⑤] 黑格尔则将其辩证法中的否定之否定规律运用于对犯罪与刑罚关系的考察，提出法律报应主义。黑格尔认为，犯罪是犯罪人

---

① 参见陈兴良：《刑法的启蒙》，法律出版社 1998 年版，第 124～125 页。

② 《荀子》，中华文化讲堂注译，团结出版社 2017 年版，第 144 页。

③ ［古希腊］亚里士多德：《政治学》，吴寿彭译，商务印书馆 1995 年版，第 383 页。

④ 对于亚里士多德在上述论述中所说的"消除恶行"，陈兴良教授认为是"消除犯罪所引起的罪恶"，是"以恶报恶"，进而将其列为西方报应主义的第一人（参见陈兴良：《刑法哲学》，中国政法大学出版社 2004 年版，第 364 页），张智辉教授则认为此处"亚里士多德的观点是认为惩恶的目的在于消除罪恶，而不在于给人以痛苦（即报应）。消除罪恶正是现代人们所说的预防犯罪"（参见张智辉：《刑法理性论》，北京大学出版社 2006 年版，第 42～43 页）。笔者认为，结合亚里士多德论述的上下文，"惩恶"是回顾过去，是要消除已经发生犯罪产生的罪恶，"善施"则是面向未来，是要开创善业从而成为善德的基础。故前一种解释更为妥当。

⑤ ［德］康德：《法的形而上学原理——权利的科学》，沈叔平译，商务印书馆 1991 年版，第 171 页。

基于自由意志而选择的危害社会的行为，因而是一种恶害。而善有善报、恶有恶报是社会常理，作为恶害的犯罪理应受到恶的惩罚，刑罚只不过是这种恶的惩罚的有形的体现，因此，犯罪和刑罚之间只能是一种因果报应关系，“刑罚毕竟只是犯罪的显示，这就是说，它是必然以前一半为前提的后一半”①。黑格尔从符合人道原则的角度对刑罚的目的进行了论述，他认为：“加于犯人的侵害不但是自在地正义的，因为这种侵害同时是他自在地存在的意志，是他自由的定在，是他的法，所以是正义的；不仅如此，而且它是在犯人自身中立定的法，也就是说，在他的达到了定在的意志中、在他的行为中立定的法。……刑罚既被包含着犯人自己的法，所以处罚他，正是尊敬他是理性的存在。如果不从犯人行为中去寻求刑罚的概念和尺度，他就得不到这种尊重。如果单单把犯人看做应使变成无害的有害动物，或者以儆戒和矫正为刑罚的目的，他就更得不到这种尊重。”② 对于基于威慑作用的一般预防理论，黑格尔更是批判道：“如果以威吓为刑罚的根据，就好像对着狗举起杖来，这不是对人的尊严和自由予以应有的重视，而是像狗一样对待他。”③

以预防犯罪作为刑罚目的的观点，在西方最早可以追溯到古希腊哲学家普罗塔哥拉（约公元前490或480年~公元前420或410年），他认为：“谁要是以理智来处罚一个人，那并不是为了他所犯的不法，因为并不能由于处罚而使业已发生的事情不发生。刑罚应该为着未来而处罚，因此再不会有其他的人，或者被处罚者本人，再犯同样的不法行为。”④ 柏拉图从正义的原则出发，认为刑罚的目的是使犯罪者改邪归正，惩罚不仅教育犯罪者本人，而且，对其他人也是警告，并有教育作用。国家的一切惩罚措施都要引导公民们走向善德的道路，给罪犯一个刺激，使其改变不义从而恢复灵魂中的正义。⑤ 格劳秀斯也持相同的观点，他指出：“关于刑罚的目的，迄今我们说的只证明犯法者如果受到惩罚，是没有冤枉他们的。但是，由此不应得出必然的结论，认为他们应该受到惩罚，也不能认为这种惩罚一定是必要的。……柏拉图在其法律篇中的观点，受到了人们的赞美，塞涅卡把它译为：‘没有一个聪明的人惩罚别人是因为他犯过错误，而是为了他今后不再犯

① ［德］黑格尔：《法哲学原理》，范扬、张企泰译，商务印书馆1961年版，第122页。

② ［德］黑格尔：《法哲学原理》，范扬、张企泰译，商务印书馆1961年版，第118~119页。

③ ［德］黑格尔：《法哲学原理》，范扬、张企泰译，商务印书馆1961年版，第118页。

④ 参见林山田：《刑罚学》，台北，台湾商务印书馆1992年版，第64页。

⑤ 参见王哲：《西方政治法律学说史》，北京大学出版社1988年版，第26页。

错误'"。[①] 在中国古代，很早就有刑罚目的在于预防犯罪的思想。如《尚书·大禹谟》载"刑期于无刑，民协于中"，《尚书·吕刑》载"罚惩非死，人极于病"等。

近代以来，以预防犯罪作为刑罚目的的功利主义体系更加完善。贝卡利亚从法律的唯一目的在于"使大多数人得到最大幸福"这一功利主义命题出发，认为："刑罚的目的既不是要摧残折磨一个感知者，也不是消除业已犯下的罪行。……刑罚的目的仅仅在于：防止罪犯再重新侵害公民，并规诫其他人不要重蹈覆辙。"[②] 此处之"摧残折磨一个感知者""消除业已犯下的罪行"，是对业已发生的犯罪进行的报应，"防止罪犯再重新侵害公民"，是对犯罪者本人未来不再实施犯罪的个别预防，"规诫其他人不要重蹈覆辙"，则是对其他人未来不实施犯罪的一般预防。据此，贝卡利亚在断然否认以惩罚业已发生的犯罪为目的的报应主义的同时，提出个别预防与一般预防兼顾的双面预防的刑罚目的观。继贝卡利亚之后，边沁进一步明确地指出刑罚的目的是预防犯罪，他指出："任何惩罚都是伤害；所有的惩罚都是罪恶，根据功利原则，如果惩罚被认为确有必要，那仅仅是认为它可以起到保证排除更大的罪恶。"[③] 边沁首次将刑罚的目的划分为一般预防与个别预防，并更侧重一般预防，认为"惩罚的首要目的是防止发生类似的犯罪。过去发生的毕竟只有一个行为，而未来则未可限量。已经实施的犯罪仅涉及某一个人，类似的犯罪将可能影响整个社会"[④]。先哲们的这些思想，对后世产生了深远的影响。

报应主义与功利主义世代对垒，激烈论辩，极大地丰富了刑罚目的的理论宝库。先哲们用一种刻意的"深刻的片面"[⑤]，引导我们对刑罚目的的认识更加深入。后世学者多在汲取报应主义与功利主义思想精华的基础上，调和折中，主张报应与功利一体化的折中主义刑罚目的观，具体思路又各有不同。例如，帕克等认为，刑罚具有报应与预防两方面的目的，是从既存刑罚规范所必然得出的结论，对杀人、

---

① 法学教材编辑部《西方法律思想史编写组》编：《西方法律思想史资料选编》，北京大学出版社1983年版，第158页。

② ［意］贝卡利亚：《论犯罪与刑罚》，黄风译，中国大百科全书出版社1993年版，第42页。

③ 法学教材编辑部《西方法律思想史编写组》编：《西方法律思想史资料选编》，北京大学出版社1983年版，第493~494页。

④ ［英］边沁：《立法理论——刑法典原理》，孙力等译，中国人民公安大学出版社1993年版，第26页以下。

⑤ 参见陈兴良：《刑法的启蒙》，法律出版社1998年版，"缅怀片面（代跋）"，第259~260页。

盗窃等传统的自然犯罪进行惩罚，道义报应是其渊源所在，而对非法停车及其他一些法定犯罪进行惩罚，则纯系出于社会功利观念的要求。赫希等认为，刑罚既蕴含着痛苦，也潜藏着谴责，痛苦是基于威吓的需要，目的是预防犯罪，谴责则是针对已经实施的犯罪本身，进行道义报应。哈特等则认为，刑罚的根据应视刑事活动的阶段而定，立法阶段主要取决于一般预防的需要，审判阶段应以报应为根据，行刑阶段占主导地位的则是个别预防。陈兴良教授提出刑罚目的二元论，认为犯罪具有已然之罪与未然之罪的双重属性，是社会危害性与人身危险性的统一，基于此，刑罚作为对犯罪的扬弃，其功能应当具有相应的二元性：刑罚之于已然之罪，表现为惩罚，即对犯罪的报应，刑罚之于未然之罪，表现为教育，即对犯罪的预防。报应与预防是辩证统一的。报应体现了刑罚目的中的正当原则，是刑法保障机能的体现，预防体现了刑罚目的中的效率原则，是刑法保护机能的反映。刑罚目的是正当原则与效率原则的统一，也就是报应与预防的统一。在创制、适用、执行刑罚时，均应同时兼顾报应与预防这两个目的。①

在各种各样的刑罚目的理论中，笔者更倾向报应优先，兼顾功利的折中主义。任何刑罚都必须立足于既已发生的犯罪，体现人们对既已发生犯罪的反应，实现人们对既已发生犯罪的报应。同时，任何刑罚都不能仅仅着眼于既已发生的犯罪，而是要兼顾未来可能发生的犯罪，体现人们对可能发生犯罪的态度，构筑人们对可能发生犯罪的预防。在首先满足刑罚的报应目的，实现公平正义的基础上，积极追求刑罚的预防目的，实现公正与效益兼收。② 刑罚的报应目的与预防目的统一于人的理性需要之中。

正确理解刑罚目的，应当注意厘清以下一些概念范畴。

一是报应与报复的区别。刑罚起源于对私人复仇的禁止，是对私人复仇的否定、替代与超越。作为私人复仇的替代物，刑罚在其产生之初，就内在地包含着报应的目的。既然不允许私人复仇，由国家出面解决纷争，那么国家就首先要为被害方打抱不平，为被害方伸张正义，让公众感受到公正。荀子曾指出："杀人者不死，而伤人者不刑，是谓惠暴而宽贼也，非恶恶也。"③ 刘邦夺取咸阳后，与百姓约法三章"杀人者死，伤人及盗抵罪"，受到百姓的拥戴。报应思想符合人类复仇

---

① 参见陈兴良：《刑法哲学》，中国政法大学出版社 2004 年版，第 374 ~ 381 页。

② 参见徐久生：《刑罚目的及其实现》，中国政法大学 2009 年博士学位论文，第 64 页。

③ 《荀子》，中华文化讲堂注译，团结出版社 2017 年版，第 144 页。

的本能和原始朴素的正义观念，体现了人类对于犯罪的义愤或者说是愤恨情感，而“这种愤恨对于社会的正义是不可缺少的，长期以来，社会始终在尽力维护这种健康的愤恨情感”①。应该注意的是，要正确区分报应与报复的不同，正如洛克所指出的，即使在自然状态下，报复一个罪犯和报应一个罪犯之间也是有区别的。② 报应与报复之间的区别是多方面的。报复由被害方进行，在罪行与惩罚、加害人与被害人之间没有距离；报应则由第三方进行，在罪行与惩罚、加害人与被害人之间存在适当距离，这种距离正是公正所必需的。报复的理由可能是因为受到伤害，也可能仅仅是因为在竞技中失败，而报应则是由于违法或者违反了某个行为规则。报复不以行为人具有责任为前提，仅与实害相对应；报应则以行为人具有责任为前提，只能对有责的行为进行。报复的欲望是相对盲目的，往往不能对侵害行为和报复尺度细加区分，例如，可能会忽略故意杀人与过失致人死亡的不同，报复的基准相对单一，以眼还眼，以牙还牙，而报应则必须有充分正当的理由，且基于规则作出，前后对应、罪罚相当。报复是情绪化的，报复者出于愤怒，因而不容宽恕，目的只在于给对方造成痛苦；报应则是理性化的，报应者基于正义，报应与宽恕之间具有相容性，目的在于建立一种和平的关系。

二是目的与根据的争辩。对于报应是否系刑法的目的，学者间存在不同的意见。有的学者否认报应是刑罚的目的，认为：“报应刑论、目的刑论与相对报应刑论并不是关于刑罚目的本身的争论，而是针对刑罚的正当化根据所形成的理论。……报应刑论从刑罚报应的正义性，目的性论从刑罚目的的正当性与有效性角度，相对报应刑论从报应的正义性和目的的正当性及有效性方面，分别做出了回答。”“惩罚是刑罚的固有属性，而不应作为刑罚目的；教育改造犯罪人、威慑犯罪人或社会上的不稳定分子，是刑罚的功能，而不是刑罚目的。”③ “适用刑罚就是对犯罪人的惩罚，这是自然的现实存在，无需刻意追求，而目的却总是预期的、需要人们殚精竭虑追求的东西。……犯罪必须予以惩罚，这是正义的要求，但这并非国家适用刑罚的目的。人类的活动应当与正义的原则一致或者基本一致，但是，正

---

① ［美］戈尔丁：《法律哲学》，齐海滨译，三联书店 1987 年版，第 170 页。

② “在自然状态中……当他抓住一个罪犯时，却没有绝对或任意的权力，按照感情冲动或放纵不羁的意志来加以处置，而只能根据冷静的理性和良心的指示，比照他所犯的罪行，对他施以惩处，尽量起到纠正和禁止的作用。”参见［英］洛克：《政府论》（下篇），叶启芳、瞿菊农译，商务印书馆 1964 年版，第 5 页。

③ 张明楷：《刑法学》，法律出版社 2007 年版，第 393 ~ 397 页。

义并非必然就是人类活动的目的。惩罚犯罪是正义的要求，预防犯罪是功利的要求，犯罪‘必须’惩罚与犯罪人‘必需’惩罚之间是有区别的。……正义与功利是一种对立统一的关系，尽管在许多情况下和某种意义上具体的正义原则与功利目的可能是完全一致的，因而可以说‘正义’也是一种‘功利’，但人类并非为正义而正义，人们所追求的应当是——实际上也可能是一种正义的功利目的，而不是正义本身。”① 对此，有的学者看淡刑法根据与刑法目的之间的区别，认为“严格来说，刑罚的根据与刑罚的目的是一种种属关系，刑罚的目的无疑可以作为刑罚的根据，但是，刑罚的根据则未必是刑罚的目的。然而，这种区分的意义似乎不大。因为事实上，大陆法系国家的著述中所使用的刑罚目的的概念与英美法系国家的著述中所使用的刑罚的根据概念基本上可以通用”②。笔者也认为，不必过分纠结于根据与目的之争。刑罚是一种人造物，是人类理性的产物，是对私人复仇的替代。刑罚先天、本能地带有报应的特性，带有为被害人和社会实现正义的诉求。这种正义诉求既是刑罚存在的根据，也是刑罚追求的目的。如果刑罚不能满足这种正义诉求，那就没有存在的意义了，因为，未能得到满足的人们必然会从刑罚之外的其他渠道去寻求实现正义。因此，报应不仅是刑罚的目的，而且是刑罚的最初的、最基本的目的。刑罚无论是否有其他目的，都必然首先具有报应的目的。这种报应的目的是原生的、本来的、无可替代的，因而也是刑罚存在的重要根据。

三是报应与预防的关系。在刑罚的目的体系中，报应目的与预防目的的分量并不相同，正如有的学者所指出的：“不能将报应与功利置于同等的地位，使得二者等量齐观；也不能将功利置于主要地位，以追求功利目的为基础，辅之以追求公平正义的报应论。正确的做法应当是以追求公平正义的报应论为基础，辅之以追求功利，才是刑罚目的的最佳选择。……公正优先、兼顾功利，而不能反其道而行之。”③ 在刑罚的报应目的与预防目的之间，报应是回顾性的，是原生的、初始的、第一位的，其立足于当下既已发生的犯罪，划定刑罚的范围和框架，是刑罚适用的基础和根据，是刑罚正当性的必要条件，体现了人们对公平、正义、秩序的坚守；预防则是前瞻性的，是次生的、后续的、第二位的，其针对未来可能发生的犯罪，为刑罚适用提供符合功利需要的方向性指引，是刑罚适用的调剂和参考，是刑罚正

① 曲新久：《刑法的精神与范畴》，中国政法大学出版社 2000 年版，第 309 页。
② 邱兴隆：《关于惩罚的哲学——刑罚根据论》，法律出版社 2000 年版，第 283 页。
③ 徐久生：《刑罚目的及其实现》，中国政法大学 2009 年博士学位论文，第 64 页以下。

当性的充分条件，体现了人们对效益、功利的追求。

3. 刑罚的合法性需要理性的论证与构建

从一般的意义上讲，一个裁判只要是依据法律作出的，就是合法的，具有合法性。法律背后的国家机器可以为裁判的实现提供强制力保障。但是，如果所依据的法律本身不合理，不被大多数人所理解和接受，那么依据该项法律所作出的裁判也很难得到大多数人的认同。因此，法律——包括刑罚——的合法性，从本体的角度，并不是天然本有、不证自明的，而是需要理性的论证与构建。

话语的力量来自说理。法律是以说理为特征的，法律与赤裸裸的暴力之间的主要区别之一，就在于法律在本质上是一个根据话语力量形成的说理机制。一个文明的社会，必须建立在说理的基础上。可能并不是所有的人在任何条件下都愿意说理，也不是所有的人都能够立即接受某种说理，但是，即使是历史上臭名昭著的暴君，也需要挖空心思为自己的践踏人类尊严的行为寻求合法性根据，以表示自己并非不讲道理。可见，无论在何种情况下，人类都需要法律和关于法律的理念。人类建立法律制度，一方面源于建立话语权威的需要，另一方面也可以为运用说理的方式解决纠纷创造制度条件。而说理之所以是可能的，就在于理性的存在。在现实的国家制度框架内，法律作为话语的力量，既可以表现为对理性的追求，又可能会为追求纯粹的暴力而存在。这就要求我们深入讨论法律的理性，促使法律本身的理性化，推动法律作为理性话语的力量而存在。① 刑罚作为法律的一部分，也必然具有同样的性质。刑罚的力量并不全部来自刑罚背后的国家强制力，也来自刑罚的说理，来自刑罚的合法性。

刑罚的合法性与合理性是密切相关的。德国社会学家韦伯在分析理性化问题过程中深入分析过统治的合法性问题。在韦伯看来，“统治”意味着在一个群体中，让一个具体的（或一切的）命令得到服从的机会。而任何真正的统治关系，都包含着一种最低限度的服从的愿望。“任何统治都企图唤起并维持对它的‘合法性’的信仰。但是，根据所要求的合法性种类的不同，服从的类型，为保证服从而确定的行政管理班子的类型，以及实施统治的特点，也是根本不同的。”韦伯将合法的统治类型分为3种：第一种是个人魅力型统治，又称卡里斯马型统治。“卡里斯马”一词在这里用来表示某些人具有的超自然的、超人的，或者某些特别非凡的、

① 参见葛洪义：《法与实践理性》，中国政法大学出版社2002年版，第15、30～31页。

任何其他人无法企及的力量和品质，如先知、英雄、帮主等。个人魅力型统治的存在，是由被统治者的承认决定的，这种承认是一种产生于激情、困顿和希望的信仰上的、纯属个人的献身精神。卡里斯马式人物具有把人们吸引在其周围成为他的追随者、信徒的能力，从而使追随者盲目忠诚于领袖人物的统治。第二种是传统型统治。这种统治形式普遍存在于前现代社会，表现为一个统治的合法性来自自称的并也为他人相信的历代相传的神圣规则和权力，其基础是相信传统的神圣性。传统型统治比较典型的，一是家长式统治，二是封建式统治，统治者命令的合法性只有两个来源：要么是传统，即传统已经明确决定了法令的内容，要么是统治者的任意专断。在这种统治类型中，即使有反抗，也只是针对统治者个人，而不是反对这种制度本身。第三种是法理型统治。这是现代社会的统治形式。这种统治类型建立在制度和法律的合法性基础上，统治者根据法律进行统治。与个人魅力型统治和传统型统治下的人治状态不同，法理型统治的基础是合理性，或者是价值合理性，或者是目标合理性，并制定成规则，要求所有成员都必须遵守。人们所服从的不是个人而是制度，大家都依靠法律和契约行事。韦伯从统治者与被统治者两个方面考察统治关系，认为在任何社会组织之中，合法性都是来自统治者与被统治者两个方面，其中尤其是取决于被统治者的认可。而被统治者对统治者的认可则取决于他们所接受的道理。也就是说，被统治者接受了某个统治合法性的话语，被这个话语系统所控制。这样，合法性与合理性两个概念就被联系在一起了。① 韦伯认为，合法的统治都是建立在被统治者的服从基础上的；无论用什么方式，最终必须产生一种能够对被统治者具有说服力的话语系统；合法性的话语系统的发展变化与法律的变化发展是一致的，在这个过程中，理性发挥了重要作用。② 只有合理的，才会是合法的。某种制度如果不具有合理性，那它也就很难说具有合法性。刑罚制度也是如此。刑罚的合法性并不是天然本有的，而是必须具有合理性，必须要有说理的基础，要有理性的论证。只有这样，才能真正为大众所接受、遵从，才具有真正意义上的合法性。

刑罚的合法性来自其合理性，而这种合理性则来自理性的构建。这种构建基于两方面的基本要素：一方面，人是刑罚的主体，具有揭示、认识刑罚的能力；另一

① 参见［德］马克斯·韦伯：《经济与社会》（上），林荣远译，商务印书馆 1998 年版，第 239、251 页。

② 参见葛洪义：《法与实践理性》，中国政法大学出版社 2002 年版，第 39 页。

方面，刑罚也包含着可以被人类把握的理性结构。人们可以通过自己的思维能力和理性认识，设置一种具有合理等级关系和逻辑关系的法律规则体系，进而建构并维持一种正当的社会秩序。刑罚的科学设置需要理性的思考、设计及架构。借助理性可建立更合理的刑罚，确保刑罚的合法性。西塞罗提出："法律即理性。"① 从刑罚的合法性与合理性相统一的角度看，也可以说，刑罚来自理性的构建，是理性的产物。

（二）刑罚是一种矛盾的存在，需要理性的制约

从本体论的角度，刑罚是一种矛盾的存在。刑罚本身是制造痛苦的，是一种恶，但惟其恶，才能成为对治犯罪之恶的工具，才能达成人们防控犯罪的目标。对此，对于刑罚的恶与必要，必须要有深刻的理解。

1. 刑罚是逆人性的，是一种恶，其本质属性是痛苦

刑罚是国家通过刑法规定的对犯罪人适用的惩罚。从历史的发展来看，刑罚的名称、形式不断变化，不同国家对刑罚的规定也各有不同，但刑罚剥夺的内容却基本一致，都是人们所拥有的重要的、珍贵的东西，主要是人的生命、自由、财产等。刑罚通过剥夺这些东西，给犯罪人造成痛苦，因此，痛苦与刑罚不可分离。没有痛苦性就没有刑罚。

刑罚的本质在于其痛苦性。一切刑罚目的的达成，无不依靠这种痛苦属性的发挥。"刑罚必须包含痛苦或通常被认为不快的其他后果。"② 因为只有痛苦才能给人以有力的警示，才能强化和加深人的记忆。对此，尼采曾有过精彩的论述："'为了让某些东西留在记忆中，人们烙印它；只有不断引起疼痛的东西，才能留在记忆中。'——这是地球上心理学的一条最古老（可惜也是最长久）的定律。……每当人们认为有必要记住某些东西的时候，流血、刑罚、牺牲就总是不可避免。最可怕的供奉和牺牲，最可恨的黥刑，一切宗教祭典中最残酷的仪式——所有这一切都起源于那种本能，而这样的起源却在痛苦中表明了什么是记忆法的最有效的辅助手段。……借助这样的情景与过程，人们终于记住了五六个'我不要'之类的规定，并为此许下诺言，这样才能生活在优越的社会中。——确实如此！依靠这种记忆方式，人们最终走向了'理性'！啊！理性，是严厉，是控制感情，是一切叫做反复

① ［古罗马］西塞罗：《论共和国　论法律》，王焕生译，中国政法大学出版社 1997 年版，第 192 页。

② ［美］H. C. A. 哈特：《惩罚与责任》，王勇等译，华夏出版社 1989 年版，第 5 页。

思考的灰暗的东西，是人的一切物权和珍品……但它们的代价是多么昂贵！在一切‘善的事物’的根据上，有多少鲜血和恐怖！”① 由于有助于达成控制和预防犯罪的目的，在本质上是恶的刑罚反而具有了善的属性，并为人们维持秩序、改善生活所必需。“在义务与权利这个领域，产生了道德概念的世界，‘罪孽’‘良心’‘职责’‘职责的神圣性’等，它们的萌芽与地球上所有大的事件一样，完全是用鲜血长时间浇灌而促成的。”② “目睹苦难令人快乐，制造苦难更让人快乐——这是一个严酷的命题，却又是一个古老的、有权威的、人性的——太人性的主题……没有残酷性就没有节日，这就是最古老、最长久的人类史给出的教诲——就是在刑罚方面也有如此之多的喜庆！”③

刑罚的痛苦性并非不经意的产物，而是人们有意追求的一种效果。换言之，刑罚的这种痛苦是人们故意施加的，这种施加是不考虑被惩罚者的意志，是不考虑被惩罚者是否同意的。刑罚正是以强制剥夺被惩罚者所拥有的重要的、珍贵的东西而使被惩罚者产生不快和难受为基本特征的。对于刑罚的这种属性，有的学者称之为“被罚者的不情愿性”，惩罚中的不情愿或痛苦的后果不仅是可预见的，而且是有意的，这种不情愿的后果与道德谴责交织在一起。④ 如果说刑罚是一种恶，那么施加刑罚就是人们在有意作“恶”。

也许有人会说，就像人体对外部力量作出的反应一样，如肌肉注射的反应，刑罚是社会机体对伤害行为作出的本能反应。但事实显然并非如此，刑罚是人类理性构建的产物，并不纯粹是本能反应。刑罚的存在包含着人的意志，即使说制造痛苦，或作“恶”，是逆人性的，也不能说刑罚就是违反人的意志的。

也有人说，相较于历史上曾经有过的酷刑，现代社会的刑罚是人道的，没有痛苦的。换言之，现代社会的刑罚已经不再是一种恶。例如，有的西方学者认为：“不论在肉体上还是在精神上，今天的大多数惩罚并不产生痛苦。惩罚只是对某种善的剥夺……监禁和罚金是对自由和财产的剥夺，死刑是对生命的剥夺。即使死刑，也不再有痛苦。”确实，随着人道主义的呼声日高，惩罚的人道化在实践中日

---

① ［德］尼采：《论道德的谱系·善恶之彼岸》，谢地坤等译，漓江出版社2007年版，第37～39页。

② ［德］尼采：《论道德的谱系·善恶之彼岸》，谢地坤等译，漓江出版社2007年版，第41页。

③ ［德］尼采：《论道德的谱系·善恶之彼岸》，谢地坤等译，漓江出版社2007年版，第42页。

④ 参见［美］保罗·罗宾逊等：《美国刑法理论的新动向》，刘为政译，载何秉松主编：《新时代曙光下刑法理论体系的反思与重构——全球性的考察》，中国人民公安大学出版社2008年版，第425页。

益凸显，例如现在的死刑执行方式已逐渐由原来的枪决改变为注射。但是，虽然惩罚对被惩罚者不会造成肉体上的痛苦，但不见得不会对被惩罚者造成畏惧心理，也不能说不会对其亲属造成痛苦。特别是对于死刑这种惩罚，无论以什么样的方式执行，死亡总会让人感到恐惧。① 所以，刑罚的人道化并不能回避刑罚的痛苦性。刑罚无论如何改革、完善，无论以何种形式出现，都不能改变其痛苦的本性。刑罚以痛苦性为其本质属性，向社会宣示着一种暴力。

2. 刑罚是人类对犯罪的必然的反应，是以刑罚之恶对治犯罪之恶，是一种必要的恶

没有人天生愿意被剥夺自由、财产乃至生命，承受刑罚的痛苦，但是，人类社会又不能没有刑罚。刑罚的这种必要性，是由犯罪的必然性与公共安全的客观需要所决定的。

犯罪是人类社会的一种必然现象。法国社会学家迪尔凯姆从社会结构的角度解释犯罪，认为犯罪的产生与存在具有一定的社会必然性，是社会生活不可缺少的一部分事实，他认为："犯罪不仅见于大多数社会，不管它是属于哪个社会，而且见于所有类型的社会。不存在没有犯罪行为的社会。虽然犯罪的形式有所不同，被认为是犯罪的行为也不是到处一样，但是，不论在什么地方和什么时代，总有一些人因其行为而使其自身受到刑罚的镇压。"② 意大利刑法学家菲利也在社会学分析的基础上提出："犯罪是由人类学因素、自然因素和社会因素相互作用而成的一种社会现象。这一规律导致了我所讲过的犯罪饱和论，即每一个社会都有其应有的犯罪，这些犯罪的产生是由于自然及社会条件引起的，其质和量是与每一个社会集体的发展相适应的。"③ "就像我们发现一定数量的水在一定的温度之下就溶解为一定数量的化学物质但并非原子的增减一样，在一定的自然和社会环境之下，我们会发现一定数量的犯罪。"④ "自然的和社会的环境，借助于行为人先天遗传的和后天获得的个性

① 参见王立峰：《惩罚的哲理》，清华大学出版社 2006 年版，第 2～3 页。

② ［法］迪尔凯姆：《社会学方法的准则》，狄玉明译，商务印书馆 1995 年版，第 83～84 页。

③ ［意］恩里科·菲利：《实证派犯罪学》，郭建安译，中国人民公安大学出版社 2004 年版，第 183 页。

④ ［意］恩里科·菲利：《犯罪社会学》，郭建安译，中国人民公安大学出版社 2004 年版，第 163 页。

倾向及其他偶然的刺激，必然决定一个国家某一时期的犯罪在质和量上的程度。”①

“犯罪饱和法则注定了每一个社会环境由于与个人的社会缺陷密不可分的自然因素的作用而不可避免地要产生的犯罪的最低数量。”② 在犯罪的各种原因中，菲利最为强调的是社会因素，尤其是经济因素，他指出：“我们的文明中显然存在着引起犯罪的经济因素，自由竞争规律实际上是一种变相的同类相食，其法则即‘你死我活’。在有限的职业中，工人的竞争就等于有些人就业是建立在他人失业的基础上的，这是一种变相的人吃人的形式。竞争者虽不像原始人那样相互蚕食，而是通过诽谤、推荐、保护、金钱等手段搞垮对方，以保证最善交易者的地位，而使最诚实、最有才能及最具有自尊心的人沦入饥饿的痛苦之中。此外，在财富增长的情形下，经济因素也发挥着滋生犯罪的作用。”③

根据马克思主义的经典表述，“犯罪——孤立的个人反对统治关系的斗争，和法一样，也不是随心所欲地产生的。相反地，犯罪和现行的统治都产生于相同的条件。同样也就是那些把法和法律看作是某种独立自在的一般意志的统治的幻想家才会把犯罪看成单纯是对法和法律的破坏”④。联系上下文，此处之“条件”主要是指社会物质生活条件。据此，犯罪与现行统治产生于同样的社会物质生活条件，犯罪是必然存在的。储槐植教授指出：“犯罪是一种社会矛盾，这种社会矛盾达到一定的严重程度，法律上就宣布它为犯罪。社会矛盾都是现实的……直接或间接地左右犯罪的变化。”⑤ 社会物质生活条件，既包含遏制犯罪的条件，也包含促成犯罪的条件。前者决定任何社会中犯罪只是社会生活的一个次要方面（虽然程度和规模各有不同），后者决定在任何社会中犯罪都是不可避免的（虽然种类和名称各有不同）。犯罪原因是一个多层次系统，这个系统深藏在社会物质生活条件的矛盾过程中。社会矛盾有多复杂，犯罪原因就有多复杂。由此，“犯罪源于社会矛盾，社会矛盾不可避免，作为严重社会矛盾的犯罪也不可避免，在这个意义上可以说犯罪是一种正常

---

① ［意］恩里科·菲利：《犯罪社会学》，郭建安译，中国人民公安大学出版社 2004 年版，第 216 页。

② ［意］恩里科·菲利：《犯罪社会学》，郭建安译，中国人民公安大学出版社 2004 年版，第80 ~ 81 页。

③ ［意］恩里科·菲利：《实证派犯罪学》，郭建安译，中国人民公安大学出版社 2004 年版，第 170 页。

④ ［德］卡尔·马克思、弗里德里希·恩格斯：《德意志意识形态》，载中文马克思主义文库网，https：//www. marxists. org/chinese/marx－engels/03/014. htm，最后访问日期：2020 年 6 月 20 日。

⑤ 储槐植：《刑事一体化与关系刑法论》，北京大学出版社 1997 年版，第 82 页。

的（虽然是有害的）社会现象。……‘正常’是指总体上的‘不可避免性’”①。

犯罪的不可避免必然要求人类的应对。在人类对治犯罪的各种选择中，那些由国家实施的以剥夺犯罪人的生命、自由和财产为主要内容的手段就被称之为刑罚。如果说犯罪是社会矛盾的产物，那么刑罚就是犯罪的产物，是应对犯罪的必要选择。正是犯罪的必然性，决定了刑罚的必要性。

刑罚的社会必要性，也可以从社会共同体、被害人、犯罪人三个方面予以说明。从共同体的角度，刑罚可以保护安全，维护社会成员之间的信任，进而维持秩序。罗尔斯指出：“惩罚的必要性在于为了社会合作的稳定性。即使在一个组织良好的社会中，尽管人们知道大家享有相同的正义感，并且每个人都要求维持现存的安排，但他们可能还是缺乏完全的相互信任。”刑罚就是要克服这种不稳定性。政府通过实行一个公开的惩罚体系来消除人们不遵守规则的理由。因此，可以说“有效的刑罚机构的存在是为保障人们相互间的安全服务的”②。从被害人的角度，刑罚表达、发泄了因遭受不法侵害而引起的愤恨情感，使被害人得到了抚慰和补偿，从而替代了私人复仇，结束了“冤冤相报”的恶性循环，将个人从复仇欲望的桎梏中解脱出来，使其恢复正常的生活状态。从犯罪人的角度，刑罚则是一种教育，其接受有规则制约的惩罚，既避免了不被追究的侥幸、狂妄，也避免了被私人复仇的恐慌；在因其犯罪行为而遭受谴责，生命权或者自由权、财产权遭受剥夺，被动地接受“罪有应得”的惩罚过程中，也获得一个偿还宿债、从头再来的机会。

如果说刑罚是一种恶，那也是一种必要的恶。犯罪的必然性和公共安全的客观需要都要求必须要有刑罚。刑罚的存在正是基于其恶的本质。惟其恶，才能确保惩罚犯罪的力度与效果，才能成为人类治理犯罪的必要选择。

3. 刑罚自身存在一定的局限性

虽然刑罚为防止犯罪所必需，但刑罚并不是万能的，犯罪原因的复杂性决定了刑罚并不能解决犯罪的所有问题，而刑罚自身的局限性，也要求人们对于刑罚必须保持高度的警惕与理性。

犯罪产生的原因是极其复杂的。刑事古典学派以意志自由为前提，分析犯罪的原因并确认刑事责任的承担。古典派犯罪学家马里奥·帕加诺认为：“一个人应对

① 储槐植：《刑事一体化与关系刑法论》，北京大学出版社 1997 年版，第 280 ~ 287 页。
② 王立峰：《惩罚的哲理》，清华大学出版社 2006 年版，第 121 ~ 122 页。

其所犯的罪行负责；如果在其犯罪之际，只有1/2的意志自由，应当负1/2的责任；如果只有1/3的意志自由，则只负1/3的责任。”① 刑事实证学派在否定人的意志绝对自由的基础上，分析各种客观因素对犯罪产生的决定性影响。龙勃罗梭提出天生犯罪人论，侧重于对犯罪的生理学研究，以遗传决定论为核心，构建起了刑事人类学论。菲利则突破龙勃罗梭的犯罪原因一元论，提出犯罪原因的多元论，认为犯罪是由人类学因素、自然因素和社会因素共同造成的，并特别强调社会因素的作用。李斯特在批判龙勃罗梭和菲利关于犯罪原因观点的基础上，提出犯罪原因的二元论，即社会因素和个人因素，他指出：“犯罪是由实施犯罪行为当时犯罪者的特性，加上周围环境的影响所产生的。”② 这种二元论的观点被认为是遗传学（人类学）和社会环境说两者对立的折中。李斯特所言的个人原因，主要是指个人性格上的原因，这种性格有一部分是先天的，即生来如此，有一部分是后天的，即由于发育关系或生存命运关系所致。李斯特虽然承认个人因素在犯罪发生中的作用，但他更为强调的是社会因素。③ 马克思主义认为，犯罪既有个体的原因，也有社会的原因，根植于现实的社会物质生活条件，产生于各种现实的社会矛盾。社会矛盾有多复杂，犯罪原因就有多复杂。

作为对治犯罪的一种手段，刑罚本身的功能是有限的。“犯罪原因复杂性决定了国家只能做力所能及的事情，适用刑罚只能追求它可能实现的东西。”④ “自称为一种能够消除所有犯罪因素的简便并且有效的救治措施的刑罚，只不过是一种徒负盛名的万灵药。”⑤ 犯罪既不能依靠刑罚消灭，也不能单靠刑罚预防。既然犯罪从总体上来讲是“正常的”“不可避免的”，那么“具体时空背景下的犯罪程度就应该有一个正常量。这个正常量可称为正常犯罪率。……衡量犯罪率正常与否的标准本身是一个复杂体系：民族传统、文化观念、历史条件、社会背景、现实需要、控制可能等等因素都相互制约”⑥。从20世纪80年代以来我国的犯罪状况分析，尽

---

① ［意］恩里科·菲利：《实证派犯罪学》，郭建安译，中国人民公安大学出版社2004年版，第134页。

② 甘雨沛、何鹏：《外国刑法学》（上册），北京大学出版社1984年版，第119页。

③ 参见陈兴良：《刑法的启蒙》，法律出版社1998年版，第249～250页。

④ 储槐植：《刑事一体化与关系刑法论》，北京大学出版社1997年版，第287页。

⑤ ［意］恩里科·菲利：《犯罪社会学》，郭建安译，中国人民公安大学出版社2004年版，第177页。

⑥ 储槐植：《刑事一体化与关系刑法论》，北京大学出版社1997年版，第287～288页。

管国家先后组织了多次全国范围内的轰轰烈烈的“严打”行动，各种专项“斗争”“战役”“攻势”相继开展，“严厉惩治严重犯罪方针”自始贯彻，但犯罪数量在总体上还是呈上升趋势（见表2和图1）。因此，应当理性地对待犯罪，理性地看待刑罚。必须切实落实好社会治安综合治理政策，坚持“打防结合，预防为主”，在运用刑罚手段的同时，注重发挥其他法律手段，如民事法律手段、行政法律手段等，以及政治、行政、经济、文化等各种社会手段的作用。①

表2　1980年至2019年全国公安机关刑事立案数统计

单位：件

年份	全国公安机关刑事立案数	年份	全国公安机关刑事立案数
1980	757 014[1]	1997	1 613 629
1981	890 281[2]	1998	1 986 068
1982	748 496	1999	2 249 319
1983	610 478	2000	3 637 307
1984	514 369	2001	4 457 579
1985	542 005	2002	4 336 712
1986	547 115	2003	4 393 893
1987	570 439	2004	4 718 122
1988	827 594	2005	4 648 401
1989	1 971 901	2006	4 653 265
1990	2 216 997	2007	4 807 517
1991	2 365 709	2008	4 884 960
1992	1 582 659[3]	2009	5 579 915
1993	1 616 879	2010	5 969 892
1994	1 660 734	2011	6 005 037
1995	1 690 407	2012	6 551 440
1996	1 600 716	2013	6 598 247

① 参见侯宏林：《刑事政策的价值分析》，中国政法大学出版社2005年版，第229～236页。

续表

年份	全国公安机关刑事立案数	年份	全国公安机关刑事立案数
2014	6 539 692	2017	5 482 570
2015	7 174 037	2018	5 069 231
2016	6 427 533	2019	4 862 443[4]

〔1〕1980 年的全国公安机关刑事立案数，参见张小虎：《转型期中国社会犯罪原因探析》，北京师范大学出版社 2002 年版，第 212 页。

〔2〕1981 年至 2018 年的全国公安机关刑事立案数，参见 1987 年至 2019 年的《中国法律年鉴》（中国法律年鉴出版社出版），其中 1981 年至 1986 年的立案数参见 1987 年的《中国法律年鉴》。

〔3〕1992 年实行新的盗窃案件立案标准（盗窃案件在刑事案件总数中一直占有极高的比例），所以案件总数不能简单地与 1991 年比较。参见中国法律年鉴编辑部编：《中国法律年鉴》（1993），中国法律年鉴出版社 1993 年版，第 940 页。

〔4〕2019 年的全国公安机关刑事立案数，参见《中国统计年鉴 2020 全国社会经济发展指标：24－3 公安机关立案的刑事案件及构成》，载百度文库，https：//wenku. baidu. com/view/7378afda4a73f242336c1eb91a37f111f1850da6. html，最后访问日期：2020 年 10 月 11 日。

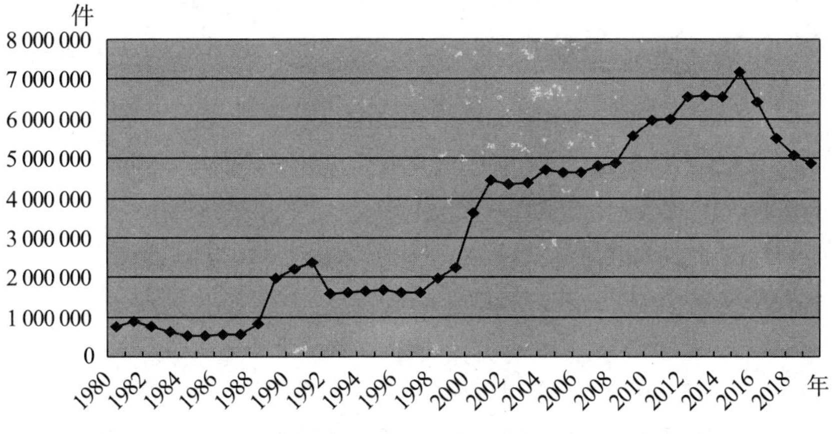

图 1　1980 年至 2019 年全国公安机关刑事立案数变化

作为一种社会资源，刑罚本身是稀缺的。监狱、法庭、看守所等场所的建设和维护，侦查、审判、监禁等活动的进行，不仅要占用大量的物质资源，还要投入大量的人力等各种资源，但任何一个社会，在经济、社会、文化等发展的特定阶段，能投入刑罚中的资源都必然是有限的。每一份投入刑罚中的社会资源的增加，都意味着一份投入其他社会领域的社会资源的减少。在一定意义上可以说，相对于永远不断产生的犯罪，刑罚资源本身是稀缺的。这必然会在不同层面影响刑罚的适用。一个很简单的例子，就是在死刑存废论战中，对于死刑废除论者关于用终身监禁刑代替死刑的观点，有的人反对说，终身监禁得多盖多少监狱，得增加多少警察，得花纳税人多少钱，相反，一颗子弹才多少钱。换言之，在目前的经济发展阶段，我们还没有能力为废除死刑代之以终身监禁刑提供足够的社会资源。这一说法虽有所偏颇，但也在一定程度上反映了刑罚对社会资源的消耗。因此，对于刑罚的适用、刑罚的改革，必须要“量入为出”，而不可能随意消耗。

作为一种暴力性反应，刑罚本身是有局限的，甚至是有风险的。刑罚以制造痛苦为特征，其本身是一种恶。虽然刑罚的制定者、适用者，至少从理论上讲，都真诚地希望能通过“恶”的手段来追求“善”的结果，但世间的事情，并非都在人的控制之中。人的思维的局限性，能力的局限性，加之自然的、社会的等各种主客观因素的制约，所得非所愿的情况并非鲜见。如果没有达成所追求的“善”的结果，那就成了通过“恶”的手段得到了“恶”的结果，也即“恶”上加“恶”，从而使事态变得更加糟糕。司法实践中，尽管我们一直小心行事，尽可能避免这种情况的发生，但实际上，这种“恶”上加“恶”，使糟糕的事态变得更加糟糕的情况并非完全能够避免。一个显而易见的例子就是监禁刑，尤其是短期监禁刑。某人因小偷小摸，或者打架斗殴，或者交通肇事被判处了两三年的监禁刑，入狱服刑。本来这个人犯事只是因一时糊涂，或激情引发，犯事之初也是悔不当初，痛哭流涕，但司法机关将其收监服刑，两三年的时间，在监狱这个“染缸”、特殊社会里，这个人外在的行为和内在的心态都难免不被感染、异化。进去之前还有这样那样的抱负、理想，还有相当的“正能量”，出来以后不知道还能保留多少。进去之前可能还在意各种工作技能的学习进步，但在监禁期间却反而可能会大量增加对各种犯罪手段的知识了解。这样的监禁效果，常让人对刑罚适用的效果产生迷惑。德国法学家耶林指出：“刑罚如两刃之剑，用之不得其当，则国家与个人两受其害。”① 因此，在充分发挥刑罚积极功能的同时，必须尽可能避免刑罚的消极功能，尤其是要防止刑罚的滥用，要对刑罚的局限性始终保持清醒的认识。从近年来我国法院刑事案件生效判决被告人处罚情况来看，虽然生效判决被告人人数从总体上不断增加，但判处重刑（五年有期徒刑以上至死刑）的人数总体相对平稳，因而重

① 林山田：《刑罚学》，台北，台湾商务印书馆1992年版，第126页。

刑率总体呈下降趋势（见表 3 和图 2），而同期的社会治安总体情况基本稳定，在一定程度上表明，刑罚的轻重与社会治安状况并无必然的关系，这为理性看待并慎重适用刑罚提供了实践的支持。

表 3　2002 年至 2018 年全国法院刑事案件生效判决重刑率统计

年份	全国法院刑事案件生效判决中被判处重刑人数[1]/人	全国法院刑事案件生效判决被告人总人数/人	重刑率/%
2002	160 324	706 707	22. 69
2003	158 562	747 096	21. 22
2004	146 237	767 951	19. 04
2005	150 878	844 717	17. 86
2006	153 724	890 755	17. 26
2007	151 378	933 156	16. 22
2008	159 020	1 008 677	15. 77
2009	162 675	997 872	16. 30
2010	159 261	1 007 419	15. 81
2011	149 452	1 051 638	14. 21
2012	158 296	1 174 133	13. 48
2013	125 015	1 158 609	10. 79
2014	111 658	1 184 562	9. 43
2015	115 464	1 232 695	9. 37
2016	97 816	1 220 645	8. 01
2017	175 162	1 270 141	13. 79
2018	155 638	1 430 091	10. 88

〔1〕2002 年至 2018 年全国法院生效刑事判决被告人总人数和被判处重刑人数参见 2003 年至 2019 年的《中国法律年鉴》。《中国法律年鉴》从 2003 年开始记录全国法院刑事案件生效判决被告人处罚情况。

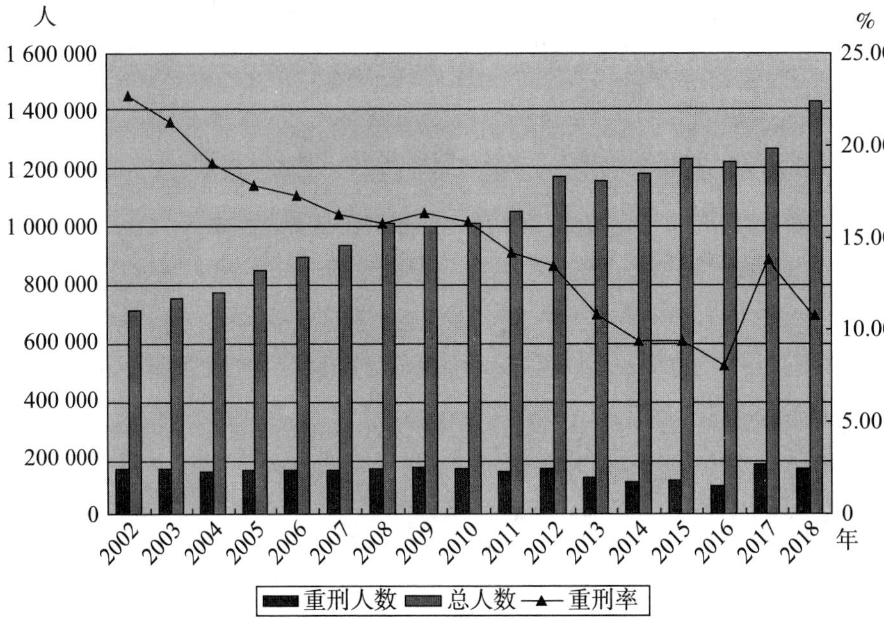

图2　2002年至2018年全国法院刑事案件生效判决重刑率变化

（三）刑罚适用是一个复杂的系统，需要理性的指引

刑罚不仅在其产生和存续的环节具有理性的特征，在适用过程中更是要遵循理性的精神。在日常生活中，我们提及刑罚时，常说"张三因为盗窃被判了一年"，"李四抢劫被法院判了十年"，"王五杀人了，判了死刑"等。这些表达均包含或隐含着刑罚的一些基本要素，即刑罚的客体例如张三、李四、王五等，刑罚的根据例如盗窃、抢劫、杀人等，刑罚的内容例如有期徒刑一年、有期徒刑十年、死刑等，刑罚的主体则为法院。这些要素构成了相对复杂的刑罚适用系统，而这个系统的良性运转则需要理性的指引。

1. 刑罚的客体是人

刑罚的客体，也即刑罚的对象，是指刑罚的承受者。现代刑罚理论通说认为，只有人才能成为刑罚的客体，才有资格承担责任，接受刑罚惩罚。一方面，非人类的动物、植物不能成为刑罚的客体。狗咬了人，我们不能追究狗的刑事责任。或许可以把狗打一顿，但那并不能弥补我们的损失。如果要追究责任，还得找狗的主人或监管人。大象毁坏了庄稼，我们也不能对大象施加刑罚。在动物侵犯人类利益的场合，如果最终要追究责任，也只能追究对动物负有管理责任的人。另一方面，已死之人也不能成为刑罚的客体。历史上曾出现过的鞭尸、暴尸街头等，尽管能纾解行为人的心头之恨，但并不能称之为刑罚。

只有有生命的人才能成为刑罚的客体。但问题也由此而来，一个有生命的人为什么会成为另一个或一群人施加刑罚的对象？我们有什么理由对一个跟我们一样的人施加刑罚？换言之，对一个人施加刑罚，是否侵犯了其基本的人权？毕竟，同类相残，是这个世界上最残酷的一件事情。因为从本来的意义上，人与人之间是平等的，每个人都天生享有最基本的生存与发展权利。

对此，启蒙思想家的理论可以给我们一定的启示。卢梭提出的社会契约论根植于人的理性，认为秩序并非源于自然，约定是一切合法权威的基础，他指出："人是生而自由的，但却无往不在枷锁之中。自以为是其他一切的主人的人，反而比其他一切更是奴隶。……社会秩序乃是为其他一切权利提供了基础的一项神圣权利。然而这项权利决不是出于自然，而是建立在约定之上的。"① "我设想，人类曾达到过这样一种境地，当时自然状态中不利于人类生存的种种障碍，在阻力上已超过了每个个人在那种状态中为了自存所能运用的力量。于是，那种原始状态便不能继续维持；并且人类如果不改变其生存方式，就会消灭。……要寻找出一种结合的形式，使它能以全部共同的力量来卫护和保障每个结合者的人身和财富，并且由于这一结合而使每一个与全体相联合的个人又只不过是在服从自己本人，并且仍然像以往一样地自由。……我们每个人都以其自身及其全部的力量共同置于公意的最高指导之下，并且我们在共同体中接纳每一个成员作为全体之不可分割的一部分。"② "我们承认，每个人由于社会公约而转让出来的自己的一切权力、财富、自由，仅仅是全部之中其用途对于集体有重要关系的那部分；但是也必须承认，唯有主权者才是这种重要性的裁判人。"③ "社会公约在公民之间确立了这样的一种平等，以致他们大家全都遵守同样的条件并且全都应该享有同样的权利。……它是合法的约定，因为它是以社会契约为基础的；它是公平的约定，因为它对一切人都是共同的；它是有益的约定，因为它除了公共的幸福而外就不能再有任何别的目的；它是稳定的约定，因为它有着公共的力量和最高权力作为保障。……主权权力虽然是完全绝对的、完全神圣的、完全不可侵犯的，却不会超出，也不能超出公共约定的界

① ［法］卢梭:《社会契约论》，何兆武译，商务印书馆 1980 年版，第 8 ~9 页。

② ［法］卢梭:《社会契约论》，何兆武译，商务印书馆 1980 年版，第 22 ~25 页。

③ ［法］卢梭:《社会契约论》，何兆武译，商务印书馆 1980 年版，第 42 页。

限；并且人人都可以任意处置这种约定所留给自己的财富和自由。”① 每个人让渡出一部分权利，构成公共权力，从而对秩序形成有力的保障。犯罪的人在侵犯他人权益的同时，实质上也侵害了自身的权益。康德指出：“如果你诽谤别人，你就是诽谤了自己；如果你偷了别人的东西，你就是偷了你自己的东西；如果你打了别人，你就是打了你自己；如果你杀了别人，你就是杀了你自己。”② 黑格尔也认为：“刑罚既被包含着犯人自己的法，所以处罚他，正是尊敬他是理性的存在。”③ 因此，对犯罪的人施加刑罚，并非侵犯他的基本人权，恰恰是他基于对社会秩序和公共利益所作承诺的违背后果的担当，是对他以及与他一样生活在这个社会上的所有人的基本人权的平等保护，是对他作为理性存在的尊重。

在解决了对一个人施加刑罚并不违背其基本人权的基础上，还有一个问题需要注意，那就是如何对犯罪人施加刑罚。换言之，在解决对犯罪人施加刑罚是否可行这一定性问题的同时，我们还要关注施加刑罚的尺度这一定量问题。在这一问题上，至少必须考虑两个因素，一是犯罪原因的复杂性，二是犯罪功能的多样性。

犯罪是个人与社会多种因素综合作用的结果，这在前文已有论及。从人性的角度上讲，每个人都可能是犯罪人。因为每个人都是有局限的，没有任何一个人是完人。《圣经》里有这样一个故事：一个妇人在行淫时被抓获，众人将其带到耶稣跟前，问耶稣：“根据摩西律法，对这样的妇人应该用石头砸死，你说我们该怎么办?”耶稣说：“你们中间谁是没有罪的，谁就可以先拿石头砸她”。众人听到这话，一个一个都走了。国家根据特定的社会情况制定规则，将特定的行为规定为犯罪，对犯罪的人施加刑罚。任何一个人，如果仅凭其自身的因素，没有社会因素的综合作用，是不能构成犯罪的。事实上，在绝大多数情况下，一个有特定人格缺陷的人，正是由于综合了特定的社会因素缺陷的作用，才导致了犯罪行为的发生。换言之，社会整体的缺陷，在犯罪人这里找到了一个排放口，于是，犯罪人就成为对整个犯罪行为承担后果的责任者，成为社会整体缺陷的“买单者”。

“替罪羊”假说很好地揭示了社会治理的非理性的一面。该理论认为，社会本身在产生犯罪，社会为了给自己的病态寻求医治方法，就需要犯罪，需要犯罪

---

① ［法］卢梭：《社会契约论》，何兆武译，商务印书馆 1980 年版，第 44 页。
② ［德］康德：《法的形而上学原理——权利的科学》，沈叔平译，商务印书馆 1991 年版，第 172 页。
③ ［德］黑格尔：《法哲学原理》，范扬、张企泰译，商务印书馆 1961 年版，第 119 页。

人。[①]“替罪羊”假说在一定程度上启示我们，要注重社会对于犯罪的责任，而不能将犯罪的责任全部强加于犯罪人，而且，刑罚要尽可能地人道化，因为犯罪人是跟我们一样的人，他只是在为社会的整体缺陷“买单”。

犯罪功能的多样性也是必须考虑的一个重要因素。犯罪功能有两个方面：一方面是破坏功能，是消极的、负面的，也是主要的功能；另一方面是促进功能，是积极的、正面的，也是次要的功能。一般而言，人们只是注意犯罪的破坏功能，认为犯罪是恶的，是必须严加预防和控制的，对犯罪的促进功能却关注甚少。但客观地讲，犯罪的促进功能也是很重要的，需要从宏观上给予关注。犯罪的促进功能至少包含两点，一个是排污功能，另一个是激励功能。任何社会都隐藏着一些腐朽的东西，发展为犯罪加以清除，就可以使社会正气弘扬。惩恶的一个直接作用就是扬善。恩格斯在《路德维希·费尔巴哈和德国古典哲学的终结》中说：“在黑格尔那里，恶是历史发展的动力借以表现出来的形式。这里有双重的意思，一方面，每一种新的进步都必然表现为对某一神圣事物的亵渎，表现为对陈旧的、日渐衰亡的、但为习惯所崇奉的秩序的叛逆；另一方面，自从阶级对立产生以来，正是人的恶劣的情欲——贪欲和权势欲成了历史发展的杠杆……但是，费尔巴哈就没有想到要研究道德上的恶所起的历史作用。历史对他来说是一个令人感到不愉快的可怕的领域。”[②]马克思在《剩余价值理论》一文的附录“关于一切职业都具有生产性的辩护论见解”中，也大段谈及犯罪的社会功能，强调犯罪对社会的积极作用，具体而言至少有三点：一是生产刑法，提供就业机会。“罪犯不仅生产罪行，而且还生产刑法，因而还生产讲授刑法的教授”，“生产全体警察和全部刑事司法、侦探、法官……而在所有这些不同职业中，每一种职业都是社会分工中的一定部门，这些不同职业发展着不同的人类精神能力，创造新的需要和满足新需要的新方式”。二是生产文艺，使生活丰富多彩。“罪犯生产印象，有时是道德上有教益的印象，有时是悲惨的印象”，“生产艺术、文艺——小说，甚至悲剧”。三是刺激社会竞争，促进生产力的发展。“如果没有小偷，锁是否能达到今天的完善程度？如果没有伪造钞票的人，银行券的印制是否能像现在这样完善？……犯罪使侵夺财产的手段不断翻新，从而也使保

---

① 参见徐久生：《德语国家的犯罪学研究》，中国法制出版社1999年版，第88~89页。

② ［德］弗里德里希·恩格斯：《路德维希·弗尔巴哈和德国古典哲学的终结》，载中文马克思主义文库网，https：//www. marxists. org/chinese/marx－engels/21/020. htm，最后访问日期：2020年6月20日。

护财产的手段日益更新，这就像罢工推动机器的发明一样，促进了生产。而且，离开私人犯罪的领域来说，如果没有国家的犯罪，能不能产生世界市场？如果没有国家的犯罪，能不能产生民族本身？”① 毛泽东同志非常重视反面教员的作用，认为反面教员是不以人的意志为转移的，既然有了，我们就要充分利用他。反面教员的作用有时是正面教员所不能取代的。犯罪的社会作用，按毛泽东同志关于反面教员的理论，可以促使进步的东西更加巩固、更加鲜明。② 从微观的角度，在很多情况下个人犯罪社会有责。而从宏观的角度，社会是在斗争中前进的，善与恶的斗争是社会发展的动力。犯罪虽然是不好的东西，但也不妨碍我们理性面对，尽可能发掘其可用的一面，促使其发挥积极的功能。

既然犯罪不可避免，任何一个社会都会有人犯罪，而这些犯罪在一定程度上客观地实现了对社会的有效“排污”，维护了社会肌体的健康，促进了社会发展，从而可以说是有用的甚至必要的③，那么，对于犯罪人，我们的态度不妨宽容一点，惩罚不妨人道一点。毕竟，他是跟我们一样的人。

2. 刑罚的根据是犯罪

刑罚的根据就是施加刑罚的依据。既然刑罚的对象是跟我们一样的人，那么我们基于什么理由对他施加刑罚？其根据何在？根据刑法理论，刑罚的根据就在于具体个人实施的犯罪。如果将刑罚视为一种结果，那么犯罪就是引发这种结果的原因，就是确定刑罚种类、衡量刑罚轻重的依据和标准。

犯罪概念是刑法理论的一个基础概念，同时也是刑法学界争议巨大的一个概念。形式定义、实质定义，三阶段论、四要件论，三特征说、二特征说，等等，众说纷纭，莫衷一是。其争论主要在于对犯罪基本特征以及界定方式的不同理解。在各种理论中，笔者认为，犯罪的三特征概念基本涵盖了犯罪的内容，有助于我们对犯罪进行全面、深刻的理解和把握。犯罪就是因危害社会被刑事法律所禁止从而应

---

① ［德］卡尔·马克思：《剩余价值理论》附录“关于一切职业都具有生产性的辩护论见解”，载中文马克思主义文库网，https：//www. marxists. org/chinese/marx - engels/26 - 1/020. htm，最后访问日期：2020 年 6 月 20 日。

② 参见储槐植：《刑事一体化与关系刑法论》，北京大学出版社 1997 年版，第 91 ~92 页。

③ 现代西方犯罪经济学派以贝克尔为代表的学者认为，犯罪不仅是有效用的，而且是必要的。因此，如果撇开道德伦理评判，不问犯罪善恶，而纯粹从功利角度、社会分工角度、经济资源配置角度看，犯罪不仅是有效用的、正常的，而且可以说是不恶的。如果说犯罪是一种恶，那也是一种必要的恶。参见卢建平：《刑事政策与刑法》，中国人民公安大学出版社 2004 年版，第 230 页。

受到刑事惩罚的行为。正确理解犯罪的概念，主要应把握以下四个要点。

首先，犯罪是人的行为。行为是犯罪成立的基础，是区分犯罪性质的依据，是衡量犯罪轻重的标尺。作为犯罪的行为，只能是人的行为。人与人之间以行为为中介形成社会关系，没有人的行为也就没有人与人之间的社会关系，也就没有利益的维护与损害。因此，野狗打架、动物伤人等自然事件均不具有刑法意义。当然，人驱使动物伤人则应归结为驱使人的行为。作为犯罪的行为，必须是人的自由意志支配的身体动静、举止。思想不是行为，单纯的臆想并不会给他人带来实际的损害，“腹诽”在现代刑法理论上并不能成为刑罚的理由。而仅有外在身体的举止，如果不是出于人的自由意志的决定，也同样不构成犯罪行为。人的无意识的行为，如梦游中的行为、精神错乱下的举动、生理反射下的动作等，均与人的主观意志无关，故不能称之为人的行为。作为犯罪的行为，还要具有社会意义，对社会利益产生一定的影响。马克思在《评普鲁士最近的书报检查令》中说：“只是由于我表现自己，只是由于我踏入现实的领域，我才进入受立法者支配的范围。对于法律来说，除了我的行为以外，我是根本不存在的，我根本不是法律的对象。我的行为就是法律在处置我时所应依据的唯一的东西。”① 无行为即无犯罪，是刑法的一项重要原则，其重要性集中体现在，犯罪概念的中心词是行为，罪名是犯罪行为的高度概括，罪状是犯罪行为的具体描述，罪状所描述的一切最终是用来修饰、限定、扩张中心词——行为的。②

其次，犯罪危害社会，是具有社会危害性的行为。一种行为之所以被规定为犯罪，最根本的原因就是该行为危害了社会。马克思主义将犯罪表述为“孤立的个人反对统治关系的斗争”，在此，“统治关系”就成为犯罪所侵害利益的代名词。贝卡利亚也曾提出一个迄今为止依然有效的经验性命题，即“衡量犯罪的真正标尺”是“犯罪对社会的危害”，“这是一条显而易见的真理”。贝卡利亚将犯罪分为三类：第一类是直接地毁伤社会或者社会的代表的犯罪，即危害国家法益的犯罪，这就是所谓的叛逆罪，是最严重的犯罪；第二类是侵犯私人安全的犯罪，即危害个人法益的犯罪，一切合理的社会都把保卫私人安全作为首要的宗旨，这类犯罪中，一部分是侵害人身，另一部分是损害名誉，还有一部分是侵犯实物；第三类是扰乱

---

① ［德］卡尔·马克思：《评普鲁士最近的书报检查令》，载中文马克思主义文库网，https：//www. marxists. org/chinese/marx – engels/01/011. htm，最后访问日期：2020 年 6 月 20 日。

② 参见曲新久：《刑法学原理》，高等教育出版社 2009 年版，第 81 页。

公共秩序和公民安宁的犯罪，即危害社会法益的犯罪，是同公共利益要求每个公民应做和不应做的事情相违背的行为。① 这既是对犯罪的基本分类，也为犯罪圈定了基本范围。

社会危害性从内容方面揭示了犯罪的实质内涵，可称为犯罪的内容特征。对于社会危害性，需要进行理性的认识。其一，社会危害性是质与量的统一。社会危害性的质是指行为危害或者现实地威胁到的刑法所保护的利益。社会危害性的量则是指这种危害或者威胁所达到的程度。《刑法》第 13 条的“但书”对犯罪的社会危害性作了排除性的规定，即“情节显著轻微危害不大的，不认为是犯罪”。这一规定对于准确地界定犯罪具有重要的指导意义。“但书把定量因素明确地引进犯罪的一般概念之中，反映了人类认识发展的时代水平，是世界刑事立法史上的创新。”② 但在实践中，对社会危害性的认识往往会出现非理性的一面。印象比较深的是，2011 年《刑法修正案（八)》规定“酒驾”入刑后，当年 5 月在重庆召开的全国法院刑事审判工作座谈会期间，时任最高人民法院副院长张军表示“酒驾”不一定入刑，须结合行为严重程度方能准确裁判。这一表态引发媒体误读，舆论哗然。本来，任何危害行为都必须要严重到一定程度才能认定为犯罪，“酒驾”当然也是如此。但在媒体误读之下，大众的反应竟然如此强烈，令人感叹！其二，社会危害性是客观存在与主观判断的统一。社会危害性的存在，在客观存在与主观认识上并不总是一致的。有的社会危害发生了，但并未被人们所认识，其中可能是行为尚未被人们发现，也可能是行为虽然被人们发现，但并未发现或者意识到其危害性。有的则是主观认为有社会危害，但实际上并不存在，其中可能是没有任何的危害行为，全来自人们的凭空想象、主观臆测，也可能是虽然有不当的行为，但人们将其影响或后果极端扩大化。为了避免这种误解的发生，就必须要保持理性的态度，客观、准确地认识行为的社会危害性。其三，社会危害性是相对稳定性与变动性的统一。传统型犯罪，如杀人、强奸、抢劫、盗窃等明显违背人伦和社会道德，这类犯罪被称为自然犯，社会危害性相对稳定，在大多数国家、地区和历史时期都被规定为犯罪。与自然犯相对应的是法定犯，是指基于公共管理的目的而设置的一类犯罪。这类犯罪的社会危害性根据不同的地区、时期等因素而有所不同，稳定性较

① 参见［意］贝卡利亚：《论犯罪与刑罚》，黄风译，中国大百科全书出版社 1993 年版，第 67 ~ 85 页。

② 储槐植：《刑事一体化与关系刑法论》，北京大学出版社 1997 年版，第 272 页。

差。虽然说无论是自然犯还是法定犯，其社会危害性在特定的时间、特定的地区、特定的经济社会发展条件下都是相对稳定的，但站在历史的角度，则可能会有所变化。因此，社会危害性也是一个历史的概念。某一行为社会危害性的有无及大小受制于社会的政治、经济、文化等条件。例如，以买空卖空、囤积居奇、套购转卖等手段牟利的行为，在计划经济色彩浓重的20世纪七八十年代开始被作为“投机倒把罪”惩罚。随着市场经济体制的确立，人们对投机倒把行为的社会危害性的认识也不断发生变化，最终导致1997年《刑法》取消“投机倒把罪”。社会危害性归根结底是一种利益相关的评价，不同的主体、不同的时空、不同的社会条件，都会影响评价的视角、标准，从而影响评价的结果。因此，对社会危害性的认识必须结合具体的历史背景和社会环境。

再次，犯罪为刑事法律所禁止，是具有刑事违法性的行为。犯罪是刑事法律所禁止的行为，这是对犯罪的一种最基本、最直接、最明了的表达。某一行为是否具有社会危害性以及社会危害性的性质、程度，都需要立法者的判断。立法者从各种危害社会的行为中，经过特定的程序，将那些严重危害社会的行为规定为犯罪，明确特定的罪状，设定相应的刑罚。由此，社会公众对犯罪的判断就不必再纠缠于行为社会危害性的有无及大小，而只要依据法律的形式规定即可。而对于司法者，法律规定一方面为其定罪量刑提供了指引，另一方面也对其适用刑罚设置了限制条件。只有法律规定禁止的行为才能构成犯罪，只有法律规定许可的刑罚才能够适用，法律没有规定的行为不构成犯罪，法律没有规定的刑罚不得适用，这也就是罪刑法定原则，是现代刑法的最基本、最重要的原则之一。

如果说社会危害性是犯罪的内容特征，刑事违法性则可称为犯罪的形式特征。但与社会危害性因具有一定的隐蔽性、历史性、利益相关性而判断相对主观不同，对刑事违法性的判断相对更直接、简明、客观。但即使如此，作为认定犯罪的核心环节，对刑事违法性的判断也存在巨大争议。一般认为，行为符合犯罪构成的四个要件，即客体、客观方面、主体、主观方面，即可认定犯罪，对刑事违法性的判断与对犯罪的认定是一体化的过程。一切事物都以系统的方式存在，犯罪构成亦是如此，犯罪构成的四个要件均为犯罪的必要组成部分，任一要件的缺失都会否定整体的存在，只有四个要件同时具备方可认定犯罪成立，对刑事违法性的判断亦蕴含其中。例如，精神病人杀人，如果从行为的主观、客观方面以及所侵犯的客体表象上而言，似乎均符合犯罪构成的要求，但我们并不能就此认定该行为具有刑事违法性。行为人是精神病人这一事实，完全化解了该行为在主观、客观及客体方面所具有的刑法意义，否定了该行为的违法性，排除了将该行为认定为犯罪的可能。

而在世界范围内有广泛影响的德日犯罪论对刑事违法性的判断则与此不同。根据这一理论，“犯罪是具备具体构成要件、违法并有责任的行为”。在这一概念中，行为是评价的对象，而构成要件该当性、违法性与有责性则是对这一对象进行的评价。① 据此，对犯罪的判断需要经过三个阶段，即构成要件该当性、违法性与有责性，这三个阶段相互独立，层层递进。本来，费尔巴哈于 1801 年提出构成要件概念时认为，“构成要件是违法行为中所包含的各个行为的或事实的诸要件的总和”，是“成立犯罪的要件的整体”。但贝林格于 1906 年创立独特的构成要件理论，将构成要件、违法与责任相分离，认为构成要件是价值中立的、记述性的，不包含立法者的评价，而违法性则是规范性的，责任是主观的，导致了主观与客观、行为人与行为、事实与价值的分割与对立。为了弥合这一分离，后来的学者做了大量的努力。迈耶尔提出，构成要件该当性是违法性的认识依据，二者是烟与火的关系，没有火就不会冒烟，有烟，通常就可以认为有火；行为该当于构成要件就可以推定为违法。梅兹格则将构成要件与违法性一体化，认为构成要件该当性与违法性不是两个各自独立的成立犯罪的条件，而是密切结合在一起的。小野清一郎也反对把构成要件、违法性与责任割裂开来，认为三者是统一的，构成要件在本质上就一并包含有违法性与道义责任；构成要件可以说是不法类型，可它不仅是违法类型，还是责任类型，是违法并且有责的行为之类型；行为只要符合构成要件，就可以推定违法，推定责任。这就基本上回归到了费尔巴哈的立场，虽然还保留着构成要件该当性、违法性与责任的三分法的形式。对此，何秉松教授深刻地指出：“200 年来，这些才华横溢的学者们实际上只做了一件事：把费尔巴哈的犯罪论体系拆散，又重新修复，而且，修复工作至今尚未完成。”② 何秉松教授认为，费尔巴哈的构成要件理论，包含着朴素的系统论思想，他把构成要件视为一个由不同要素组成的整体，反映了事物的真实面貌，转向费尔巴哈，就是转向构成要件的整体性，从思维方式上说，就是形而上学的思维方式转向系统论的思维方式。“100 年来德日犯罪

① 参见李海东：《刑法原理入门：犯罪论基础》，法律出版社 1998 年版，第 18 页。

② 何秉松主编：《新时代曙光下刑法理论体系的反思与重构——全球性的考察》，中国人民公安大学出版社 2008 年版，第 100 ~ 101 页。

论体系取得的最重要的发展，都与这种思维方式的转变密切相关，而目前这个体系存在的主要缺点，也正是由于这种转变还不彻底，或者说没有最终完成，因为在某些方面还不同程度地保留着形而上学的思维方式所致。”①

最后，犯罪应受到刑事追究，是具有应受刑罚惩罚性的行为。任何禁止，都必然附随禁止违背的后果。否则，这种禁止就没有任何意义。一种被刑事法律所禁止的行为，也必然要承受刑事法律所规定的后果。犯罪与刑罚，是一对必然的对应存在。因此，犯罪应受到刑事追究，或说是具有应受刑罚惩罚性，与犯罪具有刑事违法性是一体之两面，是从不同视角观察所表现出的特征，其本质是同一的。应受刑罚惩罚性同时包含了罪刑法定原则的两方面重要内容，即“无罪不罚”和“有罪当罚”。“无罪不罚”，也即没有犯罪就没有刑罚，是罪刑法定原则的消极方面要求，是罪刑法定原则的关键、核心要求，体现的是刑法限制刑罚权力扩张的价值趋向，强调对人权的保护。“有罪当罚”，也即对于犯罪应当处以刑罚，是罪刑法定原则的积极方面要求，是罪刑法定原则的重要内容，体现了刑法积极追诉犯罪的价值趋向。当然，“有罪当罚”并不等于“有罪必罚”。对于构成犯罪的行为，从法理上来讲都应当予以刑事追究，但在司法实践中，根据案件的具体情况，例如，行为属防卫过当，系从犯或者具有自首、立功等情形，也可视情节依法免予刑罚。

与社会危害性揭示犯罪的内容特征、刑事违法性揭示犯罪的形式特征不同，应受刑罚惩罚性侧重于揭示犯罪的程序特征。犯罪概念，从来都不是一个抽象的、静止的现象，而是一种具体的、动态的存在。应受刑罚惩罚性反映的正是犯罪概念所内在包含的这种动态的过程属性。犯罪的认定与惩罚必须经过公正、公开、有效的刑事诉讼程序。犯罪必须由经合法收集并认证的确实、充分的证据加以证明，必须要能排除合理怀疑，且只能由法官确认并宣告。在这一过程中，必须坚持无罪推定、非法证据排除、被告人获得有效辩护等基本的原则。

事实上，刑事司法的每一点进步，背后都有惨痛的历史教训。刑事司法活动是站在特定的时空去回溯之前的案件事实。时光不能倒流，任何案件事实都只能通过事后收集的证据来“构建”“拼凑”。但这种依靠事后收集证据而“还原”出的案

① 何秉松主编：《新时代曙光下刑法理论体系的反思与重构——全球性的考察》，中国人民公安大学出版社2008年版，第104页。

件事实，必定与原始的客观的事实存在不同程度的误差。这也正是在刑事诉讼中要区别“法律事实”与“客观事实”的根基所在。因此，从事物本身的逻辑出发，任何犯罪的认定都具有一定的假定性、或错性。而在实践中，由于种种客观的、主观的因素，尤其是刑讯逼供、徇私枉法等人为因素，刑事错案屡禁不止，惨烈的教训总是让人痛彻心扉。云南杜培武案、湖北佘祥林案、河南赵作海案、浙江张氏叔侄案、内蒙古呼格吉勒图案等，一个个错案，一次次地冲击着人们的心理底线。2015 年全国“两会”上，《最高人民法院工作报告》坦承：“对错案的发生，我们深感自责，要求各级法院深刻汲取教训，进一步健全冤假错案有效防范、及时纠正机制。”[①] 但是，刑事错案的发生，在很多情况下，并不是以人的主观意志为转移的。何家弘教授就曾指出：“刑事司法有一个美丽的传说，那就是‘既不冤枉一个好人，也不放纵一个坏人’。但是，在任何一个国家的刑事司法制度下面，这都是做不到的。不仅法制不太健全的国家有刑事错案，法制比较健全的国家也有刑事错案。”[②] 2005 年，美国学者萨缪尔·格罗斯教授等发表了调研报告《美国的改判无罪裁决——1989 年～2003 年》，以 1989 年美国首个基于 DNA 证据被改判无罪的案件为起点，分析了此后 15 年间发现的 340 个错案，其中主要是强奸案件和杀人案件。该报告指出，目前披露出的错案只是冰山一角，更多的错案并未浮出水面。[③] 基于犯罪认定的假定性、或错性与既往刑事错案的惨痛教训，在对犯罪进行刑事追究时必须严格坚持法定的程序，必须保持高度的理性。

综上所述，犯罪首先是人的行为，其次是具有社会危害性的行为，再次是因具有社会危害性而被刑事法律所禁止，从而具有刑事违法性的行为，最后是因违背刑事法律之禁止而受刑事追究，具有应受刑罚惩罚性的行为。社会危害性、刑事违法性与应受刑罚惩罚性分别揭示了犯罪自身所具有的内容特征、形式特征与程序特征。行为、社会危害性、刑事违法性与应受刑罚惩罚性四个环节层层深入，渐次递进，不断丰富犯罪概念的内涵，不断限缩犯罪概念的外延，从而形成对犯罪概念的完整表述。而对这四个环节内容的客观认识和准确把握，无不需要理性的精神与科

---

① 《最高人民法院工作报告（2015 年）》，载新华网，http：//www. xinhuanet. com/politics/2015lh/2015－03/20/c_1114709093. htm，最后访问日期：2020 年 6 月 21 日。

② 何家弘：《美国刑事错案一瞥》，载《法制资讯》2011 年第 5 期，第 13 页。

③ 参见刘静坤、张倩：《美国最新错案报告（1989 年～2012 年）》，载《人民法院报》2013 年 10 月 18 日，第 8 版。

学的态度。

3. 刑罚的具体方式是多样性的

从世界范围来看，刑罚体系大致经历了一个从以死刑为中心，到以肉刑为中心，再到以自由刑为中心的历史发展过程。远古时代，刑罚以死刑为中心，人的生命是刑罚的主要剥夺对象。中古时代，刑罚以肉刑为中心，残害人的肢体是刑罚的主要方法。到了近现代，刑罚以自由刑为中心，人身自由成为刑罚剥夺的主要对象。在中国刑罚史上，则“经历了五帝时代以死刑为中心的刑罚体系、三王时代以肉刑为中心的刑罚体系、隋唐至清以徒流体罚为中心的刑罚体系和清末以后以自由刑为中心的刑罚体系等四个刑罚体系”①。例如，夏商时期的墨、劓、剕、宫、大辟五刑以肉刑为中心，汉唐以后逐步演化而成的笞、杖、徒、流、死五刑，则以徒流体罚为中心。

当代各国刑罚虽然在具体方式上有所不同，但主要内容则为死刑、监禁与罚金三种。死刑剥夺人的生命，监禁限制人的自由，这些固然是痛苦，但即使是罚金，表面上看似乎并无痛苦，却正如有的学者所指出的：“在一个以金钱作通行交易中介的社会里，剥夺一个人的金钱就等于剥夺他利用金钱购买快乐的机会。那么，金钱的损失就是痛苦。”② 对这些刑罚方式的正确认识和把握，是理性适用刑罚的重要内容。

在此以死刑的控制和适用为例，简要分析刑罚在适用中应当如何坚持理性的精神。

一是应逐步减少死刑罪名。1997 年《刑法》中，死刑罪名为 68 个；2011 年《刑法修正案（八）》删除 13 个罪名的死刑条款，死刑罪名减少至 55 个；2015 年《刑法修正案（九）》删除 9 个罪名的死刑规定，死刑罪名减少至 46 个。司法实践中，死刑适用主要集中在故意杀人、抢劫和毒品等犯罪，强奸、绑架、故意伤害、拐卖妇女儿童等犯罪虽亦有适用，但数量总体较少，其他很多死刑罪名适用就更少，有的甚至多年都未有适用。就死刑罪名所能发挥的功能而言，很多死刑罪名的存在固然能对犯罪分子形成一定的心理威慑，但这种威慑效应与大量死刑罪名存在造成的对社会宽容和人心进化的损害相比，显然得不偿失。从刑法规定的死刑罪名

① 蔡枢衡：《中国刑法史》，广西人民出版社 1983 年版，第 2 页。
② 王立峰：《惩罚的哲理》，清华大学出版社 2006 年版，第 196 页。

现状和中国社会的经济文化发展情况综合分析，死刑罪名仍存在巨大的削减空间。司法机关在死刑适用中应不断总结经验，深入调研，及时提出减少死刑罪名的立法建议。

二是应严格限制死刑适用的条件。根据《刑法》规定，“死刑只适用于罪行极其严重的犯罪分子”，但何为“罪行极其严重”，则存在相当大的解释空间。从适用对象而言，《刑法修正案（八）》在既有的“犯罪的时候不满十八周岁的人和审判的时候怀孕的妇女”不适用死刑之外，增加规定“审判的时候已满七十五岁的人，不适用死刑，但以特别残忍手段致人死亡的除外。”对年满75周岁的人禁止适用死刑固然是立法的进步，但“以特别残忍手段致人死亡的除外”这一“但书”规定则使这一进步的成色打了一定折扣。从适用标准而言，司法实践在刑事政策的推动下已逐渐形成多项相对稳定的死刑适用规则。例如，共同犯罪致一人死亡的原则上只判处一人死刑，有自首等法定从轻情节的原则上可从轻处罚。对于毒品犯罪，虽然根据《刑法》的规定，走私、贩卖、运输、制造甲基苯丙胺（冰毒）50克以上即可判处死刑，但实践中判处死刑的标准往往远高于50克。经过多年的实践，实践中对毒品犯罪适用死刑的标准已经达成共识，数量大幅提高。在故意杀人、抢劫两个罪名因动辄涉及人命而难以控制死刑适用的情况下，大幅提高毒品犯罪的死刑适用数量标准，对控制死刑适用的总体数量有直接的重要影响。就替代措施而言，《刑法修正案（八）》在既有的死缓制度之外，增加规定了死缓限制减刑制度，从而使死刑立即执行的替代措施更加丰富。对于死缓限制减刑，实践中的理解还需要进一步统一。一个重要的问题是，要明确死缓限制减刑是对死刑的替代，而不是对死缓的替代。换言之，必须是本来应该被判处死刑的案件由于存在特定的因素而可以降格被判处死缓限制减刑，而不是本来应该被判处死缓的案件升格被判处死缓限制减刑。如果用数学等式的方式表示，就是《刑法修正案（八）》实施以后“判处死刑的数量+判处死缓限制减刑的数量”约等于《刑法修正案（八）》实施以前“判处死刑的数量”。任何对本应判处死缓的案件由于矛盾无法协调等因素而升格判处死缓限制减刑的想法和做法都是错误的。另一个重要的问题是，一些同志对于死缓限制减刑的适用存在疑虑，认为以往可以用大幅减刑、假释来加强对罪犯的管理，在死缓限制减刑的情况下，罪犯改造的积极性降低，担心监管出现困难，因此倾向于少适用甚至不适用死缓限制减刑。确实，监管困难的情况可能会有，但那属于完善监管机制的问题。世界上很多国家都存在终身监禁刑，死缓限制减刑至少要比此更轻，我们可以借鉴他们的监管经验。而死缓限制减刑对死刑的替代，则直接减少了死刑数量。因此，消除不必要的疑虑，依法适用死缓限制减刑，是控制死刑适用的一个重要措施。

三是应进一步规范死刑适用的程序。死刑案件人命关天，对诉讼程序的要求应该达到最大程度的规范与严格。虽然 1979 年《刑法》明确规定“死刑除依法由最高人民法院判决的以外，都应当报请最高人民法院核准”，但在很长一个时期内，死刑案件的核准权都由最高人民法院授权各高级人民法院行使，从而在事实上于全国范围内形成了 30 多个死刑核准主体，在客观上导致死刑适用标准不完全一致、死刑适用数量居高不下，并存在产生冤假错案的严重隐患。最高人民法院自 2007 年 1 月 1 日开始统一行使死刑核准权，是中国刑事司法历史上一个重要里程碑，必将对刑事司法工作产生深远的重大影响。自从最高人民法院统一行使死刑核准权以来，死刑适用标准逐渐统一，死刑适用数量大幅下降。在这一过程中，程序自身的作用得到充分的发挥。因为死刑核准权由最高人民法院统一行使，必然会有一定比例的案件由于实体或程序各方面的问题不被核准并发回重审，为此，各高级人民法院对于判处死刑的案件必然会更加慎重。在死刑案件复核过程中，相关工作机制也在不断完善。例如，2012 年修正的《刑事诉讼法》增加规定了最高人民检察院对死刑复核程序的监督，“在复核死刑案件过程中，最高人民检察院可以向最高人民法院提出意见。最高人民法院应当将死刑复核结果通报最高人民检察院”。而具体的工作机制，还有进一步完善的余地。

4. 刑罚的主体是人

天下万事，成败在人。即使有完善的制度，落实制度也还需要合格的人。何况，在很多时候我们的制度和工作机制并不十分完善。

刑事司法涉及对人的生杀予夺，关系重大，必然要对司法人员提出特殊的、更高的要求。司法人员不仅要具有较高的专业素养和丰富的工作经验，更要有高尚的道德品质和优良的工作作风。一般来说，评价一个人主要是看其德、才两个方面。德才兼备、有德有才是“良品”，有德无才是“次品”，无德无才是“废品”，有才无德是“毒品”。尤其是对于刑事司法工作，品德的要求实在是太重要了。一个司法工作人员，工作能力可以稍低一点，法律知识不够可以去学，工作经验不够可以慢慢积累，但如果道德品质败坏，那就可能会在司法工作中胡作非为，这是绝对不能允许的。从多年来的实践看，司法队伍总体是好的，司法人员通过扎实的工作和艰辛的努力有效地维护了司法公正。但在司法队伍中，还是有个别的“害群之马”，吃请受贿、贪赃枉法、徇私舞弊，影响极其恶劣。这些“害群之马”中，有的学历并不低，能力也很强，但道德品质却极其败坏，利用职权肆意妄为，翻手为云，覆手为雨，给司法工作造成了恶劣的影响。

因此，一定要配备大量合格的人才充实司法队伍。人对了，事才能对。但即使经持续努力，司法人才培养工作也仍需进一步加强。多年来，各级法院“案多人少”的矛盾持续存在，很多优秀的法律人才难以引进，而一些已经进来的优秀人才却由于各种因素不断流失。对此应给予高度重视。

同时，对于作为刑罚主体的司法人员的工作机制也要注意持续完善。合议庭与审判委员会是《刑事诉讼法》规定的审判组织。对于如何确保审判质量，如何真正实现“让审理者裁判，由裁判者负责”的司法责任制改革目标，尚需做进一步的努力。实践中，很多法院在合议庭与审判委员会之间设立了法官联席会议，或称审判长会议等，如何有效发挥这些组织的作用，也需要进一步深入研究。

无论如何发挥组织的作用，如何借助集体的力量，司法工作终归要具体到每一个个案，要分解到每一个司法人员个体的肩上，要细化为点点滴滴的细微思考和实实在在的日常工作。九层之台，起于累土。惟有依靠每一个司法工作人员的理性思考和扎实工作，才能构筑起司法公正的高楼大厦。但人都是有局限的，个体的品德、能力能否担当起这样的使命，需要时时反思，事事警惕。尤其是从事死刑案件复核工作的法官，更要时刻保持思维的理性。人世间最大的事莫过于生死。我们连自己的生死都决定不了，却在每天讨论别人的生死，临渊履薄，岂可不慎?

四、刑罚理性的基本含义

当我们说“刑罚理性”的时候，我们到底是在说什么？当然，从最表层的意思而言，肯定是说刑罚应该是理性的，是适当的，是它应该是的那个样子。但进一步讲，刑罚该怎样才算正当，它应该是什么样子?

对此，当然也可以列出很多条，刑罚应该是公正的、及时的、谦抑的等。例如，有的学者在揭示刑罚理性的基本内涵时提出，刑罚理性集中体现在三个方面：一是刑罚的目的性，刑罚的直接目的是预防犯罪，但最终目的是要维护秩序、安全、自由等根本价值；二是刑罚的合理性，刑罚的存在应符合社会发展的基本需要和社会成员的根本利益，规范设置应符合内在的逻辑，具体适用应有可预测的、符合公平正义要求的诉讼程序；三是刑罚的节制性，刑罚应该是谦抑的、宽和的、人道的。① 这些论述确实非常深刻，但仍有意犹未尽之感。

在中国传统文化的语境中，在谈及对司法裁判的要求时，经常会说要合乎“天理国法人情”。正如有的学者所指出的，中国自汉以后的古代政治和法制，既不全是孔子的“为国以礼”“为政以德”，也不全是商鞅的“以法治国”“垂法而治”，而是天理、国法、人情的整合而治。中国自秦汉至清末的两千多年，能够形成超稳定的政治结构和法律体系，奥秘就在于天理、国法、人情的动态平衡。② 有学者提出：“中国古代不仅要求援法断罪，而且提倡法、理、情三者的联通，这是古代司法文明的重要特征。它源于中国的国情与中华民族的精神，也是司法经验的理性总结，为世界司法制度史上所少有。”③ 2019 年 10 月 17 日至 18 日召开的第七次全国刑事审判工作会议强调：“要正确适用刑事法律，兼顾天理国法人情，坚持严格公正司法，以严谨的法理彰显司法的理性，以公认的情理展示司法的良知。”④ 其中也特别提出刑事审判要“兼顾天理国法人情”。为此，本书借助“天理国法人情”的思维框架，对刑罚理性的内涵进行简要的分析。

（一）天理国法人情的基本内容

一般谈及天理国法人情，其含义似乎不言自明。实际上并不尽然。在天理、国法、人情三者之中，国法最好理解，一般认为就是国家法律。人情似乎也容易理解，虽然对其具体内容大家的理解并不完全一致。而对天理，则似乎每个人都知道是什么，但绝大多数人又很难说清楚自己到底想说什么。例如，有的学者认为：“天理到底是什么？这是个复杂而艰深的哲学问题，但通俗意义不难理解，它就是人世礼法的超验性依据，所谓超验，就是我们不能用利益、科学等经验去检验它，它是我们信仰的对象。换句话说，天理就是法律所依据的道理。不管每个人对天理具体内容的理解有什么不同，只要大家承认有天理，就等于承认法律不是立法者或司法者的任性，不是简单粗暴的当下利益抉择，而是有某种超越现实利益、力量对

① 参见张智辉：《刑法理性论》，北京大学出版社 2006 年版，第 35 ~ 102 页。

② 参见俞荣根：《天理、国法、人情的冲突与整合——儒家之法的内在精神及现代法治的传统资源》，载《中华文化论坛》1998 年第 4 期，第 12 ~ 17 页。

③ 张晋藩：《古代司法文明的人文关怀：法、理、情的联通》，载《人民法治》2016 年第 7 期，第 82 页。

④ 孙航：《周强出席第七次全国刑事审判工作会议强调：牢记初心使命　忠诚履职尽责　努力把新时代刑事审判工作提高到新水平》，载《人民法院报》2019 年 10 月 18 日，第 1 版。

比的信念在后面支撑。"[①] 有的学者认为，"天理"是指天道，即合乎自然的道理。放在西方法律的背景下，国法与天理的关系，就相当于制定法与自然法的关系。天理其实也就是一种自然权利、自然秩序，是任何人都应当遵守的基本规则。[②]

学者们的论述洋洋洒洒，蔚为大观。但其中至少存在两个问题：一是将天理过于抽象化，未能揭示其内在的本质。二是对天理与人情的关系理解不清，混淆了二者的界限。

1. 天理解析

天理到底是什么？天道？自然法？云山雾罩，玄之又玄。其实，何必那样高深。笔者认为，天理不过就是社会大众共同的价值标准，是大众都认可的、人人皆应遵守的道德价值底线。古人将伦理纲常引经入律，并为了在法律适用中切实贯彻好伦理纲常，既约束百姓、官员，也在一定程度上约束作为"天子"的皇帝，而将伦理纲常神圣化为"天理"。既然是"天理"，那么"天子"也要遵守，不可逾越。但实际上哪有什么天，有的只是人心、人性，只是社会大众在长期的共同生产、生活中逐渐达成的认为对大家都很重要的，每个人都应该遵守的价值底线。

"天"，同"道""中"等一样，也是中国传统文化中的重要概念。"天"有多种含义，但"天理"中的"天"，既不是自然意义上的天体、天空，也不是宗教意义上的上天、上帝，而是形而上的义理、至高无上的价值。因此，所谓"天理"，就是人们在长期的生产、生活中经过反复磨合、实践所形成的，大众都应该遵守的价值标准。从行为规范性来讲，它是最基本的必须遵守的底线，而从标准的适用面来讲，它则是最广泛的人人皆应遵守的标准，因而也是最高的、最抽象的、最普遍的标准。天理的根本仍在人性，不过它是高度抽象、相对固化的人性。天理并不是外来的，不是天然存在的。正如古希腊哲学家普罗泰戈拉所说：人是万物的尺度，是存在者存在的尺度，也是不存在者不存在的尺度。所有的规则都因人而设，所有的天理都因人而立。离开了人，哪有什么规则，哪有什么天理？

作为高度抽象、相对固化的人性，天理并不是凭空而来的。天理的形成和存在有赖于客观的物质文化生活条件。不同的物质文化生活条件，会使人们产生不同的伦理道德价值需求，这些不同的伦理道德价值需求经长期磨合、固化，凝结成不同

① 宋大琦：《天理、国法、人情与中国法律的方向》，载《团结》2010年第5期，第51页。
② 参见王利明：《天理 国法 人情》，载《当代贵州》2015年第12期，第61页。

社会、不同族群、不同时代的天理。因此，天理在一定程度上是被决定的，是历史的、相对的、动态的。

论及大众共同的价值标准，一般认为包括公正①、效率、自由、秩序、民主、人权、安全、文明、和谐等。这些价值之间，有的相互补充，有的相互交叉，有的还潜在地包含着一定的冲突。笔者认为，公正、效率、自由、秩序是其中更为根本性的价值，进而也构成天理的重要内容。

（1）公正与效率

公正是法律制度首要的、根本的价值。公正对于法律是如此重要，甚至可以说公正就是法律的代名词，或说是法律就是公正的化身。正如学者所论："正义是社会制度的首要价值，正像真理是思想体系的首要价值一样。一种理论，无论它多么精致和简洁，只要它不真实，就必须加以拒绝或修正；同样，某些法律和制度，不管它们如何有效率和有条理，只要它们不正义，就必须加以改造或废除。每个人都拥有一种基于正义的不可侵犯性，这种不可侵犯性即使以社会整体利益之名也不能逾越。……作为人类活动的首要价值，真理和正义是决不妥协的。"②

公正来自人们内心的认同，其核心内容就在于伦理上的正当性、合理性。由于每个人的利益追求、内心情感、道德观念等的不同，人们对于公正的具体内容，往往认识各异；即使对于同一个客体，人们的公正性评价也可能完全不同。但是，这并不能否认在不同的人的公正观念之间存在一些最基本的共同因素或称"最大公约数"。公正观念的这种"最大公约数"就是"各人应得的归于各人"，或称"各得其所"。公正的概念中除了精神意愿外还包含了一种行为模式，"一种态度、一种制度、一部法律、一种关系，只要能使每个人获得其应得的东西，那么它就是正义的"③。公正的内容极其丰富。横向比较而言，公正意味着平等，要求同样的情况同样对待，不同的情况不同对待。纵向比较而言，公正意味着责任，各人的行为各人负责，各人只对自己的行为负责，一分行为一分责任，责任与行为相对应。

---

① 在日常使用中，"公正""正义""公平"等词之间的差别颇为微妙，很难准确区分。鉴于这些词均对应英文的"justice"，核心含义都在于合理、正当，为方便起见，本书在与公平、正义等基本相同的意义上使用"公正"一词。详细分析参见侯宏林：《刑事政策的价值分析》，中国政法大学出版社2005年版，第203页。

② ［美］约翰·罗尔斯：《正义论》，何怀宏等译，中国社会科学出版社1988年版，第1～2页。

③ ［美］E. 博登海默：《法理学：法律哲学与法律方法》，邓正来译，中国政法大学出版社2004年版，第278页。

效率是与公正相关的一种价值。人的任何行为都要消耗一定的资源，而任何资源配置状态都存在是否有效，即是否能达到人的目的性追求的问题。这种与有效性相连的目的性追求就是制度的功利价值，其实质是一种物质性或经济性的价值。任何资源都是有限的甚至稀缺的，司法资源更是如此，而司法活动对司法资源的需求却是无限的。司法资源的有限性与司法需求的无限性之间存在永恒的矛盾。我们不可能在每一个案件上都投入无限多的精力，也不可能为了实现每一个案件的公正而进行永无休止的努力。

因此，公正是相对的。虽然我们将公正作为法律的最高价值追求，但公正的具体实现必然要受制于具体的社会物质生活条件。古语讲“仓廪实而知礼节，衣食足而知荣辱”，又讲“穷山恶水出刁民”，当一个人饭都吃不饱，基本生活无以为继的时候，很难去奢谈什么仁义道德，要求生存就是他们的天理。20 世纪八九十年代国家要发展经济，提出“效率优先，兼顾公平”。后来经济有所发展，但环境破坏严重，社会不公加剧，便又提出“公平正义比阳光还要有光辉”，特别强调公正的重要性。古代的神明裁判、口供为王等严重制约司法公正的问题，也只有随着录音录像、DNA 技术等现代科技的应用才能得到有效解决。犯罪超过法定的追诉时效期限，也就不再追究了，不能让社会关系永远处在不确定的状态。事实证据查不清楚，该放人的时候一定要放，不能说被害方的诉求还没有达到，就对一个只有犯罪嫌疑的人无休止地关押。

（2）自由与秩序

自由是人类最重要的价值追求之一，但自由也是有条件的、相对的。“人是生而自由的，却无往不在枷锁之中。”自由的实现必然要受制于具体的社会物质生活条件。

与自由相对应，人类还有对秩序的天然需要。人的生存有赖于劳动分工和有秩序的社会组织。人生来就具有对某种日常生活的秩序性的不可遏制的追求，如果没有秩序，“人们的生活将在转眼之间变成一场恶梦”。[①] 秩序与人的社会性密切相关，是与人类社会永相伴随的基本价值之一。正是在秩序价值的实现中，人们获得了安全，对未来有了稳定的预期。

① 参见［美］阿尔温·托夫勒：《权力的转移》，刘江等译，中共中央党校出版社 1991 年版，第 486 页。

自由与秩序也都是相对的，二者之间存在潜在的冲突。不同的人在不同的情况下可能有不同的需要。着急买东西却发现很多人都着急要买，我们不能要求别人都遵守秩序老老实实地排队，自己却很自由地径直插队上前去买。人与人之间发生摩擦在所难免，我们不能要求别人都压住怒火遵纪守法，自己却去违法犯罪肆意妄为。个体的需求如此，群体的需求同样如此。重大公共灾难事件发生时，国家对社会治安严加管控，这是一种群体性的需要。而在法律允许的范围内，则是个人自由发挥的天地。

2. 从与天理相区别的角度理解人情的含义

与天理所蕴含的大众的共同的价值标准不同，人情所表征的是个体性的价值需求。盖人有七情六欲，只要不违背基本的伦理道德、法律法规，就应该允许其自由地存在、表达。

人情的内容是十分丰富的。一般而言，人情既包括公序良俗、社情民意，也包括宽容、诚信、友爱、谦卑等优良品德。这涉及对人性的多重理解。一方面，我们鼓励人积极向善，对父母孝顺，对兄弟友好，对家人关爱，对朋友守信，对有困难的人施以援手，对不平之事见义勇为，拔刀相助。另一方面，对于人性的弱点的暴露，我们也倾向给予一定的宽容。恻隐之心，人皆有之。对于犯错的人，尽量给其改过自新的机会。

天理与人情，虽然二者都是人性的反映，但毕竟是不同层次的价值诉求。就刑罚而言，天理是大众共同的价值标准，是所有社会成员都应该遵守的基本的道德伦理底线，是刑罚必须要实现的价值。而人情则是个体性的价值需求，是在天理、国法之外的，为了更好地满足个体性需求而提出的更高要求，是刑罚应该尽可能满足的价值，但满足的程度则视具体情况而会有差异。如“己所不欲，勿施于人”这一伦理要求，有学者认为这是天理的一部分，但实际并非如此。要求人们在待人处事时将心比心、推己及人，虽然在一定程度上说是做人的重要品德，但换一个角度分析，也是对人的一个比较高的要求。人性都有弱点，我们不能期望每个人都是圣人。到超市买苹果，苹果个儿有大有小，有的甚至还擦碰坏了，我们会不会想，我不愿意要这些坏的，别人肯定也不愿意，所以我就不挑了，顺手拿到哪个就算哪个？如果挑了，就违背了天理？一群人挤公交车，谁都不愿意后上，但只有那些身强力壮、站位靠前的先挤上去、抢着座位了，后上的没有座位，只能无奈地站着，那这些先挤上去的就违背了天理？不能这么认为。正如有的学者所指出的：“我们普通一般人，大概都是这样：自己不愿意的，都推给人家，这是普通人的心理，人之常情，没有什么大错。不过假使要行‘仁’道，扩充于为政之间，处人处事之际，那就不同了。你自己不愿意的，就要想到别人也不愿意。怎样使得人、事至于平和，就要‘己所不欲，勿施于人’。”① 因此，天理属于公共理性，或称公共选择，属于“公”德，是最基本、必选的价值，即使是普通人，也都认可，都愿意且能够遵守、执行。而人情则属于个体理性、个体选择，属于“私”德，是个体化、可选的价值。不宜将对人性要求过高的道德品质纳入天理的范畴。

3. 与天理、人情相并列的国法

国法就是国家的法律，或称国家的制定法，在刑事领域就是刑事法律，包括刑法、刑事诉讼法等。② 就其与天理、人情相并列的意义而言，所有由人设立的对于犯罪的反应手段，包括刑事法律、刑事政策、司法解释等均具有国法的性质。但一般而言，我们谈及国法的时候，只以国家法律为代表进行分析。

国法是人的目的性产物，但国法并不是凭空产生、随意制定的。不同的社会物质生活条件下，人们会有不同的价值需求。那些经过长期的磨合、实践所形成的，大众认为每个人都应遵守的最基本的价值标准，就成为至高无上的、具有最普遍约束力的天理。这些天理最终被国家领导者、法律制定者所理解、接受，转换为权力意志的重要组成，并在制定具体的法律政策时内化到具体的规定之中。因此，国法的产生本身就是天理的具体化，国法的实施也自然是在践行天理的要求。当然，国法的制定、实施也必须兼顾人情的要求，要为满足社情民意留出一定的空间。

国法在包含天理、人情的同时，还具有自身的独立特性。作为一种目的性的产物，国法具有规范性、稳定性，为人们的社会生活行为提供了相对明确的规范指

---

① 南怀瑾：《论语别裁》，复旦大学出版社2014年版，第552～553页。

② 关于我国刑事司法应当坚守的“国法”的内容，一般认为主要包括三个方面：一是全国人大及其常委会制定的法律、决定和立法解释，二是国务院制定的行政法规、规定的行政措施、发布的决定和命令，三是最高人民法院、最高人民检察院对法律所作的解释，其中，最高人民法院司法解释的形式分为“解释”“规定”“规则”“批复”“决定”五种（2021年最高人民法院《关于司法解释工作的规定》）。此外，还有一些规范性文件虽不能纳入国法，但对办理刑事案件具有重要作用，也要依法严肃对待，一是公安机关、行政执法机关制发的关于办理刑事案件和行政执法案件的规章，二是最高人民法院、最高人民检察院发布的关于办理刑事案件的“通知”、“意见”、“指导意见”、“纪要”和“规程”等，三是最高人民法院、最高人民检察院与党政机关、行政机关联合发布的规范性文件，四是最高人民法院、最高人民检察院的业务部门对法律适用疑难问题所作的答复，五是国家立法机关的法制工作部门对立法所作的答复，等等。

引，稳定了人们的行为预期。而国法的稳定性也能有效地约束权力的任意性。正如有的学者所指出的："刑事法律要遏制的不是犯罪人，而是国家。也就是说，尽管刑法规范的是犯罪及其刑罚，但它针对的对象却是国家。""离开了刑法的对象是国家这一认识，刑法自然就成了国家对付犯罪（实际上碍手碍脚）的工具。刑事规范就从根本上失去了自身的目的性。"① 尤其是罪刑法定原则、罪刑相适应原则、无罪推定原则、证据裁判原则等法律原则和法律规定，为约束权力任意性、确保刑罚理性提供了有力保障。

（二）天理国法人情之间的关系

对于天理国法人情之间的关系，学者提出了不同的见解。有的认为三者之间是三角形关系。例如，有的学者认为，"天理""国法""人情"之间的关系导源于"天""天子""民"之间的关系。"天—天子—民"之间是一种服从与被服从的关系链，民从君，君从天，天从民。在相当大的程度上，这两类范畴是相互对应的。"天理"即天之道、天之理。"国法"就是"王法"。"人情"主要的含义是"民情""民心"。与"天—天子—民"的关系相似，"天理—国法—人情"也形成一个三角关系。"天理"来自"人情"，"天理"的内容就是民情、民心。"国法"渊源于"天理"，以"天理"为最高依据，而"国法"之"应天理"，就是"顺民情""从民心"。② 有的则认为三者之间是三位一体的关系。例如，有的学者认为，天理、国法、人情并不是独立隔绝的三个事物，事实上它们之间是一而三、三而一的。③ 但正如论者所述，三角形结构本身就是极为脆弱的，"除君与民是实实在在的以国家暴力为后盾的统治与被统治的政治法律关系外，天与天子、天与民两对关系都只是虚拟的道义关系。所以，这个三角形结构的纽带及其平衡都是脆弱的，两千多年君主专制的历史证明了这一点"④。而所谓三位一体关系的定位，亦非恰当。站在国法的角度，或可观乎天理、人情。而站在人情的角度，如何度量天理、国法？因此，就天理国法人情的关系而言，用三位一体模型来描述并不恰当。

---

① 李海东：《刑法原理入门：犯罪论基础》，法律出版社 1998 年版，"我们这个时代的人与刑法理论——代自序"，第 3 ~4 页。

② 参见俞荣根：《天理、国法、人情的冲突与整合——儒家之法的内在精神及现代法治的传统资源》，载《中华文化论坛》1998 年第 4 期，第 14 页。

③ 参见宋大琦：《天理、国法、人情与中国法律的方向》，载《团结》2010 年第 5 期，第 52 页。

④ 俞荣根：《天理、国法、人情的冲突与整合——儒家之法的内在精神及现代法治的传统资源》，载《中华文化论坛》1998 年第 4 期，第 14 页。

天理国法人情之间，天理高于国法，国法大于人情，但天理、国法也不应违逆人情。三者之间的关系，相对于三角形关系、三位一体关系，笔者更倾向于哑铃式的关系，更恰当一点，或可描述为“一箭双雕”式的关系。

首先，天理与人情恰似“双雕”，二者同质而异形。天理与人情都来自人心，表达的都是人性自身。但天理是大众共同的价值标准，是高度抽象化的、大众共同认可的、人人皆应遵守的最基本的价值标准。而人情则是个体化的价值诉求，是相对具体的、个性化的道德伦理规范和人情诉求。虽然作为人情主体的个体很多情况下并非就是单个的人，而有可能是一个家族、一方群众等，但相对于作为整体的社会大众而言，终归只是一部分。

其次，国法恰似“一箭”。与天理、人情不同，国法并不当然地存在于人心，并不是人性本身，而是人的目的性的制造品。国法与天理、人心的“质地”并不相同。但也惟因其质地不同，才能很好地一“箭”中“雕”，确保实效。

再次，天理、人情自在人心，国法则属人为设立，恰如“雕”是先天就有的，“箭”则是后天制造的。正因为国法是目的性的产物，所以其在制定、适用过程中均需符合理性的法则，同时其特有的规范性、稳定性等特征，也为克服人性的随意性、权力的任意性提供了可靠的保障。

复次，天理、人情虽属同质，但不可等量齐观，恰如一箭双雕并非同时“射中”，而是有前有后。国法对于天理、人情的兼顾，也是有先后次序的。原则上而言，天理大于人情。国法的制定本身就浸透着天理的精神，国法的实施更是直接践行天理的要求，而对人情的兼顾只是在符合天理、国法的前提下进行。如果将天理比作国法之“箭”首先射中的那只“头雕”，那人情就是之后射中的“尾雕”。二者的价值和意义并非完全等同。

最后，国法是刑罚适用的“抓手”，恰如手握“一箭”即可拿起“双雕”一样。天理、人情无相无形，我们能现实把握的只有实实在在的国法。只有以国法为“抓手”，才能有效地贯彻天理，并为人情的实现提供必要条件。

综上所述，天理是共同的、最高的、最抽象的、最普遍的价值标准，是刑罚的大局、方向、指引，体现了刑罚的情怀、理想、高度，强调天理，就是要坚持正确的价值导向。国法是具体化、规范化了的天理，是刑罚的规矩、底线，体现了刑罚的稳定、刚性、力度，坚守国法，就是要做到天下万事，一准于法，无偏无私，人人平等。人情是个体性的价值需求，是刑罚的调节、补充、个别化，体现了刑罚的灵活、韧性、温度，兼顾人情，就是要在不违背天理、国法的前提下，尽可能照顾个体性的需求，实现刑罚效果的最优化。天理、国法与人情是内在统一的。正如专家所论，天理国法人情相当于办案实践中强调的政治效果、法律效果和社会效果，审理刑事案件只要能做到天理国法人情兼顾或统一，就必然能实现办案的三个效果相统一。① 刑罚理性要求刑罚兼顾天理国法人情，其内容涵盖了公正性、及时性、规范性、稳定性、灵活性、谦抑性、包容性、人道性等刑罚应该具有的各种积极的特性。在审判实践中，必须要坚持以国法为抓手，以天理为指引，以人情为调节，切实通彻法意，上合乎天理，下顺乎人情，真正做到合情合理、入情入理、通情达理。惟有如此，方能契合刑罚理性的要求。

---

① 参见胡云腾：《执法办案如何做到法理情兼顾》，载《法律适用》2020 年第 17 期，第 70 ~ 71 页。

战战兢兢，如临深渊，如履薄冰。
——《诗经·小雅·小旻》

第三章
宽严相济刑事政策在死刑复核案件中的适用

第一节　严格控制死刑的适用
——被告人吴某甲故意杀人死刑复核案①

引　言

在死刑存废的争论中，死刑废除论者最主要的理由之一就是死刑误判的可能性。确实，司法是对既往事实的追溯，审判认定的事实是基于收集到的证据所架构的事实，法律事实并非完全等同于客观事实，司法误判的可能性是客观存在的。尤其是死刑案件，人命关天，人头一旦落地，是不可能再捡起来的。死刑案件误判、误杀的后果实在令人恐怖。为了防止误杀，必须采取各种有效的措施，其中最重要的一条就是，严格控制死刑的适用。

一、基本案情②

被告人吴某甲，男，1971年2月10日出生。2011年9月16日被逮捕。

---

① 本书所引10则死刑复核典型案例，均为死刑复核工作中的实际案例。针对所要说明的问题，所引案例不求最典型，只愿以此为引子，分析相关的政策考虑、思维路径。方寸得失，尚祈明鉴。

② 为尊重隐私，本书对所引死刑复核案例案情均作技术性处理。一审、二审及死刑复核文书案号、当事人家庭住址、通信方式、车牌号码、银行账号等信息一概隐去，相关人名、地名进行隐名处理。同姓的多个人名，原则上以在书中出现的先后按照十天干（甲、乙、丙、丁、戊、己、庚、辛、壬、癸）、十二地支（子、丑、寅、卯、辰、巳、午、未、申、酉、戌、亥）顺次进行隐名。对于地名，分别对省、市、州、县（区）、乡（镇）、村、高速公路、收费站、检查站按照上述规则顺次隐名。

某甲省某甲州中级人民法院（以下简称某甲中院）审理某甲州人民检察院指控被告人吴某甲犯故意杀人罪一案，于2013年4月16日以刑事判决，认定被告人吴某甲犯故意杀人罪，判处死刑，剥夺政治权利终身。宣判后，在法定期限内没有上诉、抗诉。某甲省高级人民法院（以下简称某甲高院）经依法复核，于2015年6月24日作出刑事裁定，以部分事实不清、证据不足为由，撤销原判，发回重审。某甲中院依法另行组成合议庭经重新开庭审理，于2015年10月12日以刑事判决，认定被告人吴某甲犯故意杀人罪，判处死刑，剥夺政治权利终身。宣判后，吴某甲提出上诉。某甲高院经依法开庭审理，于2016年3月14日以刑事裁定，驳回上诉，维持原判，并依法报请最高人民法院核准。

公诉机关指控，被告人吴某甲故意杀害被害人肖某甲，其行为已构成故意杀人罪，应依法惩处。

被告人吴某甲辩称，其曾于1995～1997年患过两次脑膜炎，有时会头脑不清醒。其辩护人的意见是：吴某甲系一时冲动激情杀人，其精神状态存在问题，在量刑时应予综合考虑。

某甲中院第一次审理认定：被告人吴某甲在某甲省某甲州某工地承包粉刷墙壁工程。2009年3月19日10时许，吴某甲正在工地粉刷墙壁，被害人肖某甲（工地监理人员，女，殁年26岁）来工地清点工地用工人数，为加快工程进度，肖某甲要求吴某甲增加工人。因吴某甲不肯加人，二人发生口角纠纷。吴某甲遂上前将肖某甲打倒在地，然后按住肖某甲，用水泥砖块猛砸肖某甲头部，致使肖某甲当场死亡。随后，吴某甲将肖某甲的尸体拖至墙边，用水泥袋等物进行简单掩盖后逃离现场。事后，吴某甲逃回老家，与其妻曾某某（同案被告人，已判刑）见面，曾某某在得知吴某甲杀人后，仍为吴某甲提供200元现金供其潜逃。

认定上述事实的证据，有从现场提取的水泥砖块等物证，证人吴某乙、张某甲、吴某丙等的证言，尸体鉴定意见、司法精神病鉴定意见，现场勘验、检查、辨认笔录，同案被告人曾某某和被告人吴某甲的供述等。

某甲中院认为，被告人吴某甲故意非法剥夺他人生命，其行为已构成故意杀人罪。依法判决：被告人吴某甲犯故意杀人罪，判处死刑，剥夺政治权利终身。

宣判后，在法定期限内没有上诉、抗诉。

某甲高院经依法复核，以部分事实不清、证据不足为由，裁定撤销原判，发回重审。

某甲中院经重新组成合议庭开庭审理，认定的事实和依据的证据与原审基本相同（仅在证据方面增加了可证实现场提取水泥砖块上检见被害人肖某甲血迹的DNA鉴定意见），认为被告人吴某甲的行为已构成故意杀人罪。依法判决：被告人吴某甲犯故意杀人罪，判处死刑，剥夺政治权利终身。

被告人吴某甲上诉及其辩护人提出：（1）本案系因管理不当引发激情犯罪，被害人肖某甲存在过错；（2）吴某甲没有杀人的故意，应定性为故意伤害；（3）吴某甲精神状态反常，事后认罪态度好，愿意赔偿以争取被害方谅解，请酌情从轻处罚。

某甲省人民检察院的意见是：本案事实清楚，证据确实、充分，定罪准确，量刑适当，上诉理由及辩护意见均不能成立，建议驳回上诉，维持原判。

某甲高院二审认定的事实和依据的证据与某甲中院一审基本相同。

某甲高院认为，被告人吴某甲与被害人肖某甲发生口角纠纷，用水泥砖块击打肖某甲头部致其死亡，其行为已构成故意杀人罪。对于吴某甲上诉及其辩护人所提意见，经查：（1）吴某甲仅因与被害人发生口角纠纷即行凶杀人，没有证据证明被害人在起因上存在过错；（2）吴某甲针对被害人的要害部位，使用足以致命的水泥砖块砸击，并致其当场死亡，剥夺生命故意明显，完全符合故意杀人罪的构成要件；（3）司法精神病鉴定意见证实吴某甲在实施危害行为时有完全刑事责任能力；（4）虽然吴某甲认罪态度较好，且有赔偿意愿，但并未付诸实践，且未实际取得被害方谅解，因吴某甲犯罪手段残忍，后果严重，依法不能对其从轻处罚。故上诉理由和辩护意见均不能成立，不予采纳。某甲省人民检察院出庭提出本案事实清楚，证据确实、充分，定罪准确，量刑适当的意见成立。据此，依法裁定：驳回上诉，维持原判。

最高人民法院经复核认为，第一审判决、第二审裁定认定的部分事实不清、证据不足。据此，依法裁定：不核准并撤销某甲省高级人民法院维持第一审以故意杀人罪判处被告人吴某甲死刑，剥夺政治权利终身的刑事裁定，发回某甲省高级人民法院重新审判。①

二、主要问题

本案系因民间矛盾激化引发，案发后被害人亲属反应强烈，被告人无赔偿能

① 本案发回后，二审法院经重新审理，对被告人吴某甲以故意杀人罪改判死刑，缓期二年执行，剥夺政治权利终身。

力，同时被告人作案时无现场目击证人，无直接关联的客观性证据，应否核准被告人死刑？

笔者认为，死刑案件不同于一般的刑事案件，更不同于民事、行政案件，民事、行政案件可坚持“高度盖然性”证明标准，一般刑事案件可坚持“排除合理怀疑”证明标准，但死刑案件必须坚持比民事、行政案件及一般刑事案件更高的证明标准，坚持最严格的证明标准。对于案发时无现场目击证人，且无直接关联的客观性证据的案件，核准被告人死刑应十分慎重。

三、延伸思考

在办理本案过程中，对于案件起因、双方当事人之间特殊的劳动关系、被害方诉求、被告方赔偿能力等进行了深入的研究，开展了大量的附民调解工作。讨论中，大家就案件的处理有过激烈的争论。但在有同志提出本案证据方面不很扎实、存在误判可能性的意见后，大家基本达成一致，不核准被告人死刑，将案件发回重审。

在这个案件中，我们就直面这样一个敏感而沉重的话题：误判的可能性。

（一）刑事案件误判的危害

2019 年 3 月 12 日，最高人民法院院长周强在全国“两会”作工作报告时表示：2018 年，全国各级法院深刻汲取冤错案件教训，完善冤假错案防范纠正机制，严格落实非法证据排除规则，按照审判监督程序再审改判刑事案件 1821 件，其中依法纠正“五周案”等重大冤错案件 10 件。①

被写进最高人民法院工作报告的“五周案”，即“五周杀人案”，也被称为“8·25 安徽涡阳杀人案”。② 1996 年 8 月 25 日，安徽省涡阳县大周庄发生一起命案，村民周继鼎一家五口深夜被砍，其女当场死亡。同村村民周继坤、周家华、周在春、周正国、周在化五人被警方作为嫌疑人抓捕，随后检方提起公诉。因为“矛盾点多”，尤其是控方证人当庭翻证，否认目击，阜阳市中级人民法院（涡阳县原属阜阳市）审委会研究决定宣告五被告人无罪。周继鼎冲入审判长巫继成的办公室服毒自杀，阜阳中院审委会不得不重新复议该案，并改变原先决定，判处二人死缓、一人无期徒刑、二人有期徒刑十五年。五被告人及其亲属多年坚持申诉。2014 年 7

---

① 《最高人民法院工作报告（2019 年）》，载中国网，http：//www. china. com. cn/lianghui/news/2019 －03/19/content_74589215. shtml，最后访问日期：2020 年 5 月 17 日。

② “五周杀人案”及下文所列各冤假错案的基本情况，参见相关百度词条及新闻报道。

月 22 日，安徽高院宣布复查此案。后五被告人陆续刑满释放。2018 年 4 月 11 日，安徽高院再审判决，宣告五被告人无罪。此案中五人蒙冤，被羁押时间最长者周继坤失去自由近 21 年。

多年来，还有一些冤假错案被舆论广泛关注。

云南杜培武杀人案：1998 年 4 月 22 日上午，云南省昆明市公安局女民警王晓湘与昆明市路南县（现为石林县）公安局副局长王俊波被发现死于昆明市圆通北路一辆被丢弃的警用昌河牌微型面包车内。警方认定，二人系被近距离开枪打死，凶器是王俊波随身携带的“七七”式手枪，枪支去向不明。同日下午，王晓湘的丈夫、昆明市公安局戒毒所民警杜培武被认定为犯罪嫌疑人并被抓捕，后被审讯、起诉并审判。办案人员对杜培武进行测谎，公诉机关指派 11 名工程师级的刑侦技术人员出庭作证，指控杜培武持枪杀人。1999 年 2 月 5 日，一审法院对杜培武以故意杀人罪判处死刑，同年 10 月 20 日，二审法院以故意杀人罪改判死缓，后将杜培武投入监狱改造。2000 年 6 月 17 日，昆明市公安局破获以铁路警察杨天勇为首的特大杀人团伙案，杨天勇主动交代了杀死“杜培武案”中被害人王晓湘、王俊波的事实，后公安人员在杨天勇的保险柜内发现杀死王晓湘、王俊波的“七七”式手枪。同年 7 月 11 日，云南高院下达再审判决，宣告杜培武无罪。蒙冤 26 个月的杜培武被释放。

湖北佘祥林杀妻案：1994 年 1 月 2 日，湖北省京山县雁门口镇何场村人佘祥林的妻子张在玉离家出走，久寻不到，张在玉的家人怀疑是被佘祥林所杀。数月后，有村民在村头发现一具腐尸，张家人经辨认与张在玉的特征相符。同年 4 月 28 日，佘祥林因涉嫌杀妻被逮捕，一审被判处死刑，上诉后发回重审。1998 年 9 月 22 日，佘祥林被判处有期徒刑十五年，后入狱服刑。其女辍学，其母病故，亲友为其上访时被扣押。2005 年 3 月 28 日，当年因与佘祥林吵架后出走，一路乞讨到山东并在山东与人结婚生子的张在玉突然从山东回到京山。同年 4 月 13 日，京山县法院经重新开庭审理，宣告佘祥林无罪。

河南赵作海杀人案：1998 年 2 月 15 日，河南省商丘市赵振晌的侄子到公安机关报案，称赵振晌已失踪 4 个多月，怀疑被同村的赵作海杀害。1999 年 5 月 8 日，当地发现一具高度腐烂的无名尸体。次日，公安机关将赵作海作为重大嫌疑人刑事拘留。2002 年 12 月 5 日，商丘中院对赵作海以故意杀人罪判处死缓。2010 年 4 月 30 日，当年因与赵作海发生冲突而离家出走，一直在外以捡废品为生，后患偏瘫无钱医治的赵振晌突然回到村里。同年5月9日，河南高院宣告赵作海无罪。

此外，舆论关注较多的冤假错案还有河南胥敬祥抢劫案、河北徐计彬强奸案、云南孙万刚强奸杀人案、河南张绍友奸杀侄女案、河北李久明入室杀人案、福建念斌投毒案、北京常林峰杀妻焚尸案、浙江陈建阳等五人抢劫杀人案、浙江张氏叔侄奸杀案、河南李怀亮杀人案、内蒙古王本余强奸杀人案、安徽赵建新杀人案、湖北杨明银抢劫杀人案、河南张振风强奸抢劫案、贵州杨明杀人案、广西王子发抢劫杀人案、海南陈满杀人放火案、云南卢荣新强奸杀人案、山东张志超强奸杀人案等。

与上述被误判入狱，后发现冤错而昭雪释放的案件不同，还有一些案件是在被告人被执行死刑后才发现误判误杀。

湖南滕兴善杀人碎尸案：1987年4月27日，湖南省麻阳县城的锦江河中发现被肢解的女尸。公安机关经排查，确认被害人为同年3月底失踪的曾在麻阳县城一旅社做过服务员的贵州籍女子石小荣。同年12月6日，经营肉铺的麻阳县农民滕兴善被警方作为犯罪嫌疑人抓捕。1988年12月13日，一审法院对滕兴善以故意杀人罪判处死刑，滕兴善上诉。1989年1月19日，二审法院驳回上诉，维持原判。同月28日，滕兴善被执行死刑。1993年，当年被人贩子拐卖到山东的石小荣回到贵州老家。2006年1月18日，湖南高院对滕兴善案作出再审判决，宣告滕兴善无罪。

内蒙古呼格吉勒图奸杀案：1996年4月9日，内蒙古呼和浩特第一毛纺厂家属区公共厕所内一名女子被强奸杀害。毛纺厂职工呼格吉勒图（出生于1979年9月21日）闻讯后前往附近警亭报警，被公安机关认定为凶手并抓获。1996年5月17日，一审法院对呼格吉勒图以故意杀人罪、流氓罪判处死刑，呼格吉勒图上诉。同年6月5日，二审法院驳回上诉，维持原判。同年6月10日（距案发62天），呼格吉勒图被执行死刑。2005年10月23日，呼和浩特市破获一起系列杀人案，犯罪嫌疑人赵志红交代的十余起犯罪中，包含了呼格吉勒图案的犯罪事实。2014年12月15日，内蒙古高院再审判决，宣告呼格吉勒图无罪。后相关部门对呼格吉勒图错案负有责任的27人进行了追责。

河北聂树斌强奸杀人案：1994年8月5日，河北省石家庄市西郊孔寨村附近一名女子被强奸杀害。同年9月23日，石家庄市人聂树斌被作为犯罪嫌疑人抓获。1995年3月15日，一审法院对聂树斌以故意杀人罪、强奸妇女罪判处死刑，聂树斌上诉。同年4月25日，二审法院驳回上诉，维持原判。同年4月27日，聂树斌被执行死刑。2005年1月，河南警方抓获河北警方网上通缉犯王书金，王书金供称聂树斌案中犯罪系自己所为。2016年12月2日，最高人民法院第二巡回法庭宣告撤销聂树斌案原审判决，改判聂树斌无罪。

刑事案件误判，后果极为严重。而死刑案件误判、误杀，所造成后果的严重恶劣程度，更是难以用言语来形容。

刑事案件误判最直接的后果，就是被告人被错误地剥夺自由甚至生命。自由、生命，这是人之作为人，最为根本的支撑，最为重要的权益。人生的所有意义、所有追求、所有价值，都是建立在自由、生命之上。没有了自由、生命，一切都无从谈起。而在自由和生命之间，生命的价值更大。虽然亦有“不自由，毋宁死”等感言，但只要有生命在，自由还是可以争取、期待的，没有了生命，一切都无从谈起。从世界各国的刑罚制度看，对死刑的存废有巨大的争议，而对自由刑却鲜见有存废之争，由此亦可知晓，在普遍的观念中，生命的价值是远大于自由的。死刑案件，人命关天，人头一旦落地，是永远不可能再捡起来的。刑事案件一旦误判误杀，对于被告人来讲，这种剥夺是永远无法逆转的。如果说，人是万物之灵，那么人的生命，就是这个世界上最珍贵的存在，是这个世界之所以有意义、之所以能够变得更好的最根本的希望。但是，生命一旦被错误地剥夺，所有的一切都消失了。这样的严重后果，谁能够承担得起？

在被告人根本权益被剥夺的同时，刑事误判也会对被告人亲属造成巨大的伤害。人是一种社会性动物①，马克思说“人的本质并不是单个人所固有的抽象物，实际上，它是一切社会关系的总和”②，没有哪个人是孤零零地独自存在于这个世界上的。父母、配偶、子女、兄弟、姐妹等亲属，往往在一定程度上与个人构成一体化的存在，休戚相关，荣辱与共。被告人遭受刑事误判，就直接地波及其父母、配偶、子女、兄弟、姐妹等亲属，不仅经济利益直接受损，而且涉及人格、名誉的严重负面评价。在一些特殊的制度设计下，被刑事误判的被告人的亲属，在升学、参军、就业等各方面都可能受到直接的影响。媒体披露的多起冤假错案中，被告人

---

① 亚里士多德认为，人类在本性上是“政治动物”（参见［古希腊］亚里士多德：《政治学》，吴寿彭译，商务印书馆1995年版，第7页），而他所说的“政治动物”，用现在的表述习惯，应是“社会动物”或“群性动物”（参见邓文正：《细读〈政治学〉》，三联书店2019年版，第85页）。

② ［德］卡尔·马克思：《关于费尔巴哈的提纲》，载中文马克思主义文库网，https：//www. marxists. org/chinese/marx - engels/03/001. htm，最后访问日期：2020年6月25日。

遭误判后，父母含冤离世、妻离子散、子女辍学和自甘沉沦等现象多有发生。有的案件被告人父母等亲属为了替被告人申冤，长年累月地上访告状，身心受到严重摧残。

刑事误判的另一直接后果，就是严重损害了司法公信力。司法机关本来是应该保护人民群众的权益的，其成立和存在的唯一意义，就是要使这个社会变得更好。但是在刑事冤假错案中，司法机关却成了制造冤错、侵害正当权益的主体。英国哲学家培根说："一次不公正的审判，其恶果甚至超过十次犯罪。因为犯罪虽是无视法律——好比污染了水流，而不公正的审判则毁坏法律——好比污染了水源。"① 刑事误判，直接将司法机关置于正义的对立面，严重破坏了司法机关的形象，极大地损害了司法公信力。

刑事误判还会严重损害社会公众对法律的信赖和对秩序的信心。司法机关是专门的法律机关，社会公众对司法机关有着天然的信任、依赖，认为司法机关有责任、也有能力正确处理刑事案件，维护社会的公平正义。虽然在有些冤假错案的发生中，公众的非理性情绪发挥了推波助澜的负面作用，但一旦案件被发现是冤假错案，公众还是会将目光转向司法机关，认为司法机关把关不严。毕竟，冤假错案是司法机关造成的，而司法机关是专门的法律机关。公众可能会有非理性的情绪，但专业机关怎么能犯这样严重的错误。由人及己，很多人可能会在内心生起恐慌，产生"假使这事发生在我身上，那不就完了"的不安，进而损害对法律的信赖和对

① 《关于〈中共中央关于全面推进依法治国若干重大问题的决定〉的说明》，载《〈中共中央关于全面推进依法治国若干重大问题的决定〉辅导读本》，人民出版社 2014 年版，第 57 页。上引培根论述的英文原文为："One foul sentence does more hurt than many foul examples. For these do but corrupt the stream，the other corrupts the fountain"。国内已有的数十个《培根论说文集》译本或相关译文中，对此句的翻译各有不同。例如，王义国译为："一次不公正的判决所带来的伤害，超过许多不公平的例子。因为这些不公平的例子只不过是弄脏了水流，而不公平的判决则弄脏了源头。"（参见［英］弗朗西斯·培根：《培根随笔集》，王义国译，商务印书馆 2015 年版，第 243 页）；蒲隆译为："一次错判比多次犯案危害更大，因为后者只不过污了流，而前者却是秽了源。"（参见［英］弗朗西斯·培根：《培根随笔全集》，蒲隆译，译林出版社 2017 年版，第 198 页）；袁红艳译为："一次不公正的裁判，所招致的恶果可能会超过十次犯罪。因为犯罪虽然冲撞了法律，但那不过是污染了水流，而不公正的审判，则是破坏了法律本身，如同污染了水源。"（参见［英］弗朗西斯·培根：《培根随笔集》，袁红艳译，青岛出版社 2018 年版，第 195 页）；蒋惠岭译为："一个不公正的判决比多个不合法的行为危害更大。不合法的行为只是弄脏了水流，而不公正的判决污染了水源。"（参见［英］弗朗西斯·培根：《培根论司法》，蒋惠岭重译，载《人民法院报》2019 年 8 月 30 日，第 6 版）等等。不同的翻译给人的印象和冲击力明显不同。此种情形在本书所引《社会契约论》《论道德的谱系》等著作的相关内容中也有体现。由此可见文字的魅力与翻译的艰难。

正常社会秩序的信心。

对于刑事法官而言，刑事误判的危害也是极为沉痛的。一名法律学子，经过多年的专业学习，又经过长期的职业历练，成长为一名刑事法官，这个过程是多么不易。身披法袍，手持法槌，在庄严的法庭上行使神圣的审判权，这是多么大的荣誉，肩负着多么大的责任，承载着多少人的期待。但是，一旦案件错判，期望瞬间转为绝望，荣誉瞬间化作耻辱。管理学上存在“100－1＝0”定律，或称为零分法则，这也适用于刑事审判领域。不管我们日常怎样加班加点，怎样呕心沥血，怎样勤奋工作，公正判决都是我们的份内之事。即使99个案子都判得完全正确，当事人都非常满意，但只要有1个案件判决错误，那所有的功业就瞬间转化归零，甚至不止是归零，而且是负分，要招致深深的耻辱。多少年来，笔者眼看着同事们兢兢业业，勤奋工作，尤其是对于死刑案件，大家始终抱着如临深渊、如履薄冰的心态，严谨、审慎，唯恐出半点差错。即使如此，也曾与差错擦肩而过。一位已退休的老领导，曾谈起这样的经历：某日下班晚上在家，突然接到地方法院同志的电话，说之前报最高人民法院核准死刑的某个案子的其中一起犯罪事实，真凶被抓获了。这位老领导瞬间就冒汗了，一夜没睡好觉。第二天到单位一查，确认该案的那起事实当时因证据不扎实，没有认定，直接给拿掉了，是以其他的几起证据确实、充分的事实核准的被告人死刑。老领导这才长出一口气，放下心来。事实上，每一名死刑案件法官肩上的担子都是十分沉重的。如果说，在2007年最高人民法院收回死刑核准权之前各地发生了一些误判误杀案件，可能有司法尺度不统一、地方把关不严等因素，那么在死刑核准权收归最高人民法院统一行使后，这些因素就不存在了。如果再发生误判误杀，我们该怎样向人民交代。刑事误判，永远都是刑事法官的不可承受之痛。

（二）刑事案件误判的原因

虽然我们担心案件误判，千方百计地防范冤假错案的发生，但是，古今中外，冤假错案从来就没有绝迹过。刑事案件的误判，既有主观方面的原因，也有客观方面的原因，更有审判工作自身属性的原因。

就刑事审判工作自身而言，审判工作自身特有的属性生成了刑事案件误判的现实土壤。审判的内容首先是追溯、还原案件的事实，但这种还原至少在时间、地点、人物、事件、环境五个方面存在天然的困难和障碍。一是时间不同。所有的审判工作都是事后的还原，审判的时间距离事发时间短则数月，长则数年。时移世易，时间的距离会对法官的判断产生客观影响。二是地点不同。案件发生时可能在荒郊野外，也可能在冰天雪地，但审判工作一般只是在室内进行。三是人物不同。人和人是不同的，尤其是很多涉案的当事人，成长背景、教育经历、经济状况、生活环境、兴趣喜好等各有差异，对行为习惯的影响、改变是千差万别的，面对同样的问题，所作的反应有可能完全不同。而审判工作则是由成长背景、生活习惯等可能完全不同的法官，去测度、判断被告人的心理、行为。“人心隔肚皮”，怎么能保证法官所想正是被告人当时所想？四是事件不同。被告人所涉的犯罪行为，有其特定的行为特征，行为方式、行为目的等均具有个体的特殊性。法官从事的则是审判行为，虽然针对的同样是被告人所涉的犯罪行为，但视角不同，关注点、观察到的内容可能会与被告人完全不同。五是环境不同。案发时的天气、地形等自然、社会环境可能千差万别，被告人当时可能有激动、愤怒、绝望等各种情绪，法官却是安静、理性地进行判断。所有这些差别都会影响法官判断的准确性。虽然我们始终强调要设身处地，将心比心，全面审查，深入思考，但是时、空、人、事、境等各方面的差异是客观存在的。正如庄子与惠子的对话，二人同游濠梁之上，庄子说：“鲦鱼出游从容，是鱼之乐也。”惠子说：“子非鱼，安知鱼之乐？”庄子说：“子非我，安知我不知鱼之乐？”① 审判工作很多时候是一种经验的判断，但是，经验有时候是靠不住的，判断是有风险的。而且，审判还原事实必须依赖于案发后公安司法机关所能提取到的证据，以此来架构、还原案件事实，但是，证据材料之中往往存在太多的陷阱。所有这些，都先天地导致刑事审判存在误判的现实土壤。

就客观方面而言，实践中存在很多制约刑事审判质量的客观因素。其中特别重要的，有三个因素：一是人的认识水平和判断能力有局限性。人的认识都是有局限的，审判经验需要逐渐积累。在一些案件中，复杂的案情可能会超出法官的认识水平、判断能力，审判工作就会面临严峻的考验。二是资源的稀缺性。在审判的人力、物力等各方面资源的投入上，实践中存在很多客观的限制。刑事审判事关生杀予夺，工作标准高、要求严，对于审判人员有特殊的要求，需要大量政治过硬、品德高尚、业务精通、作风优良的法官来担当使命。而法院刑事案件数量从总体上不断增加的客观现实（见表4和图3），也需要对刑事审判在人力等各方面有更多的投入。但是，从实践的情况看，刑事审判人员并未相应地增加，存在多年的“案多人少”矛盾一直未能得到有效化解。曾经，刑庭被视为法院内部的“刑老大”，

① 《庄子》，方勇译注，中华书局2015年版，“秋水”，第279～280页。

人才济济，但随着时间的推移，刑事审判力量有被弱化的趋势。有的中级法院、基层法院的刑事审判庭只有两名甚至一名刑事法官，要组成合议庭必须邀请人民陪审员或者民事法官、行政法官参加。如果遇到重大、疑难、复杂刑事案件，审判质量就面临客观的挑战。天下万事，得失在人。人对了，事才能对。人都没有，事靠谁去做？三是科技水平的制约。科技的发展本身是一个渐进的过程，而先进科技运用到刑事司法工作中还需要一个过程，科技装备配备水平和科技运用能力也在一定程度上影响着刑事审判工作质量的提升。

表 4　全国法院一审刑事案件收案数统计

单位：件

年份	全国法院一审刑事案件收案数	年份	全国法院一审刑事案件收案数
1978	146 968[1]	1994	482 927
1979	123 846	1995	495 741
1980	197 856	1996	618 826
1981	232 125	1997	436 894
1982	245 219	1998	482 164
1983	542 648	1999	540 008
1984	431 357	2000	560 432
1985	246 655	2001	628 996
1986	299 720	2002	631 348
1987	289 614	2003	632 605
1988	313 306	2004	647 541
1989	392 564	2005	684 897
1990	459 656	2006	702 445
1991	427 840	2007	724 112
1992	422 991	2008	767 842
1993	403 267	2009	768 507

续表

年份	全国法院一审刑事案件收案数	年份	全国法院一审刑事案件收案数
2010	779 595	2015	1 126 748
2011	845 714	2016	1 101 191
2012	996 611	2017	1 294 377
2013	971 567	2018	1 203 055
2014	1 040 457	2019	1 293 911[2]

〔1〕1978 年至 2018 年的全国法院一审刑事案件收案数，参见《中国统计年鉴 2019 全国社会经济发展指标：24－13 人民法院审理一审案件情况》，载国家统计局网站，http：//www. stats. gov. cn/tjsj/ndsj/2019/indexch. htm，最后访问日期：2020 年 10 月 11 日。

〔2〕2019 年的全国法院一审刑事案件收案数，参见《中国统计年鉴 2020 全国社会经济发展指标：人民法院审理刑事一审案件收结案情况（2019 年）》，载百度文库，https：//wenku. baidu. com/view/357777f2bfd5b9f3f90f76c66137ee06eef94e0e. html，最后访问日期：2020 年 10 月 11 日。

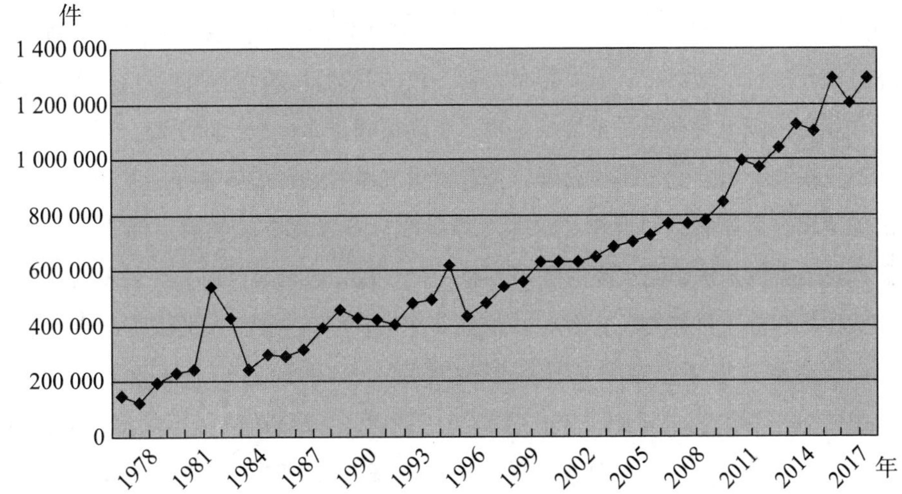

图 3　全国法院一审刑事案件收案数变化

就主观方面而言，实践中存在多种可能导致刑事误判的人为因素，主要有以下两个方面。一方面，一些传统的观念根深蒂固，影响广泛，例如杀人偿命的观念、有罪推定的观念、口供为王的观念等。在这些观念的支配下，民众往往会有非理性的呼声，公安机关往往会有过于严苛的破案指标和任务，法院也往往会有严惩犯罪的巨大责任和压力，一些地方错误的业绩考核机制促使办案人员形成错误的政绩观。尤其在“疑罪从有”“宁左勿右”“宁重勿轻”“重实体轻程序”“重打击轻保护”等错误理念支配下，一些刑事案件的质量很难得到保证。另一方面，一些司法人员的责任心不强，工作马虎。有的司法人员没有意识到自己工作的重要性，反而只把工作当成一种谋生的手段，马马虎虎，敷衍了事，得过且过，对案件的重要情节把关不严，对案件的重要问题缺乏担当。正如有法律同仁所说：“我们办的不是案子，是别人的人生。”① 一个刑事案件判决下去，对当事人会产生多大的影响！稍有不慎，就可能铸成大错。也有个别司法工作人员急功近利，漠视职责要求，对能够明确排除被告人作案的关键性证据不依法移送，给案件质量造成巨大的隐患。

（三）刑事案件误判的预防

对于刑事案件误判，各界一直都十分重视，也采取了不少措施，提出了不少建议。例如，2013 年 8 月，中央政法委出台《关于切实防止冤假错案的规定》，要求严格遵守法律程序制度，坚守防止冤假错案底线：要坚持证据裁判、疑罪从无等原则，切实保障律师辩护权；不能因为舆论炒作、当事人及其亲属上访闹访和“限时破案”、地方“维稳”等压力，作出违反法律规定的裁判和决定；要建立健全合议庭、独任法官、检察官、人民警察权责一致的办案责任制，法官、检察官、人民警察在职责范围内对办案质量终身负责；明确冤假错案标准，建立健全冤假错案的责任追究机制；建立健全科学合理、符合司法规律的办案绩效考评制度，不能片面追求破案率、批捕率、起诉率、定罪率等指标；各级党委政法委应当支持人民法院、人民检察院依法独立公正行使审判权、检察权，协调案件时，一般不对案件定性和实体处理提出具体意见；等等。2013 年 10 月 9 日，最高人民法院出台《关于建立健全防范刑事冤假错案工作机制的意见》，其中包括五个部分 27 条内容：（1）坚持刑事诉讼基本原则，树立科学司法理念；（2）严格执行法定证明标准，强化证据审查机制；（3）切实遵守法定诉讼程序，强化案件审理机制；（4）认真履行案件把关职责，完善审核监督机制；（5）充分发挥各方职能作用，建立健全制约机制。该意见明确要求各级法院在刑事审判工作中要牢固树立惩罚犯罪与保障人权并重的理念，坚守防止冤假错案的底线，切实维护司法公正。

在专门的规范文件之外，业内专家、学者也对防范冤假错案进行了深入研究，提出了很多意见建议。例如，2013 年 5 月 6 日，时任最高人民法院副院长沈德咏发

① 刘哲：《检察再出发》，清华大学出版社 2018 年版，封面。

表《我们应当如何防范冤假错案》一文，对防范刑事冤假错案进行了深入思考，并就如何防范冤假错案提出七个方面的真知灼见：（1）充分认识冤假错案的严重危害性；（2）充分认识冤假错案发生的现实可能性；（3）充分依靠法律程序制度防范冤假错案；（4）充分发挥辩护律师在防范冤假错案上的重要作用；（5）充分借用科技的力量防范冤假错案；（6）充分争取社会各界支持共同防范冤假错案；（7）充分依靠党的领导切实做好防范冤假错案的工作。[①] 此外，还有很多专家、学者提出了很多很好的意见建议。这对于防范刑事案件误判无疑具有十分重要的意义。

然而，任何制度的完善都需要一个过程，而且落实制度要靠人，人的专业能力、道德品质、政治素养等各方面参差不齐，人是有可能犯错误的。在健全的制度没有完全形成，正确的理念没有被普遍接受，大众的观念中还存在很多非理性成分，审判队伍的人员配置尚需要进一步加强、素质尚需要进一步提高的情况下，我们只能时时警醒，以临渊履薄的心态审慎处理每一起刑事案件，警惕每一个陷阱，小心每一颗“地雷”，严格防止刑事误判。正如《易经·乾卦》九三爻辞所言，“君子终日乾乾，夕惕若，厉无咎”，此即“因其时而惕，虽危无咎矣”[②]。换言之，人一天到晚都要保持本分，保持常态，永远这样；不但如此，到了晚上，还要警惕自己，不可放松，就像白天一样小心。这样即使有重重危机，也不会出问题。[③] 办理死刑案件，尤其需要有这种临渊履薄、朝乾夕惕的精神。

但是，客观地讲，绝对的避免是做不到的。总会有一个错误在意想不到的地方等着我们。我们是司法者，不是亲历者。我们永远无法真正完全还原事件的真相。只要是判断就可能会出错。只要是办理死刑案件，就可能会出现死刑误判，就可能会出现误杀。

避免误杀最有效的办法，就是不杀。在死刑制度存续的情况下，为了避免误判误杀，我们只能严格控制死刑，尽量减少死刑的适用，这与一贯的“少杀、慎杀”死刑政策要求是一致的。要真正做到“少杀、慎杀”，在诸多其他措施之外，笔者认为很重要的一点，就是提高死刑适用的门槛，对死刑案件坚持比一般刑事案件更高、更严格的证明标准。

刑事案件的证明标准，相比较而言，要高于民事案件。民事案件适用“高度

---

① 参见沈德咏：《我们应当如何防范冤假错案》，载《人民法院报》2013 年 5 月 6 日，第 2 版。

② （唐）魏征等撰：《群书治要》，沈锡麟整理，中华书局 2014 年版，“卷一周易”，第 1 页。

③ 参见南怀瑾：《易经杂说》，东方出版社 2015 年版，第 192 ~ 193 页。

盖然性”标准，刑事案件则要坚持“排除合理怀疑”标准。而死刑案件，则应该坚持比一般刑事案件更高的证明标准，坚持最严格的证明标准。被告人吴某甲故意杀人死刑复核案中，虽然吴某甲到案后供认犯罪，供述稳定，且有其妻子、妹妹的证言可予以印证，但该二人的证言内容并不十分具体，且属传来证据，证明力相对较弱，除此之外，本案无其他比较好的关联性证据，尤其是没有目击证人，没有直接关联的客观性证据。在讨论中，有同志提出：本案虽然能形成内心确信，认定是被告人作案，但是毕竟没有目击证人，没有直接关联的客观性证据，主要靠被告人的供述定案，而供述本身是善变的，如果拿掉供述，其他证据不充分，被告人翻供的话，定案就困难了；虽然有很多这样的案子，有的因为情节特别恶劣，有的间接证据比较好，我们最终也核准了，但毕竟冒了一定风险；我们长年累月做这样的工作，一个案子有风险，两个案子有风险，十个八个乃至更多，难保万无一失，都不会出事，为什么一定要冒这样的风险？而且本案在证据问题之外，亦有不核准的理由，被告人的供述对定案价值很大，依法可以从轻处罚，而且从案发起因等情节来看，不核准死刑也是符合政策的。确实，对证据不是非常扎实的案件，我们不能明知有风险还勉强去判处被告人死刑，防范冤假错案是首先要考虑的最根本的问题，不判错案件是必须坚守的底线。正如电影《十二怒汉》中的8号陪审员所说：“我不想改变你，但这个判决攸关一条人命，假设我们错了呢？”①

死刑案件坚持最高的证明标准，不仅体现在实体上严格要求，事实要清楚，证据要确实、充分，要排除合理怀疑，而且体现在程序上严格规范，要通过严谨、周密的程序来保障死刑案件的质量。根据2018年《刑事诉讼法》规定，死刑复核案件应当讯问被告人，辩护律师提出要求的，应当听取辩护律师意见，最高人民检察院可以向最高人民法院提出意见。这些规定无疑都非常必要，非常有意义。

为进一步提高对死刑复核案件的程序保障，可考虑对相关制度做进一步研究。最高人民法院复核死刑案件，对于个别具有特殊情况的案件，例如在政策适用上存在争议的，是否可考虑组织各方进行听证？被告人未委托辩护律师的，是否可考虑由相关机构给予法律援助，指派有丰富刑事辩护经验的律师为其提供帮助？最高人民检察院对于最高人民法院开展死刑案件复核工作的监督，是否可考虑将最高人民

① 《【剧本】〈十二怒汉〉》，载豆瓣网，https：//www. douban. com/group/topic/72109233/，最后访问日期：2020年7月18日。

法院决定核准死刑的案件，一律请最高人民检察院提出监督意见，确保死刑核准“万无一失”？而对于最高人民法院决定不核准死刑的案件，则可根据实际情况请最高人民检察院提出监督意见，以体现对核准死刑比不核准死刑更加慎重的态度。

从严格程序的角度确保死刑案件的质量，在中国古已有之。例如，《贞观政要》载：“贞观元年，太宗……曰‘古者断狱，必讯于三槐、九棘之官，今三公、九卿，即其职也。自今以后，大辟罪，皆令中书、门下四品已（以）上及尚书九卿议之，如此，庶免冤滥。’由是至四年，断死刑，天下二十九人，几致刑措。”① 古人的这些经验智慧值得我们学习、总结。

总之，在死刑案件审判中，必须始终全面深入贯彻“严格控制和慎重适用死刑”政策，严之又严，慎之又慎，切实防范冤假错案。正如沈德咏副院长所说：“要像防范洪水猛兽一样来防范冤假错案，宁可错放，也不可错判。错放一个真正的罪犯，天塌不下来，错判一个无辜的公民，特别是错杀了一个人，天就塌下来了。”② 对于死刑案件的审查把关，无论怎样严格要求都不为过。必须要尽一切努力，切实把好死刑案件的事实关、证据关、程序关和法律适用关，确保每一起死刑案件都经得起历史的检验。

> 刑罚如两刃之剑，用之不得其当，则国家与个人两受其害。
>
> ——［德］耶林

第二节　推断明知毒品案件中的死刑适用

——被告人李某甲运输毒品死刑复核案

引　言

被告人对涉案毒品是否明知，是毒品犯罪案件审判中的核心问题之一。对于

① （唐）吴兢：《贞观政要》，俞婉君译注，二十一世纪出版社 2018 年版，“刑法第三十一”，第 283 页。

② 沈德咏：《我们应当如何防范冤假错案》，载《人民法院报》2013 年 5 月 6 日，第 2 版。

有直接证据的，可以主要根据直接证据认定被告人对毒品的明知。对于直接证据缺乏，主要依靠间接证据定案的，就需要分析间接证据是否能形成完整的证据链，推断被告人具有对毒品的明知。如果间接证据足以形成完整的证据链，能够确实、充分、排除合理怀疑地证实被告人对毒品的明知，即属确定明知。如果间接证据不足以形成完整的证据链，但被告人具有《大连会议纪要》等司法文件规定的特定的反常情形，被告人不能作出合理解释，且没有证据证实其属被蒙骗的，可以推定其对毒品应该是明知的，此为推定明知。如果被告人作出了解释，但该解释所依据的事实既不能证实也不能证伪的，则只能认定其对毒品可能是明知的，此为推测明知。对于推定明知和推测明知的毒品犯罪被告人，不宜适用死刑。

一、基本案情

被告人李某甲，男，1981 年 4 月 14 日出生。2017 年 3 月 27 日被逮捕。

某乙省某乙市中级人民法院审理某乙市人民检察院指控被告人李某甲犯运输毒品罪一案，于 2018 年 4 月 4 日以刑事判决，认定被告人李某甲犯运输毒品罪，判处死刑，剥夺政治权利终身，并处没收个人全部财产。宣判后，李某甲提出上诉。某乙省高级人民法院经依法开庭审理，于 2018 年 12 月 26 日以刑事裁定，驳回上诉，维持原判，并依法报请最高人民法院核准。

公诉机关指控，被告人李某甲非法运输海洛因，其行为已构成运输毒品罪，应依法惩处。

被告人李某甲辩称：其被抓时驾驶并被查获毒品的越野车是“大某某”和“杨某丁”夫妇出钱买的，也是他们使用，案发当天他们说有人要买这辆车，让其送到某乙省某申市某甲镇；其不知道车上有毒品，也不知道毒品是谁的。其辩护人提出：（1）李某甲没有经济能力购买涉案越野车，根据李某甲借用的李某丙的农行卡交易明细等证据，虽然涉案越野车登记在李某甲名下，但并非李某甲所有，实际购车人等相关涉案人员和案件相关事实未能查清；（2）没有证据证实李某甲参与了毒品藏匿过程，李某甲仅是被毒贩利用进行毒品运输的工具；（3）李某甲并不确信车内藏匿有毒品，更不知道毒品的种类、数量和藏匿位置；（4）李某甲在接受调查时能如实供述自己所知道的事实，有坦白、认罪、悔罪情节；（5）涉案毒品在运输过程中被全部查获，已不可能流向社会，不会给社会造成危害，社会危害性相对较小；（6）李某甲之前无任何违法犯罪记录，本次系被他人欺骗利用的初犯，请求对李某甲从轻、减轻处罚。

一审法院认定：2017年2月18日，被告人李某甲驾驶其装有毒品的东风起亚越野车从某乙省某辛县前往某乙省某申市某甲镇，并邀约其胞兄李某乙、李某丙同行，安排李某丙驾驶东风起亚轿车为其探路。同日晚饭后，李某甲等三人将轿车停放在某乙省某壬县某饭店停车场，共同驾乘越野车前往某申市某甲镇。同日20时30分，李某甲等三人驾车经过某壬县某监测站时被公安人员抓获。公安人员将李某甲等连人带车押至某乙省某乙市某汽车修理厂进行检查。次日1时10分，在修理厂工人协助下，公安人员从该越野车左、右车门下方夹层内查获海洛因53块，净重22 513克。

认定上述事实的证据，有从被告人李某甲驾驶的东风起亚越野车的左、右车门下方夹层内查获的海洛因等物证，手机通话记录、证实该越野车车主为李某甲的机动车行驶证和机动车信息查询结果单、车辆活动轨迹等书证，证人李某乙、李某丙、杨某甲等的证言，毒品鉴定意见，搜查、提取、称量、扣押笔录，手机微信照片和被告人李某甲的供述等。

一审法院认为，被告人李某甲非法运输海洛因，其行为已构成运输毒品罪。李某甲为牟取暴利运输毒品，数量特别巨大，人毒俱获，应予严惩。据此，依法判决：被告人李某甲犯运输毒品罪，判处死刑，剥夺政治权利终身，并处没收个人全部财产。

被告人李某甲上诉提出：（1）其虽然有运输毒品的事实，但其是受“大某某”和“杨某丁”安排、指使运输毒品，不是主犯；（2）其愿意配合公安机关抓获真正的主犯“大某某”、“杨某丁”和某甲镇接车的人，但公安机关没有让其配合，现主犯在逃，不应认定其为主犯并判处死刑；（3）其归案后如实交代罪行，具有坦白情节；（4）涉案毒品被全部查获，没有流入社会造成实际危害；（5）其是初犯、偶犯，主观恶性小，积极认罪、悔罪，原判量刑过重，请求对其从轻处罚。其辩护人提出：（1）本案系共同犯罪，有证据证明李某甲系受人雇用、指使犯罪，属从犯；（2）李某甲归案后如实供述犯罪，系初犯、偶犯，主观恶性较小，建议对李某甲从轻处罚。

检察机关的意见是：本案事实清楚，证据确实、充分，定罪准确，量刑适当，审判程序合法，建议驳回上诉，维持原判。

二审法院认定的事实和依据的证据与一审基本相同。

二审法院认为，被告人李某甲无视国家对毒品的管制规定，明知是毒品仍进行运输，其行为已构成运输毒品罪，且毒品数量巨大，应依法惩处。针对李某甲及辩护人提出的上诉和辩护意见，（1）毒品犯罪侵犯的是国家对毒品的管理制度，毒品犯罪一经发生即脱离了国家对毒品的专门管制，处于在社会上非法流通的状态，其社会危害性已经形成，并不以造成的实际危害后果作为评价其罪行轻重的依据，因此，所提本案毒品被全部查获，没有流入社会造成实际危害的上诉理由和辩护意见不能成立；（2）本案虽有证据证明有其他人涉案的可能，但是，李某甲在运输毒品犯罪中的主动性、独立性强，是运输毒品主要实施者和具体行为人，因此，所提李某甲是受他人安排、指使运输毒品，属从犯的上诉理由和辩护意见不能成立。综上所述，第一审判决认定的事实清楚，证据确实、充分，定罪准确，量刑适当。审判程序合法。据此，依法裁定：驳回上诉，维持原判。

最高人民法院经复核确认的事实和依据的证据与一、二审相同。

最高人民法院认为，被告人李某甲非法运输海洛因，其行为已构成运输毒品罪。李某甲运输海洛因 22 513 克，数量特别巨大，犯罪情节特别恶劣，罪行极其严重，应依法惩处。第一审判决、第二审裁定认定的事实清楚，证据确实、充分，定罪准确，量刑适当。审判程序合法。据此，依法裁定：核准某乙省高级人民法院维持第一审以运输毒品罪判处被告人李某甲死刑，剥夺政治权利终身，并处没收个人全部财产的刑事裁定。

二、主要问题

本案系人毒俱获，公安人员从被告人李某甲驾驶的越野车左、右车门下方夹层内查获涉案海洛因，但李某甲关于明知是毒品而运输的供述不稳定，其到案之初否认知道车上有毒品，后虽供述受人雇用运输毒品，但之后又翻供，且在一审、二审庭审及复核提讯中均辩称事先不知道车上装有毒品。对此，能否认定李某甲系明知是毒品而运输？能否对李某甲判处死刑？

笔者认为，在案证据足以证实被告人李某甲系明知是毒品而运输，证据已经达到了确实、充分的程度，根据其犯罪的事实、性质、情节和对社会的危害程度，对其应依法判处死刑。

三、延伸思考

在毒品犯罪案件中，对被告人明知是毒品的认定，是审判的核心内容之一。尤其是在很多走私、运输毒品等犯罪案件中，即使是在被告人随身携带的物品或所驾车辆中查获毒品，人毒俱获，被告人亦辩称其不明知有毒品，进而否认毒品犯罪。因此，对被告人明知毒品的推断，就成为毒品犯罪案件审判工作的重要内容。

（一）对于明知的不同认识

对于毒品犯罪中明知的判断，最高人民法院等中央和地方相关部门多年来通过司法解释、会议纪要等形式发布了多个规范性文件。① 具有代表性的是《大连会议纪要》，其中对“主观明知的认定问题”作了如下规定：“毒品犯罪中，判断被告人对涉案毒品是否明知，不能仅凭被告人供述，而应当依据被告人实施毒品犯罪行为的过程、方式、毒品被查获时的情形等证据，结合被告人的年龄、阅历、智力等情况，进行综合分析判断。具有下列情形之一，被告人不能做出合理解释的，可以认定其‘明知’是毒品，但有证据证明确属被蒙骗的除外：（1）执法人员在口岸、机场、车站、港口和其他检查站点检查时，要求行为人申报为他人携带的物品和其他疑似毒品物，并告知其法律责任，而行为人未如实申报，在其携带的物品中查获毒品的；（2）以伪报、藏匿、伪装等蒙蔽手段，逃避海关、边防等检查，在其携带、运输、邮寄的物品中查获毒品的；（3）执法人员检查时，有逃跑、丢弃携带物品或者逃避、抗拒检查等行为，在其携带或者丢弃的物品中查获毒品的；（4）体内或者贴身隐秘处藏匿毒品的；（5）为获取不同寻常的高额、不等值报酬为他人携带、运输物品，从中查获毒品的；（6）采用高度隐蔽的方式携带、运输物品，从中查获毒品的；（7）采用高度隐蔽的方式交接物品，明显违背合法物品惯常交接方式，从中查获毒品的；（8）行程路线故意绕开检查站点，在其携带、运输的物品中查获毒品的；（9）以虚假身份或者地址办理托运手续，在其托运的物品中查获毒品的；（10）有其他证据足以认定行为人应当知道的。”

根据这一规定，毒品犯罪中的明知包括知道和应当知道两种。前者是根据被告

---

① 根据学者统计，2000～2015 年，中央和地方相关部门发布了 14 份相关规范性文件。（参见梁坤：《毒品犯罪主观明知推定规则之实证检讨——以 2000～2015 年间的 14 份办案规范为考察对象》，载《证据科学》2018 年第 5 期，第 533～546 页。）之后，江苏省高院、省检察院、省公安厅于 2018 年 8 月 28 日印发的《常见毒品犯罪案件证据收集及审查指引》等文件中也对“应当明知”的判断作了规定。

人供述等证据直接证明的明知；后者则是基于案件具有的特定情形，被告人不能合理解释且没有证据证明确属被蒙骗的推定明知。这种“推定明知不是以确凿证据证明的，而是根据基础事实与待证事实的常态联系，运用情理判断和逻辑推理得出的”①。

对于主观明知的争论，学界基本上是围绕知道与应当知道的界定而展开的。主要有如下几种观点。②

1. 现实故意和推定故意说。该说认为，明知包括知道与应当知道两种，前者为现实故意，后者则为推定故意。例如，有的学者认为，知道是指有证据证明的明知，又如，被告人本人供述，还有书证或者证人证言佐证。这种故意可称为现实故意。应当知道与知道相并列，是一种推定的明知，是指没有证据能够直接证明，但根据一定的证据可以推定行为人具有某种故意，行为人如果否认自己具有此种故意，必须提出反证。这种故意可称为推定故意。“应当知道”是采用事实推定方式获得证明的，其与同样在司法解释中出现的“可能知道”是同一含义，只是措辞不同而已。知道与应当知道或者可能知道的区别不在于认识程度，而在于证明方式。同时，鉴于“应当知道”在刑法中有作为过失的前提的情况，为避免误解，建议在明知认定的场合，摒弃“应当知道”一语，代之以“推定知道”，以此作为推定故意的认识因素。③

2. 自认的明知和推定的明知说。该说认为，明知所包括的知道和应当知道，分别可称为“自认的明知”和“推定的明知”。例如，有的学者认为，行为人对于犯罪对象的法律性质等问题的认识，事实上存在三种情况：其一，知道；其二，可能知道；其三，不知道。而第一种情况中的知道即包括“明确知道”和“应当知道”，前者是一种“自认的明知”，后者是一种“推定的明知”。而所谓“推定的明知”，结论是推定行为人“知道”即“明知”，这和推定行为人“可能知道”是完全不同的。行为人在“知道”的情况下实施运输毒品等犯罪的，是直接故意，而

---

① 高贵君等：《〈办理毒品犯罪案件适用法律若干问题的意见〉的理解与适用》，载《人民司法·应用》2008 年第 5 期，第 16 页。

② 对于主观明知，学者们因语境、场合等的不同，而在论证中使用“知道”“明知”“故意”等多种概念。

③ 参见陈兴良：《刑法中的故意及其构造》，载《法治研究》2010 年第 6 期，第 9～11 页。

在“可能知道”的情况下实施的，则因对毒品等犯罪对象是盖然性的认识状态，故属于间接故意。还有的学者认为，从证明的角度来说，知道可称为“证明的明知”，又称“自认的明知”，是根据一定的案件证据可以证明行为人知道，例如行为人自己供述其知道，行为人被他人告知过等。应当知道可称为“推定的明知”，是指没有证明行为人明知的证据，但行为所表现出来的事实，在常态下，根据经验事实的归纳可以推定行为人对认识客体的明知。因此，前者的证明模式是一般客观事实的证明模式，即直接证据印证，间接证据成锁链，而后者的证明模式不同，需要有基础事实的前提、常态判断的高度盖然性，还要求没有反证。① 也有的学者提出，“应当知道”并非过失犯的预见规定，而是故意明知认定的一种形式。“应当知道”的根基在于刑事推定，应当遵循推定的基本规则。“应当知道”本质是推定的故意，而推定相对于证据证明，其证明标准和要求均有所降低，因此，“应当知道”的运用是对刑法边界的一种扩张，是基于司法效率的选择，必须在人权保障的前提下合理地限制扩张的范围。②

3. 确知和实知说。该说认为，明知包括“确知”（肯定知道）和“实知”（事实上知道）。例如，有的学者认为，行为人的认识，存在“确知”（肯定知道）和“确实不知”两极，在此两极之间，根据认识程度的强弱，还分别存在“实知”（事实上知道）、“或知”（可能知道）、“应知”（应当知道）三种。由此，对于明知，可以作确知、实知、或知、应知四级区分，这些认识因素，绝大多数与推定无关。具体而言，第一级为确知，是指根据被告人口供、被害人指认、证人证言或其他各种证据，可以直接判定行为人肯定地、确切地知道。司法解释中经常将明知区分为知道和应当知道两种类型，其中的“知道”，一般就是指这种确知。第二级为实知，是指事实上知道。在很多案件中，由于被告人拒不供述，没有其他直接证据，行为人是否肯定地具有明知（确知），难以确定。但是，结合案件的其他证据，足以认定行为人实际上知道对象或者结果的，也可以得出其具有明知。换言之，实知是在没有被告人口供可以认定行为人确实知道或者肯定知道的情况下，结合各种证据，在司法上推断其知道。第三级为或知，是指行为人可能知道。在理论

---

① 参见张云鹏：《刑事推定研究》，载《刑事法评论》（第 20 卷），中国政法大学出版社 2007 年版，第 510 ~ 538 页。

② 参见皮勇、黄琰：《论刑法中的“应当知道”——兼论刑法边界的扩张》，载《法学评论》2012 年第 1 期，第 53 ~ 59 页。

上，或知属于明知的一种。或知不是“可能知道”和“不可能知道”之间一半对一半的关系，而是根据案件的具体情况，可以判断行为人可能知道的概率很大，可能知道的盖然性远远高于可能不知道。第四级为应知，是指行为人应当知道，其属于非典型的明知，其中绝大多数情形属于“实知”，少数是“推定的明知”。凡在行为人具有确知、实知、或知的场合，其是否具有明知，完全可以由司法人员结合案件的直接、间接证据加以认定、判断，不需要使用推定的方式解决。在进行司法解释时，可以把明知解释为确知或者实知。只有在个别明显属于推定的场合，保留“应当知道”的表述。①

4. 证据证明说。该说认为，司法文件中对“应当知道”的判断规定并不意味着对明知可以进行推定，刑事诉讼中对明知只能通过证据证明的方式进行判断。例如，有的学者认为，事实推定有诸多弊端，存在造成冤假错案的风险，在刑事诉讼中不应轻易使用。司法文件中关于毒品犯罪被告人主观明知的认定问题的规定，仍然属于证据证明的范畴，而不是意味着允许“一推了之”。证据证明与推定证明有明显的区别。在毒品犯罪中，认定被告人对涉案毒品是否明知，不能仅凭其行为表现是否符合司法文件关于主观明知的认定问题的规定所列举的情形之一，而应当依据被告人供述、相关证人证言、相关通话记录、侦查机关的侦破经过，以及被告人实施毒品犯罪行为的过程、方式和毒品被查获时的情形等证据，结合被告人的年龄、阅历、智力以及被告人是否具有涉毒前科、是否属于涉毒人员、做出的辩解是否合理等情况，进行综合分析判断。只有在全案的证据已达到确实、充分的证明标准，已足以排除合理怀疑时，才能认定被告人对涉案毒品是明知的。②

据此，学界对于司法文件中的“应当知道”的理解存在巨大差异。多数学者认为“应当知道”属于一种对明知的推定，也有学者对此予以否认，认为这仍属证据证明的范畴，或者绝大部分应属证据证明的范畴，只有极少数属于推定。而在认同“应当知道”属于推定明知的观点中，学者根据理解的不同，将“知道”定义为“现实故意”“自认的明知”“证明的明知”“确知”“实知”等，而将“应当知道”定义为“推定故意”“推定知道”“推定明知”等。

---

① 参见周光权：《明知与刑事推定》，载《现代法学》2009 年第 2 期，第 109 ~ 118 页。

② 参见古加锦：《明知毒品的推定风险与证据证明》，载《西南政法大学学报》2017 年第 2 期，第 78 ~ 88 页。

（二）明知的分类

对于主观明知的判断，在很多情况下确实存在一些客观的困难，正如通常所说，“人心隔肚皮”，“子非鱼，安知鱼之乐?”但根据常识、经验，依据一定的规则，对于主观明知还是可以做出判断的。为此，必须对明知的不同种类有清晰的认识。

首先，要区分本体论意义上的明知和认识论意义上的明知。行为人对毒品的认识，从理论上来讲，一般可分为知道、怀疑、不知道三种。如果说知道是100%，不知道是0，那么怀疑就是1%～99%。鉴于怀疑的跨度实在太大，可将接近100%的一定范围的怀疑称之为高度怀疑，而将超过50%、较高概率的怀疑称之为怀疑。如此，行为人的认识主要可以分为知道、高度怀疑、怀疑和不知道四种。但这只是从行为人自身而言。如果站在第三人（裁判者）的立场，去判断行为人的认识，各种情形交叉，就会形成多种不同的结论。例如，针对行为人是否知道，第三人就可能有四种认识：我知道他知道，我高度怀疑他知道，我怀疑他知道，我不知道他知道。换一种表达，这四种认识就分别是：我确认他知道（确知，没有任何疑问，我完全明确地知道他知道），我认为他应当知道（应知，肯定知道，我对他高度怀疑，我几乎没有疑问地认为他一定知道），我认为他可能知道（或知，具体他知道不知道我也不能完全确定，但我怀疑他知道，认为他知道的可能性很大），我不知道他是否知道（不知，我不能确认他知道，或者虽然我有一丝怀疑认为他很可能知道，但仅凭这一点怀疑我远不能确认他知道，所以我只能说我不知道他是否知道）。进而，这四种认识可以表述为：明确知道、应当知道、可能知道、不知道。因此，站在行为人自身的角度，明知包括知道、高度怀疑、怀疑、不知道，这些本体论意义上的明知，也可以称为实体意义上的明知，或者事实意义上的明知。而站在第三人的角度，明知则包括明确知道（确知）、应当知道（应知）、可能知道（或知）、不知道（不知），这些认识论意义上的明知，也可以称为程序意义上的明知，或者证据意义上的明知。本体论意义上的明知，虽然在行为人而言是主观的，但在第三人而言，则是客观的，是刑事证据所要证明的对象。由于这种明知的主观性，在行为人不承认的情况下，要想证实，往往并非易事。认识论意义上的明知并不必然符合客观的事实。

有的学者认为，“可能知道”的情况实施毒品犯罪的，因其对毒品等犯罪对象是盖然性的认识状态，故属于间接故意。这一观点值得商榷。事实上，“可能知道”是毒品与“知道可能”是毒品是不同的。“可能知道”是“我”对“他”的判断，认为他可能知道是毒品，这种明知具有或然性，但这种不确定性在“我”。而在“他”，明知则是确定的。“可能知道”的法律后果就是在证明标准上达不到法定的要求，可能导致无法定罪，或者不能判处较重的刑罚。而“知道可能”是“他”对毒品的判断，也即“他”怀疑自己所走私、运输的东西是毒品，这种怀疑在有的情况下属于法律意义上的放任，进而构成间接故意，在有的情况下则属于疏忽大意或过于自信，进而构成过失。不能将“可能知道”混同于“知道可能”。

其次，要区分主要靠直接证据证明的明知和主要靠间接证据证明的明知。刑事诉讼证据在理论上有多种划分，而就明知的判断而言，具有重要意义的是直接证据与间接证据的划分。依据不同的证据所获得的对明知的认识，不论是证明方式还是确定性程度都有明显差异。在很多毒品案件中，被告人明确供述自己知道其所走私、运输的是毒品，这就可以直截了当地对明知作出判断。有的案件，虽然被告人自己不供认，但如果共同犯罪人或者毒品上家、下家等供述行为人知道是毒品，结合其他在案证据，也可以比较容易地对明知作出判断。这些主要依靠直接证据证明的明知，可以称之为确实明知。但在很多毒品案件中，被告人否认其知道所走私、运输的是毒品，也没有其他人证，没有任何直接证据可以证实，那么就只能依靠间接证据去推断了。依靠间接证据推断行为人的明知，虽然从证明方式上相对较为复杂，且从证明结果上有的确定性不是很高，但从诉讼的角度，也还是有规则可以遵循的。现行最高人民法院《关于适用〈中华人民共和国刑事诉讼法〉的解释》第140条明确规定了依据间接证据定案的运用规则：一是证据已经查证属实；二是证据之间相互印证，不存在无法排除的矛盾和无法解释的疑问；三是全案证据形成完整的证据链；四是根据证据认定案件事实足以排除合理怀疑，结论具有唯一性；五是运用证据进行的推理符合逻辑和经验。这种主要依靠间接证据证明的明知，可以称之为推断明知。

最后，对于推断明知，依据其所证实的明知的不同程度，可以划分为确定明知、推定明知和推测明知。根据前述司法文件如《大连会议纪要》的规定，如果行为人具有所列举的特定情形、不能做出合理解释且没有证据证明确属被蒙骗的，可以推定认为其对毒品属于明知。这是依照常理推断的方式，也即，基于这些特定情形即基础事实与行为人应当明知这一待证事实的常态联系，运用情理判断和逻辑推理得出的，因此属于推定明知。推定明知排除了合理怀疑，可以成为对行为人定罪的基础。尽管如此，推定明知对明知的证实并不是完全的、百分百的，还只能是一种极高概率的明知，相当于实践中所说的“肯定知道”“应当知道”。在司法实践中，很多案件虽然也是依据间接证据，但证据的数量、质量远不止推定的这些情形，还有大量其他的情节，这些众多的情形、情节等一起，足以构成完整的证据链，确切地证实行为人明知的存在，在此情形下，这种明知就不仅从反面的角度排除了合理怀疑，而且从正面的角度明确地证实了明知的存在，其对明知的证实程度与主要靠直接证据证实的确实明知的证明程度相当，故可称之为确定明知。而在确定明知、推定明知之外，还有一种明知，其确定程度比推定明知还低。例如，行为人具有《大连会议纪要》所列举的特定情形，其提出了辩解，但该辩解既不能证实也不能证伪，也即其解释是存疑的，在很多情况下，就形成了可能明知的判断。这种可能明知，并非只是一半对一半的概率，而是较高概率知道，但尚达不到极高概率、排除合理怀疑，对此，可称之为推测明知。有的学者认为，司法解释中的“可能知道”与“应当知道”是同一含义，只是措辞不同而已。① 但深入分析，二者在判断的确定性上还是存在明显差别的。运用间接证据推断行为人的主观明知，需要对处于不同层级的确定明知、应当知道即推定明知和可能知道即推测明知有清晰的了解。

据此，对于行为人是否明知毒品的判断，根据证据的不同情况，主要可以形成确实明知、确定明知、推定明知和推测明知四种认识。

1. 确实明知。如前所述，确实明知是指主要靠直接证据证明的明知。所谓直接证据，是与间接证据相对而言的，指能够直接单独地证实案件主要事实的证据。案件主要事实则是指被告人是否实施了犯罪行为。毒品犯罪中，被告人对明知毒品的供认，共同犯罪人、毒品上下家对被告人明知毒品的供述，以及目击证人和听被告人说过明知毒品的被告人亲友的证言等，都可以成为证实被告人明知毒品的直接证据。之所以称“主要靠直接证据”，是因为仅有直接证据，往往也不足以定案，直接证据本身是否可靠，尚需间接证据印证。运用直接证据证实被告人对毒品明知的情形相对比较简单，这样的案件在实践中大量存在。例如，被告人杨某乙运输毒

---

① 参见陈兴良：《刑法中的故意及其构造》，载《法治研究》2010 年第 6 期，第 9 ~ 11 页。

品死刑复核案①中，杨某乙驾车运输海洛因16 820克被人毒俱获。经讯问，杨某乙供称其受人雇用为了获得总计27万元的报酬而运输毒品。虽然杨某乙对于毒品被藏匿到车上的具体时间前后供述不一，但对其明知是毒品而运输的供述则始终稳定。故本案主要基于被告人的供述而认定其明知是毒品而运输，而且这种明知是确实、充分、完全明了的。

2. 确定明知。很多被告人辩称其不明知是毒品，或者供认后又翻供，或者其他人证虽有证实、但所证内容不很具体、稳定的，往往还是主要依靠间接证据来推断被告人是否具有明知。实践中，在很多毒品案件中，公安机关经大量侦查工作，提取到大量的证据，虽然主要靠间接证据，但间接证据能形成完整的证据链，对被告人明知的证明也能达到确实、充分的程度，可称之为确定明知。在此情况下，对被告人明知的判断主要不是依据《大连会议纪要》所列的特定情形，而是综合全案证据所作的总体判断。例如，被告人李某甲运输毒品死刑复核案中，李某甲驾车运输海洛因22 513克被人毒俱获。在此案中，李某甲曾一度供认其知道车上装有毒品，后翻供，与李某甲同行的其二哥李某丙也曾一度证实李某甲告知其车上有毒品，后亦否认，但在案证据还是足以形成完整的证据链，证实李某甲明知是毒品而运输，主要理由有：第一，公安机关出具的侦破报告、李某丙证言等证实，李某甲与李某丙于2017年2月16日至18日分别驾车从边境到某壬县某饭店，三次行程主要路段均是李某丙驾驶轿车在前、李某甲驾驶越野车随后，完全符合前车空车探路、后车载毒跟进的运毒行为特征，李某甲驾驶的越野车有明显运毒嫌疑。第二，公安人员截获涉案车辆后，在汽车修理厂工人的协助下，经反复检查，从李某甲驾驶的越野车内查获海洛因22 513克，直接将李某甲与本案犯罪相联系。第三，公安人员抓获李某甲时，从李某甲处提取了其使用的手机2部，其中白色直板OPPO牌手机系李某甲日常所用，黑色直板电霸手机根据李某甲供述，系其接取毒品时

① 被告人杨某乙运输毒品死刑复核案基本案情：2017年4月15日，被告人杨某乙驾驶藏匿有海洛因的比亚迪越野车，与其朋友李某丁从某乙省某丁县前往某乙省某壬市。同月17日19时许，杨某乙驾车行至某乙省某寅市某砂场路边时，被公安人员抓获。公安人员当场从该越野车后备箱右侧储物盒夹层内查获海洛因42块。次日，公安人员经再次对该越野车后备厢右侧储物盒夹层进行检查，又从中查获海洛因6块。上述48块海洛因净重共计16 820克。该案核准被告人杨某乙死刑。

毒贩“杨某丁”给其的一部新手机，“杨某丁”安排李某甲用这部新手机跟他联系。为了将越野车从某辛县开到某申市某甲镇而专门另外配置新手机用于联系，这种做法本身就很反常，不合常理。第四，李某甲作为长年生活在边境地区、频繁出入边境的中国边民，对当地毒品犯罪的方式方法应该有所了解，对于下列反常行为，其应心知肚明是为了运输毒品：（1）境外毒贩“杨某丁”“大某某”夫妇将10余万元交由李某甲购买越野车，并由李某甲在境内自己保管、驾驶。“杨某丁”夫妇平白无故花巨额资金购买车辆让李某甲使用，不符合常理。（2）李某甲供称，本次其将越野车从某辛县开到某申市某甲镇，“杨某丁”夫妇承诺给其15万元的报酬。从某辛县到某申市某甲镇不过400多公里的路程，如果只是将上述越野车开到某申市某甲镇即支付高达15万元的巨额报酬，不符合常理。（3）李某甲还供称其曾于2016年4月、6月两次帮“杨某丁”夫妇开越野车到某壬市，两次共给了其19万元报酬，且后来听说第二次送的“干货”（毒品）在某壬市某个医院连人带货被抓了。李某甲有过上述运输毒品的经历，本次“杨某丁”夫妇又以支付巨额报酬为条件让其将越野车从某辛县开到某申市某甲镇，李某甲对越野车内藏有毒品应该是明知的，对“杨某丁”夫妇让其将上述越野车开到某申市某甲镇就是在运输毒品是心知肚明的。（4）李某甲辩称其是因驾照被吊销、担心被交警查获而让李某丙驾车在前探路。如果是担心交警查车，则直接让李某丙开车即可，没有必要非开两辆车，让李某丙开车在前探路。第五，李某甲的二哥李某丙同车被抓获，其在公安机关第3次、4次讯问中均供述知道李某甲车上藏有毒品，其系应李某甲之邀帮助探路，李某甲承诺事成之后给其5万元报酬。虽然李某丙的供述有反复，一、二审均未采信其有罪供述，但其关于知道李某甲车上藏有毒品、其应邀开车帮助李某甲探路的供述与李某甲的有罪供述相印证，且其系李某甲的胞兄，可信性较高。第六，虽然在案证据尚不足以证实李某甲明知所运毒品的种类、数量和毒品在车辆上的具体藏匿位置，但李某甲对其所驾车辆上藏有毒品是明知的，对“杨某丁”夫妇让其将藏毒车辆送到某申市某甲镇的目的是运输毒品也是明知的，故李某甲是否知晓其所运输毒品的种类、数量和藏匿毒品的具体位置不影响对李某甲行为的定性。综合李某甲以往的经历、边民身份及其所称“杨某丁”承诺的15万元报酬等情节，可确认李某甲对所驾车内藏匿有大量毒品是明知的。

又如，被告人杨某丙运输毒品死刑复核案①中，公安人员从杨某丙驾驶的斯柯达轿车内查获海洛因10 600克。杨某丙到案后供述了其受人雇用驾车运输的事实，但其从侦查阶段到一审阶段均辩称其以为运输的是违禁品炸药，不知道是毒品，但在案证据足以证实杨某丙系明知是毒品而运输。杨某丙供称在15岁时就曾因涉嫌运输毒品被抓，但没有被判刑，羁押了一段时间就释放了；案发前认识了朋友"二叔"，后"二叔"让其帮带东西到某庚省，还叫其买辆车，车钱他出，事成之后再给其18万元。在案证据显示，杨某丙系涉案斯柯达轿车的车主，而手机通话录音记录则详细证实了杨某丙与毒贩商议接取、藏匿、运输毒品的具体过程，结合在案其他证据，足以证实杨某丙对所运输的毒品是明知的。二审庭审中，杨某丙当庭承认其一开始就知道运输的是毒品，在复核提讯时亦供认不讳。

再如，被告人陈某甲运输毒品死刑复核案②中，陈某甲三次伙同他人运输海洛因共计23 643克，前两次均因其辩称不知晓是运输毒品，被以证据不足为由不批准逮捕并释放。第三次被抓获后，陈某甲在侦查、审查起诉和一审阶段均辩称其不明知所携绿色双肩包内藏有毒品。二审庭审中，陈某甲供认其事先知道所携带双肩包内装有毒品而进行运输。综合全案证据，陈某甲归案后始终供认本次其系被某庚省男子带到山上，等待3个小时后看到专人专车将绿色双肩包送来，某庚省男子专

---

① 被告人杨某丙运输毒品死刑复核案基本案情：2017年9月2日，被告人杨某丙在某乙省某辛县驾驶其藏匿有毒品的斯柯达轿车欲前往某庚省某辰市。当日8时30分许，公安人员在某辛县某宾馆对面小吃店内将杨某丙抓获，当场扣押斯柯达轿车，将该车带至某汽修厂，当杨某丙面进行拆解，从后备厢两侧夹层查获海洛因30块，净重10 600克。该案核准被告人杨某丙死刑。

② 被告人陈某甲运输毒品死刑复核案基本案情：2015年5月至2016年3月，被告人陈某甲三次伙同他人运输海洛因共计23 643克。（1）2015年5月1日22时许，陈某甲与沈某甲（同案被告人，已判刑）携带装有毒品的花色手提包驾乘摩托车朝某乙省某丑县方向行驶，途经某乙省某辛县某路段时，被公安人员抓获。公安人员当场从陈某甲、沈某甲驾乘的摩托车货架上的花色手提包内查获用胶带包裹的海洛因33块，净重11 590克。陈某甲、沈某甲辩称不知晓包内装的是毒品，被以证据不足为由不批准逮捕并释放。（2）2015年11月3日，陈某甲在某乙省某壬市接应以人体藏毒方式运输毒品的张某乙、杨某戊（均系另案被告人，已判刑），欲带领该二人乘坐长途客车从某壬市将毒品运输至某庚省某辰市。当日14时许，陈某甲、张某乙、杨某戊在某壬市某客运站被公安人员抓获。张某乙从体内排出海洛因39坨，净重190克，杨某戊从体内排出海洛因56坨，净重268克。陈某甲辩称不知晓张某乙、杨某戊体内藏毒，被以证据不足为由不批准逮捕并释放。（3）2016年3月10日17时50分，陈某甲与沈某甲携带装有毒品的绿色双肩包驾乘摩托车朝某辛县某乙镇方向行驶，途经某乙镇边境某界碑附近中方一侧的边境小路时，被公安人员抓获。公安人员当场从陈某甲所背的绿色双肩包内查获用胶带包裹的海洛因33块，净重11 595克。该案核准被告人陈某甲死刑。

门给其一部手机用于联系，后其便按照某庚省男子的安排携带双肩包乘坐一辆摩托车行驶10分钟左右，然后又换乘另一名男子（沈某甲）驾驶的摩托车，后被抓获。陈某甲作为长期生活在某乙省边境的居民，实施了上述一系列不正常行为，理应明知所携带的双肩包内装有毒品而进行运输，且其在2015年5月1日即已携带装有毒品的手提包，接力乘坐沈某甲等人驾驶的摩托车运输毒品被当场抓获，本起又采取同种方式，乘坐同一人即沈某甲的摩托车运输毒品，根据其前后运输毒品的经历等综合分析，其也理应明知本次所携带的双肩包内装有毒品而故意进行运输。总之，根据陈某甲所供接取毒品和运输毒品的方式和过程，以及其运输毒品的经历等综合分析，足以认定陈某甲明知所携包内装有毒品而进行运输的事实，其关于不明知所携带的双肩包内有毒品的辩解明显与事实不符，不能成立。其在二审庭审中所供明知系毒品而进行运输的内容符合常理，真实、可信。故本案也是主要靠间接证据证实被告人对毒品属确定明知而运输，且证据非常充分。

3. 推定明知。与前述确定明知不同，很多没有直接证据证实被告人对毒品具有明知的案件，有价值的间接证据亦相对缺乏，虽然可以形成证据链，证实被告人对毒品是明知的，但证明程度并未达到确实、充分。典型的就是基于《大连会议纪要》等司法文件所列特定情形而推定的明知，法官内心确信被告人“应当知道”“肯定知道”，属于极高概率的明知。例如，被告人毛某甲运输毒品死刑复核案①中，毛某甲伙同其表哥宫某某、堂弟毛某乙共同驾车运输海洛因5668克、甲基苯丙胺片剂4909.5克被人毒俱获。毛某甲始终供认明知是毒品而运输，宫某某、毛某乙则始终否认明知是毒品而运输。一审期间，曾有意见认为无法认定毛某乙对毒品具有明知，建议对毛某乙作无罪处理。但根据在案证据，尤其是如下情节，可以

---

① 被告人毛某甲运输毒品死刑复核案基本案情：2016年9月，被告人毛某甲邀约其表哥宫某某、堂弟毛某乙（均系同案被告人，已判刑）到某乙省某辛县，并租赁了长城越野车用于运输毒品。同月24日20时许，毛某甲与宫某某、毛某乙携带毒品驾乘越野车，从某乙省某辛县某乙镇出发，绕开边境检查站前往某乙省某壬县方向。三人驾车途经某辛县某甲村路段时，遇到某乙检查站检查人员堵卡拦车检查，三人驾车强行冲卡拒绝接受检查。后毛某甲安排宫某某携带毒品到山上躲藏，毛某甲、毛某乙驾车到附近某甲村住宿。次日上午，毛某甲、毛某乙与宫某某会合后，驾驶越野车经某丑县某壬乡到达某丑县城。后毛某甲租车在前探路，宫某某、毛某乙驾驶越野车携带毒品跟进，继续前往某壬县方向。到某壬县后，毛某乙租车在前探路，毛某甲、宫某某携带毒品驾驶越野车跟进，到某壬县某子乡街道会合。当日21时55分，毛某甲、宫某某、毛某乙准备驾驶越野车离开某子乡街道时，被公安人员抓获，公安人员当场从该越野车后排座位上的背包内查获海洛因5668克、甲基苯丙胺片剂4909.5克。该案核准被告人毛某甲死刑。

证实毛某乙、宫某某二人应该知道是运输毒品：一是三人驾车从某辛县前往某壬县方向，故意绕远路，明显有躲避检查站的嫌疑；二是三人在驾车途经某辛县某甲村路段遇到检查人员堵卡拦车检查时，强行冲卡拒绝接受检查；三是毛某甲安排宫某某晚上背包到山上躲避，次日早上确认安全后，安排毛某乙驾车接应宫某某；四是在从某丑县城到某壬县县城、从某壬县县城到某壬县某乡街道两段行程，三人均是有人租车在前探路，有人驾车在后跟进。这些情节均属反常，且均符合运输毒品的常见行为特征，故可推定宫某某、毛某乙二人对运输毒品也是明知的。但是，由于毛某甲始终供称没有给宫某某、毛某乙二人明确说过是运输毒品，且在案没有证据证实宫某某、毛某乙二人有获取不法利益的企图，二人分别系毛某甲的表哥、堂弟，均称只是应毛某甲要求过来帮忙，并没有说是运输毒品，故本案对于二人明知是毒品而运输一节，虽然可以排除合理怀疑，推定其是明知的，但尚达不到确实、充分的程度，与对毛某甲明知毒品的确信程度相比，尚有一定差距。

4. 推测明知。在有的没有直接证据的毒品案件中，虽然间接证据能形成证据链，证实被告人很可能对毒品是明知的，或者说有很高的概率能确认被告人具有明知，但因缺乏足够的证据支持，故对明知的确定程度并不很高，甚至没有达到排除合理怀疑的程度，只是在内心大概率地评判，在与确定明知、推定明知相区别的角度，可以称之为推测明知。典型的情况就是，虽然被告人具有《大连会议纪要》等所列的特定的反常情形，但被告人提出了辩解，只是这些辩解既不能证实，也不能证伪，而是处于存疑的状态。

（三）推断明知毒品犯罪的死刑适用

对毒品主观明知不同种类的区分，与死刑适用有直接的关系。死刑案件人命关天，必须坚持最高的证明标准，必须确保死刑只适用于极少数罪行极其严重的犯罪分子。最高人民法院2010年《宽严相济意见》第29条明确指出，拟判处死刑的具体案件定罪或者量刑的证据必须确实、充分，得出唯一结论。主要根据直接证据证实的确实明知和主要根据间接证据证实的确定明知，虽然证据的主要种类不同，但其最终所证实的结论具有同一性，即对被告人明知的证实达到了确实、充分的程度，可以确认被告人对毒品是明知的。因此，对这两种明知的案件均可以适用死刑。

理论和实践中，争论最多，同时也是大家最担心的，是推定明知。毒品犯罪，由于其犯罪行为的特殊性，在被告人否认明知的情况下，对被告人的明知往往难以证明。中央和地方司法实务部门基于实践的迫切需要，出台了多个关于毒品犯罪推定明知的规范性文件。但恰恰是这些推定规范，在理论和实务中引发了激烈的争论。

事实上，在证据法研究中，对于推定界定不清和运用不当是一个十分突出的问题。一般来说，作为法律术语的推定，是指根据已知事实得出推定事实的法律机制与规则。推定是法院或者评论者用来描述一种事实认定规则的术语，推定的意义，就是在一个已证明的事实 A 和另一个待推定的事实 B 之间创设一种特定的法律关系。正如有的学者所指出的，在论证推定机制时，一般要确认以下三点：一是推定依赖于一个或一批基础性事实；二是基础事实与推定事实之间的联系是建立在经验基础上的逻辑联系，因此经验法则和逻辑联系是推定运用的基本法则；三是推定事实只有在缺乏有效反证的情况下方成立。推定与基于间接证据进行推理获得结论的推论是不同的，区别主要有以下几点：首先，推定因其具有一定程度的“推测与假定性”而降低了证明要求，而推论则必须符合证明充分性的一般要求。其次，推定具有“法定证据”的特征，反证证据一旦确认，推定就如气泡爆裂，不再发生效力；而推论则具有“自由心证”的特征，即使反证证据成立，仍需综合考量案件证据情况，斟酌支持推论事实的证据能否压倒反证证据，从而达到证明标准。再次，推定转移了证明责任，而推论则未转移证明责任。最后，推定是法律问题，而推论则是事实问题。在法律对犯罪主观要件未规定可以推定的情况下，如果在诉讼中转移证明责任、降低证明标准进行推定，就违背了无罪推定以及控方承担证明责任的刑事诉讼基本原则和法理，违背了案件事实清楚，证据确实、充分的证明要求，在法理上不能成立，在实践中十分有害。① 也正是基于对推定的这种认识，学者们对推定明知怀有高度的警惕。有的学者认为，“应当知道”本质是推定的故意，而推定相对于证据证明，证明标准和要求均有所降低，因此属于对刑法边界的一次扩张，必须进行严格的限定。② 对于司法文件中规定的“应当知道”的情形，有学者认为其绝大多数情形属于“实知”，也即根据案件证据在司法上可以推断其

① 参见龙宗智：《推定的界限及适用》，载《法学研究》2008 年第 1 期，第 106 ~ 112 页。

② 参见皮勇、黄琰：《论刑法中的“应当知道”——兼论刑法边界的扩张》，载《法学评论》2012 年第 1 期，第 53 ~ 59 页。

事实上知道，只有极少数属于“推定的明知”，也即因不得已而需要使用推定方法判断其明知。① 有的学者则完全否定司法文件中关于“应当知道”的认定规定属于推定明知，而是认为，这些规定仍然属于证据证明的范畴，文件的规定并不意味着允许“一推了之”。②

笔者认为，界定和适用推定明知，应重点把握以下三个问题。

1. 推定明知在毒品犯罪审判实践中是客观存在的。推定是一种逻辑思维方式，是一种判断的方法和机制。推定因其自身的固有功能而客观地存在于社会生活中。推定有其局限性，特别是其由于具有一定程度的“推测和假定性”而降低了证明要求，因而存在客观上的风险。尤其是在刑事诉讼中，推定与无罪推定的理念、存疑有利于被告人的原则也有抵触。但是，刑事诉讼从来都是以追求个人利益与社会利益的平衡为目标，因而，不仅要保障被告人个人权利，还要保护社会秩序和大众利益。虽然一般情况下，不应允许推定的适用，但对于特定的犯罪，例如毒品犯罪，由于其行为结构的特殊复杂性、危害后果的特别严重性等，也允许在特定的条件下适用推定。正如有的学者所指出的，“由于刑事推定涉及诉讼利益和风险的规则性分配，因此属于立法事项，司法解释原则上不应当设立刑事推定。不过，对某些特殊的犯罪，对个别要件事实，主要涉及主观要件的‘明知’‘故意’‘目的’等，在证明上特别困难的，根据司法实践的切实需要，斟酌其合理性，可以作为例外由司法解释设立推定规范。”③ 推定不是“洪水猛兽”，而只是一种思维方法，问题在于我们怎样正确地用好它，而非一味地拒绝、否认。实践中，仅2000～2018年，中央和地方相关部门就针对毒品明知问题出台了至少15个规范性文件，可见对推定明知的适用绝非一时“心血来潮”，而是基于审判实践的客观需要。

2. 要准确界定推定明知的定义和范围。实践中，由于对概念认识不清，有的同志将运用间接证据认定案件事实的方法称为推定，即所谓“事实推定”，既未明确界定其含义，也未深入研究其效用，导致思维与应用中的混乱。正如前文所论，主要运用直接证据证实案件事实的判断方法与主要运用间接证据证实案件事实的判断方法是不同的，前者可以直接证实，直接认定，后者则只能间接证实，只能通过

---

① 参见周光权：《明知与刑事推定》，载《现代法学》2009年第2期，第115～118页。

② 参见古加锦：《明知毒品的推定风险与证据证明》，载《西南政法大学学报》2017年第2期，第83～88页。

③ 龙宗智：《推定的界限及适用》，载《法学研究》2008年第1期，第125页。

推断的方式进行。而在通过推断方式判断事实的情况下，由于对所推断事实的证明的确信程度不同，进一步区分为确定的真实、推定的真实、推测的真实。在运用间接证据判断被告人明知的场合，分别为确定的明知、推定的明知与推测的明知。在此，笔者将主要依靠间接证据的判断方法称之为“推断”，而在“推断”之下，再区分“确定”“推定”与“推测”，这些界定背后都有其特定的含义和逻辑。所谓“推定”，只是主要依靠间接证据所进行的“推断”的一种方式，这种方式对应的是极高概率的确定性，是“应该知道”，是“极大概率知道”，但与“确定”所对应的完全的确定性、知道和证据确实、充分相比，在确定性上还是要低一些。但从另一方面讲，“推定”的确定性又高于“推测”。实践中对主要运用间接证据认定案件事实的方式称之为“推定”的作法，并不准确，且容易引发歧义。汉语言的词汇足够丰富，用什么样的词汇来表达什么样的意思，只要大家约定俗成、达成一致即可。将主要运用间接证据认定案件事实的方式无论是称为“推定”还是“推断”或者其他，本无所谓，但既然大众对“推定”一词已有相对明确的界定，对于在刑事诉讼中适用推定本就十分敏感，而在审判实践中，主要运用间接证据认定案件事实的方法并不完全是推定，甚至绝大多数都是综合全案证据作出的推断，远非简单地基于特定的基础事实如行为反常就推定出待定事实如明知是毒品，那么，我们就有必要正确地进行界定。确实属于推定的，应该客观地将其称之为推定或应当知道，虽然在实践中完全依靠推定方式认定事实的案件并不多。对于那些连极高概率的确信都达不到，只能达到或者勉强达到较高概率的确信称之为推测或可能知道。而对于占比绝大多数的虽然主要依靠间接证据，但证据足以形成完整的证据链，确实、充分地证实案件事实的，则称之为确定或者说就是知道，与主要依靠直接证据证实的确实知道处于同一层级。在浩瀚的汉语言词汇库中，我们也完全可以用其他的词汇来代替“确实明知”“推断明知”“确定明知”“推定明知”“推测明知”等概念，但无论如何称谓，我们都要注意这些词汇所代表的特定含义和背后的严密逻辑。

3. 对于推定明知毒品的案件，不宜适用死刑。与通常的判断方法不同，推定是一种迫不得已的选择。一个案件，如果能通过直接证据证实被告人对毒品的明知，那自然是最简单、也最好不过了。在没有直接证据的情况下，为了查清案件事实，就必须依靠间接证据来证实被告人的主观心态。如果间接证据能形成完整的证据链，被告人明知是毒品的事实清楚，证据确实、充分，能够排除合理怀疑，也能达到与运用直接证据相当的效果。在这两种情况下，因为对被告人明知毒品的证明都是确实、充分的，因此，可依法适用死刑。一个案件，如果没有直接证据，只能依靠间接证据定案，而且间接证据还无法形成完整的证据链证实被告人明知毒品的事实，但根据对案件的综合判断，内心确信被告人对毒品应该是明知的，那就只有通过推定的方法，依据被告人的客观行为来推定其主观心态。一方面，如果被告人具有司法文件所规定的特定的违反常理的情形，而其本人又不能做出合理解释，且没有证据证实其属于被蒙骗的，就可以推定其对毒品在主观上是明知的。但从另一方面讲，虽然基于实践的需要可以在特定的情况下对被告人的明知进行推定，进而追究其刑事责任，避免放纵犯罪，但这种推定的明知，从证据角度来讲毕竟不是很充分，与死刑案件所要求的最高证明标准相比，客观上是有差距的，因此，对推定明知的毒品犯罪被告人，应作留有余地的判决，不宜适用死刑。此即针对特定死刑案件的定罪证明标准与量刑证明标准的二元论。而推测明知（可能明知）的案件，也即被告人提出的辩解存疑，既不能证实也不能证伪的，虽然根据案件事实，结合经验判断，内心确信被告人很可能对毒品是明知的，但对被告人主观明知的证明程度比推定明知还低，定罪尚且存疑，遑论适用死刑。

> 法的发展的重心既不在于立法，也不在于法学或司法判决，而在于社会本身。①
> ——［奥］欧根·埃利希

第三节 防卫的限度

——被告人屈某甲故意杀人死刑复核案

引 言

正当防卫是公民的一项重要权利，但正当防卫和防卫过当之间却只有一线之隔。对防卫限度的界定，涉及对不法侵害的暴力反击权在国家与个人之间的分配，涉及大众对秩序和自由、效率与公正等各种价值的选择和侧重，关系重大而又十分

① ［奥］欧根·埃利希：《法社会学原理》，舒国滢译，中国大百科全书出版社2009年版，“作者序”。

微妙。就根本上而言，对防卫限度的界定取决于历史的传统和现实的经济社会发展水平，对刑法界各种观点和做法背后的逻辑要有充分的了解，并在力所能及的范围内做最恰当的选择。

一、基本案情

被告人屈某甲，男，1976 年 2 月 5 日出生。2013 年 5 月 25 日被逮捕。

某丙省某丙市中级人民法院审理某丙市人民检察院指控被告人屈某甲犯故意杀人罪一案，于 2013 年 12 月 12 日以刑事附带民事判决，认定被告人屈某甲犯故意杀人罪，判处死刑，剥夺政治权利终身。宣判后，屈某甲提出上诉。某丙省高级人民法院经依法开庭审理，于 2014 年 12 月 28 日以刑事附带民事裁定，驳回上诉，维持原判，并依法报请最高人民法院核准。

公诉机关指控，被告人屈某甲故意杀害被害人李某戊、徐某甲，其行为已构成故意杀人罪，应依法惩处。

被告人屈某甲对公诉机关的指控未提出异议。其辩护人的意见是：(1) 屈某甲主观上没有剥夺他人生命的故意，不应定性为故意杀人罪；(2) 屈具有自首情节；(3) 被害人对案件发生有明显过错；(4) 屈是激情犯罪，主观恶性相对较小；(5) 屈一贯表现良好，系初犯、偶犯；(6) 屈认罪态度好，真诚悔罪，建议对屈从轻处罚，不适用死刑立即执行。

一审法院认定：2013 年 5 月 11 日 15 时许，被告人屈某甲驾驶轿车行驶至某丙省某丙市某路段时，与某丙市居民王某甲驾驶的出租车发生碰撞。在屈某甲与王某甲协商处理事故时，王某甲准备接送的客人李某戊、徐某甲酒后到达现场，对屈某甲进行辱骂，屈某甲遂从其轿车驾驶室内取出尖刀，向李某戊腹部猛刺一刀。徐某甲见状向北边转盘方向跑去，屈某甲持刀追赶徐至转盘东侧，向其腿部、胸部连刺数刀，后逃离现场。李某戊因髂内动脉、静脉破裂失血性休克死亡，徐某甲因肝脏破裂失血性休克死亡。后屈某甲逃往某戊省某酉市，其父亲屈某乙与警方联系准备让其投案，并在某酉市某地将屈某甲交给公安人员。经公安人员讯问，屈某甲供述了自己的犯罪事实。

认定上述事实的证据，有根据被告人屈某甲供述提取的作案工具尖刀、屈某甲所穿衣服等物证，手机通话记录、医院门诊病历等书证，证人王某甲、王某乙、刘某甲、马某某、屈某乙等的证言，尸体鉴定意见、司法精神病鉴定意见、DNA 鉴定意见，现场勘验、检查、辨认笔录，被告人归案证明和被告人屈某甲的供述等。

一审法院认为，被告人屈某甲因琐事持刀以暴力手段非法剥夺他人生命，其行为已构成故意杀人罪。虽然屈某甲在作案后主动投案，如实供述主要犯罪事实，有自首情节，被害人对于引发案件有过错，但是屈某甲以暴力手段非法剥夺他人生命，致二人死亡，性质恶劣，后果特别严重，应予严惩。据此，依法判决：以故意杀人罪判处被告人屈某甲死刑，剥夺政治权利终身。

被告人屈某甲上诉及其辩护人辩称：（1）屈某甲没有杀人的主观故意，原判定罪不准；（2）二被害人酒后滋事，首先挑起事端，对引发本案有明显过错；（3）屈某甲有自首情节；（4）原判量刑重，请求从轻处罚。

检察机关的意见是：被害人在案发前因上确有责任，且被告人屈某甲有自首情节，但屈某甲致二人死亡，情节、后果严重，请二审法院依法判决。

二审法院认定的事实和依据的证据与一审基本相同。

二审法院认为，被告人屈某甲因琐事故意非法剥夺他人生命，其行为已构成故意杀人罪，且其连杀二人，罪行极其严重，虽然被害人对引发本案有过错，屈某甲案发后有自首情节，但不足以对其从轻处罚。第一审判决认定的事实清楚，证据确实、充分，定罪准确，量刑适当。审判程序合法。据此，依法裁定：驳回上诉，维持原判。

最高人民法院经复核确认：2013 年 5 月 11 日 15 时许，被告人屈某甲驾驶轿车行驶至某丙省某丙市某路段时，与某丙市居民王某甲驾驶的出租车发生碰撞。在屈某甲与王某甲协商处理事故时，被害人李某戊（王某甲准备接送的客人，殁年 33 岁）、徐某甲（亦系王某甲准备接送的客人，殁年 26 岁）醉酒后到达现场，对屈某甲无端辱骂。屈某甲因口吃在情急之下表达不畅。李某戊、徐某甲不顾在场群众反复劝阻，继续对屈某甲进行辱骂，徐某甲并对屈进行恐吓威胁。在屈某甲还嘴的情况下，李某戊、徐某甲挣脱群众劝阻，冲向屈某甲欲对屈进行殴打。屈某甲遂从其轿车驾驶室内取出尖刀，向李某戊腹部猛刺一刀。徐某甲见状向北边转盘方向跑去，屈某甲持刀追赶徐至转盘东侧，向其腿部、胸部连刺数刀，后逃离现场。李某戊因髂内动脉、静脉破裂失血性休克死亡，徐某甲因肝脏破裂失血性休克死亡。当日 23 时许，屈某甲在其父亲屈某乙规劝下，在某戊省某医院向公安人员投案自首。

最高人民法院确认上述事实的证据与一、二审相同。

最高人民法院认为，被告人屈某甲故意非法剥夺他人生命，其行为已构成故意杀人罪。屈某甲因琐事纠纷，持刀捅刺二名被害人要害部位，致二人死亡，犯罪性质恶劣，罪行严重，应依法惩处。鉴于二名被害人醉酒后无端辱骂、恐吓并欲殴打屈某甲，对于案件发生具有明显过错，屈某甲作案后在父亲规劝下，主动向公安人员投案，如实供述自己的罪行，具有自首情节，综合考虑屈某甲犯罪的事实、性质、情节和对社会的危害程度，对其可不判处死刑，立即执行。第一审判决、第二审裁定认定的事实清楚，证据确实、充分，定罪准确。审判程序合法。据此，依法裁定：不核准并撤销某丙省高级人民法院维持第一审以故意杀人罪判处被告人屈某甲死刑，剥夺政治权利终身的刑事附带民事裁定，发回某丙省高级人民法院重新审判。①

二、主要问题

本案被告人屈某甲对二被害人的杀害行为是否有防卫因素？对于存在防卫因素的案件，应该如何准确界定防卫的限度？

笔者认为，二被害人醉酒后无端辱骂、恐吓并欲殴打被告人屈某甲，已经对屈某甲的人格形成了侮辱，并已威胁到屈某甲的人身安全，屈某甲对二被害人予以反击，具有正当性，其行为具有一定的防卫因素。但是，屈某甲在二被害人并未携带危险性器械，自身生命安全并未受到明显威胁的情况下，径直持刀捅刺二被害人致死，手段明显过当，超过了防卫的必要限度。对于防卫过当的判断，应坚持行为优先、兼顾结果的标准。对于行为必要性的判断，应坚持主客观相结合的标准，即尊重行为人的主观认识，但这种主观认识是否合理，并非根据行为人的主观臆断或一面之词，而应以社会公众的一般认知为标准。

三、延伸思考

正当防卫，一直都是刑法界乃至全社会激烈讨论的热点话题之一。究其根源，在于这个问题关系到公民的切身利益。每一个人都可能身陷遭受不法侵害的境地。在此情形下，是坐以待毙，还是奋起反抗，就成为一个现实的选择。如果要反抗，或称之为防卫，就存在一个限度的问题。一旦超限，就构成防卫过当，就可能要被按照犯罪追究刑事责任。在事实上，正当防卫和防卫过当之间“经常只有一根头

① 本案发回后，一审法院经重新审理，对被告人屈某甲以故意杀人罪改判死刑，缓期二年执行，剥夺政治权利终身。宣判后，屈某甲未上诉，公诉机关未抗诉。二审法院经复核，同意原判。

发丝那么宽窄的距离”①，但在规范上，二者之间却具有一为权利、一为犯罪的天壤之别②，其间的界定，关系重大但又极其微妙。因此，个人的防卫权应该限定在怎样的限度，就成为一个永恒的话题。

（一）关于防卫限度的各种观点和做法

关于正当防卫和防卫过当，经过多年来的研究、借鉴与发展，我国的理论与实务已经和世界各主要国家基本接轨。通说认为，正当防卫是公民的一项重要权利。但同公民的其他权利一样，正当防卫权利亦不能滥用，必须符合法律的规定。一般来说，正当防卫的成立，需要同时满足五个要件：（1）起因要件，不法侵害现实存在；（2）时间要件，不法侵害正在进行；（3）目的要件，出于防卫目的；（4）对象要件，只能对不法侵害者本人进行防卫；（5）限度要件，不能超过必要限度。司法实践中，关于正当防卫争议的核心问题在于如何界定防卫过当，即对正当防卫的“必要限度”应如何把握。

1. 英美刑法对防卫限度的界定

英美法系各国和地区普遍认为，不超出必要的限度是正当防卫的一项成立条件。是否超出必要限度，应以被告人的主观认识为准，只要行为人在当时的条件下主观上确信其所实施的暴力对于防止自己或他人的人身遭受侵害是必须的，就没有超过必要限度，即使客观上来讲被告人的暴力已经超出必要限度，也不影响正当防卫的成立。

在英国刑法中，如果被告人没有认识错误而实施暴力防卫，那么他要么有完全的辩护理由而不构成犯罪，要么因过度地使用暴力丧失辩护理由而构成犯罪。如果被告人存在认识错误的情况，只要其对暴力没有超出必要限度的认识错误是真诚的，也能构成正当防卫。“法律允许这样的武力在被告人认为合理的情况下使用，而不问这种判断合理与否。”“在攻击发生，防卫成为合理必要的时候，人们认为一个人在防卫时不可能准确地把握其防卫行为必要限度的确切标准。如果陪审团认为一个人在毫无准备的情况下受到极度攻击时，真诚地、出于本能地认为防卫行为是必要的，那么，这将是证明防卫行为合理性的最有力的证据。”“合理性的标准应该考虑到使暴力使用成为必要的危险的性质，当时环境的压力，即使是正常的人

---

① 王世洲教授语。参见冯军：《防卫过当：性质、成立要件与考察方法》，载《法学》2019 年第 1 期，第 22 页。

② 参见冯军：《防卫过当：性质、成立要件与考察方法》，载《法学》2019 年第 1 期，第 22 页。

也不能被期望对暴力使用的恰到好处的最低限度作出判断。”“在具体的情况下，不能用珠宝商的秤去衡量暴力的合理性。”①

美国刑法的理论和实践把暴力分为致命性暴力与非致命性暴力。如果侵害的暴力属于致命性暴力，那么防卫暴力也可以是致命性的。如果侵害的暴力是非致命性的，那么防卫的暴力也应该是非致命性的。由此，对致命性暴力的侵害行为，防卫人有无限防卫权，对非致命暴力的侵害行为，只容许有限防卫。在判例和制定法中，都把“防卫人合理地相信为避免非法侵害而使用这种暴力是必需的”作为自身防卫合法辩护的一个条件。因此，在发生合理的认识错误的情况下的防卫行为仍然可以进行合法辩护。例如，在19世纪有这样一个案件：被告人（实施防卫行为的人）开枪杀死了正威胁要杀他的人，当威胁者把手伸向口袋时被防卫者开枪打死。事后查明，威胁者口袋里除了一条手绢外根本没有任何武器。虽然发生了事实上的认识错误，但这是合理的。美国著名大法官霍姆斯于1921年在布朗上诉案的决定中提出，“在面对举刀的情况下不能要求作出分寸恰当的反应”，对防卫人的主观判断不能苛求。当然，所谓“合理地相信”，并不是行为人的纯主观臆测，而是有客观标准的，这个标准就是普通人的一般认识。②

2. 德国刑法对防卫过当的界定

德国刑法对正当防卫的范围界定很宽泛。《德国刑法典》第32条规定：“正当防卫不违法。为使自己或他人免受正在发生的不法侵害而实施的必要的防卫行为，是正当防卫。”第33条规定：“防卫人由于慌乱、恐惧、惊吓而防卫过当的，不负刑事责任。”根据德国刑法理论，正当防卫的基本思想，是“正义不必屈于非正义”。允许对不法进行防卫作为公民的权利有两个根据：一是防卫权是每个人与生俱来的通过防止他人对自己的不法侵害而实现的自我主张权，二是正当防卫是法秩序，它不需要躲避不法，如果不存在官方的帮助，被侵害人的自卫行为同时也是在维护公共和平秩序。③ 换言之，正当防卫是公权力临时缺失时，私力对公权力的替代、补充和维护，是公权力的一部分，因而具有天然的正当性。

---

① ［英］J. C. 史密斯、B. 霍根：《英国刑法》，李贵方等译，法律出版社2000年版，第289～292页。

② 参见储槐植：《美国刑法》，北京大学出版社2005年版，第88页。

③ 参见［德］汉斯·海因里希·耶塞克、托马斯·魏根特：《德国刑法教科书》，徐久生译，中国法制出版社2001年版，第401～402页。

关于防卫的限度，德国刑法理论的通说认为："在适当的、多种可供选择的防卫手段中，最温和而且不与自身损害的直接危险相联系的防卫行为，才是必要的……最温和的防卫手段，是指可以用拳头或者脚对攻击者进行防卫的人，不得使用刀或者枪进行防卫；能够使用殴打工具或者武器进行威胁，或者通过警告性射击威胁攻击者的人，不得开枪射击。"① "防卫的必要性，应该根据客观的和事前的情形来加以判断，也就是说，如同有经验的第三人站在被害人的位置进行客观的判断。但是，被侵害人可不限于只能进行纯粹防卫，只要是为实施防卫行为所必要的，也可以进行反击性防卫。……在没有更加稳妥的防卫手段时，根据情形将抢劫钱包的侵害人杀死的情况也可能是'必要'的。"② 德国联邦最高法院也表示："正当防卫者必须总是从多种有效的防卫方式或是某工具的多种使用方法中选择最温和的方式和对侵害者危险最小的使用方法……这一规则……并不是不存在例外情况的"，"被侵害者在对更温和的防御手段的效果存疑的情况下，不必须采用此温和手段。在搏斗中不需要将自己陷于一种不确定的情况"③。

2019 年 8 月，笔者在参加中国法官代表团赴德交流期间，就防卫过当问题与德国同仁进行了深入的交流。德国同仁举例说明了德国司法界对防卫过当的理解：穆勒女士独行，随身所带包被抢，女士持手杖击打抢包者头部致其受伤，则该防卫行为完全是正当的，本身不存在过当之处，因为"权利无须向不法让步"。不能要求女士去想是被抢的包的价值大，还是其为防止包被抢进行反击所造成的抢包人的损失大，或者是否应首先考虑逃跑。女士的第一反应是正确的。只有一种情况下，可要求行为人进行权衡，就是：当时有两种手段可供选择，一轻一重，行为人是否选择了适当的手段，但这种选择的要求也不是必须的，如果当时有风险，也不要求行为人必须权衡。

例外情形是，如果防卫对象是儿童，则首先应尽量躲避，其次可消极防卫，最后才可以积极防卫。即使如此，也还是可能发生防卫过当的情形。例如，某女士腿脚不好，独自坐轮椅在家，院子里种有樱桃树，邻居家孩子来偷樱桃，女士开枪将孩子打死。在此情形下，女士的防卫超出正当界限，构成防卫过当，理由是女士当

---

① 张明楷：《防卫过当：判断标准与过当类型》，载《法学》2019 年第 1 期，第 10 页。

② ［德］汉斯·海因里希·耶塞克、托马斯·魏根特：《德国刑法教科书》，徐久生译，中国法制出版社 2001 年版，第 411 页。

③ 石家慧：《德国刑法中的正当防卫制度》，载《中国应用法学》2018 年第 6 期，第 183～184 页。

时应作出利益权衡，在樱桃价值和生命价值之间，显然后者更大。

回到穆勒女士包被抢的案例，如果女士当时可以在打头与打手之间选择，且打手即足以制止不法，而女士却选择打头造成伤害，则属超出了应有的界限。但如果当时情况紧急，女士是基于慌乱、恐惧、惊吓而实施的，则亦不负刑事责任。在此需区分行为人的心理活动，如果确属基于慌乱、恐惧、惊吓而实施的，应予以保护，但如果并非基于慌乱、恐惧、惊吓，而是基于教训、报复、表达愤怒而实施的，则不应予以保护。

但实践中还是存在一些“灰色地带”，对防卫的界限到底止于哪儿，存在争议。例如，前述之穆勒女士包被抢持杖击打案，在女士一杖打中抢包者头部，致其晕倒在地，失去知觉后，如果女士又追上去，朝抢包者又打了十杖，该如何定性？对此，德国的司法界与学界存在分歧。司法界认为，后之追打行为已不属于正当防卫，应构成防卫过当；学界则认为，女士后之十杖与前之一杖是一个连贯的行为，是一体的，其心理压迫仍然存在，后之补打仍是基于恐慌的心理，故应属正当防卫。但在实践中，基于防卫人提起的诉讼基本上是不会发生的，因为前后击打的时间和动作都是连贯的，很难分割，检察官面对此类案件，也不会想着去提起诉讼。①

根据《德国刑法典》第32条的规定，德国刑法放弃了合比例原则的适用，即不要求防卫人采取的防卫手段造成的后果与非法侵害可能造成的后果合乎比例。而第33条在实践中则通常起到“备用条款”的功能，即法院会在防卫过当事实不清、证据不足时，结合疑罪从无原则，援引第33条宣告被告人无罪。据此可知，德国立法者和司法者认为正当防卫制度首先是保护个人合法利益以及维护法律秩序，并试图通过给予防卫者更大的防卫空间的方法加大不法侵害行为人的行为风险和成本。但这一规定在德国理论界也存在很多反对意见，例如德国著名刑法学家罗克信教授就曾称第33条是“最黑暗的条款”，还有的学者认为第33条与刑法典的整体体系不一致。②

---

① 2019年8月赴德交流期间，笔者在德国国际合作机构中德法律合作项目时任副主任汉马克博士、项目官员王思萌女士和宣誓翻译吴楠女士等的协助下，和柏林州司法、消费者权益保障与反歧视部的同仁就防卫过当问题进行了深入交流。在此对汉马克博士、王思萌女士和吴楠女士表示衷心的感谢！

② 参见石家慧：《德国刑法中的正当防卫制度》，载《中国应用法学》2018年第6期，第173～196页。

3. 我国刑法对防卫限度的界定

我国《刑法》第 20 条第 2、3 款规定："正当防卫明显超过必要限度造成重大损害的，应当负刑事责任，但是应当减轻或者免除处罚。""对正在进行行凶、杀人、抢劫、强奸、绑架以及其他严重危及人身安全的暴力犯罪，采取防卫行为，造成不法侵害人伤亡的，不属于防卫过当，不负刑事责任。"

对于上述第 20 条第 3 款的性质，刑法学界存在激烈的争论。多数学者认为，该款规定的是特殊正当防卫，或称为无过当防卫、无限防卫权等，该款规定是防卫过当的一种例外，"在一般情况下，正当防卫存在限度条件，超过必要限度的是防卫过当……但对于无过当之防卫来说，即使防卫行为造成不法侵害人伤亡，也不构成防卫过当，不负刑事责任。由此可见，无过当之防卫的法律后果具有特殊性，这种特殊性实际上是对防卫人的一种豁免，使防卫人解除后顾之忧，从而更为有效地保护本人或者他人的合法权益"①。"对于严重危及人身安全的暴力犯罪实施防卫，不要结果适度性要件。"② 有的学者则认为，第 3 款规定只是提示性规定、注意规定，该款规定的正当防卫并非没有必要限度，而是其本身就是必要限度内的防卫行为，"由于防卫人面对的是正在进行的行凶、杀人、抢劫等严重危及人身安全的暴力犯罪……防卫人的生命健康等权利之安危往往系于须臾之间。在这种情况下，防卫人所必需之防卫行为当然只会是严重损害不法侵害人人身安全的暴力行为……既然如此，本款之防卫行为自应是制止不法侵害所必需的"③。对于严重危及人身安全的暴力犯罪进行防卫，造成不法侵害人伤亡的，原本就没有超过必要限度，而是完全正常的防卫行为。既然如此，就并无特殊。既无特殊，便无特殊规定可言，于是也不存在所谓特殊正当防卫，因此，第 2 款规定了防卫过当的一般判断标准与处罚原则，第 3 款只是提示性地规定什么样的防卫行为没有过当。④

对于第 20 条第 2 款中"明显超过必要限度"和"造成重大损害"的关系，学界存在明显分歧，主要存在二分说和一体说的对立。

二分说认为，正当防卫的限度条件，包括行为限度条件和结果限度条件，"在

① 陈兴良：《规范刑法学》（上册），中国人民大学出版社 2017 年版，第 150 页。

② 阮齐林：《刑法学》，中国政法大学出版社 2011 年版，第 139 页。

③ 刘艳红、程红：《"无限防卫权"的提法不妥当——兼谈新〈刑法〉第 20 条第 3 款的立法本意》，载《法商研究》1999 年第 4 期，第 67～70 页。

④ 参见张明楷：《防卫过当：判断标准与过当类型》，载《法学》2019 年第 1 期，第 3～9 页。

行为限度条件中，主要以必要限度为衡量标准，若明显超过必要限度则成立行为过当；而在结果限度条件中，以是否造成可量化操作的重大损害后果为判断基准，造成了不法侵害人重伤或死亡的重大损害后果，才成立结果过当。这样防卫过当就包括了行为过当与结果过当两个条件，仅有行为过当还不必然导致防卫过当"①。"在防卫行为明显不当的情形下，不能无视防卫结果的判断价值。如果防卫行为明显超过必要限度，但结局上并未造成任何损害，或者未造成重大损害的案件，不能以防卫过当论处。""我国刑法第二十条第三款的规定充分展示出立法者的态度：对于不法行为（防卫过当行为）的成立，需要同时强调行为无价值（防卫行为明显超过必要限度）和结果无价值（造成严重损害）。"②

一体说则认为，"只有防卫行为的强度超过了'必需'的限度，才会造成重大的危害结果，而防卫行为造成重大的损害，则是由于防卫行为超过必需的强度所致，二者是相辅相成、缺一不可的。不可能存在所谓的'行为过当而结果不过当'或'结果过当而行为不过当'的情形"③。换言之，"正当防卫行为之过当，就是表现在造成了不应有的危害结果。防卫过当行为和其所造成的重大损害是统一的，两者不可分割。防卫过当行为是造成重大损害的原因，而重大损害是确定防卫过当的根据"④。

对于防卫限度的界定，实务部门多持综合判断的态度。2015 年 3 月 2 日，最高人民法院、最高人民检察院、公安部、司法部公布的《关于依法办理家庭暴力犯罪案件的意见》第 19 条第 2 款指出："认定防卫行为是否'明显超过必要限度'，应当以足以制止并使防卫人免受家庭暴力不法侵害的需要为标准，根据施暴人正在实施家庭暴力的严重程度、手段的残忍程度，防卫人所处的环境、面临的危险程度、采取的制止暴力的手段、造成施暴人重大损害的程度，以及既往家庭暴力的严重程度等进行综合判断。"

2018 年 6 月 20 日，最高人民法院发布的指导案例 93 号于欢故意伤害案的"裁判理由"中指出："防卫过当是在具备正当防卫客观和主观前提条件下，防卫反击明显超越必要限度，并造成致人重伤或死亡的过当结果。认定防卫是否'明显超

① 郭泽强、胡陆生：《再论正当防卫的限度条件》，载《法学》2002 年第 10 期，第 27 ~ 29 页。
② 周光权：《正当防卫的司法异化与纠偏思路》，载《法学评论》2017 年第 5 期，第 1 ~ 17 页。
③ 马克昌主编：《犯罪通论》，武汉大学出版社 1999 年版，第 754 ~ 755 页。
④ 陈兴良：《刑法适用总论》（上卷），中国人民大学出版社 2017 年版，第 310 页。

过必要限度'，应当从不法侵害的性质、手段、强度、危害程度，以及防卫行为的性质、时机、手段、强度、所处环境和损害后果等方面综合分析判定。"①

2018 年 12 月 18 日，最高人民检察院发布的第十二批指导性案例中指出：防卫过当中，重大损害是指造成不法侵害人死亡、重伤的后果，明显超过必要限度是指根据所保护的权利性质、不法侵害的强度和紧迫程度等综合衡量，防卫措施缺乏必要性，防卫强度与侵害强度对比也相差悬殊；对于明显超过必要限度，应当根据不法侵害的性质、手段、强度和危害程度，以及防卫行为的性质、手段、强度、时机和所处环境等因素，进行综合判断；行为人的防卫措施虽明显超过必要限度但防卫结果客观上并未造成重大损害，或者防卫结果虽客观上造成重大损害但防卫措施并未明显超过必要限度，均不能认定为防卫过当。②

2020 年 8 月 28 日，最高人民法院、最高人民检察院、公安部联合印发的《关于依法适用正当防卫制度的指导意见》第 11 ~ 13 条规定："……认定防卫过当应当同时具备'明显超过必要限度'和'造成重大损害'两个条件，缺一不可。""……防卫是否'明显超过必要限度'，应当综合不法侵害的性质、手段、强度、危害程度和防卫的时机、手段、强度、损害后果等情节，考虑双方力量对比，立足防卫人防卫时所处情境，结合社会公众的一般认知作出判断。在判断不法侵害的危害程度时，不仅要考虑已经造成的损害，还要考虑造成进一步损害的紧迫危险性和现实可能性。不应当苛求防卫人必须采取与不法侵害基本相当的反击方式和强度。通过综合考量，对于防卫行为与不法侵害相差悬殊、明显过激的，应当认定防卫明显超过必要限度。""……'造成重大损害'是指造成不法侵害人重伤、死亡。造成轻伤及以下损害的，不属于重大损害。防卫行为虽然明显超过必要限度但没有造成重大损害的，不应认定为防卫过当。"

（二）对防卫限度各种观点和做法的分析

比较关于防卫限度的各种观点和做法，并结合对司法实践的观察，笔者认为，对防卫限度进行界定的思维模式大致可分为以下四种。

---

① 《最高人民法院指导案例 93 号：于欢故意伤害案》，载法律图书馆网，http：//www. law - lib. com/law/law_view. asp？ id = 626979，最后访问日期：2020 年 6 月 26 日。

② 参见《最高人民检察院第十二批指导性案例》，"陈某正当防卫案（检例第 45 号）""朱凤山故意伤害（防卫过当）案（检例第 46 号）"，载最高人民检察院网，http：//www. spp. gov. cn/xwfbh/wsfbt/201812/t20181219_402919. shtml#2，最后访问日期：2020 年 6 月 26 日。

1. 行为导向模式，即只看行为，不看结果，只以防卫行为是否必要为标准界定是否构成正当防卫。例如，根据德国刑法理论的通说，防卫行为只要是必要的，不论造成何种结果，都是正当防卫。在适当的、多种可供选择的防卫手段中，最温和而且不与自身损害的直接危险相联系的防卫行为，才是必要的。如果防卫人在没有危险的情况下，却没有采取最温和的手段，而是采取了足以致命的手段（如开枪射击），即使没有造成严重损害，也属于质的防卫过当，成立故意杀人未遂或者故意伤害未遂。倘若不符合《德国刑法典》第 33 条“防卫人由于慌乱、恐惧、惊吓而防卫过当”的规定，依然要按普通的未遂犯给予刑罚处罚。① 例如，罗克信教授指出：“在没有实现侵害犯的结果无价值，存在行为无价值的场合，成立未遂犯；反之，存在侵害犯的结果无价值，但不能确定行为无价值时，欠缺不法，因而不可罚。”②

2. 行为优先模式，即行为优先，兼顾结果，将防卫限度的判断分为两个层次，首先看行为是否在必要限度内，只有行为超过必要限度且造成了重大损害的情况下才成立防卫过当。此模式较为典型的是美国刑法的理论和实践，其把暴力分为致命性暴力与非致命性暴力。对致命性暴力的侵害行为，防卫人有无限防卫权，对非致命性暴力的侵害行为，只容许有限防卫。

我国刑法学界关于防卫限度的二分说与此基本相同。例如，有的学者提出：防卫必要性是防卫过当的决定性标准，对结果的利益衡量只能是辅助性的；只有在依据事前判断标准认定防卫行为不必要时，才需要进行利益衡量。③ 有的学者认为，“明显超过必要限度”和“造成重大损害”可视为防卫过当的两个阶层，行为过当具有独立于和优先于结果过当的地位，依次从行为和结果这两个角度出发，对防卫过当的成立形成有效的双层检验关卡，只要确定防卫行为适当，正当化的效果即可自动延伸覆盖该行为所引起的结果；由此判断，关于防卫限度的判断大致可能存在以下四种情形：一是防卫手段未明显超过必要限度，亦未造成重大损害的，自然不成立防卫过当；二是防卫手段未明显超过必要限度，但造成重大损害的，不成立防卫过当；三是防卫手段明显超过必要限度，但未造成重大损害的，不成立防卫过当；四是防卫手段明显超过必要限度，并且造成重大损害的，成立

① 参见张明楷：《防卫过当：判断标准与过当类型》，载《法学家》2019 年第 1 期，第 10 页。

② 张明楷：《防卫过当：判断标准与过当类型》，载《法学家》2019 年第 1 期，第 11 页。

③ 参见周光权：《正当防卫的司法异化与纠偏思路》，载《法学评论》2017 年第 5 期，第 1～17 页。

防卫过当。[1]

从我国《刑法》第20条第2、3款的规定分析，刑法关于防卫限度的规定也遵循了这样的思路。第2款规定："正当防卫明显超过必要限度造成重大损害的，应当负刑事责任，但是应当减轻或者免除处罚。"这是确立了防卫过当的界定标准，只有"正当防卫明显超过必要限度"并且"造成重大损害"的，才构成防卫过当。第3款规定："对正在进行行凶、杀人、抢劫、强奸、绑架以及其他严重危及人身安全的暴力犯罪，采取防卫行为，造成不法侵害人伤亡的，不属于防卫过当，不负刑事责任。"这是针对"严重危及人身安全的暴力犯罪"实施防卫的规定，这一规定不论是理解成特别规定，还是理解成补充、提示性规定，其效果是一样的，就是在一般情形的规定之外对部分情形的特别强调。根据这两款的规定，防卫行为因侵害行为的不同而分为两种：一种是一般的侵害行为，也即"非严重危及人身安全的暴力行为"，对此进行防卫的，要首先评价其防卫行为的必要性，然后再结合是否造成重大损害，以确定是否构成防卫过当。另一种是特别的侵害行为，也即"严重危及人身安全的暴力行为"，对此进行防卫的，不需要再评价其防卫行为的必要性，因为侵害行为已经"严重危及人身安全"了，已经是顶级的侵害了，所以即使是顶级的防卫暴力也是必要的，也不会超出必要限度，因而更不必要再考虑防卫造成的后果。换言之，只要是针对"严重危及人身安全的暴力行为"，行为人可以实施无限防卫权，无论造成怎样的重大损害，都不必担心承担法律责任。侵害行为的高度严重性赋予了防卫行为高度暴力以天然的正义性。最高人民法院、最高人民检察院、公安部《关于依法适用正当防卫制度的指导意见》第11、13条规定："……认定防卫过当应当同时具备'明显超过必要限度'和'造成重大损害'两个条件，缺一不可。""……防卫行为虽然明显超过必要限度但没有造成重大损害的，不应认定为防卫过当。"这一规定进一步明确了我国刑法关于防卫限度界定的行为优先的思路。

3. 结果优先模式，即结果优先，兼顾行为，以防卫结果为重心，首先看是否造成了重大损害结果，造成重大损害结果的，只要防卫行为不是特别明显地没有超过必要限度，就成立防卫过当。与行为优先模式所秉持的以行为为本位的思维相

---

① 参见陈璇：《正当防卫、维稳优先与结果导向——以"于欢故意伤害案"为契机展开的法理思考》，载《法律科学》（西北政法大学学报）2018年第3期，第84~86页。

反，此模式以结果为本位、重心和优先关注点。我国刑法学界关于防卫限度的一体说基本可归入此类。例如，有的学者指出："不存在所谓明显超过必要限度但没有造成重大损害的情况，换言之，只是在造成重大损害的情况下，才存在明显超过必要限度的问题；不存在所谓'手段过当'而'结果不过当'或相反的现象。"①"对于重大损害必须进行动态的考虑，需要根据不法侵害的缓急、强度及其类型、防卫手段与强度的必要性，以及所防卫的利益等方面，进行综合判断得出妥当结论。"②

当然，坚持一体说的学者可能不会认为自己的思维是结果优先，但客观上，二者之间存在极大的重合。本来，《刑法》规定的是"正当防卫明显超过必要限度造成重大损害的"构成防卫过当，在此，必要限度界定的对象是防卫行为，但一体说者却非要把结果拉进来对行为进行评价。由此，对防卫行为的必要性判断，就不再只是防卫行为与不法侵害行为之间的比较，而是要加进防卫后果因素。虽然一体说者强调，防卫是否超出必要限度，要对防卫行为、不法侵害、损害后果等进行综合的评价，但对行为必要性的判断人为添加了后果因素，这就必然在一定程度上淡化了对不法侵害行为严重性的判断。就像一杯水，加点盐进去，就成了盐水，我们再看这杯水，其性能、特征就变了，我们的关注点可能就变成了盐，而不再是水。在对防卫限度的界定中也是如此，防卫行为与侵害行为的比较，本来是简单的，也是同质的，但如果加进了结果的因素，这种比较就人为地变质了，而且正是这点异质的因素，恰恰就成了决定性的因素。如同我们在评价一个人、一个事物时，一大段的肯定、表扬之后，一个"但是"便开始转折，在很多情况下，这"但是"之后的评价才是真正重要的内容，才是真正想表达的态度。从司法实践的情况观察，很多正当防卫的案件，就是因为防卫行为造成了侵害人重伤、死亡的后果，导致对防卫行为的必要性判断吹毛求疵，对防卫必要性采取了极为苛刻的界定标准。一些案件经反复论证得出"不法侵害并不严重"的结论，完全是事后站在第三人的立场，依据十分理性的人在平心静气的状态下所作出的推论，而完全忽视了防卫人当时所处的特殊危险的情境、紧迫的状态及其具有的面对不法侵害的真实的恐惧和对不法侵害进行排除的急迫感，最终按照防卫过当追究防卫人的刑事责任。

---

① 张明楷：《刑法学》，法律出版社2007年版，第184页。

② 张明楷：《防卫过当：判断标准与过当类型》，载《法学》2019年第1期，第13页。

4. 结果导向模式，即主要看结果，基本不看行为，只要造成了重大伤亡后果，原则上就都要追究防卫人的刑事责任。完全的结果导向，鲜见有人公开这样说，但并不意味着没有人这样想，也不意味着没有人这样做。刑事司法实践中，很多人会采取“以死为大”的评判标准，很多案件就因为造成了侵害人伤亡，侵害方就“无理占三分”，缠访、闹访，一些案件过于注重防卫行为造成的严重后果，却忽视防卫行为发生时的特定时空环境、条件。正如有的学者所批评的：“我国司法实践在防卫限度的问题上，素来存在‘重结果、轻行为’的倾向；在不少判例中，侵害人重伤、死亡结果的出现几乎成了防卫过当的代名词。”① 例如，在多起入室反杀案中，防卫人都被追究刑事责任。有的入室反杀案，侵害人深夜酒后聚众持械闯入防卫人家中行凶，防卫人在防卫中致侵害人死亡，最终防卫人被认定防卫过当，判处重刑。家是心灵的港湾，也是公民自我保护的最后一道壁垒。虽然在我国没有“风能进，雨能进，国王不能进”这样的古谚，但对公民住宅权的保护也是有法律规定的。对这些肆意闯入公民家中持械行凶，出现了伤亡后果却要公民承担责任的现象，实践中存在很大争议。虽然最高人民法院、最高人民检察院、公安部《关于依法适用正当防卫制度的指导意见》第 1 条中明确提出“要切实防止‘谁能闹谁有理’‘谁死伤谁有理’的错误做法，坚决捍卫‘法不能向不法让步’的法治精神”，但要在司法实践中真正落实这一点，还需要做大量的工作。

（三）对于裁判逻辑体系的思考

对防卫限度各种观点、做法的比较和分析，尤其对各种观点、做法背后所潜在的思维模式的探查，可以使我们对防卫限度这一长期以来争论激烈的话题有一些更深入的了解。但是，孰是孰非，并不能轻易下结论。

这个问题，在 2018 年八九月江苏昆山反杀案（又称“8 · 27 昆山持刀砍人案”“于海明正当防卫案”）舆情热议时，就引发了笔者的思考。

根据最高人民检察院于 2018 年 12 月 18 日发布的第十二批指导性案例中的“于海明正当防卫案（检例第 47 号）”，该案基本案情如下：

2018 年 8 月 27 日 21 时 30 分许，于海明骑自行车在江苏省昆山市震川路正常行驶，刘某庚醉酒驾驶小轿车（经检测，血液酒精含量 87mg/100ml），向右强行

① 陈璇：《正当防卫、维稳优先与结果导向——以“于欢故意伤害案”为契机展开的法理思考》，载《法律科学》（西北政法大学学报）2018 年第 3 期，第 80 页。

闯入非机动车道，与于海明险些碰擦。刘某庚的一名同车人员下车与于海明争执，经同行人员劝解返回时，刘某庚突然下车，上前推搡、踢打于海明。虽经劝解，刘某庚仍持续追打，并从轿车内取出一把砍刀（系管制刀具），连续用刀面击打于海明颈部、腰部、腿部。刘某庚在击打过程中将砍刀甩脱，于海明抢到砍刀，刘某庚上前争夺，在争夺中于海明捅刺刘某庚的腹部、臀部，砍击其右胸、左肩、左肘。刘某庚受伤后跑向轿车，于海明继续追砍 2 刀均未砍中，其中 1 刀砍中轿车。刘某庚跑离轿车，于海明返回轿车，将车内刘某庚的手机取出放入自己口袋。民警到达现场后，于海明将手机和砍刀交给处警民警（于海明称，拿走刘某庚的手机是为了防止对方打电话召集人员报复）。刘某庚逃离后，倒在附近绿化带内，后经送医抢救无效，因腹部大静脉等破裂致失血性休克于当日死亡。于海明经人身检查，见左颈部条形挫伤 1 处、左胸季肋部条形挫伤 1 处。

8 月 27 日当晚，公安机关以“于海明故意伤害案”立案侦查，8 月 31 日查明了本案的全部事实。9 月 1 日，江苏省昆山市公安局根据侦查查明的事实，依据《刑法》第 20 条第 3 款的规定，认定于海明的行为属于正当防卫，不负刑事责任，决定依法撤销于海明故意伤害案。其间，公安机关依据相关规定，听取了检察机关的意见，昆山市人民检察院同意公安机关的撤销案件决定。

2019 年 3 月 12 日，最高人民检察院工作报告指出，最高人民检察院在“媒体披露‘昆山反杀案’后，指导江苏检察机关提前介入，提出案件定性意见，支持公安机关撤案，并作为正当防卫典型案例公开发布……昭示法不能向不法让步”①。

笔者当时思考的问题是：这样的处理结果是唯一的吗？这个案子是不是必然会这样处理？如果没有舆论高度关注，如果不是最高人民检察院指导江苏检察机关提前介入，这个案子还会不会这样处理？从案件原始的客观事实到被司法机关确认的法律事实之间，到底有多远的距离？司法机关确认案件事实的最终决定性因素到底是什么？

笔者的看法是，这样的处理结果并不具有唯一性，如果没有舆论的高度关注，没有最高司法机关指导的提前介入，案件可能会是其他的处理方式，不排除于海明被以防卫过当甚至街头互殴追究刑事责任的可能性。防卫限度的核心问题在于国家

① 《最高人民检察院工作报告（2019 年）》，载最高人民检察院网，http：//www. spp. gov. cn/spp/gzbg/201903/t20190319_412293. shtml，最后访问日期：2020 年 6 月 26 日。

对侵害行为的暴力防卫权的分配，也即在面对不法侵害行为时，国家和个人分别拥有多少反制的权力。换言之，在国家统一行使社会秩序管理权的前提下，面对突发的、国家公权力来不及制止的不法侵害，个人到底有多大的暴力防卫空间。权力的分配永远都是一个复杂而敏感的问题，对此问题的回答直接决定了政策与法律的制定，进而为证据的收集、事实的认定乃至处理的方式提供了基本的依据。而在权力分配的背后，则是不同社会价值的冲突，大众需要的秩序多一点，个人享有的自由就少一点，个人的防卫权扩大一点，公共的控制权就缩小一点，总体上而言这是一个大致平衡的系统，而价值冲突的背后则是社会文明的发展。事实上，在江苏昆山反杀案发生之初，甚至到很长时间以后，都有人坚决否认本案是正当防卫。[①] 很多人的担忧在于：如果本案认定为正当防卫，相当于认可对任何侵害都可无限防卫，那以后一旦发生纠纷，就不会出现伤害后果，而只会出现死亡后果了，因为所有人都会肆无忌惮地、毫无节制地致命反抗，这样的局面是不应当允许出现的。面对同一个事实，不同的人有不同的想法，这本来就是社会的常态，也正是这种常态，导致了案件处理的不确定性。

在每一个裁判的背后，都有多种复杂的决定因素和深刻的逻辑体系。对于这些因素和逻辑体系，大众的关注并不充分，甚至在一定程度上可以说是“日用而不知”。深入揭示这些裁判背后的决定因素和逻辑体系，对于正确认识裁判有十分重要的意义。

笔者认为，裁判的根据是事实，而事实是建构在证据基础上的，证据是由法律规定的，法律则受政策的指导，政策的制定、实施是基于权力意志，权力意志是社会价值观念的反映，而价值观念则决定于社会文明发展程度。由此，事实、证据、法律、政策、权力意志、价值观念和文明发展就成为裁判背后的决定因素，这七个因素层层作用、反作用，形成裁判背后的逻辑体系，构成对裁判结果的逻辑支撑。

1. 事实。事实是裁判的基础和根据。案件裁判意义上的事实，是指案件事实，或称为法律事实，而非客观事实。案件事实不等于真相。就裁判的意义上而言，事实是不确定的。任何案件的客观事实都是已经发生过的事实，都是只能回溯的事实，但是，时间是不可逆的，空间、环境、人物关系、情绪、反应等虽然可推定、

---

① 例如，有的学者认为于海明应属防卫过当，并认为“这是一个舆论绑架司法的典型例子，包括于欢案”。参见冯军：《漫谈防卫过当的认定规则——以昆山砍人案为素材》，载《法律适用》2018 年第 20 期，第 7 ~ 11 页。

拟制，但毕竟不是原始的状态，最多只可能相似，而不可能完全相同。案件事实的回溯，来自双方的主张和论证，需要证据的支撑。最终认定的事实，是一种陈述性、程序性的事实，是一种经“裁剪”的事实，即使与真相大体相同，细节也极有可能不同，但是，“魔鬼在细节”，很多时候正是由于这些细节的误差，完全改变了事实的性质，进而对案件处理产生了实质性的影响。

2. 证据。证据是确认事实的基础，是诉讼的核心与基石。事实不可能重复，只能依靠证据进行回溯、还原。有学者甚至称“法官眼里只有证据，没有事实”。① 事实的不确定性在相当程度上是由证据的不确定性决定的。这种不确定性主要来源于两个方面。一方面是证据内容的不确定性。什么样的材料能作为证据，本身就存在一个变化的过程。由于时过境迁、认识能力的局限性、信息获取和表达能力的不同等原因，很多证据的真实性、关联性、合法性是存疑的。例如，很多暴力犯罪案件现场的痕迹物证，如果没有及时提取，事后是不可能再补充到的。又如，很多案件中的目击证人，由于认知能力、表达能力、目击角度、与双方当事人之间的亲疏关系、对双方的熟悉程度等，其证言内容并不一定能准确反映事实原貌。正如有的学者所指出的：“证人证言是最残忍的证据，也是潜藏风险最大的证据。人的记忆并不是摄像机。心理学研究显示，我们对客观事物的记忆会受到动机、期望和经验等因素影响；记忆形成之后，也经常发生程度不同的改变。”② 另一方面是证据规则的不确定性。举证责任由谁承担，举证时限有无明确要求，什么样的证据要作为非法证据被排除等，都有可能对证据的证明能力和效力造成直接的影响，进而影响案件事实的真实性。

3. 法律。证据是由法律规定的。法律对证据的规定，既包括程序性的规定，也包括实体性的规定。证据的不确定性，在很大程度上来自这些程序法、实体法的不确定性。《刑事诉讼法》从程序的角度对证据的种类、收集、适用等程序性规则进行了规定。首先，法律规定了证据的种类。什么样的材料能作为证据提交到法庭作为定案证据，这是需要法律规定的。例如，在1996年《刑事诉讼法》修正之前，视听资料是不能作为证据的，在2012年《刑事诉讼法》修正之前，电子数据也是不能作为证据的。虽然这些形式的材料能够很好地证实案件事实，但要成为证据首

① 张中：《法官眼里无事实：证据裁判原则下的事实、证据与事实认定》，载《浙江工商大学学报》2017年第5期，第30页。

② 陈光中：《司法不公成因的科学探究》，载《中国法律评论》2019年第4期，第4页。

先需要法律的认可。其次，证明的标准是由法律规定的。证明标准意味着证据收集所需要达到的程度。例如，一般而言，民事案件适用“高度盖然性”标准，一般刑事案件要坚持“排除合理怀疑”标准，而死刑案件，则要坚持比一般刑事案件更高的证明标准，坚持最严格的证明标准。最后，证据的收集、出示、审查、认定等也都是由法律规定的。什么样的人有权利收集证据，什么样的证据可以采纳，什么样的证据必须排除等，都取决于法律的规定。例如，根据2018年《刑事诉讼法》第43条的规定，辩护律师向被害人收集证据，必须要经人民检察院或者人民法院许可，并且经被害人同意方可进行。法律规定的非法证据排除规则，对于证据的收集、运用都有重要影响。《刑法》则从实体的角度，对运用证据所要证明的对象、范围等实体性内容进行了规定。什么样的行为构成犯罪，什么样的行为不构成犯罪，什么样的行为要按照故意杀人罪处罚，什么样的行为构成抢劫罪的“严重情形”等，都需要法律的规定，这些都是证据所要证明的对象。但《刑法》的规定是可变的。例如，投机倒把罪在1979年《刑法》中曾有规定，1997年《刑法》将其取消。又如，对于防卫过当的界定，1979年《刑法》规定为“正当防卫超过必要限度造成不应有的危害的”，1997年《刑法》则规定为“正当防卫明显超过必要限度造成重大损害的”，行为的限度从“超过必要限度”修改为“明显超过必要限度”，行为的后果从“造成不应有的危害”修改为“造成重大损害”。这些实体规定的变化，对于证据的收集、适用等都会产生直接的影响。

4. 政策。法律的背后是政策，法律的不确定性在一定程度上源于政策的不确定性。从最广泛的意义上讲，法律本身就是政策的一部分。政有“治理、管理”之义，策有“对策、策略”之义，因此，刑事政策就是“政”“罪”之策，也即治理犯罪的策略，或说是运用刑罚、非刑罚方法与各种社会手段预防、控制犯罪的策略，[①] 刑事法律自然包含在其中。但站在具体治理的层面上，刑事法律毕竟具有自己的特性，其虽然与刑事政策同样以犯罪为治理对象，是治理犯罪的基本手段，具有普遍的适用性，但二者在主体、手段、渊源、制定程序、稳定性等方面均有明显的不同。同时，二者关系也是十分密切的。一般来说，刑事政策是刑事法律的先导和补充，刑事法律是刑事政策的升华和边界。[②] 刑事法律的制定和实施的全过程，

---

① 参见侯宏林：《刑事政策的价值分析》，中国政法大学出版社2005年版，第75～77页。

② 参见侯宏林：《刑事政策的价值分析》，中国政法大学出版社2005年版，第98～101页。

都离不开刑事政策的影响，与刑事政策息息相关。

5. 权力意志。刑事政策虽然无时无刻不影响着刑事法律，但政策本身并不是恒定的，而是受制于权力意志。权力意志是由刑事政策的主体，即社会公共权威所表达的。一般而言，社会公共权威包括执政党、国家机关、党和国家领导人等，有可能以集体形式出现，也可能以个体形式出现。以集体形式出现的社会公共权威，包括执政党和立法机关、行政机关和司法机关等。例如，最高人民法院、最高人民检察院作为刑事政策主体，所制定和实施的刑事政策对全社会有着普遍的、直接的影响力。以个体形式出现的社会公共权威，是指对社会治理拥有主要权力、负有主要责任、承担并行使主要职能的人。他们的政策行为，只要不超出职责范围，一般都会被公众理解成他们所代表的组织的意志表达，从而对整个社会产生普遍的影响。例如，宽严相济刑事政策就是2004年12月22日时任中央政治局常委、中央政法委书记罗干在中央政法工作会议上提出来的。社会公共权威通过政策的制定和实施来贯彻权力意志，权力意志的变化自然会直接影响刑事政策。

6. 价值观念。虽然权力意志决定着政策的制定、实施并主导着社会治理，但权力意志并不是社会公共权威自身的意志，而是代表着全社会的意志，是集体思想、集体价值观念的体现，是集体意志。权力意志的产生、存续和变化，则受制于社会价值观念。社会整体的价值观念，“时代精神”，对于权力意志都具有直接的影响。例如，对于多年来司法实践中对正当防卫界定过于苛刻、“唯结果论”盛行的现象，有学者指出，这根源于中国人的生死观和实用理性思维，中国人的生死观以死亡准备的缺失和个体死亡的社群关联性为特点，实用理性思维则“导致人们只关注纠纷造成的最终后果，只考虑怎样的案件处理方式能够最大限度地达成尽量使各方满意的实效，不惜以无视纠纷发生过程中的是非曲直、不惜以牺牲当事人的正当权利为代价”。[①] 正如学者所论，司法实践中，“将正当防卫认定为防卫过当，进而认定为故意伤害罪，这种情形太多了。许多造成轻伤的防卫都被认定为防卫过当，可是，轻伤怎么可能叫重大损害呢？尤其是死了人的场合，很少见到认定为正当防卫的。这跟我们国民的观念有关系，我看到有些正当防卫把人打死了以后，他觉得自己坐几年牢是应该的，因为自己杀了人；杀人原本是偿命的，自己现在只坐

---

① 陈璇：《正当防卫、维稳优先与结果导向——以“于欢故意伤害案”为契机展开的法理思考》，载《法律科学》（西北政法大学学报）2018年第3期，第81～82页。

几年牢也心甘情愿。死者那一方更是了不得，因为杀人偿命，你怎么说无罪呢？一个行为是否成立正当防卫，是由我们司法机关认定的。司法机关确实面临被害人家属的各种纠缠、上访等压力，在这种情况下，司法机关就跟防卫一方说：你杀了人坐几年牢是对你的宽大。这样下去的结果是，几乎没有正当防卫案件”。[①] 从价值论的角度看，人的需求是多元的，但这些多元的价值需求之间，潜在地存在一定程度的冲突。例如，秩序与自由，大众需要秩序，但人人都还要自由，大家都排队，但总还是有人想加塞，自己先来。再如，效率与公正，人人都想发财，但每个人却不希望别人比自己富太多，有人靠勤劳致富，有人好吃懒做却说社会不公平。又如，刑讯逼供所取得的证据，有的说，你不能打人，只要打人就是不对的，这样的口供不能要，但有人却说，你不打他怎么可能招，他不招破不了案，被害人的冤找谁去了。如此等等。这些价值观念的存在、变化，以及价值观念之间的冲突、磨合，都会通过包括舆论关注等各种途径渗透到权力意志中。

7. 文明发展。价值观念的产生、发展，终归是由社会文明发展决定的。不同的历史时期、不同的地域环境、不同的社会传统，社会文明的发展包括物质、精神、文化等各方面的状况都是不同的，社会大众的需求也就有明显的差异。饿了要吃饭，只有吃饱了才能谈礼仪。“仓廪实而知礼节，衣食足而知荣辱”，实是千古不移的常理。20 世纪八九十年代要发展经济，提出“效率优先，兼顾公平”。后来经济稍有发展，但环境破坏严重，社会不公加剧，便又提出“公平正义比阳光还要有光辉”。前引美国 19 世纪发生的被告人（实施防卫行为的人）在威胁要杀他的人把手伸向口袋时，开枪将威胁者打死，但事后查明威胁者口袋里除了一条手绢外根本没有任何武器的案例，在美国被认定为正当防卫，分析这主要是因为美国人有持枪的传统，法律也允许个人持枪，但在中国社会就与此完全不同。文明发展的不同阶段、不同程度、不同状态都在根本上决定着大众的价值需求和价值观念，进而影响到权力意志以及政策、法律的制定与实施。

因此，裁判的不确定性源于事实的不确定性，而事实的不确定性，则是经由证据、法律、政策、权力意志、价值观念这些因素层层上溯，最终是由文明发展的不确定性决定的。文明发展在将不确定性层层下延给事实、裁判的同时，也在一定程度上将确定性传导给了事实、裁判。这种确定性与不确定性是统一的，其根本上都

---

① 张明楷：《正当防卫与防卫过当的司法认定》，载《法律适用》2018 年第 20 期，第 4～5 页。

来自上阶层因素对下阶层因素的实质性的决定作用。或许也可以说，正是因为传导了一定程度的确定性，才同时传导了一定程度上的不确定性。

在文明发展等因素层层下延，作用于下阶层因素直至事实的同时，事实等因素也在层层上溯，反作用于上阶层因素直至文明发展。这种反作用有时候是成功的。例如，2010 年《宽严相济意见》明确提出，对于因民间矛盾激化引发的犯罪等应酌情从宽处罚。各级法院对此类案件开展了大量附民调解工作，究其根本，是希望用政策的实施来引导民众的价值观念和社会的文明理性，在实践中也取得了一定效果。例如，在被告人高某甲故意杀人死刑复核案①中，双方均系在校大学生，被告人因恋爱纠纷将被害人杀死，归案后认罪态度较好，亲属也愿意积极代为赔偿，但被害人父母反应强烈。复核期间，法官去做调解工作时，被害人母亲明确表示，多年来通过看电视、看报纸，也知道最高人民法院的死刑政策，像这样的案件可能会不核准死刑，但自己心里实在是过不去；如果被告人有自首情节，其也能接受不判他死刑，但被告人作案后潜逃，他父亲还知情不报，所以其在内心无法原谅被告人。该案虽然双方最终未达成谅解，但在案件处理过程中，确实能感受到政策实施所引发的民众观念的变化。也有很多时候，这种反作用并不那么顺利。以正当防卫的认定为例，虽然 1997 年《刑法》已经明确规定只有“正当防卫明显超过必要限度造成重大损害的”才构成防卫过当，而且对于“正在进行行凶、杀人、抢劫、强奸、绑架以及其他严重危及人身安全的暴力犯罪”可以实施无限防卫，探寻立法原意，应该是在昭示“法无须向不法让步”，鼓励人们同不法侵害行为作斗争，弘扬社会正气，但 20 多年过去了，司法实践对正当防卫的认定仍十分谨慎，很多侵害人非法暴力侵害的案件都难以认定正当防卫，甚至连认定防卫过当都很难，相关条款甚至有被批评沦为“僵尸条款”的危险。② 例如，在于欢故意伤害案中，一

---

① 被告人高某甲故意杀人死刑复核案基本案情：2012 年 12 月，被告人高某甲与被害人李某子（高某甲前女友，殁年 21 岁）因性格不合分手，高某甲多次要求恢复恋爱关系未果。在得知李某子有新男友后，高某甲产生杀人报复之念。2013 年 4 月 1 日晚，高某甲携带尖刀到某丙省李某子就读的高校找到李，再次要求复合遭拒，遂用手掐扼李的颈部，致李机械性窒息死亡，又持刀捅刺李颈部数刀后逃离现场。次日凌晨，高某甲将杀死李某子一事电话告诉其父亲高某乙（同案被告人，已判刑），高某乙提醒高某甲不要再使用手机以免被抓。后高某乙向公安机关报案称高某甲失踪，隐瞒高某甲杀人的事实。该案核准被告人高某甲死刑。

② 参见李晓明：《正当防卫“僵尸条款”的“苏醒”：“于海明案”的法理分析》，载《苏州大学学报》（法学版）2019 年第 2 期，第 114 页；阮齐林：《发挥正当防卫作用、鼓励公民反抗不法侵害》，载《法律适用》2018 年第 20 期，第 12 页；等等。亦有学者称为“沉睡条款”。

审并未认定于欢有防卫因素，以故意伤害罪判处其无期徒刑。后在舆论高度关注、最高司法机关深度介入的情况下，二审认定于欢有防卫因素，以防卫过当为由改判其有期徒刑五年。而在江苏昆山反杀案中，对于持砍刀连续击打防卫人颈部、腰部等要害部位是否属于“行凶”这样的问题，仍需要司法机关进行专门的解释和说明。

除了以上在宏观的运行层面上，裁判的背后有各种因素的影响之外，在微观的认识层面，也存在影响判断的逻辑体系。个体的认识，通常来说是主观的，但这些主观认识的背后，其实也有客观的支撑。这些客观存在并发挥支撑作用的因素，有的人们能意识到，有的人们则往往意识不到，却在不经意间影响着看似主观的判断。

例如，对于江苏昆山反杀案，在看了媒体曝光的视频后，有的人认为，侵害人欺人太甚，防卫人真是憋屈，进而特别关注视频、报道中对于海明有利的细节，认为于海明怎样防卫都不为过，应该认定为正当防卫，应该作无罪处理。在这些对证据、事实乃至处理方式的认识背后，是个体对法律、政策、权力意志的理解，是自身价值观念乃至对自己身临其境的假设思考。再如，对于刑讯逼供取得的口供的排除，有的就不能理解，认为只要事真是他干的，打了就打了，打几下无所谓，事情还是可以定的。这种对证据、事实的判断，体现了个体对法律、政策、权力意志的理解，也体现了内心深处更注重社会秩序而对个人自由不那么关注、稍稍无所谓的心态，从根本上则与所处的社会环境、文明发展程度密切相关。

对于影响个人认识局限性的客观因素，通常并未给予足够的重视。在这个问题上，“三季人”的故事或许可以给我们更多的启示。

据史料《子贡问时》载：朝，子贡事洒扫，客至，问曰：“夫子乎?”曰：“何劳先生?”曰：“问时也。”子贡见之曰：“知也。”客曰：“年之季其几也?”笑答：“四季也。”客曰：“三季。”遂讨论不止，过午未休。子闻声而出，子贡问之，夫子初不答，察然后言：“三季也。”客乐而乐也，笑辞夫子。子贡问时，子曰：“四季也。”子贡异色。子曰：“此时非彼时，客碧服苍颜，田间蚱尔，生于春而亡于秋，何见冬也？子与之论时，三日不绝也。”子贡以为然。[①]

---

① 参见《三季人》，载百度百科，https：//baike. baidu. com/item/%E4%B8%89%E5%AD%A3%E4%BA%BA/1311279？fr = aladdin，最后访问日期：2020 年 6 月 14 日。

这篇短文并非出自《论语》《孔子家语》等典籍，也不符合孔子“不语怪力乱神”的习惯，分析应为后人杜撰，姑且以故事或者寓言视之。但其中所蕴含的道理，却值得深思。人的思维是有局限、有盲点的，但很多时候却意识不到这一点。就笔者自身而言，就曾多次犯过“三季人”的错误。盲人摸象，各执其偏。错已重重，却不自知。因此，面对不同的观点，一定要认真分析对方思维的路径、依据，更要深刻反省自身的盲点、不足。其实，世间的很多事情，都难有绝对的是与非。一个合议庭三个人，出现分歧意见，少数意见就一定是错的吗？审判长会议、审判委员会十几二十个人，往往会出现两种、三种甚至更多种意见，那个最多人赞成的意见就一定是对的？美国最高法院九名大法官，很多时候在分歧意见4:4的时候，在具有决定意义的那一票投下之前，这两种分歧的意见哪个是对的，哪个是错的？在第九票投下后，没有被采纳的那个意见就一定是错的？甲之蜜糖，乙之砒霜。此之所好，彼之所恶。成长环境、教育程度、人生阅历、健康状况等各种因素都可能影响一个人的判断。昔蘧伯玉“年五十而知四十九年非”，我们又怎能在任何事情上都认为自己一定是对的，别人一定是错的？

因此，在对一个案件进行裁判时，既要深刻把握案件裁判固有的逻辑，理解裁判背后发挥决定和影响作用的各种因素及其逻辑体系，也要充分认识自身的思维逻辑，明白自己的思维来路，反思自己的思维盲点，既要“知彼”，也要“知己”。在此前提下，对案件进行全面的审查和深入的思考，探寻最恰当的处理方式，明确目标，尽力而为。

回到被告人屈某甲故意杀人死刑复核案，复核裁定虽然基本认定了一审、二审法院确认的案件事实，但仍有一些情节是存在争议的。例如，裁定认定被告人是在二被害人“挣脱群众劝阻，冲向屈某甲欲对屈进行殴打”时拿刀开始捅刺，对此被告人辩称，二被害人已经对其进行了殴打，其是在被殴打逼退到车跟前时才被迫从车内拿出刀还击的，并有公安机关出具的证实被告人案发当天归案时“右手背肿胀”的人身检查笔录等予以印证。但因多名目击证人均未证实二被害人有殴打被告人的情节，只是称二被害人“意欲”“准备”上前，在“往前冲”的时候，被告人就持刀捅刺了李某戊，后又追上去捅刺了徐某甲，故一审、二审及复核裁定对此节均未认定。

综观全案事实，本案既有从重处罚的情节，也有从轻处罚的情节。被告人在光天化日之下当街持刀杀人，致二人死亡，且有一人是被追杀致死，情节恶劣，被害人亲属坚决不谅解，故一审、二审法院判处被告人死刑，是有客观的事实基础的。但本案也存在多项从轻的情节。一是本案事出有因。被告人与王某甲发生车辆碰撞事故，双方在友好协商时，二被害人赶到现场不问事由，对屈某甲进行辱骂、恐吓，并冲上去欲殴打屈某甲，屈某甲因口吃在情急之下表达不畅，情绪恶化，属激情犯罪，犯罪对象特定，社会危害性相对较小。二是二被害人具有明显过错。二被害人醉酒（二人血液中酒精含量分别为208.1mg/100ml、218.8mg/100ml）后赶到现场，本和被告人、王某甲的车辆碰撞事故不相干，却无端对屈某甲进行反复辱骂、威胁，并冲上前欲殴打屈某甲，徐某甲还手拿钞票拍打对屈某甲进行侮辱、恐吓（多名目击证人证实二被害人当时骂得很难听，徐某甲拿出一沓钞票在手上边甩边说“我有的是钱”“我从社会上找人把你灭了”等话），直接导致案件的发生，对案发具有明显过错。三是被告人具有自首情节。被告人作案后，在其父亲屈某乙的规劝下，向公安人员投案，构成自首，归案后认罪、悔罪态度较好。四是被告人积极赔偿被害方经济损失。一审判决被告人分别赔偿二被害人亲属18万余元、8万余元，被告人亲属经多方筹措，已将巨额代为赔偿款暂存于二审法院，希望能弥补被害方经济损失，取得被害方谅解。五是被告人所在村500余名村民集体上书，反映被告人本性善良，淳厚老实，一贯表现良好，本次犯罪系突发、偶发，罪不至死，请求对被告人从轻处罚。复核期间，笔者先后两次与领导和同事赶赴当地，在地方同志的支持下与双方进行反复座谈，深入沟通交流，全面了解情况，缓解被害方情绪。经大量做工作，后裁定不核准被告人死刑，将案件发回重审。对于被告人在面临二被害人辱骂、威胁、挑衅甚至有欺身殴打嫌疑的情况下实施的反击行为，虽然有意见认为具有防卫因素，整个行为应定性为防卫过当，但因存在认识分歧以及“防卫”一词的特别敏感性，这样的界定并不能明确写进裁定。就案件的最终处理而言，虽然也是基于与一审、二审基本相同的事实，但处理结果，在复核之初是不确定的。虽然最终结果是未核准被告人死刑，但笔者自己也不确定，到底什么因素才是导致最终不核准的决定性因素。是二被害人的明显过错和侵害在先，还是被告人投案自首，抑或被告人亲属的积极代为赔偿？或许是多种因素的综合结果吧。

再回到防卫的限度问题，虽然大家的认识不完全一致，很多案件的处理还不是很理想，但我们至少要了解这些意见分歧的根源，并在力所能及的范围内尽可能争取最恰当的结果。尤其是防卫的限度涉及对不法侵害的暴力反击权在国家与个人之间的分配，涉及大众对秩序和自由、效率与公正等各种价值的选择和侧重，从根本上取决于历史的传统和现实的经济社会发展水平。由于社会文明发展的程度差异，防卫的限度以及刑事法律与政策的很多问题，都可能会有变动不居的内容与标准。事实上，社会科学，不同于自然科学，很多问题难以有唯一的、绝对的、恒定的标准。正如有的学者所指出的："怎么接地气，怎么能解决中国的问题就是最好的。一个国家、一个社会，每个时期的问题不一样。如果说将来大家都勇于防卫，而且防卫都过当，再紧缩一下这个防卫限度。但现在不是紧缩防卫限度的时候，现在应当大胆地放宽正当防卫的限度，不要把正当防卫认定为故意伤害，否则正当防卫制度就用不上了。我们很多地方，多少年都没有一起正当防卫案件，有的检察官跟我说从来没有遇到过正当防卫的案件，这是很奇怪的事情。"① 问题是时代的声音，政策法律是解决社会矛盾的药剂。对于很多问题而言，药剂的使用并不具有唯一性、绝对性、永久性。政策法律是有灵性的、活泼的，而不是僵化的、死气沉沉的。如果脱离了社会的实际，政策法律没有任何的价值。正是从这个意义上，可以说防卫限度的标准是变动不居的，应随着时代的发展而发展，随着观念的变化而变化。过犹不及，惟有坚持中庸之道，才能真正契合社会的需要。

对待精神病人的态度是一个国家文明的标志。

——沈渔邨②

第四节 死刑案件中的司法精神病鉴定

——被告人邓某甲故意杀人死刑复核案

引 言

刑事被告人的司法精神病鉴定问题，是刑事案件尤其是死刑案件中的一个重要

① 张明楷：《正当防卫与防卫过当的司法认定》，载《法律适用》2018 年第 20 期，第 5 页。

② 《沈渔邨：对待精神病人的态度是国家文明的标志》，载中国网，http：//www. china. com. cn/news/txt/2013 －09/04/content_29919696. htm，最后访问日期：2020 年 8 月 9 日。沈渔邨，精神病学专家，中国现代精神病学的奠基人、开拓者之一，中国精神病医学界第一位院士。

而敏感的话题。多年来，法学理论界、实务界、精神医学界对于司法精神病鉴定一直存有诸多争论，其中，关注最多、争议最大、矛盾最为突出的是司法精神病鉴定的启动难问题。这一问题成因复杂，必须采取有针对性的措施，才能有效解决。

一、基本案情

被告人邓某甲，男，1984年12月22日出生。2015年2月17日被逮捕。

某甲省某丁市中级人民法院审理某丁市人民检察院指控被告人邓某甲犯故意杀人罪一案，于2015年9月8日以刑事附带民事判决，认定被告人邓某甲犯故意杀人罪，判处死刑，剥夺政治权利终身。宣判后，邓某甲提出上诉。某甲省高级人民法院经依法开庭审理，于2016年3月7日以刑事裁定，驳回上诉，维持原判，并依法报请最高人民法院核准。

公诉机关指控，被告人邓某甲故意杀害被害人王某丙，其行为已构成故意杀人罪，应依法惩处。

被告人邓某甲辩称，其患有精神分裂症，是因产生幻觉才杀人的。其辩护律师的意见是：邓某甲有精神方面的疾病，且系初犯、偶犯，认罪态度好，建议对其从轻处罚。

一审法院认定：被告人邓某甲的母亲肖某乙与被害人王某丙（殁年71岁）在双方丧偶后于2013年开始发展成同居关系，并居住于某甲省某甲县某乙村王某丙家。2015年2月9日，邓某甲从外地回到王某丙家看望肖某乙。当日19时许，三人一起吃晚饭时，邓某甲喝了酒，王某丙追问邓某甲身上曾有的2万多元钱的去向，邓某甲心生不满。21时许，邓某甲来到灶屋烤火，王某丙在旁边劈柴，邓某甲从灶屋桌下拿出一把有缺口的菜刀，朝王某丙后颈、头部连砍4刀致王某丙倒地，后又朝王某丙的后背部砍了3刀。肖某乙听到动静后赶来制止，但王某丙已经没有动静。邓某甲将菜刀放回原处后，从王某丙家拿了一把剪刀、一把木制尖刀和一个手电筒放在身上，带着肖某乙离开现场。刚走出门口时，碰到邻居王某丁夫妇过来询问，邓某甲手持尖刀对着王某丁夫妇呵斥，后带领肖某乙往某甲县某丙村其家中方向逃跑，途中，邓某甲拨打“110”报警电话，要求投案自首。后邓某甲想到叔叔邓某乙、婶婶廖某甲曾欺负自家，遂携带尖刀走至邓某乙家欲杀害邓某乙、廖某甲，被及时赶到的公安人员抓获。经鉴定，王某丙系锐器致右侧椎动脉、椎静脉横断大出血死亡。

认定上述事实的证据，有从案发现场提取的作案工具菜刀等物证，目击证人肖某乙和证人王某丁、邓某乙等的证言，尸体鉴定意见、DNA 鉴定意见，现场勘验、检查笔录和被告人邓某甲的供述等。

一审法院认为，被告人邓某甲无故持刀非法剥夺他人生命，其行为已构成故意杀人罪。邓某甲主观恶性深，犯罪手段特别残忍，情节特别恶劣，依法应予严惩。关于邓某甲及其辩护人所提邓某甲有精神疾病的意见，经查，其母亲及同监人员均证实其没有精神方面的疾病，故上述意见不能成立。据此，依法判决：被告人邓某甲犯故意杀人罪，判处死刑，剥夺政治权利终身。

被告人邓某甲上诉提出：一审判决认定事实不清，其系在酒后产生幻觉的情况下杀人，其患有精神疾病，认罪态度好，原审量刑过重，请求二审法院从轻处罚。其辩护人提出：邓某甲有精神疾病，且系初犯、偶犯，有自首情节，认罪态度好，被害人存在过错，一审量刑过重，请求对邓某甲从轻处罚。

检察机关的意见是：本案事实清楚，证据确实、充分，审判程序合法，定罪准确，量刑适当，建议驳回上诉，维持原判。

二审法院认定的事实和依据的证据与第一审基本相同。

二审法院认为，被告人邓某甲因琐事纠纷持刀砍击被害人，致一人死亡，其行为已构成故意杀人罪。关于邓某甲上诉及辩护人所提一审认定事实不清，邓某甲有精神疾病，系在酒后产生幻觉的情况下杀人，有自首情节的理由及意见，经查，邓某甲在报警后没有在原地等待警察的到来，而是准备继续行凶，其行为不构成自首；邓某甲平时性格易怒，案发时只攻击与其有矛盾的人，案发后思维清晰，亦无家族精神病史，现无证据证明其有精神疾病。故上述理由及意见不能成立。邓某甲主观恶性大，犯罪手段残忍，后果严重，情节恶劣，依法应予严惩。综上所述，第一审判决认定的事实清楚，证据确实、充分，定罪准确，量刑适当。审判程序合法。据此，依法裁定：驳回上诉，维持原判。

最高人民法院经复核认为，第一审判决、第二审裁定认定的部分事实不清、证据不足。据此，依法裁定：不核准并撤销某甲省高级人民法院维持第一审以故意杀人罪判处被告人邓某甲死刑，剥夺政治权利终身的刑事裁定，发回某甲省高级人民法院重新审判。①

---

① 本案发回后，二审法院委托鉴定机构对被告人邓某甲做了司法精神病鉴定，认为邓某甲实施危害行为时及目前未发现有精神病，实施危害行为时有完全刑事责任能力。二审法院经重新审理，对被告人邓某甲以故意杀人罪改判死刑，缓期二年执行，剥夺政治权利终身，并限制减刑。

二、主要问题

对于被告人邓某甲，是否应启动司法精神病鉴定程序？

笔者认为，对于可能判处死刑的被告人，如果被告人有精神病史、行为反应异常等情形，或者被告方提出对被告人进行司法精神病鉴定申请的，应依法对被告人进行司法精神病鉴定。

三、延伸思考

对被告人的司法精神病鉴定问题，是刑事案件尤其是死刑案件中的一个重要而敏感的问题。说其重要，是因为对被告人进行精神疾病以及刑事责任能力的判断决定着被告人刑事责任的有无、轻重，有的甚至意味着生与死的天地之差。说其敏感，则是因为司法精神病鉴定是由专门的机构和人员进行的，鉴定工作跨越医学、法学、心理学、社会学等多个领域，鉴定意见往往带有一定的主观性，公众对鉴定的中立性、科学性可能会抱有一定的疑问。有学者甚至认为："在刑法界中，争议最大的莫过于精神病人的免罪辩护。"①

多年来，法学理论界、实务界、精神医学界对于司法精神病鉴定一直存有诸多争论，所涉问题既有精神病的种类、鉴定的标准和内容等实体性问题，也有鉴定的启动、开展、适用等程序性问题。其中，关注最多、争议最大、矛盾最为突出的，是司法精神病鉴定启动难的问题。这一问题成因复杂，解决难度大，正如有的学者所指出的，"启动环节不仅仅是精神病鉴定的一个初始步骤，在多种因素的作用下，启动环节已经承载了整个精神病鉴定体制中的多数积弊"。② 2006 年陕西邱兴华故意杀人、抢劫案、2009 年湖北熊振林故意杀人案、2010 年福建郑民生故意杀人案等，一次次将这个问题暴露在大众的视野之中，引发激烈的争论。在这些案件中，被告方均在诉讼过程中提出司法精神病鉴定申请，但均未获准。

在被告人邓某甲故意杀人死刑复核案中，邓某甲自归案之初第一次供述就供称，其在作案时感觉被害人王某丙对着灶台拿柴刀劈柴时，挥舞着柴刀好像是要劈他一样，遂拿起菜刀走到王某丙背后作案；在之后的供述中，直至一审、二审阶段，始终辩称其患有精神疾病，是在酒后产生幻觉的情况下杀人。邓某甲妹妹在侦

---

① 美国学者乔舒亚·德雷斯勒语。参见陈如超：《论中国死刑案件中的精神病抗辩》，载《西南政法大学学报》2013 年第 1 期，第 92 页。

② 陈卫东、程雷：《司法精神病鉴定基本问题研究》，载《法学研究》2012 年第 1 期，第 168 页。

查阶段、二审期间先后两次提交精神疾病鉴定申请书，请求对邓某甲进行精神疾病鉴定。侦查阶段的申请书中列举了一些怀疑邓某甲可能有精神疾病的表现，称因家里困难，无钱医治，故没有到医院检查过。二审期间的申请书称，邓某甲家庭有遗传性精神病史，其父亲就是因患急性精神病去世，其堂爷爷邓某丙有间歇性精神病，一直未结婚生子，现单身生活在某养老院，可前往调查。邓某甲居住地某丙村上百名群众两次签名上书，请求对邓某甲从轻处罚，其中提及“邓某甲本身一痴半呆，精神失控（邓某甲之精神病间接性的，家中并有遗传）”。邓某甲的一审、二审辩护律师也均提出邓某甲有精神疾病。但公安机关、检察机关和一审、二审法院均没有对邓某甲启动司法精神病鉴定程序。

司法精神病鉴定事关被告人刑事责任的有无、轻重，对被告人是如此重要，但司法机关为何却不予启动？在这些一次次不启动决定的背后，到底存在什么样的实际困难和问题？对于被告人的精神疾病及刑事责任能力这样一些重要而复杂的问题，司法人员真的有充足的自信和能力不借助精神医学专业人员的帮助，就能作出准确的判断？

结合学界的研究成果和对实践的观察，笔者认为，司法精神病鉴定启动难，主要是法律对启动鉴定的规定不完善、鉴定的科学性尚待提高、一些客观因素导致法官对启动鉴定顾虑过多等三个方面的原因。要有效解决启动难的问题，也必须着重从这三个方面入手。

（一）完善司法精神病鉴定的启动机制

司法精神病鉴定启动之所以难，一个非常重要的客观原因就是法律对司法精神病鉴定启动的规定不完善。启动决定权由司法机关行使，当事人、辩护人、代理人只有申请权。而对于何种情况下应启动鉴定，法律并没有明确的标准，取决于司法机关的理解与判断，由此导致各行其是，做法不一。

2018 年《刑事诉讼法》第 146 条规定：“为了查明案情，需要解决案件中某些专门性问题的时候，应当指派、聘请有专门知识的人进行鉴定。”第 148 条规定：“侦查机关应当将用作证据的鉴定意见告知犯罪嫌疑人、被害人。如果犯罪嫌疑人、被害人提出申请，可以补充鉴定或者重新鉴定。”第 197 条规定：“法庭审理过程中，当事人和辩护人、诉讼代理人有权……申请重新鉴定……法庭对于上述申请，应当作出是否同意的决定。……”据此，当事人和辩护人、诉讼代理人具有鉴定启动的申请权，而决定权则由公、检、法等机关在各自的诉讼阶段独享，形成了鉴定启动权由国家专门机关垄断的职权主义启动模式，何为案件中要解决的专门性问题、哪些情形表明有鉴定的需要，完全凭办案人员自由裁量。[①] 实践中，一些争议巨大的案件司法机关未启动司法精神病鉴定，从表面上看并不违背法律的规定。但从当事人权益的保障、案件事实的查明等角度，则有进一步探讨的余地。

解决司法精神病启动难问题，首先是要明确对被告人刑事责任能力的证明责任。被告人刑事责任能力的证明责任由谁承担，不仅受制于诉讼制度、诉讼模式，还受制于获得司法精神病鉴定的实际能力和期待可能性。英美法系国家犯罪构成采用犯罪本体要件和责任充足要件并具的双层次模式，精神病是一项重要的免罪辩护理由，而非犯罪构成的要件，因此，控方只需证明被告人行为具有刑法上的社会危害性即可，辩方认为被告人不具有刑事责任能力的，应由辩方提出理由和证据。大陆法系国家犯罪构成采用的是“构成要件该当性——违法性——有责性”的三要件递进模式，精神障碍是责任阻却事由之一，也是控方需要承担的证明责任。我国采用的是犯罪构成四要件理论。2018 年《刑事诉讼法》第 51 条规定：“公诉案件中被告人有罪的举证责任由人民检察院承担……”第 52 条规定：“审判人员、检察人员、侦查人员必须依照法定程序，收集能够证实犯罪嫌疑人、被告人有罪或者无罪、犯罪情节轻重的各种证据。……”2010 年 6 月最高人民法院、最高人民检察院、公安部、国家安全部、司法部联合印发的《关于办理死刑案件审查判断证据若干问题的规定》第 5 条规定：“……办理死刑案件，对于以下事实的证明必须达到证据确实、充分：……（四）被告人有刑事责任能力……”据此，被告人有刑事责任能力是被告人作为犯罪主体的重要内容，属于犯罪构成的一部分，证明责任应由控方承担。

但控方承担对被告人刑事责任能力状况的证明责任，并非意味着每一个刑事案件都必须进行司法精神病鉴定。这既不必要，也无现实可能性。实践中，一般都秉持“无病推定”的理念，即一般而言，推定认为被告人是没有精神疾病的正常人，其所实施的危害行为都是有意为之。而被告人有精神疾病、刑事责任能力受影响只是例外的、特殊的情况。如果有证据表明被告人可能有精神疾病的，由控方对被告人的刑事责任能力承担证明责任。

---

① 参见陈卫东、程雷：《司法精神病鉴定基本问题研究》，载《法学研究》2012 年第 1 期，第 166 页。

对于司法精神病鉴定的启动，西方各国主要有三种做法。第一种是法官启动制。在此模式下，鉴定人是法官的助手。对于被告人在犯罪时是否患有精神疾病，通常由法官委托的鉴定人向法官和当事人说明，并接受控辩双方的质询。例如，根据法国《刑事诉讼法》的规定，预审法官或审判法官享有精神病鉴定决定权，检察官和当事人享有同等的鉴定申请权但没有决定权，同时，对检察官和当事人的鉴定申请建立了相应的救济制度，检察官或当事人对法官驳回鉴定申请裁定，可以提起上诉。第二种是司法官启动制。除法官外，检察官也可以依职权启动鉴定。例如，根据德国《刑事诉讼法》的规定，法官和检察官均拥有自行启动司法精神病鉴定的权力，辩方一般只有鉴定申请权，而无决定权。第三种是当事人启动制。例如，在英美法系国家，控、辩双方均具有启动司法精神病鉴定的权利，这是与诉讼制度所具有的当事人主义特征相适应的，当事人是“诉讼的主人”，鉴定人是证人的一种，是专家证人，因而对于是否进行鉴定以及鉴定事项等一般均由当事人自行决定。就精神病鉴定而言，实践中通常是由辩方提起的。①

在我国，对于被告人可能有精神疾病、刑事责任能力存疑的，是否启动司法精神病鉴定，决定权在公安司法机关，当事人、辩护人、诉讼代理人有异议的，可以申请补充鉴定或者重新鉴定。对于启动的标准，2007 年最高人民法院、最高人民检察院、公安部、司法部《关于进一步严格依法办案确保办理死刑案件质量的意见》第 9 条规定：“对可能属于精神病人……的犯罪嫌疑人，应当及时进行鉴定或者调查核实。”但对于何种情况属于“可能属于精神病人”，是进行鉴定还是调查核实，调查核实需要达到何种程度才能认定或者排除，并无明确的规定。实践中的做法也非常不统一。

对此，学者们提出了各种建议。有的认为，法律应该赋予当事人及辩护人、诉讼代理人初次精神病鉴定的申请权及救济权，并增加强制启动鉴定程序的规定，只要有下列情形之一的，公安司法机关就应该启动司法精神病鉴定：（1）行为人有精神异常史或精神疾病家族史的；（2）虽然没有明确的精神疾病发作史，但行为人家属及周围人员均反映其性格乖戾、行为冲动、动作幼稚、睡眠规律反常、有抽搐发作史的；（3）行为目的、动机、方式、过程等有悖常理的，或者缺乏作案目

---

① 参见张爱艳：《精神鉴定的合理启动研究》，载《中国刑事法杂志》2010 年第 9 期，第 70 ~ 71 页。

的或动机，或者虽有一定目的和动机，但与行为的严重后果不相称的；（4）作案后或在诉讼过程中有精神反常表现的；（5）行为人具有药物或酒精依赖史的等。①有的主张，在死刑案件或者特殊案件类型中，只要被告人符合一定的条件，比如能够提供家族病史或者精神疾病就医记录、群众反映其有精神疾病表现等材料，办案人员就必须启动司法精神病鉴定。有的主张对死刑案件应该实行强制鉴定制度。还有的认为强制鉴定应仅限于精神疾病存在可能性较大的特定死刑案件中。②

笔者认为，无论是从维护当事人合法权益的角度，还是从查明案件事实真相的角度，法律或司法解释都应该对司法精神病鉴定的启动机制作出明确的规范。对于一般刑事案件，公安司法机关可以采取相对严格的启动标准。对于确有证据或线索证实被告人可能有精神疾病、刑事责任能力状况存疑的，公安司法机关原则上应该启动司法精神病鉴定，其他情形的，则由公安司法机关酌情决定。但对于死刑案件，则应该采取相对宽松的启动标准，实施对特定死刑案件进行强制鉴定的做法。一方面，对于确有证据或线索证实被告人可能有精神疾病、刑事责任能力状况存疑的，必须启动司法精神病鉴定。另一方面，对于没有上述证据、线索，但被告方明确提出鉴定申请的，也应该启动司法精神病鉴定。被告方对于提出的精神病鉴定申请被驳回的，应该有权提出上诉。这是因为，死刑案件应该坚持最高的证明标准，对于被告人刑事责任能力这样一个对定罪量刑具有非常重要意义的情节，必须要认真查实，确保死刑案件质量，确保死刑判决万无一失。

实践中，有的研究者认为，即使对于死刑案件，启动司法精神病鉴定也必须有精神病史、病历材料等。这种观点可能会出现重大纰漏。例如，在被告人邓某甲故意杀人死刑复核案中，一审法院在被告人及其辩护人均提出精神病辩护，被告人妹妹也曾提出司法精神病鉴定申请的情况下，却未对被告人启动司法精神病鉴定，主要理由是：（1）被告方没有提供被告人有精神疾病的相关病历材料；（2）被告人母亲等证言均证实被告人没有精神方面的疾病，只是喝了酒比较冲动，平时看起来

---

① 参见张爱艳：《精神鉴定的合理启动研究》，载《中国刑事法杂志》2010 年第 9 期，第 70 ~ 71 页；黄丽勤：《司法精神病鉴定若干问题研究》，载《法学评论》2010 年第 5 期，第 112 页；孙皓：《论刑事诉讼中精神病问题的证明责任分配》，载《法学杂志》2017 年第 1 期，第 110 页；张爱艳、亓瑞：《精神鉴定启动再论》，载《中国检察官》2019 年第 14 期，第 20 页。

② 参见陈卫东、程雷：《司法精神病鉴定基本问题研究》，载《法学研究》2012 年第 1 期，第 169 页；郭华：《证明责任与强制鉴定："精神病"的鉴定问题研究》，载《中国司法鉴定》2007 年第 3 期，第 12 ~ 13 页。

与正常人没有区别；（3）同监室关押人员也证明只是感觉被告人反应比较迟钝，做事速度比较慢，性格比较孤僻，不喜欢与人交流；（4）一审庭审过程中，被告人没有表现出与正常人不一样的表现；（5）一审庭审前后，辩护人没有提交精神方面鉴定的申请。二审法院在被告人妹妹再次提交精神病鉴定申请的情况下，仍然决定不对被告人进行精神病鉴定，认为：（1）被告人平时性情比较暴躁，酒后有暴力倾向，酒后杀人符合其平时的行为习惯；（2）被告人作案对象特定，案发后供述案情思路清晰，具备控制能力，没有精神异常；（3）其亲属所称的家族精神病史没有医院的诊疗证明等证据证明，故无须进行精神病鉴定。但在案件复核期间，被告人羁押地检察院和公安局于2016年6月14日联合提出《请求对“邓某甲杀人案”尽快结案的报告》，称：近半个月来，邓某甲经常失眠，举止异常，精神失常，时常产生幻觉，好像有人在其耳旁呼喊“救命”，5月25日、30日，6月3日、4日，用头部撞墙，撞监房铁门，磕地板、磕铺板，用牙撕咬衣服，造成同监人员心理恐慌，严重影响监内秩序，通过对其谈话了解近期异常表现，疑有精神分裂综合征或吸食麻古所产生的幻觉行为；6月6日，看守所将邓某甲带至精神病医院检查，初步诊断为“分裂样精神病”。后经复核提讯并与管教民警座谈，了解到邓某甲确实有精神疾病表现。像这类案件，被告人没有相关病历材料，可能确如被告人妹妹所言，之前家里穷，有病了也没有到精神病医院去看过；被告人母亲等称被告人没有精神疾病，这并不可靠，因为实际生活中很多人对别人说自己或亲友有精神疾病都很忌讳，即使真的有精神疾病也不愿意承认，而本案中被告人母亲称被告人没有精神疾病，但根据当地村干部反映，其母亲在二审判决后“也疯了”；其他的不启动理由也都不是很有说服力。既然法律将司法精神病鉴定的决定权交由司法机关行使，那司法机关就应该行使好这个职权。像邓某甲这样的案件，邓某甲从归案后第一次讯问中就表示是在幻觉支配下作案，之后始终如此供述，在两级法院审理中被告人与辩护人均提出精神病辩护，其妹妹两次提出书面申请，但均未获得同意。理由虽然列举了很多，但都抵不过邓某甲在二审后在监所发病并被初步诊断为“分裂样精神病”。死刑案件，人命关天，一旦失误，不可挽回。而且从确保案件质量的角度而言，无论是否判处死刑，对基本的事实情节都应该查清。本案因为是在报最高人民法院复核期间发病，尚来得及继续查证，如果是在2007年最高人民法院统一行使死刑复核权之前，高级法院在二审的同时就进行复核，被告人很可能直接就被核准并执行死刑了，哪还有发病的机会？

还有的研究者担心，对特定的死刑案件实行强制鉴定制度，可能会引发死刑案件司法精神病鉴定的大量增加。这种担心是不必要的。据有关资料，美国在精神病鉴定上完全由当事人启动，但在1988年美国8个州中提出精神病辩护的被告人不到所有刑事案件被告人的1%；提出精神病辩护的被告人获得成功的，仅占提出精神病辩护案件的1/4。[①] 有的被告人即使有精神疾病也不愿进行精神病辩护，可能的原因是：（1）不愿同时留下两个坏名声，既违反了刑法，又是精神病人；（2）有些精神病医院的设备和生活条件比监狱更加糟糕；（3）按有些州规定，病人住精神病院是没有期限的，而犯人关监狱则是有期限的。[②] 在我国，虽然对精神病人的强制医疗等措施尚不十分完善，但通常情况下，绝大多数犯罪人也是不承认自己有精神疾病的，遑论提出司法精神病鉴定申请。[③] 以笔者所接触的死刑案件为例，复核提讯中被告人认为自己有精神疾病的只是极少数，比例极低。

（二）提高司法精神病鉴定的科学性

司法实践中，很多司法人员不愿意轻易启动司法精神病鉴定，是因为对司法精神病鉴定的科学性存疑，认为鉴定的不确定性大，尤其是一些案件一旦启动鉴定，各方由于对鉴定结论的不认可而导致再次鉴定、反复鉴定。例如，1999年5月的河北被告人曹某某故意杀人案中，曹某某摔死自己11个月的亲生儿子，一审期间进行了三次司法精神病鉴定，结论分别是无刑事责任能力、完全刑事责任能力和限制刑事责任能力，这样相互矛盾的结论使当事人与法官都颇为困惑。[④] 司法实践中，这样的极端情况并非个例。2006年上海被告人金双林故意杀人案中，金双林因琐事持刀捅刺周文菊、陈琦致二人死亡，诉讼中公检法三机关分别委托鉴定机构进行了四次司法精神病鉴定，金双林先后被鉴定为无民事行为能力、完全刑事责任

---

① 参见郭华：《精神病司法鉴定若干法律问题研究》，载《法学家》2012年第2期，第132页。

② 参见储槐植：《美国刑法》，北京大学出版社2005年版，第80页。

③ 例如，湖南被告人刘爱兵故意杀人、放火案中，虽然有精神病学专家认为刘爱兵案发时正处于“精神分裂症发病期，他在杀人和纵火时无实质性的辨认和控制能力”，但刘爱兵本人并不认为自己有精神病——这和当年的邱兴华如出一辙。邱兴华觉得如果其被认定为精神病人，自己撰写的《金笔定江山》等书将无人购买，而刘爱兵担心的是，如果其被认定为精神病人，那么自己希望讲清楚的事情（被追杀、迫害）就“没人信了”。参见陈磊：《“刘爱兵杀13人案”背后的精神病悬疑》，载搜狐网，http：//news. sohu. com/20100612/n272747582. shtml，最后访问日期：2020年6月14日。

④ 参见周娜、李雅琴：《论我国司法精神病鉴定制度之完善》，载《医学与哲学》2005年第9期，第61页；《河北保定母摔子案悬而未决　精神病鉴定出三种结果》，载搜狐网，http：//news. sohu. com/69/96/news146399669. shtml，最后访问日期：2020年7月11日。

能力、限制刑事责任能力、完全民事行为能力，四份鉴定相互交错，导致法官认证困难。[①] 就此问题，有的专家甚至称，在经手的刑事案件中，“只要有两次（精神病）鉴定，最后的结论肯定是不一样的”。[②] 据有的地区、部分鉴定机构的相关数据，就同一案件所作的不同鉴定意见之间的不一致率达30%左右。[③] 多个鉴定结论相互矛盾，往往会导致司法人员左右为难，无所适从。

对司法精神病进行鉴定已有数百年历史，但在实践中仍常有争议，其最根本原因就在于鉴定的主观性较强，科学性较低。对于司法精神病鉴定的复杂性、艰难性和科学性，学界也有充分的认识。例如，有的学者指出：“人的精神世界和外在物质世界一样是丰富多彩、纷繁复杂的。精神病不仅是人的中枢神经细胞异常放电和大脑功能失调的表现，而且同社会变动和文化冲击也有关系。”[④] 有的学者认为：“应当承认，探索人的心理与灵魂比剖验一具尸体更为困难。”[⑤] 有的学者认为，司法精神病鉴定存在对象的复杂性、过程的回溯性、知识背景的跨学科性、手段的有限性和结论的主观性五个方面的特征，这些特征都在一定程度上消解着鉴定的科学性、可靠性与可信度。[⑥]

为了提高司法精神病鉴定的科学性、公正性和可接受性，学者提出了很多建议。笔者认为，确保鉴定程序的公正性、提高鉴定意见内容的科学性、对精神病状况与刑事责任能力状况进行分层判断、对限制刑事责任能力进行分级评价四点，尤为重要。

1. 确保鉴定启动和开展程序的公正性。“程序是正义的蒙眼布”，公正的程序对于确保司法精神病鉴定的科学性具有基础性的保障作用。司法精神病鉴定程序，不论是司法机关主动开启，还是根据当事人的申请而开启，都应该确保程序的公正性。司法机关根据规定在鉴定机构和鉴定人名册中选择适当的鉴定机构和鉴定人过程中，应当将相关委托情况告知相关当事人，听取当事人的意见。当事人对于委托有异议的，司法机关应当根据不同情况进行处理，尽量选择能为各方所接受的鉴定机构与鉴定人。要增强当事人对鉴定进程的参与权，当事人应有权知悉鉴定的进

---

① 参见肖波、张华：《多份精神病鉴定结论的甄别》，载《人民司法》2008年第6期，第18页。

② 张军主编：《刑事证据规则理解与适用》，法律出版社2010年版，第17页。

③ 参见陈卫东、程雷：《司法精神病鉴定基本问题研究》，载《法学研究》2012年第1期，第173页。

④ 储槐植：《美国刑法》，北京大学出版社2005年版，第78页。

⑤ ［法］勒内·弗洛里奥：《错案》，赵淑美、张洪竹译，法律出版社1984年版，第201页。

⑥ 参见陈卫东、程雷：《司法精神病鉴定基本问题研究》，载《法学研究》2012年第1期，第165～166页。

展，有权通过司法机关向鉴定人提交与鉴定相关的材料和信息，有权委托专家辅助人参与、见证鉴定人的鉴定过程，确保鉴定过程的公开、公正与客观。

2. 提高鉴定意见内容的科学性。鉴定意见的科学性从根本上取决于鉴定材料的真实性、客观性，但鉴定人的专业素养和职业伦理也极为重要。司法行政机关在编制鉴定机构和鉴定人名册时，即须严格把握鉴定机构和鉴定人准入标准，加强对鉴定能力和质量的管理。司法机关在选择和委托鉴定机构、鉴定人时，也需要认真审查鉴定事项，择优选择与案件审理要求相适应的鉴定机构、鉴定人。为了提高鉴定的科学性，还有三个问题需要特别注意。

一是尽快解决司法精神病鉴定的一些基础问题。对于司法精神病鉴定的一些基本概念和标准，尚需进一步研究，统一认识。例如，对于精神病的概念，有广义和狭义两种定义，广义的精神病概念即精神疾病，或称精神障碍，既包括精神分裂症等精神病性障碍，也包括人格障碍等非精神病性障碍，狭义的精神病则仅指精神分裂症等精神病性障碍。精神医学界多采广义说。司法部2016年发布实施的《精神障碍者刑事责任能力评定指南》中，也专门就精神障碍等定义作了说明："精神障碍（mental disorder），又称精神疾病（mental illness），是指在各种因素的作用下造成的心理功能失调，而出现感知、思维、情感、行为、意志及智力等精神活动方面的异常。"但亦有分歧意见。例如，对于人格障碍是否属于刑事法学意义上的精神病，学者间争论激烈，有的持反对意见；有的持部分反对意见，认为人格障碍不属于无刑事责任能力评价中的精神病，但可以成为限制刑事责任能力评价中的精神病，还有的提出对反社会性人格障碍应认定为完全刑事责任能力，对冲动型、偏执型等人格障碍则可以认定为限制刑事责任能力；有的则持肯定意见，认为刑事法学意义上的精神病应符合现行精神障碍诊断标准的立场，人格障碍可以成为刑事责任能力判断的医学要件。[①] 实践中，既有认定人格障碍属于精神病但评定为限制刑事责任能力的案例，[②] 也有否定

① 参见张爱艳：《"精神病"与刑事责任能力的判断》，载《政法论丛》2011年第3期，第88～89页。

② 在被告人阿古敦故意杀人案中，内蒙古自治区锡林郭勒盟中级人民法院判决认定被告人阿古敦犯故意杀人罪，判处死刑，缓期二年执行，剥夺政治权利终身。宣判后，内蒙古自治区人民检察院锡林郭勒盟分院以一审判决量刑畸轻为由，提出抗诉。内蒙古自治区高级人民法院维持了一审判决中的定罪部分，并撤销了一审判决中的量刑部分，以故意杀人罪，判处被告人阿古敦死刑，剥夺政治权利终身。最高人民法院在复核期间，委托内蒙古自治区精神疾病司法鉴定委员会鉴定，结论为被告人阿古敦为分裂型人格障碍，有限制责任能力。此鉴定结论被最高人民法院采纳，依法改判阿古敦无期徒刑，剥夺政治权利终身。参见《刑事审判参考》（总第24辑）（2002年第1辑），法律出版社2002年版，第16～18页。

人格偏执障碍为精神病的意见。[①] 又如，对于刑事责任能力的评定标准尚无统一的标准等。基础概念和标准尚有争议，实践操作自难以统一。

二是有效提高鉴定人获取材料的能力。司法精神病鉴定是一种回顾性的事后鉴定，是鉴定人根据被鉴定人被鉴定时的精神状态和鉴定材料去推断其作案时的精神状态，这种鉴定往往比普通的临床诊断难度更大。鉴定意见的科学性在很大程度上取决于鉴定人所依据的鉴定材料的客观性和充分性。鉴定材料包括病史和案情材料两部分，都是由委托的公安司法机关提供。只有鉴定所依据的材料全面、充分、可靠，鉴定人才能进行准确的判断。但实践中往往存在很多困难。一方面，有的被鉴定人不合作，伪装、干扰甚至故意破坏反映实际精神状态的信息，给正确判定其精神状态增加了困难。另一方面，公安司法机关在收集相关资料时是从办案的角度收集的，由于缺乏精神医学知识，加之有的存在主观片面、先入为主的情况，所收集材料自然难免有不全面、不真实的情况。[②] 根据有关调研，实务中一例鉴定通常用时在一个工作日左右，各环节所需时间分别为阅卷 1 ~ 2 小时，精神检查 2 小时，撰写鉴定意见及相关工作 2 小时。虽然鉴定时长与鉴定意见的科学性没有必然联系，但在少数案件中，对于个别特殊的被鉴定人，由于鉴定当时的表现情况、病理特征一时难以明确，应增设住院鉴定的相关规定，从而为作出科学的鉴定意见提供充分的时间条件与诊断机会。另外，由于鉴定时限过短，鉴定人实地调查与走访的比例极低，调研显示这一比例不高于 10%。绝大多数的鉴定完全依赖公安司法机关提供的书面材料，而书面材料失真的可能性极大。[③] 为此，要提高公安司法机关取证的全面性和客观性，规范当事人等向鉴定人提供材料的渠道，为鉴定人实地调查走访提供必要条件，使鉴定人能够获取更全面、更客观的鉴定材料。

三是确保鉴定人独立、担当地提出意见。科学的鉴定意见，不仅取决于鉴定人的专业能力和工作深入程度，而且有赖于鉴定人的独立、担当精神。鉴定意见作为专家证言，只需对事实负责，对科学负责，只需要做好专业判断就行。但实践中，

---

① 对于 2006 年“陕西邱兴华特大杀人案”，犯罪心理学教授李玫瑾认为邱兴华只是存在人格偏执障碍，没有精神病，具备完全刑事责任能力。参见张爱艳：《“精神病”与刑事责任能力的判断》，载《政法论丛》2011 年第 3 期，第 90 页。

② 参见黄丽勤：《司法精神病鉴定若干问题研究》，载《法学评论》2010 年第 5 期，第 114 ~ 115 页。

③ 参见陈卫东、程雷：《司法精神病鉴定基本问题研究》，载《法学研究》2012 年第 1 期，第 172 页。

有的鉴定人在专业判断中掺杂了非专业的内容。一种情况是，有的根据当事人之间关系不同而予以区别对待。据有的业内人士透露，在司法精神病鉴定界曾有一个“潜规则”：如果受害者是肇事者的亲人，则易被评定为无刑事责任能力，如果受害人是外人，则多评为限定责任能力或完全责任能力。① 有学者经研究判例，也发现实践中存在这一问题。② 无独有偶，笔者所办理的被告人刘某乙故意杀人死刑复核案③中，刘某乙曾于2015年1月无故将其母亲杀死，经鉴定为无刑事责任能力，后于2016年10月无故将村民黄某某杀死，经鉴定为完全刑事责任能力。另一种情况是，有的过多考虑了案件的社会影响。有些被告人本来就是精神病人，但为了平息“民愤”，鉴定人不能坚持原则，将病人鉴定成无病之人。例如，在2009年湖南刘爱兵故意杀人、放火案的一审庭审中，针对辩护律师的提问，出庭作证的某鉴定人坦陈，由于精神疾患的判别并无一个量化标准，所以他们对这类影响重大的案件鉴定“会考虑中国特殊的国情”，“也会考虑案件本身的特殊情况”，该鉴定人还反问：如果将刘爱兵这类犯下累累血案的嫌疑人鉴定为精神病人，会不会造成当地政府的负担，“会不会有很多受害群众上访”④？另外，有的学者认为，实践中存在鉴定人通过错误鉴定或虚假鉴定，利用精神病鉴定来帮助被告人逃脱法律制裁的现象，鉴定意见成了一些犯罪人的“杀人执照”“免死金牌”，有的并提出中国司法

① 参见陈如超：《论中国死刑案件中的精神病抗辩》，载《西南政法大学学报》2003年第11期，第98页。

② 参见郭华：《精神病司法鉴定若干法律问题研究》，载《法学家》2012年第2期，第123～124页。

③ 被告人刘某乙故意杀人死刑复核案基本案情：被告人刘某乙曾于2015年1月无故将其母亲杀死，经鉴定为无刑事责任能力。2016年10月29日17时许，刘某乙在某乙省某申市其村里的乡道上行走时，与驾驶摩托车途经此地的被害人黄某某（同村村民，殁年70岁）相向而遇。刘某乙无故将黄某某拦下并辱骂，将黄某某连人带车推倒跌入路边的沟内，后跳入沟内对黄某某进行殴打，并威胁前来劝阻的村民。黄某某被打后向刘某乙求饶，刘某乙不但不放过黄某某，反而爬上路边抱起石块连续朝黄某某的头部猛砸数下，致黄某某因重型颅脑损伤死亡。侦查阶段，省城某机构受委托对刘某乙进行了司法精神病鉴定，认为其作案时及目前精神状态正常，作案时意识清晰，未在精神病性症状的影响下作案，其辨认能力和控制能力存在，对作案具有完全刑事责任能力。审查起诉期间，检察机关认为上述两份鉴定意见结论相反，要求公安机关对刘某乙作案时的精神状态及是否具有刑事责任能力再做鉴定。公安机关委托某乙省某申市某机构进行鉴定。该机构认为省城某机构的级别比其高，拒绝接受委托。该案未再对刘某乙做司法精神病鉴定。复核期间，经邀请多名精神医学专家集体论证，一致认为刘某乙受癫痫病影响，作案时应属限制刑事责任能力。该案未核准被告人刘某乙死刑，发回重审。后在二审法官前往代为送达最高人民法院裁定书前，刘某乙因病死亡，该案终止审理。

④ 陈磊：《“刘爱兵杀13人案”背后的精神病悬疑》，载搜狐网，http：//news.sohu.com/20100612/n272747582.shtml，最后访问日期：2020年6月14日。

精神病鉴定的误鉴率高达10%，大量的误鉴导致错案、冤案，却没有人为此而承担责任。① 对此，亦应给予充分的警惕。

3. 对精神病状况与刑事责任能力状况分层判断。对于司法精神病鉴定的评价范围，历来存在巨大的争议，其焦点在于司法鉴定在评价医学要件即被鉴定人的精神病状况之外，是否还应对其心理学要件即辨认控制能力、法学要件即刑事责任能力状况进行评价。对此，国内外学者进行了大量研究，主要有四种观点。第一种是医学要件评定说，认为精神病鉴定人只能对医学要件即是否有精神病进行判断，而心理学要件即是否有辨认控制能力及刑事责任能力的判断则由法官来认定。例如，有的学者认为："要求仅有医学背景的司法精神病鉴定人就刑法上的辨认控制能力问题发表专业意见，是对司法精神病鉴定人的苛求，是对现代专业分工逐渐细化这一客观规律的严重悖反。刑法上的辨认控制能力不是简单地指人的认识、辨别与控制能力问题，而是专指行为人在实施危害行为时，能够理解自己行为的性质、后果及社会政治意义，能够控制自己的行为，能够对此承担刑事责任。归根结底，辨认、控制能力是法律事项的评价，有别于被鉴定人对日常社会行为的普通认识与控制能力。""司法精神病鉴定人作为医学专家却不得不对法律问题进行评价，实属严重越位与错位。""司法精神病鉴定人的职责应当仅限于精神障碍诊断"。② 还有的学者认为，应严格警惕鉴定人的越权行为，作为鉴定人的医师通常应停留在自己范围内进行鉴定，而不能进入法律的范围。第二种是医学、心理学要件评定说，认为精神病鉴定人的职责不仅要对医学要件进行判断，还包括心理学要件的判断，而法官的职责是对刑事责任能力进行认定。因为刑事责任能力的心理学要件中同时存在事实层面和规范评价层面上的内容，对于精神障碍和犯罪之间的关联性以及关联程度的判断，都可以根据经验加以把握，即精神障碍对于辨认能力与控制能力的影响，多数可为精神病鉴定人的知识和经验所覆盖，因此，精神病鉴定人要比法官更加适合对心理学要件进行判断。第三种是刑事责任能力评定说，认为精神病鉴定人不仅可以对医学要件及心理学要件进行判断，还可以对刑事责任能力发表意见。尽管对于行为人有无刑事责任能力的最后判定应由法官作出，但是对于精神障碍及其

---

① 参见陈如超：《论中国死刑案件中的精神病抗辩》，载《西南政法大学学报》2013年第1期，第98页。

② 陈卫东、程雷：《司法精神病鉴定基本问题研究》，载《法学研究》2012年第1期，第171～172页。

行为的影响方面，法官是不如精神病鉴定人的，而鉴定人对刑事责任能力的陈述意见，是为法官提供的有力依据。那种认为精神病鉴定人无权对责任能力作出判断的是一种过于陈腐的想法。鉴定人应该有勇气表达对自己确认的观察结果所导致的法律结果的见解，这不仅是一项权利也是一项义务，因为鉴定人与精神异常者日常接触，远比其他人有更多的这方面的经验。① 刑事责任能力的判断本身需要医学和法学相结合，虽然辨认和控制能力属于法学规范的要素，但也需要精神医学的判断，法官在对责任能力进行判定时，“应该对鉴定结论进行形式审查，但只要在形式上没有问题，就应该采纳”②。第四种是折中说，认为刑事责任能力的医学要件应由精神病鉴定人进行判断，因其比较注重经验的运用，而心理学要件的判断应采用以法官为主、鉴定人为辅的合作方式，因心理学要件主要是确定事实关系并提出法律见解。即便认为心理学要件应由法官来判断，那精神病鉴定人的协助也是不可缺少的。德国学者保罗的“三层楼作业场”理论很清晰地表达了这一点。③ 折中说在德国是通说，在我国也得到多数学者的赞同。

司法部于2016年9月22日发布的《精神障碍者刑事责任能力评定指南》指出：“刑事责任能力也称责任能力，是指行为人能够正确认识自己行为的性质、意义、作用和后果，并能够根据这种认识而自觉地选择和控制自己的行为，从而到达对自己所实施的刑法所禁止的危害社会行为承担刑事责任的能力，即对刑法所禁止的危害社会行为具有的辨认和控制能力。”“刑事责任能力的评定有两个要件：医学要件和法学要件。医学要件为存在某种精神障碍；法学要件为该精神障碍是否影响其危害行为的辨认能力或控制能力及影响程度。”“进行刑事责任能力评定时，首先应评定被鉴定人的精神状态，根据CCMD或ICD进行医学诊断，在医学诊断

---

① 参见张爱艳：《精神鉴定的评价范围——基于鉴定人与司法人员职权划分的思考》，载《中国司法鉴定》2012年第1期，第25页。

② 黄丽勤：《精神障碍者刑事责任能力司法判定问题研讨》，载《湖北社会科学》2010年第11期，第165～166页。

③ 德国学者保罗（Blau）将刑事责任能力的判断过程用一个三层楼的作业场来比喻。一楼的场长是精神科医师，其检查行为人行为时的精神状态，是否该当于刑法规定的生物学要件（或者现时被认可的精神疾病），如果该当，就将鉴定结论带到二楼。二楼的场长是法官，其根据一楼所确认的生物学要件来判定心理学要件（辨认能力与控制能力）的有无，判定时当然要考虑一楼的结论。确定了心理学要件之后，二楼的场长和一楼的场长一起再上到三楼，共同讨论被鉴定人的量刑与处遇问题，包括回归社会及治疗的可能性、是否存在受刑能力及再犯的预测等。以上参见黄丽勤：《司法精神病鉴定若干问题研究》，载《法学评论》2010年第5期，第115～116页；张爱艳：《精神鉴定的评价范围——基于鉴定人与司法人员职权划分的思考》，载《中国司法鉴定》2012年第1期，第25页。

的基础上再考察辨认和控制能力受损程度，根据辨认或控制能力的损害程度评定责任能力等级。”“辨认与控制能力损害程度的判断应从以下方面进行评估：作案动机、作案前先兆、作案的诱因、作案时间选择性、地点选择性、对象选择性、工具选择性、作案当时情绪反应、作案后逃避责任、审讯或检查时对犯罪事实掩盖、审讯或检查时有无伪装、对作案行为的罪错性认识、对作案后果的估计、生活自理能力、工作或学习能力、自知力、现实检验能力、自我控制能力。”据此可知，对司法精神病鉴定中的判断分为三个阶段：精神状态的判断、辨认控制能力的判断和刑事责任能力的判断，其分属医学、心理学和法学领域。对精神状态的判断当然属于医学专家的专长，但对辨认控制能力的判断，则属心理学领域，虽然医学专家由于职业关系，对精神病人有更多的接触，对精神病人的心理有更多的感知和了解，但对涉嫌犯罪的被鉴定人的辨认控制能力的判断并非基于通常意义上的感知和了解。例如，普通意义上的“有意”实施某行为，行为人对于所造成的后果在刑法意义上可能是故意，也可能是过失，还可能是意外事件。因此，对被鉴定人辨认控制能力的判断，在一定程度上带有规范判断的性质，这并非精神医学所能覆盖的领域。事实上，《精神障碍者刑事责任能力评定指南》也是将对辨认控制能力的判断界定为法学要件。虽然医学专家可以就被鉴定人的辨认控制能力提出倾向性意见，在很多情况下，法官也需要医学专家提供这样的意见，但专家意见毕竟只是参考，最终还是要由法官来判断。

从纯理论的角度，司法精神病鉴定中的医学要件即精神病状况由医学专家判断，心理学要件即辨认控制能力由法官在医学专家的帮助下判断，而法学要件即刑事责任能力状况则应完全由法官独立判断。借鉴德国学者保罗的“三层楼作业场”理论模型，可以类比为：一楼的场长是医学专家，检查被鉴定人是否有精神病，如果有，就将被鉴定人带到二楼。二楼的场长是法官，医学专家是辅助人，法官根据医学专家对被鉴定人精神病状况的结论来判定辨认控制能力的有无及程度，判定时也要考虑医学专家对辨认控制能力的建议。明确了辨认控制能力后，法官再独自上三楼，就被鉴定人的刑事责任能力独自进行判断，三楼应该属于法官的密室，医学专家是不能上去的。至于被鉴定人的量刑与处遇问题，并不是需要法官与鉴定人共同商量的问题。事实上，有的学者就提出辨认控制能力并不等于刑事责任能力，[①]

---

① 参见张爱艳：《精神障碍者刑事责任能力判定研究》，载《法学家》2010 年第 5 期，第 171 ~ 172 页。

且有的地方司法实践中也明确要求司法鉴定不能对刑事责任能力进行判断。[①]

但在实践的层面，由于通常情况下，对辨认控制能力的判断基本等同于对刑事责任能力的判断，认定行为人有辨认控制能力也就相当于认定其有刑事责任能力，因此，司法精神病鉴定中的判断实质上也就归并为两个层级：精神病状况的判断和刑事责任能力的判断。对精神病状况的判断当然需要作为精神病医学专家的司法精神病鉴定人的判断，但对刑事责任能力的判断因横跨心理学、法学诸领域，其核心在于行为人精神状况与行为之间的关系，就应主要由法官进行判断。鉴定人在确定被鉴定人精神病状况的同时，对被鉴定人的辨认控制能力和刑事责任能力状况的意见只是提供给法官参考的建议。据此，可以对目前通行的司法精神病鉴定的结论格式进行适当地完善，现行格式一般是：被鉴定人行为时没有（或者患有）精神病，具有完全（或者限制、无）责任能力。为明确鉴定意见中不同内容的不同确定性和对法官的不同拘束力，可以将格式完善为：被鉴定人行为时没有（或者患有）精神病，倾向认为辨认控制能力完整（受限、缺失），建议评定为完全（限制、无）刑事责任能力。

4. 对限制刑事责任能力的分级评定。对于限制刑事责任能力的分级评定问题，争论主要在法医学者之间展开。否定论者认为，1997 年《刑法》改变了 1979 年《刑法》将刑事责任能力分为有刑事责任能力和无刑事责任能力的二分法，采用将刑事责任能力分为完全刑事责任能力、限制刑事责任能力和无刑事责任能力的三分法，这已经偏离了法学二值逻辑的需要，本身就已经存在很大的争议，因此就更没有必要在三分法的基础上走得更远了。同时，对限制刑事责任能力进行分级，既超越了医学知识的范畴，还会限制法官的自由裁量权，既缺乏法律的依据，也没有实践的意义，关于限定责任能力的再划分只是源于医学认识的习惯，而不是源于司法实践的实际需求。[②] 肯定论者则认为，司法精神病鉴定中的刑事责任能力评定工作主要是依靠鉴定人的经验进行，带有一定的主观性，很大程度上影响了鉴定结论的

---

① 根据有关资料，深圳市司法机关在委托精神鉴定的事项中已将评定行为人有无刑事责任能力改为犯罪嫌疑人或被告人在作案时的精神状况对其辨认和控制能力有无影响及其影响程度。与此相适应，接受委托鉴定的精神医师对被鉴定人有无精神病及辨认控制能力做出评定，而不再对刑事责任能力进行判断。参见张爱艳：《精神鉴定的评价范围——基于鉴定人与司法人员职权划分的思考》，载《中国司法鉴定》2012 年第 1 期，第 27 页。

② 参见罗小年：《也谈限定责任能力的分级问题》，载《中华精神科杂志》2003 年第 2 期，第 125 页。

客观性和一致性。尤其是限定责任能力的评定更是分歧点和争议的焦点，导致重复鉴定，增加司法成本。即便是同样被评定为限定责任能力的对象，其辨认或控制能力的削弱还存在明显的程度区别，司法界也普遍反映此鉴定结论较含糊，难以把握具体从宽处罚的幅度，在量刑时颇感棘手，目前只能是由法官自由裁量，给审判工作增加了难度，加大了出现偏差的概率。为此，对限定责任能力进行量化和再分级极具现实意义。本来对鉴定界来说，其实只要求识别行为人是否患有精神病和所患精神病对其违法犯罪行为的辨认或控制能力有无影响及影响程度即可，刑事责任能力的结论本应由法官自己来判断，但限于法官专业知识的局限等原因，法律把责任能力的评定交给了鉴定人员。而在鉴定实践中也确实发现同样被评定为限定责任能力的行为人，其辨认与控制能力受损的程度相差甚远，加之我国目前尚不具备完备的法庭抗辩制度，主审法官大多情况下面对的是一份责任能力等级的结论，而不是具体的行为人受精神疾病影响的辨认与控制能力情况，在如此的信息不对称情况下法官也确实难以准确量刑。为此，需要鉴定人作出更大的努力。①

主张对限制刑事责任能力进行分级的学者对于到底分几级也存在分歧。有的认为可以分为两级，即大部分责任能力和小部分责任能力。② 有的则认为应分为三级，因为在鉴定实践中发现，辨认控制能力的削弱存在轻度、中度、严重的程度区别，为此，与之对应的责任能力的程度也应该是一个逐渐减低的过程，限定责任能力的一端接近完全责任能力，另一端接近无责任能力，为了更好地对限定责任能力加以区分，再对其划分为三级是必要的。③ 为此，司法部司法鉴定科学技术研究所（2017 年更名为司法鉴定科学研究院）与多个鉴定机构一起，对限制刑事责任能力分级问题进行了协作研究。经对 2002 年 4 月至 2004 年 3 月在司法部司法鉴定中心司法精神病研究室鉴定并评定为限定责任能力的 106 例案例进行实证研究，认为限定责任能力可以区分为以下三级：（1）大部分责任能力：精神疾病轻，辨认能力、控制能力轻度减弱；（2）部分责任能力：精神疾病相对较重，辨认能力、控制能

① 参见蔡伟雄：《再谈限定责任能力的分级问题》，载《中国司法鉴定》2006 年第 1 期，第42～43 页。

② 参见龙青春、孙毅：《建议将限定责任能力分为两级》，载《中华精神科杂志》2001 年第 1 期，第 45～46 页；石华孟：《将限定责任能力分为二级评定原则的再探讨》，载《中华精神科杂志》2002 年第 1 期，第 51 页。

③ 参见蔡伟雄：《再谈限定责任能力的分级问题》，载《中国司法鉴定》2006 年第 1 期，第 43 页。

力中度减弱；（3）小部分责任能力：精神疾病严重，辨认能力、控制能力均明显减弱。①

笔者非常赞赏法医学者这些务实的努力。② 本来，就完全刑事责任能力、限制刑事责任能力和无刑事责任能力三者比较而言，限制刑事责任能力的范围确实太宽泛。如果说辨认控制能力在完全刑事责任能力是100%，在无刑事责任能力是0，那么在限制刑事责任能力就是从1%～99%。如此宽泛的范围，一端接近于无，另一端接近于完全，只有定性的结论，没有定量的分析，这样的意见对于司法人员有多大的价值？虽然医学专家对于辨认控制能力与刑事责任能力的意见对法官而言只是起建议性的参考作用，但这种建议、参考并不是可有可无的，而是基于鉴定人医学专业知识和实践经验所作的具有非常重要意义的判断，虽然并非基于法规范的角度，但对于法官也具有重要的参考、辅助作用。如果界定过于宽泛，其参考、辅助作用就会大打折扣。上述法医学者通过实证研究所做的三级划分非常有价值。希望这些研究成果能运用到司法实践中，为法官依法公正裁判案件提供更大的帮助。

（三）消除法官对司法精神病鉴定的顾虑

司法精神病鉴定在实践中之所以启动难，尤其在审判阶段启动难，除了有启动机制不完善、司法精神病鉴定自身科学性有待提高的因素外，还有一个很重要的原因，就是法官对鉴定的启动存在顾虑。这些顾虑主要来自四个方面：一是对鉴定本身的证据属性缺乏准确的把握，担心对案件的处理陷入被动，二是对鉴定意见内容的理解不充分，三是有的案件办理受到来自被害方、社会舆论的强大压力，四是担心不负刑事责任能力精神病人的强制医疗等处遇措施不配套，案结事不了，后患重重。对此，应有针对性地予以化解。

1. 准确把握司法精神病鉴定意见的证据属性。由于精神病鉴定的高度专业性，绝大多数法律职业人士自认为是外行，没有足够的能力对鉴定专家的意见进行审查判断，致使很多司法人员对于鉴定意见往往是一味接受，难以进行法律所规定的证据能力与证明力的审查。有学者估算，司法机关对精神病医学鉴定的采信率高达

---

① 参见邵阳等：《精神障碍者刑事责任能力的评定分级》，载《上海精神医学》2015年第1期，第33～36页。

② 20多年前，笔者在筹备硕士（1996～1999年）论文选题的时候，就曾一度将限制刑事责任能力人的处罚问题作为备选课题之一。当时就有疑问，限制刑事责任能力的范围如此宽泛，实践中如何才能准确定罪量刑。没想到，这么多年过去了，问题依然没有解决。

90%以上。[①] 这样高比例的采信率导致有的同志对司法精神病鉴定心存疑虑，担心鉴定的拘束力过大，案件处理陷入被动。

但从司法精神病鉴定意见本身的性质分析，其本质上只是鉴定人个人的认识和判断，表达的也只是鉴定人的个人意见。虽然，由于司法精神病鉴定意见出自法医学专家，可靠性比较高，但这种可靠性并不是绝对的，其作为证据的效力也不是必然的，而是必须经过控辩双方在法庭上的质证和法官的审查，其对案件处理的最终意义也需要在全案事实、情节的综合分析中才能确定，而不是先验的、固定的。2012年《刑事诉讼法》将原来的“鉴定结论”修改为“鉴定意见”，正是基于这样的认识。“结论”一词在词典中意指“对人或事物所下的最后的论断”，具有终局性。以往鉴定结论在证据体系中被看得很重，往往被看作证明某个事实最具权威性的证据，是不容置疑的证据。这就导致法官对鉴定的过于依赖。正如参与《刑事诉讼法》修改的立法专家所指出的：“鉴定是聘请有专门知识的人通过科学技术手段对案件中专门性问题提出一种判断，它是基于鉴定人个人知识基础上出具的一种意见，谈不上结论。过去称为‘鉴定结论’，似乎不用质证就成为定论了，过于绝对，改为‘鉴定意见’，更为准确。鉴定意见有对有错，有异议就必须接受质证，更符合诉讼规律。”[②] 这一修改明确强调了鉴定意见的证据属性。司法精神病鉴定意见并没有先验的法律约束力。在对鉴定意见的运用中，法官依然处于独立的、中立的、权威的主体地位。

2. 正确理解司法精神病鉴定意见的内容和效力。实践中，有的同志心存“有病无罪”的观念，担心被鉴定人一旦被鉴定为有精神疾病，就无法有效追究其刑事责任，会导致放纵犯罪。这种担心是不必要的。

一方面，有精神疾病并不等于没有刑事责任能力。实践中，很多案件的被告人经鉴定后，虽然确认被告人有精神疾病，但依然认定为完全刑事责任能力。例如，被告人彭某甲故意杀人死刑复核案[③]，经司法精神病鉴定，彭某甲患有精神病性症

---

① 参见陈卫东、程雷：《司法精神病鉴定基本问题研究》，载《法学研究》2012年第1期，第167页。

② 黄太云：《刑事诉讼法修改释义》，载《人民检察》2012年第8期，第17页。

③ 被告人彭某甲故意杀人死刑复核案基本案情：被告人彭某甲与被害人龙某甲（女，殁年21岁）系高中同学。彭某甲通过龙某甲与龙某甲的姐姐龙某乙相识，要龙某乙做其女友。遭拒后，彭某甲威胁龙某乙劝说妹妹龙某甲与彭谈恋爱，否则杀害龙某乙全家人。此后，彭某甲多次纠缠、威胁龙氏姐妹，并准备了尖刀伺机报复。2011年7月4日上午，彭某甲携带尖刀来到某甲省龙某甲家，持刀连续捅刺龙某甲的颈部、胸部、腹部等处数十刀，致其失血性休克死亡。该案核准被告人彭某甲死刑。

状的抑郁症，实施危害行为时有完全刑事责任能力。被告人左某某故意杀人、强奸死刑复核案①，经司法精神病鉴定，左某某的表现符合“反社会性人格障碍”诊断标准，作案动机现实，辨认能力及控制能力存在，没有病理性因素参与，根据相关规定，评定为完全刑事责任能力。被告人依某某故意杀人死刑复核案②，经司法精神病鉴定，依某某具有偏执性人格障碍，但其作案时未见精神病性症状，辨认及控制能力完整，作案时具有完全责任能力。考虑到报送到最高人民法院进行死刑复核的均为判处死刑立即执行的案件，被告人的刑事责任能力一般也均为完全刑事责任能力，在未判处死刑立即执行的其他案件中，也应有大量被告人虽然被诊断患有精神疾病但并未确定为无刑事责任能力，而是限制刑事责任能力或完全刑事责任能力的情形。

另一方面，鉴定为限制刑事责任能力也不意味着就不能判处死刑。限制刑事责任能力属于刑法的从宽处罚情节，但并非“必须”从宽，而是“可以”从宽，这就为法官根据案情准确量刑提供了制度依据。实践中，虽然对于绝大多数被鉴定为限制刑事责任能力的被告人都从轻或者减轻处罚，但也有一些案件并未对被告人作从宽处罚。例如，被告人丁风花故意杀人案③中，丁风花因琐事纠纷杀死刘某戊及

---

① 被告人左某某故意杀人、强奸死刑复核案基本案情：2015 年 7 月 9 日早上，被告人左某某来到某甲省被害人杨某庚（女，时年 42 岁）家中，抱倒杨某庚欲强行对其实施奸淫，因杨反抗并大声呼救未逞。当日 10 时许，左某某行至某路段时，见被害人谭某甲（女，殁年 41 岁）独自行走，欲强行对谭某甲实施奸淫，遭谭某甲反抗。左某某持石块猛砸谭某甲头面部、胸部、阴部等处数下，致谭昏迷。后左某某脱下谭某甲的裤子，持竹条连续捅刺谭的阴部，致其因腹腔多脏器破裂大出血死亡。该案核准被告人左某某死刑。

② 被告人依某某故意杀人死刑复核案基本案情：2012 年 8 月 19 日 10 时许，被告人依某某因怀疑其妻与同村村民张某卯有不正当两性关系，从家中携带菜刀、锤子来到张某卯家意欲报复。因张某卯不在家，依某某遂来到张某卯的父母家中，持锤子击打被害人詹某某（张某卯的母亲，殁年 67 岁）头部数下，又持菜刀砍詹背部数下，致詹严重颅脑损伤死亡。而后，依某某持锤子击打被害人张某辰（张某卯的父亲，殁年 70 岁）头部数下，再持菜刀砍其背部数下，致张某辰严重颅脑损伤死亡。依某某于当日向公安机关投案。该案核准被告人依某某死刑。

③ 被告人丁风花故意杀人案基本案情：2011 年 7 月 16 日，被告人丁风花受雇到被害人刘某戊（殁年 30 岁）家做保姆。其间，丁风花无端猜疑刘某戊受人指使在其饭菜中下毒，心生怨恨。7 月 28 日 8 时许，丁风花因灌注开水之事与刘某戊发生争执，二人均被开水烫伤。丁风花即到厨房拿取一把菜刀，在刘某戊卧室内持菜刀砍击刘某戊颈部等处数刀，后又继续追砍刘某戊至客厅，致刘某戊右颈部总动脉、颈内静脉断裂大出血死亡。刘某戊的长女万某甲见状，用家中固定电话拨打“110”报警，但未能说清地址即挂断，“110”接警人员即时回拨，丁风花接电话谎称小孩子乱打，并挂断电话。后丁风花追至万某甲卧室内，持菜刀朝正在哭泣的万某甲的颈部等处砍杀数刀，致万某甲大出血死亡。正在睡觉的刘某戊的次女万某乙惊醒大哭，丁风花又持菜刀砍击万某乙颈部数刀，致万某乙大出血死亡。随后，丁风花打固定电话报警，因不能说清事发地点，便下楼请小区物业人员帮忙报警。公安人员接警后赶到现场，将丁风花抓获。参见詹兆园、吴敏：《对限制刑事责任能力人犯罪的量刑》，载《人民司法》2017 年第 2 期，第 40 页。

其两个女儿万某甲、万某乙等三人，经鉴定，丁风花的行为症状表现和病程符合《中国精神障碍分类与诊断标准》（CCMD－3）关于偏执型精神分裂症的诊断；丁风花作案时没有完全丧失辨认及控制能力，应评定为限制刑事责任能力。最高人民法院经复核认为，丁风花持刀杀死被害人刘某戊，既有迫害妄想的病理基础，也有现实起因，但其对被害人万某甲、万某乙没有产生迫害妄想，纯属发泄私愤。综合全部犯罪过程，丁风花系在病理背景下发生现实冲突，对行为的控制能力减弱，但不属完全丧失。丁风花作案后主动报警，可说明其知晓行为性质，并未完全丧失辨认能力。丁风花作案时为限制刑事责任能力，依法应当负刑事责任。鉴于其所犯极其严重之罪行，不足以对其从轻处罚。据此核准丁风花死刑。因此，对限制刑事责任能力的精神病人犯罪的，审判人员在医学精神病鉴定的基础上经进一步审查确认系限制刑事责任的精神病人犯罪后，还应根据行为人所实施的犯罪是否和辨认与控制行为能力减弱有直接关系、有多大的影响，再决定是否给予从轻或减轻处罚，以及从轻或减轻处罚的幅度。对于犯罪情节特别恶劣，手段特别残忍，后果特别严重，人身危险性极大，不足以对其从轻处罚的，依法可判处死刑，立即执行。① 再如，被告人黄一川故意杀人案②中，黄一川为泄私愤，经预谋后，在校园附近持刀砍杀多名小学生及家长，致二人死亡、二人轻伤。经鉴定，黄一川患有精神分裂症，在本案中具有限制刑事责任能力。一审法院经审理认为，黄一川虽经鉴定患有精神疾病，被评定为具有限制刑事责任能力，但鉴于其罪行极其严重，人身危险性极大，且其精神疾病对其作案时辨认、控制自己行为能力没有明显影响，故应依法予以严惩。据此以故意杀人罪判处黄一川死刑。二审法院认为，黄一川虽系限制刑事责任能力人，但其犯罪动机极其卑劣，手段十分残忍，后果特别严重，人身危险性和社会危害性极大，且其精神疾病对其作案时辨认、控制自己行为能力没有明显

① 参见詹兆园、吴敏：《对限制刑事责任能力人犯罪的量刑》，载《人民司法》2017 年第 2 期，第 40～42 页。

② 被告人黄一川故意杀人案基本案情：被告人黄一川自认为遭到他人的欺辱和伤害，产生杀害无辜儿童以泄私愤之歹念，经到上海、广州等地多所小学、幼儿园观察，确定以上海市世界外国语小学的学生作为作案目标。2018 年 6 月 28 日 7 时许，黄一川携带不锈钢斩切刀到该校附近，伺机作案。当日 11 时 30 分许，黄一川尾随该校小学生谭某乙、费某某、金某甲、学生家长张某寅等人，行至距校南门约 130 米处时，黄一川拿出斩切刀进行砍杀，造成谭某乙、费某某死亡，金某甲、张某寅轻伤。黄一川行凶后随即被群众和安保人员当场扭获。2020 年 12 月 3 日，遵照最高人民法院下达的执行死刑命令，上海一中院已依法对故意杀人犯黄一川执行死刑。参见百度百科，https：//baike. baidu. com/item/%E9%BB%84%E4%B8%80%E5%B7%9D/22695972？fr = aladdin，最后访问日期：2020 年 12 月 4 日。

影响，依法不足以从轻处罚。故驳回上诉，维持原判。实践中，对于限制刑事责任能力的犯罪人根据案情不予从宽处罚的案件并非个例。

3. 正确面对社会的关切。很多案件，法官在决定对被告人是否启动司法精神病鉴定时，往往要考虑社会的关切，尤其是对于有人命的案件，往往要考虑被害方的要求和反应。根据有的学者统计，司法精神病鉴定的三种结果即完全刑事责任能力、限制刑事责任能力、无刑事责任能力，基本稳定在4∶3∶3这样一个比例。[①] 据此，一旦启动鉴定，有30%的概率被鉴定为限制刑事责任能力，这样会对被告人进行严惩带来一定的牵制。还有30%的概率被鉴定为无刑事责任能力，如果查证属实，被告人就会被判无罪。正如有的学者所指出的，对于有人命的案件，被害方一般会强烈请求法院判处死刑，社会民众也会义愤填膺，此时，被告方倘若提起精神病抗辩，法官所考虑的因素就已经不仅是案件事实是否清楚、证据是否确凿充分的问题，而是必须顾及“案结事了”与“社会认同”。故在涉嫌人命的案件中，被告方的精神病抗辩权并非法庭考虑的唯一要素，甚至不是主要要素。[②] 在被告人邓某甲故意杀人死刑复核案中，被害人亲属在一审、二审阶段均明确表示，坚决不谅解邓某甲，强烈要求判处邓某甲死刑。被害方的这种反应，在客观上可能会对法院启动司法精神病鉴定产生一定的影响。

对此，需要法官树立正确的审判理念，真正担当起法官的职责。司法是社会正义的最后一道防线，法官是社会正义的守护者，必须始终坚持独立的、中立的、公正的立场。守土有责，守土尽责。必须要坚持无罪推定、证据裁判等基本理念，依靠程序的公正来维护实体公正。对于来自被害方以及社会公众的诉求，固然应该给予关注，但不能被被害方诉求和社会舆论所裹挟，不能在单方的强烈反应下就放弃自主的判断和对公正的担当。查清被告人的刑事责任能力状况是作出刑事裁判的前提，这是法律的基本要求。如果被告人经鉴定并最终被认定为无刑事责任能力，那就应该依法宣判无罪。对于一个辨认能力和控制能力彻底丧失的人，法官有什么理由为了判刑就坚持拒绝启动司法精神病鉴定程序？如果被告人经鉴定并最终被认定为限制刑事责任能力，因法律规定的只是“可以”而非“应当”从宽处罚，裁判

① 参见陈卫东、程雷：《司法精神病鉴定基本问题研究》，载《法学研究》2012年第1期，第165页。

② 参见陈如超：《论中国死刑案件中的精神病抗辩》，载《西南政法大学学报》2013年第1期，第95页。

权还是在法官手里，法官还是可以依据事实依法进行裁量。

4. 健全对不负刑事责任精神病人的强制医疗机制。根据《刑法》规定，对于无刑事责任能力的犯罪人，应当责令其家属或者监护人严加看管和医疗，在必要的时候，由政府强制医疗。2012年《刑事诉讼法》增加了“依法不负刑事责任的精神病人的强制医疗程序”，明确了强制医疗的适用条件、决定程序、解除程序，在审理程序中设置了法律援助和法律救济程序，同时规定人民检察院对强制医疗的决定和执行实行监督，极大地完善了强制医疗的程序保障。其中明确规定：“实施暴力行为，危害公共安全或者严重危害公民人身安全，经法定程序鉴定依法不负刑事责任的精神病人，有继续危害社会可能的，可以予以强制医疗。”但在实践中仍存在很多问题。正如有的学者所指出的，《刑事诉讼法》对强制医疗的适用范围过小，事实上，一些非暴力作案的精神病人也可能具有暴力危险性且家属或者监护人不能严加看管和医疗，一律放归社会将使公共安全面临严重威胁；“有继续危害社会可能”认定困难，缺乏客观的判断标准；强制医疗的执行场所不能满足收治需要，暴力犯罪精神病人持续增长，但仅有部分省市才有功能较完备的安康医院或强制医疗管理处，覆盖面较小，在没有设立这类场所、医院的地区，司法机关一般只能委托普通精神病院来进行强制治疗，但普通精神病院又缺乏强制治疗所必需的警力；等等。①

实践中，对于一些实施暴力行为的精神病人，政府的强制医疗不到位，亲属或监护人也往往不具备条件和能力，导致要么采用铁链捆绑等方式将其长期禁锢在家中，甚至发生亲属杀死精神病人的事件；要么疏于管理、治疗，任由精神病人在社会游荡，有继续危害社会的危险。② 例如，被告人刘某乙故意杀人死刑复核案中，刘某乙曾于2015年1月27日无故将其母亲朱某甲杀害，后经委托当地某机构鉴定，认为其患有癫痫所致精神障碍（疾病期），评定为无刑事责任能力。刘某乙被释放后，并未受到有效的强制医疗，2016年10月29日，刘某乙在本村路上无故将骑摩托车路过的同村村民被害人黄某某拦下推倒，用石块砸击致死。

对于不负刑事责任精神病人强制医疗不到位的状况，给法官依法处理案件带来

---

① 参见魏江辉、蔡伟雄：《不负刑事责任精神病人强制医疗相关问题探讨》，载《中国司法鉴定》2015年第4期，第102～104页。

② 参见陈如超：《论中国死刑案件中的精神病抗辩》，载《西南政法大学学报》2013年第1期，第99页。

很大的压力。例如，2010年广东潮州中院审判的被告人刘宝和故意杀人案中，刘宝和持菜刀砍击邻居致一人死亡、一人重伤、一人轻伤，刘宝和经鉴定患有精神分裂症偏执型，被评定为无责任能力，故免除刑事责任，为此法官首先说服被害人家属接受该结果，然后多次找到刘宝和父母，让其将刘宝和领回家中看管。然而，由于其父母均年事已高，且家境贫寒，拒绝将刘宝和接回，甚至要求将刘宝和枪决了事，以平民愤。法官找到刘宝和家庭所在的镇政府，对方明确表示因财政困难而无力承担强制治疗费用。后来，该院院长几经周转，获得该县县委书记的支持后，方才解决此问题。该案在刘宝和被政府强制医疗后，才正式宣判。① 这种免刑的艰难，自然会对有的司法人员在决定是否对被告人启动司法精神病鉴定时产生一定的影响。

强制医疗不到位，既不利于精神病犯罪人的康复和人权保障，也不利于司法公正的实现，更有悖于中华民族实现伟大复兴、全体人民整体幸福安康的目标。根据调查，我国的广义精神病患病率为16.6%。② 尽管基于国际标准，这一患病率并不是很高③，但考虑到我国庞大的人口基数，这意味着有非常多的人受到精神疾病的困扰。世界卫生组织研究表明，精神病发病率已占中国所有疾病发病率总数的20%，并预测称，这一比例未来还将增长到25%。④ 有学者指出，威胁人类最严重的疾病在19世纪是肺病，在20世纪是癌症，在21世纪将是精神病。⑤ 这样庞大的

---

① 参见陈如超：《论中国死刑案件中的精神病抗辩》，载《西南政法大学学报》2013年第1期，第100页；《"疯汉"杀人缘于"妄想"艰难免刑》，载腾讯网，https://news.qq.com/a/20100910/001094_1.htm，最后访问日期：2020年5月17日。

② 这一比率是北京大学第六医院黄悦勤教授等经7年多时间，对中国精神卫生状况进行调查研究的结果，在国内精神卫生调查史上具有里程碑式的意义。调查基于ICD（《国际疾病及相关健康问题的分类》）及DSM（《用来诊断精神疾病的指导手册》，由美国精神医学学会出版，是一本在美国与其他国家最常使用来诊断精神疾病的指导手册）的诊断标准，对中国代表性样本进行了调查，排除痴呆后，六大类精神障碍（心境障碍、焦虑障碍、酒精/药物使用障碍、精神分裂症及相关精神病性障碍、进食障碍、冲动控制障碍）加权终生患病率为16.6%，其中，精神分裂症加权终生患病率为0.6%。参见《重磅！中国精神障碍患病率数据发布》，载医脉通网，http://news.medlive.cn/psy/info-progress/show-154652_60.html，最后访问日期：2020年6月14日。

③ 世界卫生组织的数据显示，全球每4人中就有一人需要精神治疗。参见《世卫组织称全球精神卫生投入人均不到3美元》，载搜狐网，http://news.sohu.com/20111010/n321627840.shtml，最后访问日期：2020年7月11日。

④ 参见陈卫东、柴煜峰：《精神障碍患者强制医疗的性质界定及程序解构》，载《安徽大学学报》（哲学社会科学版）2013年第1期，第124页。

⑤ 参见南怀瑾：《廿一世纪初的前言后语》，东方出版社2013年版，第381页。

群体，这样严重的问题，要求我们必须正确面对。简单地放任不管，或者粗暴地非法禁锢，都是严重不负责任的做法。我们不能采取“鸵鸟对策”，假装什么也看不见，这些事情是回避不了的。因为，他们是我们的一部分。善待他们，实际上也是在善待我们自己。只有正确面对，切实做好对精神病犯罪人的强制医疗，才是真正负责任的态度。如果说过去我们的物质条件不具备，但近年来，随着经济社会的发展，我国的综合国力明显增强，我们有能力把这件事情做实、做好。因此，必须健全对于不负刑事责任精神病人的强制医疗机制，这样才能真正确保司法精神病鉴定的正常启动，真正优化对精神病犯罪人的刑事处理系统。

刑期于无刑。
——《尚书·大禹谟》

第五节　贩卖毒品罪既遂的认定

——被告人王某戊、彭某乙贩卖、运输毒品死刑复核案

引　言

对于贩卖毒品罪既遂的认定，多年来在理论界和实务界都存在很多争论。基于贩卖毒品罪危害极其严重，且危害产生相对前置、犯罪组织体系相对复杂、交付过程相对隐蔽等特征，笔者赞同将贩卖毒品罪既遂标准界定在进入实质交付环节的做法和观点，也即毒品交易进入“实质交付环节”即为既遂。在当面交付即送货上门或上门提货的情况下，只要卖家、买家与毒品三因素齐聚于同一时空，即可认定毒品交易进入实质交付环节，双方均构成贩卖毒品罪的既遂。在隔空交付即约定点交付或代办托运的情况下，只要卖家将毒品在约定点放置好并告知买家或交付托运完毕，即可认定双方构成既遂。在拟制交付即简易交付、占有改定或指示交付的情况下，只要双方达成协议，即可认定双方构成既遂。

一、基本案情

被告人王某戊，男，1965 年 11 月 20 日出生。2008 年 7 月 21 日因犯运输毒品

罪被判处有期徒刑十年，并处罚金人民币一万五千元，2013 年 7 月 23 日被假释，假释考验期自 2013 年 8 月 9 日起至 2015 年 9 月 25 日止。2014 年 12 月 31 日因本案被逮捕。

被告人彭某乙，男，1971 年 12 月 1 日出生。1998 年 8 月 27 日因犯抢劫罪被判处有期徒刑五年；2010 年 12 月 20 日因犯非法持有毒品罪被判处拘役三个月，并处罚金人民币二千元；2012 年 11 月 22 日因犯非法持有毒品罪被判处拘役五个月，并处罚金人民币二千元。2014 年 12 月 31 日因本案被逮捕。

某甲省某戊市中级人民法院审理某戊市人民检察院指控被告人王某戊、彭某乙犯贩卖、运输毒品罪一案，于 2016 年 3 月 23 日以刑事判决，认定被告人王某戊犯贩卖、运输毒品罪，判处死刑，剥夺政治权利终身，并处没收个人全部财产，撤销假释，与前罪没有执行完毕的刑罚并罚，决定执行死刑，剥夺政治权利终身，并处没收个人全部财产；被告人彭某乙犯贩卖、运输毒品罪，判处死刑，剥夺政治权利终身，并处没收个人全部财产。宣判后，王某戊、彭某乙提出上诉。某甲省高级人民法院经依法开庭审理，于 2016 年 8 月 22 日以刑事裁定，驳回上诉，维持原判，并依法报请最高人民法院核准。

公诉机关指控，被告人王某戊、彭某乙以贩卖为目的购买海洛因、甲基苯丙胺片剂并指使他人运输，其行为均已构成贩卖、运输毒品罪，应依法惩处。

被告人王某戊对公诉机关的指控未提出异议，其辩护人的意见是：（1）王某戊等人在运输毒品途中被抓获，贩卖、运输毒品的行为应认定为犯罪未遂；（2）王某戊虽系主犯，但罪责较被告人彭某乙轻；（3）王某戊有重大立功情节，依法可从轻或减轻处罚；（4）王某戊归案后如实供述其犯罪事实，系坦白，依法可从轻处罚。

被告人彭某乙否认其参与贩卖、运输毒品犯罪，其辩护人的意见是：（1）公安机关搜集的彭某乙的口供笔录与同步录音录像资料不吻合，不能形成完整的锁链；（2）彭某乙不是主要出资者，没有联系毒品卖家及运毒人员，亦没有接货，在本案中的作用相对较小，应从轻处罚。

一审法院认定：2014 年，被告人王某戊与被告人彭某乙及姚某某（同案被告人，已判刑）相识。2014 年 10 月，王某戊多次与彭某乙商议从某乙省购买毒品运回某甲省某戊市贩卖，商定共同出资购买海洛因 7000 克，总毒资 120 万元，由王某戊负责与上家毒贩联系。随后王某戊又联系姚某某从某乙省运输毒品至某戊市事宜，约定给姚某某运输毒品报酬10万元，并先行支付1万元报酬。2014年11月17日至19日，王某戊安排其妻徐某乙（同案被告人，已判刑）通过徐某乙的姨妈席某某、表妹刘某己向上家毒贩汇款60万元，安排其姐夫覃某某向上家毒贩汇款40万元作为定金。11月24日，王某戊、彭某乙从某戊市乘飞机到某乙省某壬市与上家毒贩见面，彭某乙交付毒资20万元，王某戊还自行购买2万粒甲基苯丙胺片剂并支付毒资28万元。11月27日，姚某某受王某戊安排，从上家毒贩放置毒品处拿得毒品，王某戊与彭某乙先行返回某戊市。11月28日，姚某某携带毒品驾驶长途客车从某壬市返往某戊市。当日19时许，彭某乙将10万元运费交由徐某乙转交给王某戊。11月29日上午，王某戊在与姚某某联系后，驾车与徐某乙一同前往某甲高速公路接取毒品。当日8时许，王某戊在某甲高速公路某路段拦停姚某某所驾驶的客车，徐某乙下车将装有现金6万元的红色袋子交给姚某某，姚某某将装有毒品的旅行袋和一桶茶叶交给徐某乙，后公安人员将姚某某和王某戊抓获，当场查获海洛因6969.23克、甲基苯丙胺片剂1819.67克和毒资6万元，徐某乙趁机逃跑。当日9时许，公安人员将彭某乙抓获。后公安人员对王某戊、徐某乙的住所进行搜查，查获含有甲基苯丙胺的固体物质952.9克、液体455ml。次日，徐某乙主动向公安机关投案。

另查明，2014年11月，被告人王某戊安排徐某乙将2小包毒品交给其姐姐王某己保管。11月29日，公安人员从王某己的住所查获海洛因19.94克。

认定上述事实的证据，有查获的海洛因、甲基苯丙胺片剂、含有甲基苯丙胺的固体物质和液体等物证，手机通话记录、银行账户交易记录、酒店住宿信息、刑事判决书、刑事裁定书、释放证明书等书证，证人席某某、刘某己、覃某某、王某己、陈某乙等的证言，毒品鉴定意见、手机勘查报告，搜查、辨认笔录，另案被告人娜某甲、娜某乙、同案被告人徐某乙、姚某某和被告人王某戊、彭某乙的供述等。

一审法院认为，被告人王某戊、彭某乙的行为均已构成贩卖、运输毒品罪。二人在共同贩卖、运输毒品犯罪中均起主要作用，均系主犯。王某戊在假释考验期间犯新罪，应撤销假释，数罪并罚；其曾因犯运输毒品罪被判处刑罚，又犯贩卖、运输毒品罪，系毒品再犯，依法应从重处罚；向公安机关提供重要线索，得以侦破其他案件，有重大立功表现，依法可减轻处罚；归案后如实供述犯罪，系坦白，依法可从轻处罚。综合王某戊犯罪的事实、性质、情节等，不足以对其从轻或减轻处罚。彭某乙曾因犯抢劫罪、非法持有毒品罪被判处刑罚，又犯贩卖、运输毒品罪，系毒品再犯，依法应从重处罚。据此，依法判决：对被告人王某戊、彭某乙均以贩卖、运输毒品罪判处死刑，剥夺政治权利终身，并处没收个人全部财产。

被告人王某戊上诉及其辩护人提出：王某戊贩卖毒品的行为属于犯罪未遂，有重大立功情节，毒品被查获未流入社会，王某戊归案后如实供述其犯罪事实，系坦白，请求对其从轻处罚。

被告人彭某乙上诉及其辩护人辩护提出：原判部分认定事实错误，判处彭某乙死刑属量刑畸重，请求对其从轻处罚。

检察机关的意见是：本案事实清楚，证据确实、充分，审判程序合法，定罪准确，量刑适当，建议驳回上诉，维持原判。

二审法院认定的事实和依据的证据与一审基本相同。

二审法院认为，被告人王某戊、彭某乙违反国家毒品管理法规，购买毒品并指使他人长途运输，其行为均已构成贩卖、运输毒品罪。王某戊曾因犯运输毒品罪被判处十年有期徒刑，在假释期内再犯贩卖、运输毒品犯罪，系毒品再犯，且本次涉案毒品数量巨大，依法应从重处罚，虽有重大立功、坦白等情节，但不足以对其从轻或减轻处罚。对于王某戊上诉及其辩护人提出的王某戊贩卖毒品行为属于犯罪未遂的意见，经查，王某戊已从上线处购买毒品，并交由他人运输至当地，其贩卖行为已经完成，其行为应认定为犯罪既遂，该上诉理由及辩护意见不能成立，不予采纳。彭某乙在本案中贩卖、运输毒品数量巨大，在本次犯罪之前有三次犯罪前科，系毒品再犯，属于主观恶性大、人身危险性大的犯罪分子，且归案后认罪态度不好，应依法惩处。综上所述，一审判决认定的事实清楚，证据确实、充分，定罪准确，量刑适当。审判程序合法。据此，依法裁定：驳回上诉，维持原判。

最高人民法院经复核确认的事实与一、二审基本相同，并增加表述：被告人王某戊参与贩卖、运输海洛因 6989. 17 克、甲基苯丙胺片剂 1819. 67 克及含有甲基苯丙胺的固体物质 952. 9 克、液体 455 毫升；被告人彭某乙参与贩卖、运输海洛因 6969. 23 克、甲基苯丙胺片剂 1819. 67 克。

最高人民法院确认上述事实的证据与一、二审相同。

最高人民法院认为，被告人王某戊、彭某乙明知是毒品而贩卖、运输，其行为均已构成贩卖、运输毒品罪。王某戊与彭某乙共谋贩卖毒品，在共同犯罪中均系主犯，王某戊作用明显大于彭某乙，系罪责最为严重的主犯。王某戊贩卖、运输毒品数量巨大，社会危害大，罪行极其严重，且其曾因犯运输毒品罪被判处有期徒刑，在假释考验期内又犯贩卖、运输毒品罪，系毒品再犯，主观恶性深，人身危险性大，应当撤销假释，依法从重处罚并数罪并罚。彭某乙贩卖、运输毒品数量巨大，且曾因犯罪被判处刑罚，系毒品再犯，但其在共同犯罪中的作用小于王某戊，根据其犯罪的具体情节，对其可不判处死刑立即执行。第一审判决、第二审裁定认定的事实清楚，证据确实、充分，定罪准确，审判程序合法。对被告人王某戊量刑适当。据此，依法判决：（1）核准某甲省高级人民法院刑事裁定中维持第一审以贩卖、运输毒品罪判处被告人王某戊死刑，剥夺政治权利终身，并处没收个人全部财产，撤销假释，与前罪没有执行完毕的刑罚并罚，决定执行死刑，剥夺政治权利终身，并处没收个人全部财产的部分；（2）撤销某甲省高级人民法院刑事裁定和某甲省某戊市中级人民法院刑事判决中对被告人彭某乙以贩卖、运输毒品罪判处死刑，剥夺政治权利终身，并处没收个人全部财产的部分；（3）被告人彭某乙犯贩卖、运输毒品罪，判处死刑，缓期二年执行，剥夺政治权利终身，并处没收个人全部财产。

二、主要问题

被告人王某戊等为出售牟利而购买毒品，雇用他人接取并运输毒品，但自己尚未拿到毒品，对其能否认定贩卖毒品罪既遂？

笔者认为，贩卖毒品罪属行为犯，行为人只要实施了出售毒品或者为出售而购买毒品两种行为之一，即成立犯罪的既遂。而为出售而购买毒品的行为，只要毒品进入实质交付环节即可认定既遂。同时，就毒品的交付而言，行为人雇用他人接受交付与行为人自己接受具有同等的效力。本案中，被告人王某戊等已经与上家毒贩完成毒品交易，王某戊雇用的姚某某已经从上家毒贩放置毒品处拿到毒品，毒品交付已完成，王某戊等贩卖毒品行为已属既遂。至于毒品刚从姚某某处转移到王某戊处即被查获，不影响犯罪既遂的认定。

三、延伸思考

毒品问题与艾滋病问题、恐怖活动并称为当今世界三大公害。多年来，受国内外多种因素影响，我国毒品问题呈蔓延势头，吸毒人数上升，毒品案件增多，禁毒形势十分严峻，全国各省、自治区、直辖市都不同程度地存在与毒品有关的违法犯罪活动。在各级法院审理的刑事案件中，毒品犯罪案件占有很大的比例。对于毒品犯罪案件中基础性、普遍性的重要问题达成共识，既是准确定罪量刑，维护公正司法的需要，也是减少不必要的争论、内耗，提高司法效率的要求。

对于毒品犯罪案件中绝大多数基础性、普遍性问题，经过多年来的研究与实践已经基本达成共识。但还有一些问题一直争论不休。例如，在很多贩卖毒品案件中，犯罪既未遂问题就频频被提出来，争论激烈。有的以其尚未拿到毒品为由认为其属犯罪未遂，有的以毒品尚未找到买家为由认为其属未遂，还有的以其虽与买家达成了协议但尚未实际交付为由而认为其属未遂，等等。诚然，审判工作本来就是一个辩论场，很多情况下，辩方提出犯罪未遂的问题，即使只是作为一种辩护策略，也不能说没有意义，因为有一些未完全完成的贩卖毒品行为，与其他一些已经完成交易、甚至已经卖出获利的贩卖毒品行为相比，危害确实相对较小，在量刑时应当予以考虑。但作为法官，内心不能不明白，贩卖毒品犯罪何种行为算既遂，何种行为算未遂，自己不能没有一个明确的标准，不能在这些重要的基础性问题上左右不定，浪费本来就稀缺的审判资源。

下面，笔者结合理论和实践中关于贩卖毒品罪既未遂问题的各种观点和做法，谈一点个人的看法。

（一）关于贩卖毒品罪既未遂问题的各种观点和做法

1. 理论观点

对于贩卖毒品罪的既未遂问题，学界存在巨大的分歧，所提出的观点，据有的学者统计，达16种之多①，其中主要的观点有“契约说”“交易环节说”“交付说”“买入说”“进入实质交易环节说”等5种。

（1）契约说，即以行为人是否与买家达成毒品交易协议为标准界定贩卖毒品罪的既未遂。例如，有的学者认为，当贩卖毒品的买卖双方意思达成一致，也即双方达成毒品买卖契约的，就应当认定为既遂。

（2）交易环节说，即以行为人是否开始将毒品带入出售交易环节为标准界定贩卖毒品罪的既未遂。例如，有的学者认为：“贩卖毒品犯罪的既遂与否，应以毒品是否进入交易环节为准。至于行为人是否已将毒品出售获利，或是否已实际成交，不影响贩卖毒品罪既遂的成立。若行为人具有贩卖毒品的故意，由于意志以外

---

① 该学者统计的16种观点包括：“成交说或契约说”“卖出说或交易行为完成说”“实行行为说或出卖说”“卖出及交付说”“交付说或实际转移说”“出手及控制说”“买入说”“进入交易说”“持有既遂说”“行为说”“行为及卖出说”“持有加目的行为说”“断绝的结果犯说”“修正的目的持有说”“交付说”“契约说”等。参见熊海燕：《毒品犯罪研究综述与评价》，知识产权出版社2019年版，第125～131页。

的原因毒品未能进入交易环节，则以贩卖毒品罪未遂论处。”①

（3）交付说，即以行为人是否已经将毒品转移交付给买家为标准界定贩卖毒品罪的既未遂。例如，有的学者认为：“贩卖毒品是一种有偿转让毒品的行为，行为人构成贩卖毒品罪的既遂，在主观上要具有贩卖毒品的故意，在客观上实施了有偿转让毒品的行为。如果行为人没有实际交付毒品，而仅与他人达成协议，不能认为贩卖毒品行为人构成贩卖毒品罪的既遂。”② 有的学者认为：“贩卖以毒品实际上转移给买方为既遂，转移毒品后行为人是否已经获取了利益，则不影响既遂的成立。毒品实际上没有转移时，即使已经达成转移的协议，或者行为人已经获得了利益，也不宜认定为既遂。行为人以贩卖为目的购买了毒品但未能出售给他人的，宜认定为犯罪未遂。”③

（4）买入说，即以基于贩卖目的而购买毒品的行为人是否已经从上家毒贩处买到毒品为标准界定贩卖毒品罪的既未遂。例如，有的学者认为，贩卖毒品通常包括两个阶段：第一阶段为低价买进毒品，第二阶段为将买进的毒品卖出去。本罪的客体是国家对毒品的管制，无论是买还是卖都侵害了这一客体，只要实际买入了毒品，就构成了本罪既遂。④ 有的提出，贩卖毒品本身包含了贩与卖两行为，因此无论是买入还是卖出，只要买或卖的行为实施完毕，两者居其一就构成本罪既遂。⑤

（5）进入实质交易环节说，即以行为人是否已经与上家毒贩或毒品下家开始实质性的毒品交易为标准界定贩卖毒品罪的既未遂。例如，有的学者认为，贩卖毒品行为通常始于购买，单就购买毒品行为而论，其已具有双面的严重社会危害性，贩毒过程中的这两个关联行为均不乏独立的、严重的社会危害性，只要实施了其中一个行为的，即具有以犯罪既遂论处的必要性，据此，“1. 以贩卖毒品为目的，实施了购买毒品行为（包括正在进行毒品交易人赃俱在或已经买进了毒品两种情形）的，应认定为贩卖毒品罪既遂；2. 对于非以购买方式（如祖传、他人馈赠等原因）获得的毒品予以贩卖的，只要将毒品带至与买方约定的地点开始交易的或者实际成交的，应以贩卖毒品罪的既遂论处；3. 对于因贩卖毒品被抓获后在其住所查获的

① 张穹主编：《刑法各罪司法精要》，中国检察出版社 2002 年版，第 751 页。
② 王作富主编：《刑法分则实务研究》（下），中国方正出版社 2010 年版，1575 页。
③ 张明楷：《刑法学》，法律出版社 2007 年版，第 831 页。
④ 参见陈兴良主编：《罪名指南》，中国政法大学出版社 2000 年版，第 1278 页。
⑤ 参见刘家琛主编：《新刑法常用罪认定与处理》，人民法院出版社 1998 年版，第 1327 页。

毒品，因其贩卖故意确定并购进了大量毒品，应全数作贩卖毒品罪的既遂认定，不宜将查获的未卖的毒品作本罪未遂或非法持有毒品罪处理”。[①] 有的学者提出：“只要行为人将毒品带入交易环节，无论其是否实际完成付款或交货，事实上都已经对毒品管制秩序的客体造成了实际侵害。并且以进入交易环节说作为判定贩卖毒品犯罪既遂的标准更有利于司法实践中对于毒品交易尚未完成即被抓获等情况的处理。”[②]

2. 实务做法

司法实践中，一直以来的做法是，非法销售毒品和为贩卖而购买毒品两种行为只要具备其中之一，即可成立贩卖毒品罪的既遂。

1994 年 12 月 20 日，最高人民法院发布实施的《关于执行〈全国人民代表大会常务委员会关于禁毒的决定〉的若干问题的解释》（已失效）第 2 条第 1 款规定：“贩卖毒品，是指明知是毒品而非法销售或者以贩卖为目的而非法收买毒品的行为。”

2000 年 6 月 12 日，上海市高级人民法院发布实施的《关于审理毒品犯罪案件具体应用法律若干问题的意见》提出：“贩卖毒品罪，是指明知是毒品而非法销售和以贩卖为目的而非法收买毒品的行为。只要行为人将毒品现实地带入了交易环节的（贩毒者已将毒品带到购买者面前着手交易的），无论是否完成交易行为，均应以贩卖毒品罪的既遂论处。如果有证据证明行为人以贩卖为目的而购买了毒品或正在向贩毒者购进毒品的，亦应认定为贩卖毒品罪的既遂。”

2008 年 9 月 24 日，时任最高人民法院副院长张军《在全国部分法院审理毒品犯罪案件工作座谈会上的讲话》“关于毒品犯罪的既遂与未遂问题”中指出：“对于实践中出现的极为典型的未遂案件，应按照犯罪未遂来处罚。例如，毒品交易双方约定交易地点后尚未见面，在路途中即被抓获的，对于卖方，仍应按以上原则认定为犯罪既遂，因为他是为卖而买到毒品，或者为卖而通过走私、制造获得了毒品，如其毒品是祖上传下来的，尚未出手即被查获，也可认定为贩卖毒品未遂；对于买方，因其尚未与卖方进行实际交易，应认定为犯罪未遂。”“在毒品犯罪既遂

① 黄祥青：《浅析贩卖、运输毒品罪的既遂和未遂》，载《政治与法律》1999 年第 3 期，第 69 ~ 70 页。

② 卢勤忠：《犯罪既遂标准新论——以犯罪客体为判断的视角》，载《甘肃政法学院学报》2010 年第 6 期，第 58 页。

与未遂的认定上，应当以有利于依法严厉惩罚犯罪为原则。具体判定时如产生争议、把握不准的，应按照从严打击犯罪的要求，认定为既遂。”①

2012年5月16日，最高人民检察院、公安部《关于公安机关管辖的刑事案件立案追诉标准的规定（三）》就贩卖毒品罪作了如下规定：“‘贩卖’是指明知是毒品而非法销售或者以贩卖为目的而非法收买的行为。”

2019年10月，最高人民法院5个刑庭主办的《刑事审判参考》总第117集中的第1290号案例被告人唐立新、蔡立兵贩卖毒品案②中，明确对贩卖毒品罪既未遂问题采取“进入实质交易环节”标准。在此案中，蔡立兵为出售毒品牟利而向唐立新约购毒品，唐立新经他人购到毒品，与蔡立兵一起对毒品验货、称重、包装并议定价格后，准备出门取毒资时被抓获。一审、二审判处唐立新、蔡立兵死刑。最高人民法院经复核认为，蔡立兵、唐立新的行为均已构成贩卖毒品罪，但唐立新在本案中罪责相对小于蔡立兵，依法对其判处死刑，可不立即执行，故核准蔡立兵死刑，改判唐立新死刑，缓期二年执行。该案例中提出，贩卖毒品罪的既未遂，应以毒品是否进入交易环节为准，至于是否实际交付毒品，不影响犯罪既遂的成立。唐立新与蔡立兵进入毒品交易现场，谈妥了交易价格，对带到现场的毒品进行了查验和称重，虽然还没有交付毒资和毒品，亦可以认定为犯罪既遂。这符合司法实践中比较普遍采取的“进入实质交易环节”的既遂认定标准，符合当前禁毒形势的

---

① 张军：《在全国部分法院审理毒品犯罪案件工作座谈会上的讲话（节录）》，载《刑事审判参考》（总第67集）（2009年第2集），法律出版社2009年版，第212页。

② 被告人唐立新、蔡立兵贩卖毒品案主要案情：2011年10月底，被告人蔡立兵联系廖小军，欲购买2000多克冰毒，廖小军将该消息告诉被告人唐立新，唐立新遂找到彭永根，商议购买毒品卖给蔡立兵。11月15日，蔡立兵携带60.3万元毒资，驾驶轿车从天津市来到湖南省郴州市，住在廖小军的妹妹廖某乙家中。11月16日，彭永根在广东省陆丰市从“阿高”处以每克220元的价格购进冰毒2000余克。11月17日下午，彭永根将冰毒带回郴州市，当日18时许，唐立新购买了电子秤并接应彭永根，将蔡立兵约至郴州市某公寓进行交易，三人会合后，蔡立兵对毒品验货、称重，并与唐立新、彭永根议定购买该批冰毒的价格为每克260元。其间，唐立新另将300粒麻古以1万元的价格卖给蔡立兵。唐立新与蔡立兵因此次毒品交易系廖小军从中介绍，商定各出5000元给廖小军作为好处费，并当场打电话给廖小军。唐立新、彭永根、蔡立兵将毒品包装好，准备出门前往廖某乙家取毒资时，被公安人员抓获。公安人员当场缴获白色晶体5包，红色药丸2包，经鉴定，白色晶体净重2227克，甲基苯丙胺含量为57.8%；红色药丸净重30.3389克，从中检出甲基苯丙胺和咖啡因成分。随后公安机关从廖某乙家卧室衣柜边查获蔡立兵藏匿的毒资60.3万元，从蔡立兵驾驶的轿车中查获麻古337粒，净重26.2208克。参见李晓光、赵娟：《唐立新、蔡立兵贩卖毒品案［第1290号］——如何把握贩卖毒品罪的既遂未遂标准与毒品犯罪上下家的死刑适用标准》，载《刑事审判参考》（总第117集）（2017年第4集），法律出版社2019年版，第52~54页。

客观需要，有利于打击与遏制毒品犯罪。实践中，由于毒品犯罪具有高度隐蔽性，侦查难度大，一旦毒品交易行为完成就难以查缉，故“人毒俱获”成为侦破毒品犯罪案件的重要特征。本案虽然在毒品交易完成之前，公安人员即采取收网行动，将各被告人抓获并查获了毒品，但毒品上下家已经进入毒品交易现场并实施了验货、谈价、称重等实际交易行为，仅差支付毒资后交付毒品的环节未完成。如果以毒品是否实际交付给下家为标准来认定犯罪既遂与否，则会使一部分毒品犯罪案件作为未遂处理，不利于对毒品犯罪的严厉打击。因此，在毒品犯罪既遂与未遂的认定上，应当充分考虑有利于依法严惩毒品犯罪的原则，以是否进入实质交易环节作为判断犯罪既遂未遂的标准。本案从表面上看蔡立兵作为买家尚未拿到毒品，似乎存在认定为未遂的余地，但由于其已经完成验货、称量等重要交易行为，蔡立兵也把购毒款带在身边准备支付，如果不是公安机关此时进行抓捕，则双方必然完成本次交易。故不能简单地以公安机关抓捕时间的早晚来认定是否既遂。①

3. 德国的理论与实践

2019年8月，笔者在参加中国法官代表团赴德交流期间，与德国同仁就贩卖毒品罪既未遂问题进行了深入的交流。② 德国关于贩卖毒品罪既未遂的理论与实践值得参考。

对于贩卖毒品罪（德国称为“麻醉品贸易”）的既未遂问题，德国刑法界也曾争论多年。2005年10月26日，德国联邦最高法院大刑事庭作出裁决：只要犯罪行为人开始与潜在卖方就采购用于带来盈利的、继续出售的麻醉品进行严肃协商，就可以认定为贸易行为既遂。这一裁决在实践中具有非常重要的意义。

德国刑法对于麻醉品的贸易概念进行宽泛甚至是“最宽泛”的解释，有着悠久的历史传统。1929年12月10日，帝国法院（第一次世界大战和战后期间）将

---

① 参见李晓光、赵娟：《唐立新、蔡立兵贩卖毒品案［第1290号］——如何把握贩卖毒品罪的既遂未遂标准与毒品犯罪上下家的死刑适用标准》，载《刑事审判参考》（总第117集）（2017年第4集），法律出版社2019年版，第52~54页。

② 赴德交流期间，笔者在德国国际合作机构中德法律合作项目时任副主任汉马克博士、项目官员王思萌女士和宣誓翻译吴楠女士等的协助下，与柏林州法院、柏林州高等法院法官就贩卖毒品罪的既未遂问题进行了深入交流，德国法官并提供了德文版《德国联邦最高法院大刑事庭2005年10月26日GSSt 1/05号裁决》和德国巴伐利亚州特劳恩施泰因法院退役院长克劳斯·韦伯《没有关于贸易行为的新见解？——论联邦最高法院大刑事庭2005年10月26日的裁决》（载*Juristische Rundschau*杂志，2006，第139~146页）一文。承蒙汉马克博士大力支持，帮助将上述裁决和文章翻译成中文，供笔者参考。对此表示衷心的感谢！

《鸦片法》中的贸易行为定义为“自利的，旨在将毒品进行销售的行为，无论以何种方式和何种名义进行”，并注明该概念应该“扩大解释”。1932 年 4 月 25 日，帝国法院在《鸦片法》生效后的第一项判决中，宣布应该对贸易概念进行“最宽泛”的理解，包括任何自益性的、以销售麻醉品为目的的活动。第二次世界大战后的德国联邦最高法院继续保持了这一判例。虽然理论中对此颇有批判，但司法判例仍然坚持这一立场。

德国联邦最高法院大刑事庭作出前述 2005 年 10 月 26 日裁决的起因，是联邦最高法院第三刑事庭 2003 年 7 月 10 日的问询决议，该刑事庭希望对《麻醉品法》中的贸易概念进行全面的重新定义，采取典型行为的目录的形式。在第三刑事庭 2005 年 1 月 13 日的移送裁决中，包括两个州法院作出的将未成功的购买用于继续出售的麻醉品的努力判定为既遂的贸易行为：

第一个是在针对被告人 K. 的程序中：

（1）被告人接到朋友的电话，称愿意为他弄到三种不同类型总计 1 万颗、价格 9 千马克的摇头丸。被告人让朋友去“设法弄到”药丸。但是实际上被告人心里对朋友是否有这个能力持有怀疑。双方没有提到摇头丸的交货问题。

（2）被告人认为，他认识的 A 可以为他弄到 1 万颗摇头丸用于继续出售。因此，他委托一位朋友去找出 A 的电话号码。

第二个是在针对被告人 Ke. 的程序中：

（1）被告人想在荷兰购买 50 克可卡因，用于在德国进行营利性继续出售。因此，他与荷兰的几位毒品贩子进行了通话，并与其中几位进行了会面，但是没有从任何一位那里买到毒品。

（2）被告人再次想购买 50 克可卡因，“这次他联系的毒品贩子允诺了”。因此，被告人前往荷兰。但他没有与毒品贩子达成一致，故计划的生意没有做成。

（3）被告人想在前述案例中未交涉成功但在另一案例中成功购买到 50 克可卡因的荷兰的毒品贩子那里，再购买 70 克可卡因。在电话协商中，被告人指出上次交货的质量不佳。对此，卖方说“这次的货与上次不同”。因此，被告人赶到卖方处。到场后他认为卖方所提供的可卡因的质量不够好。因此，他购买了 40 克安非他命（包含有效成分安非他命基 10 克），带回德国出售。虽然购买的安非他命未达到数量较大的标准，但州法院将此判定为数量较大的贸易的既遂，因为被告人已经为旨在获得数量较大的可卡因付出了努力。

第三刑事庭认为上述所有案件中的判决均存在实体法律错误。在第一个案件之（2）中，事先探查行为本身已经可以归入准备阶段，这符合之前的判例中的做法，而在其他案件中，倾向的判决结果与联邦最高法院此前的判例不一致，此前的判例认为只要已经就购买用于继续出售的麻醉品进行了严肃协商就足以认定为贸易行为的既遂，前提是已经在一般性问询的基础上更进一步。在该问询决议中，第三刑事庭对联邦最高法院在此之前就贸易行为概念进行的宽泛解释表达了疑虑，认为有必要进行限制。第三刑事庭建议，以典型贸易行为的目录代替宽泛的定义。然而，其他刑事庭在回复中对这一目录方案提出了反对。其中，第四刑事庭提出了另一个定义，即只要与他人就供应用于流通营利的货物达成了一致，就是贸易行为。而第一、二、五刑事庭希望遵循既有的司法判例。

第三刑事庭在保持其疑虑的同时，考虑到问询程序的结果，放弃了重新定义贸易行为的目标，但仍然坚持其法律观点，认为如果没有就供货达成一致，而仅仅就购买进行严肃协商还不足以认定为贸易行为既遂。因此，第三刑事庭向大刑事庭提出了如下法律问题：如果犯罪行为人开始就采购用于带来盈利的、继续出售的麻醉品展开严肃协商，但没有与供货人达成一致，是否足以构成贸易行为既遂？第三刑事庭希望将犯罪行为人已经开始就采购用于带来盈利的、继续出售的麻醉品展开严肃协商，但没有与供货人达成一致的情形从这一概念中排除。

作为论证，第三刑事庭特别提出《麻醉品法》中相关规定以支持这种对贸易行为的概念进行限制使用。第三刑事庭也提到了理论界的批判。该批判的内容主要是，从刑事政治（政策）的角度考量，司法判例中的解释超出了条款的文义界限，无法充分界定符合犯罪构成的行为，不合理地将贸易行为的犯罪构成当作非真正企行犯来处理，从而弱化了法律规定的预备、未遂和既遂的区别，并排除了犯罪行为人中止的可能性。

德国联邦总检察院希望遵循以往的判例，申请判定：只要犯罪行为人开始就采购用于带来盈利的、继续出售的麻醉品展开严肃协商，即便没有与供货人达成一致，也足以构成贸易行为既遂。

大刑事庭以判决般的形式回答了上述法律问题，并从以下三个方面进行了论证。

首先，70 多年来的判例对于贸易行为的犯罪构成要件进行的一贯解释，晚期立法者对麻醉品刑法进行了修改并接受了其他刑法材料中存在的贸易行为概念，是遵循既有判例的首要支撑。

其次，对麻醉品贸易进行宽泛解释的一贯做法是以重要的刑事政治（政策）思想为基础的。麻醉品营利这一刑事领域具有的特征，使它在结构上与一般刑事领域具有较大的区别。这些特征通常包括合谋、伪装和有组织的等级体系，有意识地将单个犯罪人被发现的风险从能力较强、等级较高的犯罪人转移给能力较弱、等级较低的犯罪人。这导致在整个事件中往往只有部分行为能够得到确证。所以，立法者通过惩罚麻醉品贸易行为创设了一项犯罪构成（包括所有与之相关的条件）。根据司法判例（立法者之后也承继了该司法判例），这一犯罪构成在满足相对较低的条件时就可以成就。因此，立法者为既遂设置了较低的门槛。在这类犯罪构成中，认定为未遂和中止的空间难免有限。综上所述，对贸易行为的犯罪构成应该作宽泛理解。鉴于“大大前置”的既遂门槛，贸易行为在理论文献中也被称为（非真正的）企行犯。

最后，支持进行限缩解释的论证不具有足够的说服力。一是该论证的核心论据认为，从《麻醉品法》第 29 条第 2 款关于未遂可罚性的规定中可以推导出，应该对“贸易行为”这一犯罪构成进行限缩解释，以便为未遂和中止开启一定程度上的适用空间（也涉及行为的形式）。这一论据是站不住脚的。二是宪法法，即《基本法》第 103 条第 2 款规定的确定性原则，不要求采纳上述论证中倾向的限制性解释。三是在判断“贸易行为”这一犯罪构成要件的适用范围时，还要考虑到另外两个方面，即准备和帮助，这两个方面在实践中可能导致对该构成要件运用范围的明显限制。

德国巴伐利亚州特劳恩施泰因法院退役院长克劳斯·韦伯对德国联邦最高法院大刑事庭 2005 年 10 月 26 日的这一裁决给予了高度评价。克劳斯·韦伯认为，这一裁决全面确认了当前的司法判例对贸易概念的定义，在实践中有不可低估的重要性，该重要性主要来自非法贸易在刑事实践中的重要意义，也来自该决定的历史和论证。关于裁决论证中的第二点也即进行宽泛解释的刑事政治（政策）必要性，克劳斯·韦伯指出：

对麻醉品刑法中的贸易概念的宽泛解释进行批判时，一个经常被指责的点是，司法判例将刑事政治（政策）要求看得太过重要，甚至超过了法律。大刑事庭 2005 年 10 月 26 日作出的决议再次强调了，贸易这一宽泛概念在司法判例和立法中的发展以重要的刑事政治（政策）立场为基础。大刑事庭首先将目光对准了这一特别刑事领域的结构，认为这是它与一般刑事领域不同的地方。毒品贸易中，通过共谋、伪装和有组织、有等级、有体系等特征，有能力、层级较高的犯罪人通常有意识地将自身被揭发的危险转移到能力较弱、层级较低的犯罪人身上，导致整个事件中往往只有部分行为能被发现。因此，大刑事庭指出，一个宽泛的贸易行为概念能带来特别的作用，它可以将国际毒品贸易中避免直接与毒品接触的头目涵盖在内，否则，这些躲在另一个犯罪人后面的犯罪人几乎很难被追查到。大刑事庭本还可以补充进这一特别刑事领域的另一特征，即高度的供应压力，它也是非法毒品交易市场的特点。大量迹象表明，德国市场上的毒品已经供大于求。在这种情况下，任何为购买或出售毒品进行严肃协商的人，或者任何有迹象表明以其他方式促进或支持麻醉品销售的人，都是毒品分配体系感兴趣的人，并由此构成对《麻醉品法》所保护的法益的危险来源。①

在交流中，德国法官表示，对毒品交易犯罪的既未遂问题，德国法院一直秉承宽泛定义的做法，也就对交易作宽泛的解释。任何一种单一的行为，只要意图是使毒品交易成为可能，或者是促使毒品交易达成的一种努力，都视之为交易成立。例如，行为人试吸 1 克毒品，如果之后什么都没说，则无法追究；如果买方试吸后说要买 10 克，即使只有语言表示，卖方尚未备货，买方亦知卖方未备货，交易要件亦满足，构成犯罪，只是在量刑上与知道卖方已备货甚至拿到毒品的情形相比，会有不同考虑，但不影响犯罪成立既遂。再如，二人驾车出发前往某地购买毒品，未达目的地即被抓，如果其只是知道该地有毒贩，尚不知道找谁去购买，则属犯罪预备；如果其已经知道了毒贩的情况，知道找谁去买，则属犯罪未遂；如果其在事先已经与毒贩联系好了，向毒贩表达了购买意愿，即使提前被抓，亦属犯罪既遂。当然，如果其与毒贩联系只是询价，而未表明购买的意图，则仍属犯罪预备。这体现了德国法院对毒品犯罪复杂性的认识和对毒品犯罪的特殊严厉打击政策。

（二）对各种观点和做法的分析

以上关于贩卖毒品罪既未遂问题的各种观点和做法，最直观的差别就在于，把贩卖毒品罪既未遂的标准确定在了贩卖毒品行为的不同环节。为了深入

---

① 以上德国联邦最高法院大刑事庭对于麻醉品贸易概念所作的裁决及相关评论，参见《德国联邦最高法院大刑事庭 2005 年 10 月 26 日 GSSt 1/05 号裁决》和德国巴伐利亚州特劳恩施泰因法院退役院长克劳斯·韦伯《没有关于贸易行为的新见解？——论联邦最高法院大刑事庭 2005 年 10 月 26 日的裁决》。

分析这些观点和做法，有必要对贩卖毒品行为的环节进行具体的划分。

从最概括的层面而言，贩卖毒品行为包括为了卖出而买进毒品和卖出毒品两大类。为卖出而买进毒品的，后续自然还有卖出毒品的过程，这是贩卖毒品行为最完整、最典型的一种模式。而单纯地卖出毒品，则是指卖出其他来源的毒品，如走私、制造、运输、偷盗、抢劫来的毒品，或者其家中祖上传下来的毒品，或者朋友赠送的毒品，或者因支付劳务费、偿还债务所得的毒品等。在买进和卖出毒品过程中，又均包括若干具体的环节，其中情形最为复杂、争议最为激烈的是毒品的交付环节。

《民法典》第 224 条规定："动产物权的设立和转让，自交付时发生效力，但是法律另有规定的除外。"交付可分为现实交付和拟制交付。所谓现实交付，是指出卖人将标的物的事实控制转移于买受人，由买受人直接占有标的物。现实交付一般有三种具体方式：一是买受人自提，是指由买受人自行到合同约定的交付地取走标的物。二是出卖人送货，是指由出卖人将标的物送达合同约定的地点。三是代办托运，是指在买卖涉及运输的场合，由出卖人代理买受人与承运人订立运输合同，由承运人将标的物交付给买受人。所谓拟制交付，是指出卖人将对标的物占有的权利转移于买受人，以代替实物交付。拟制交付也有三种具体方式：简易交付、占有改定和指示交付。根据《民法典》第 226 条至第 228 条的规定，简易交付，是指动产物权设立和转让前，权利人已经占有该动产的，物权自民事法律行为生效时发生效力；占有改定，是指动产物权转让时，当事人又约定由出让人继续占有该动产的，物权自该约定生效时发生效力；指示交付，是指动产物权设立和转让前，第三人占有该动产的，负有交付义务的人可以通过转让请求第三人返还原物的权利代替交付。对于贩卖毒品行为中毒品的交付分析，可以借鉴民法中的交付方式。此外，在司法实践中，贩卖毒品行为的另外一种交付方式也较为常见，就是双方约定特定的交付点，如某宾馆的房间内或者某山林的树下等，由上家毒贩先将毒品送至约定点藏匿好，再由买家前往约定点拿取毒品，从而达到双方不直接见面而交付毒品的效果，这种交付方式可称之为约定点交付。据此，贩卖毒品行为中毒品交付的方式一般分为 7 种，即卖家送货、买家自提、约定点交付、代办托运、简易交付、占有改定和指示交付。

基于上述贩卖毒品的 7 种交付方式，并以先买进再卖出这一贩卖毒品行为的典型模式为分析框架，贩卖毒品行为大致可以划分为以下 39 个环节。

1. 起意。起意是贩卖毒品行为最初的环节。行为人可能基于各种因素而起意贩毒，如好逸恶劳、贪求暴富，或者生意失败、经济困难等。行为人可能是吸毒人员，也可能是非吸毒人员。个人犯罪的，行为人只是自己心里谋划。共同犯罪的，行为人或向他人提议，或共同谋划。很多情况下，具体是谁先提议的，往往无法查清。例如，在被告人王某戊、彭某乙贩卖、运输毒品死刑复核案中，王某戊供称："2014 年 11 月中旬，彭某乙问我是否可以在某乙省联系人购买毒品，并讲这次搞就搞大一点，我问彭某乙准备搞多少，彭某乙讲搞 10 件（1 件 700 克，10 件即 7000 克）。我称自己没有那么多钱，彭某乙讲钱的问题他来想办法，由我负责联系毒品，赚的钱平分。"彭某乙则供称："2014 年 10 月底，我和王某戊、徐某乙、陈某乙四人在我家一起吸毒聊天的时候，王某戊提出去某乙省买毒品。开始，王某戊找我借钱说想到某乙省那边去搞点东西，后王某戊要我合伙。王某戊在某国道边的某饭店请我吃饭的时候谈过这个事情，但由于我吸毒，吃饭的时候谈的什么记不清楚了。"二人对于谁先提议相互推诿，但不影响二人共谋的认定。犯意一旦产生，犯罪便由此启动。

2. 准备。产生犯意后，行为人开始筹备毒资、探听卖家信息、了解下家市场情况等准备活动。毒资可能源于多个渠道，有的是合法资金，如抵押自己的车辆、从亲友处借款等，也有的是非法资金，如盗窃、诈骗、非法占有他人财产等。探听卖家信息，有的是通过朋友打听，有的通过互联网联系查询，有的自行前往毒源地如广东、云南等地进行探查。了解下家市场情况，也是各种渠道，各种情形。例如，在被告人董某某贩卖毒品死刑复核案①中，董某某本人不吸毒，其通过同案被告人李某己介绍认识吸毒圈的人，进而了解下家市场情况。

3. 联系卖家。行为人开始与上家毒贩联系，询问毒品的种类、品质、价格等信息。这种联系可能是直接与上家毒贩联系，也可能是通过中间人与上家毒贩联系。例如，在被告人王某戊、彭某乙贩卖、运输毒品死刑复核案中，王某戊就是与其之前在某乙省就认识的另案被告人娜某甲联系，娜某甲再联系境外毒贩，了解毒

---

① 被告人董某某贩卖毒品死刑复核案基本案情：2014 年 4 月下旬，被告人董某某向李某己（同案被告人，已判刑）提议共同贩卖毒品，由李某己出资，董某某负责购买与出售毒品。至 2014 年 8 月初，董某某先后 6 次到某辛省某戌市购买甲基苯丙胺共计 8160 克（其中 960 克实为冰糖），运回某丁省某卯市，单独或伙同闫某某（同案被告人，已判刑）贩卖给周某乙（同案被告人，已判刑）等人。董某某出售毒品所得款项，除作为毒资用于再次购买毒品外，其余部分用于归还李某己的出资和作为利润与李某己、闫某某进行分配。该案核准被告人董某某死刑。

品行情。

4. 与卖家协商。行为人经前期准备、了解行情后，开始与卖家进行毒品交易协商。协商可能是通过手机通话、短信、微信等方式进行，也可能当面进行。例如，在被告人胡某甲贩卖、运输毒品、被告人板某某贩卖毒品死刑复核案①中，胡某甲就是与板某某通过打电话、手机短信方式协商毒品种类、价格、交接方式等。在被告人董某某贩卖毒品死刑复核案中，董某某直接前往毒源地某辛省某戌市，通过摩的司机打听到毒品卖家，并直接与卖家当面商议毒品交易事宜。贩卖毒品行为进展到这一环节，在我国的刑法理论和实践中，贩卖毒品行为还处于未完成状态。而在德国刑法和实务中，根据前述德国联邦最高法院大刑事庭2005年10月26日裁决和所了解的实务情况，只要行为人开始与潜在卖方就采购用于带来盈利的、继续出售的毒品进行严肃协商，就认定为犯罪既遂。这个标准显然比我国刑法理论和实务中的界定要宽泛得多。

5. 试吸、验货。行为人与卖家联系后，很多情况下都会前往卖家处对毒品进行试吸，查验毒品的品质。试吸可能由与卖家直接联系的行为人进行，也可能由同伙或其他人进行。例如，在被告人王某戊、彭某乙贩卖、运输毒品死刑复核案中，王某戊除与彭某乙共同贩卖海洛因外，王某戊还单独贩卖麻古，因王某戊只吸麻古，不吸海洛因，遂特意要求彭某乙与自己一起从当地乘飞机前往某乙省，由彭某乙试吸卖家提供的海洛因样品，对毒品质量进行把关。

6. 与卖家达成协议。经过一系列准备、协商等，行为人最终与卖家达成毒品交易协议。这种协议一般都是口头达成，有的会在手机微信、短信或者通话录音记录中留下证据。达成协议是贩卖毒品过程中非常重要的一个环节。根据前述德国联邦最高法院大刑事庭2005年10月26日裁决，其第三、第四刑事庭主张将行为人

① 被告人胡某甲贩卖、运输毒品、被告人板某某贩卖毒品死刑复核案基本案情：2016年6月初，被告人胡某甲向被告人板某某约购海洛因。二人商定毒品数量和价格后，胡某甲于6月10日通过银行向板某某提供的银行账户转账支付毒资38万元。6月11日，胡某甲驾驶奥迪轿车，并安排吕某某（同案被告人，已判刑）驾驶长城哈弗轿车一同从某乙省某壬市来到某乙省某子县某丙镇接取毒品。当天下午，胡某甲在某丙镇开发区一大桥处，接到板某某带领的一名女子送来的毒品后，当天晚上即与吕某某分别驾车返往某壬市。返程途中，胡某甲安排吕某某驾驶长城哈弗轿车在前探路，胡某甲驾驶奥迪轿车携带毒品在后跟进。6月12日15时许，当胡某甲、吕某某驾车行至某乙省某壬市某乙高速某甲收费站时，公安人员将二车截停，当场从胡某甲驾驶的奥迪轿车后备箱内查获海洛因13 323克。当日18时许，公安人员从某壬市某午区胡某甲的住处查获吗啡5037.2克。7月7日，公安人员在某乙省某甲市将板某某抓获。该案核准被告人胡某甲死刑，改判被告人板某某死缓。

就采购用于带来盈利的、继续出售的毒品经协商没有达成一致的情形从既遂概念中排除，也即行为人只有与卖方就供应用于流通营利的毒品达成一致才能界定为既遂。该标准较大刑事庭的界定稍加严格，但受到第一、第二、第五刑事庭的反对，大刑事庭最终未采纳该主张。

7. 向卖家支付毒资。行为人向卖家支付部分或全部毒资，有的是通过网上银行转账，也有很多是直接携带现金前往卖家处支付，因为行为人担心网上转账会留下痕迹，容易暴露。例如，在被告人王某戊、彭某乙贩卖、运输毒品死刑复核案中，彭某乙在与王某戊共同到某乙省试吸毒品、达成协议后，彭某乙将自己随身携带的20万元毒资经王某戊支付给卖家。而网上转账的，很多也是借用别人的账户，例如，在上述案件中，王某戊在与彭某乙去某乙省试吸验货前，安排其妻徐某乙通过徐某乙的姨妈席某某、表妹刘某己向毒贩汇款60万元，安排其姐夫覃某某向毒贩汇款40万元。

8. 卖家开始备货。卖家备货的情况比较复杂。有的卖家自己就是毒枭，日常备货充足。有的则是小毒贩，在与买家达成协议后，如果交易数量大的，往往还要从大毒贩或毒源地再行进货。有的则是中间性的毒贩，自己日常并不备货，在与买家达成协议后，再直接或通过其他毒贩层层联系毒源。例如，在被告人王某戊、彭某乙贩卖、运输毒品死刑复核案中，王某戊向另案被告人娜某甲联系购买毒品，娜某甲将其妹妹娜某乙、妹夫岩某某介绍给王某戊，岩某某是外国人，由岩某某再联系境外毒贩购买毒品。

9. 卖家备货完毕，准备供货。卖家往往离毒源地更近，且很多靠近边境地区，境内外毒贩联手协调操作，备货过程往往十分隐蔽。尤其是云南边境地区地形复杂，边境线长达4060千米，很多界段管控不足，毒品入境防不胜防。内地的卖家再通过层层交易，最终拿到毒品。例如，被告人袁某甲、杨某己运输毒品死刑复核案①中，杨某己在邻近边境的自家地头接到境外毒贩交付的毒品，藏在自家地里，后通过农用车转移到家里，再根据毒贩的指使交付给前来接货的袁某

① 被告人袁某甲、杨某己运输毒品死刑复核案基本案情：2016年1月中旬，被告人杨某己与其妻子李某午（同案被告人，已判刑）接受他人雇用，纠集李某午的胞兄李某未、二姐夫周某丙（均系同案被告人，已判刑）共同运输毒品。杨某己、李某未等在某乙省某辛县边境杨某己家的地头接取毒品后，将毒品运至杨某己家藏匿，准备交货。1月下旬，被告人袁某甲接受他人雇用，纠集高某丙（同案被告人，已判刑）运输毒品。2月6日，袁某甲等根据毒贩安排，驾车到某辛县某地，接到杨某己等人交付的毒品，后被查获。该案核准二被告人死刑。

甲等人。在被告人王某戊、彭某乙贩卖、运输毒品死刑复核案中，在王某戊与娜某甲、娜某乙、岩某某等协商好后，娜某甲与娜某乙、岩某某及岩某某带的两个人将毒品从境外带到某乙省某壬市娜某甲的女儿娜某丙家，准备交付。在被告人唐立新、蔡立兵贩卖毒品案中，蔡立兵联系廖小军欲购买冰毒，廖小军将该消息告诉唐立新，唐立新找到彭永根，商议购买毒品卖给蔡立兵，后彭永根在广东省陆丰市从“阿高”处以每克220元的价格购进冰毒2000余克，带回郴州市准备卖给蔡立兵。

10. 卖家送货的，卖家已出发但尚在路上。在卖家负责送货的情形下，卖家备好货后，便伺机出发交货。由于送货一般的方向都是从边境到内地，查缉往往十分严格，风险非常大，所以在实践中，绝大多数毒贩都是雇用他人运输，自己并不出面，与被雇用人、买家的联系也往往十分隐蔽，专门配备新手机，频繁更换号码，临时变更路线，反侦查能力很强。司法实践中，毒品犯罪能查获毒品交易上下家的，比例很小，绝大多数的案件都是运输毒品罪的案件，上家查不到，下家也查不到，只能查获中间的那些受指使、雇用运输毒品的人。德国联邦最高法院大刑事庭2005年10月26日的裁决之所以坚持对毒品贸易（贩卖毒品）进行宽泛的界定，也正是基于贩卖毒品犯罪的这种特殊性，认为通过共谋、伪装和有组织、有等级、有体系等特征，有能力、层级较高的犯罪人通常有意识地将自身被揭发的危险转移到能力较弱、层级较低的犯罪人身上，导致整个事件中往往只有部分行为能被发现，而宽泛的贸易行为概念能带来特别的作用，可以将贩卖毒品犯罪中避免直接与毒品接触的头目涵盖在内，否则，这些躲在另一个犯罪人后面的犯罪人几乎很难被追查到。

11. 双方已接近但尚未到一起。卖家（或者其指派的马仔、雇用的运输者）携带毒品前往买家处或买家指定的地点准备交货，买家根据约定在约定地点等候准备接货。公安机关在前期大量侦查工作之后，也在不断研判收网的时机。实践中，因为毒品犯罪取证困难，行为人的主观心态不容易证实，加之较为严格的犯罪既遂认定标准，公安机关往往将买卖双方直接交付毒品视为最佳的收网时机，最好是能做到人毒俱获。因此，在买卖双方准备见面交付时，公安机关也在紧锣密鼓地准备收网工作，但时机的把握非常微妙。毒品犯罪分子对此心知肚明，卖家越接近买家，风险越大，双方也越加小心。很多犯罪分子在毒品交接时发现有风险，可能会临时改变交付计划，甚至随手将毒品丢弃。例如，在被告人周某甲运输毒品死刑复核案①中，周某甲与同案被告人刘某丙于2015年8月8日23时许驾车从某巳市市区出发驶往某地方向，准备第二次接取毒品，因公安人员开车跟踪，周某甲在途中发现“有点不对劲”，遂临时放弃接货，返回某巳市市区，后换车接货。还有些案件中，卖家在离约定点只有两三个街区时被抓获，有的甚至已经到了买家所在地的路对面，隔路可见，即被抓获。对这些案件的既未遂认定，往往存在很大争议。

12. 卖家到达约定地但买家未出现。卖家送货的地点、环境纷繁多样，有的在买家处所、宾馆等地，有的在山林、郊野、路边等地。卖家按照约定到达交货地后，买家并非都提前在交货地等候。有的是临时赶过去，有的则是先在附近观察，确定安全后再上前接货，而且根据情况变化有可能临时变更交接地点。例如，在被告人荣某甲贩卖毒品、被告人荣某乙贩卖毒品、非法持有枪支死刑复核案②中，荣某甲七次向荣某乙售卖毒品，其中4次均是雇请徐某丙驾车将毒品从某辛省某亥市送到某丁省某卯市，交接地点一次在荣某甲弟弟荣某丙家，一次在酒店前路边，两次在高速路口。最后一次在高速路口交接货就是徐某丙驾车携带毒品先到高速路口的加油站边等候，荣某乙后来才去接的货。

13. 双方已见面但尚未开始交接。双方会合后，有的是立即交付毒品，有的则还要再观察周围环境是否有异常，确认安全后再拿出毒品进行交接。毒品犯罪分子往往警惕性很高。在有的案件中，双方分别驾车在路上见面后，又驾车继续行驶，直到找到认为安全的地点后才停车交接毒品。在很多案件中，在现场附近守候的公安人员都是等卖家向买家交付毒品后才动手抓捕，但时机的把握非常困难。

---

① 被告人周某甲运输毒品死刑复核案基本案情：2015年7月12日，被告人周某甲与刘某丙（同案被告人，已判刑）在某乙省某巳市租用某巳市某单元房用于藏匿毒品。8月4日，周某甲与毒品上家联系后，伙同刘某丙一起前往境外某地对毒品样品进行查验。8月6日6时许、9日零时许，周某甲两次伙同刘某丙驾驶事前为运输毒品而专门购买的黑色丰田赛纳商务车、白色丰田兰德酷路泽越野车前往某巳市某丁镇附近接取毒品，并将接取到的毒品藏匿至上述单元房。8月10日18时许，公安人员在上述单元房内查获周某甲、刘某丙藏匿的甲基苯丙胺片剂40 490克。次日，公安人员将周某甲、刘某丙抓获。该案核准被告人周某甲死刑。

② 被告人荣某甲贩卖毒品、被告人荣某乙贩卖毒品、非法持有枪支死刑复核案基本案情：2013年年初，被告人荣某乙与杜某某、卢某某（均系同案被告人，已判刑）共谋贩卖毒品。荣某乙从杜某某、被告人荣某甲之弟荣某丙（同案被告人，已判刑）处得知荣某甲有毒品来源，遂联系荣某甲，向荣某甲约购毒品，荣某甲同意贩卖毒品给荣某乙，双方并约定好交易方式。2013年3月至10月，荣某甲单独或者由荣某丙帮助，以物流托运方式或者雇请汽车司机徐某丙（同案被告人，已判刑）开车运送方式，先后7次从某辛省某亥市向某丁省某卯市贩运甲基苯丙胺2.7万克，将2万克贩卖给荣某乙、杜某某和卢某某，将3000克在荣某乙等人的帮助下贩卖给他人，将4000克贩卖给“于某某”（身份不详）等人。此外，公安机关还从荣某乙处查获左轮手枪一把、子弹十五发。该案核准二被告人死刑。

14. 双方已开始交接但尚未交接完毕。卖家向买家交货的过程，有的很简单，双方之前就已经谈妥了所有事宜，也已经对毒品品质进行过验证，所以在交接这个最危险的环节越简单越好，一经确认身份即行交接，交接之后迅速分开。但也有的交接过程比较复杂。有的是因为买方之前没有对毒品进行试吸，需当面验货以确保品质，有的则需要在交货的同时支付剩余毒资，有的甚至还在交货的时候，买家又开始讨价还价，希望降低毒品价格等。例如，被告人孙某甲贩卖毒品案中，孙某甲主动找到同乡沈某乙，表示想贩卖海洛因赚钱，询问是否可购得海洛因，沈某乙当场承诺可以购毒，并收受孙某甲 10 万元作为预付款，二人以 18 万元购买 4000 克海洛因的价格达成协议。2016 年 12 月 2 日，孙某甲携带余款，沈某乙指使王某寅携带毒品前往某宾馆附近的大桥边交易。双方验货过程中，被公安人员当场抓获，公安人员从王某寅处查获海洛因 3998.8 克，后又将沈某乙在其住处抓获。①

15. 买家自提的，买家已出发但尚在路上。买家上门提货的，买家根据约定，出发前往卖家处提货。提货可能在本地，也可能在外地，需要长途行驶。例如，在被告人胡某甲贩卖、运输毒品、被告人板某某贩卖毒品死刑复核案中，胡某甲在与板某某商定毒品数量和价格并转账支付毒资 38 万元后，根据与板某某的约定，于 2016 年 6 月 11 日在其妻子李某庚的陪同下共同驾驶奥迪轿车，并安排同案被告人吕某某驾驶长城哈弗轿车，一同从某乙省某壬市出发，经某乙省某癸县，前往某乙省某子县接取毒品。

16. 双方已到一起但尚未见到毒品。双方约定的交货点可能在室内、室外各种地点。在有的案件中，卖家在买家到达约定地后，并不是直接带毒品去交货，而是先只身前往与买家见面，确认安全。例如，在被告人胡某甲贩卖、运输毒品、被告人板某某贩卖毒品死刑复核案中，2016 年 6 月 11 日下午，胡某甲等到达某子县某丙镇后，胡某甲与其妻子李某庚开车到某丙镇的桥头，板某某开车过来见面后，让胡某甲等电话。胡某甲遂与李某庚返回到某丙镇跟吕某某一起吃晚饭。当日 18 时许，板某某打电话说货到了，胡某甲遂一个人开车又到桥头，见到板某某，板某某说他先过来看看是否安全，再通知人带货过来。

17. 买家见到毒品但尚未交接。卖家将毒品带到交接点，买家见到毒品后，双

① 参见张汝铮：《贩卖毒品罪既遂标准的审视与重构》，载《河北法学》2019 年第 12 期，第 193 页。

方便准备交接。在有的案件中，双方是即行交接，因为所有交易内容事先都已经谈妥了。例如，在被告人胡某甲贩卖、运输毒品、被告人板某某贩卖毒品死刑复核案中，2016 年 6 月 11 日 18 时许，胡某甲驾驶奥迪轿车在某丙镇桥头见到板某某，板某某确定安全后，打电话让人送货过来，过了约两分钟，一名女子骑电动车送毒品过来，胡某甲打开轿车后备厢，女子将毒品直接放到胡某甲轿车的后备厢。但在有的案件中，因双方还有未谈妥的事宜，或买家对毒品质量不放心，希望能进一步压价等，双方并非即行交接。甚至在有的案件中，即使在买家见到毒品后，也有临时谈崩，卖家或买家反悔而取消交易的情形。

18. 双方开始交接但尚未交接完毕。在有的案件中，卖方向买方交付毒品过程较为复杂。有的在双方尚未交接完毕时，即被查获。例如，在被告人唐立新、蔡立兵贩卖毒品案中，彭永根按照唐立新的安排从广东省陆丰市买到毒品带回湖南省郴州市后，唐立新购买了电子秤并接应彭永根，将蔡立兵约至郴州市某公寓进行交易。三人会合后，蔡立兵对毒品验货、称重，并与唐立新、彭永根议定购买该批冰毒的价格为每克 260 元。其间，唐立新另将 300 粒麻古以 1 万元的价格卖给蔡立兵。唐立新与蔡立兵因此次毒品交易系廖小军从中介绍，商定各出 5000 元给廖小军作为好处费，并当场打电话给廖小军。唐立新、彭永根、蔡立兵将毒品包装好，准备出门前往蔡立兵借宿的廖某乙住处取毒资时，被公安人员抓获。对于蔡立兵是否构成贩卖毒品罪的既遂，就存在争论。

19. 约定点交付的，卖家已出发但尚在路上。毒品交易双方在达成协议、买家支付毒资、卖家备好毒品后，有的并不采用当面交货的方式。为了避免双方共同跟毒品在一起被查获，尽可能降低暴露风险，有的交易双方会采取约定点交付的方式，即先由卖家将毒品送到约定点藏好，再由买家前去取货。这样的约定点，有的在室内，如宾馆的房间内等，有的则在室外，如城市道路边或山林荒野的某一棵树下等。例如，在被告人王某戊、彭某乙贩卖、运输毒品死刑复核案中，王某戊与娜某甲等达成毒品交易，王某戊安排彭某乙试吸毒品验货后，要求娜某甲找个宾馆开房间，将毒品送到宾馆房间后，自己再安排人去取。娜某甲遂用其女儿娜某丙的身份证去某宾馆开了一间客房，然后将房卡交给岩某某，由岩某某带着房卡到宾馆房间去放毒品。

20. 卖家到达约定点但尚未藏好。卖家携带毒品到达约定点后，需要将毒品以自认为安全的方式藏匿到自认为安全的处所。例如，送到宾馆房间的，有的选择将毒品放在床下，有的会选择藏到厕所天花板上等。送到街道路边或山林野外的，也要一方面将毒品藏好，避免轻易被他人发现，但另一方面也要有相对明显的标志，以便买家过来取货时能找到。而在卖家到达约定点但尚未藏好时，也存在被抓捕的风险。

21. 卖家已藏好但买家尚未出发。卖家将毒品送到约定点藏匿好后，通知买家前去取货。例如，在被告人王某戊、彭某乙贩卖、运输毒品死刑复核案中，娜某甲按照王某戊要求让岩某某将毒品送到宾馆房间藏好后，岩某某将房卡交给娜某甲，娜某甲又与王某戊见面，将房卡交给王某戊去取货。

22. 买家已出发但尚在路上。买家根据与卖家事先的约定，或者在接到卖家取货的通知后，自行或安排人前往约定点取货。例如，在被告人王某戊、彭某乙贩卖、运输毒品死刑复核案中，王某戊从娜某甲处拿到藏匿毒品房间的房卡后，将房卡交给其事先已联系好的长途客车司机姚某某，让姚某某前往拿取毒品。

23. 买家到达约定点但尚未找到毒品。买家到约定的藏毒点去拿取毒品，在有的案件中也需要一个过程。因为卖家藏匿毒品的具体位置往往相对较为隐蔽。例如，在被告人董某某贩卖毒品死刑复核案中，董某某指使同案被告人闫某某将12.5克冰毒送给下家贺某某，闫某某根据安排将毒品用烟盒外边的塑料膜包好放在某路口的一棵大树下就走了。贺某某前往树下取货但没有找到，给董某某打电话。在被告人王某戊、彭某乙贩卖、运输毒品死刑复核案中，姚某某根据王某戊的安排持房卡到宾馆房间去取毒品，但进入房间经查找没有发现毒品，遂给王某戊打电话询问。

24. 买家在约定点找到毒品但尚未离开。买家在约定点找到毒品后，有可能在尚未离开约定点时即被公安人员抓获。例如，在被告人董某某贩卖毒品死刑复核案中，董某某接到贺某某找不到毒品的电话后，与闫某某共同前往，从树下找到藏匿的毒品，交给在边上等候的贺某某。在被告人王某戊、彭某乙贩卖、运输毒品死刑复核案中，姚某某进入宾馆房间后没有找到毒品，遂电话询问王某戊，王某戊打电话向娜某甲询问，娜某甲又给岩某某打电话，得知毒品藏在房间的床底下，遂反馈给王某戊，王某戊再打电话告诉姚某某，姚某某才找到毒品。后姚某某将毒品放在自己驾驶的长途客车上从某乙省某壬市带到某甲省某壬市，在将毒品刚交给王某戊时被抓。对此，王某戊及其律师提出王某戊属贩卖毒品罪的未遂，而法院则认为王某戊已经通过姚某某从上家毒贩处拿到毒品并由姚某某运输，故属既遂。但如果姚某某刚拿到毒品尚未离开宾馆房间即被抓，是否亦属既遂，则仍有争论。

25. 代办托运的，卖家准备交付托运但尚在路上。为了避免毒品在运输途中的暴露风险，避免人毒俱获，一些毒品犯罪分子会利用物流、邮寄等方式托运毒品。例如，在被告人荣某甲贩卖毒品、被告人荣某乙贩卖毒品、非法持有枪支死刑复核案中，荣某甲七次向荣某乙售卖毒品，除了有四次是雇请徐某丙驾车运送外，还有三次是通过物流的方式将毒品从某辛省某亥市托运到某丁省某卯市。卖家将毒品送交托运的路上也存在被查获的风险。

26. 卖家到托运点开始办理托运手续。卖家在将毒品带到物流、邮寄等托运点后，办理托运手续。由于相关部门的管理日渐严格，托运部门要对托运物品进行检查，故卖家将毒品交付托运往往需要将毒品进行包装、藏匿，以达到鱼目混珠、瞒天过海的效果。办理托运过程中，存在毒品被发现，毒品未能如愿交付托运的情况。

27. 卖家办妥托运手续交付托运。由于卖家对毒品包装的伪装和托运部门的工作漏洞等因素，一些毒品会被顺利地办妥手续交付托运。实践中，卖家往往会借用他人的身份，或者使用假身份证前往办理托运手续，也有的指派马仔或者不知情者前往办理，在办妥托运手续后也会尽可能迅速离开，以避免与毒品在同一个场所被查处的风险。例如，在被告人荣某甲贩卖毒品、被告人荣某乙贩卖毒品、非法持有枪支死刑复核案中，荣某甲三次通过物流渠道向荣某乙托运冰毒，第一次是将2000 克冰毒藏匿于音箱中，然后放在密码行李箱内托运，第二次是将 3000 克冰毒藏匿于奶粉罐中用纸箱包装托运，第三次是将 2000 克冰毒藏匿于烤鸭袋中用纸箱包装托运。

28. 托运途中。办妥托运手续后，毒品即进入物流、邮寄等运输环节。在托运途中，存在毒品被查获的风险。例如，在被告人环某某贩卖毒品死刑复核案①中，同案被告人邓某丙将藏匿有毒品的两个冰柜交付给物流公司托运并离开后，群众发

① 被告人环某某贩卖毒品死刑复核案基本案情：2018 年 10 月，被告人环某某与郑某某、邵某某（均系同案被告人，已判刑）等共同商议购买海洛因贩卖牟利，由环某某负责联系购买毒品并交付毒资，邵某某负责将毒品从某乙省某甲市运至某乙省某壬市，再由其他人员负责接取并出售。后邵某某邀约邓某丙（同案被告人，已判刑）一同到某甲市寄送毒品。11 月 24 日，邵某某、邓某丙到环某某事先在某甲市租用的出租房内，将已由上家毒贩送到该出租房的毒品藏匿于两台冰柜中。次日，邓某丙将藏匿有毒品的两台冰柜在某甲市通过物流公司发送往某壬市。后公安人员从该两台冰柜中查获海洛因42 209.05 克，并先后将邓某丙、邵某某、郑某某、环某某抓获。该案核准被告人环某某死刑。

现该冰柜可能藏匿有违禁物品，向公安机关举报，公安人员赶到后从该两个冰柜内查获海洛因 42 209.05 克。

29. 毒品到达但买家尚未前往取货。毒品经托运到达买家所在地后，托运人会通知买家前来提货。在有的案件中，买家尚未前往取货即被抓获。例如，在被告人朱某乙贩卖毒品案中，朱某乙欲购买毒品后转卖牟利，遂与毒贩雷某某达成毒品买卖合意。朱某乙向雷某某以银行汇款的方式交付购毒预付款，雷某某通过快递物流方式寄送给朱某乙 1000 克冰毒。雷某某将毒品寄出后，通过微信将物流寄送单据照片发送给朱某乙（该快递单上仅有朱某乙姓名、联系方式及所在区域名称，无朱某乙的具体收货地址）并告知其注意查收。毒品包裹运抵朱某乙所在区域快递公司，朱某乙接到快递公司取件通知承诺取件，在尚未前往取件时即被公安机关抓获。①

30. 买家前往取货但尚未拿到货。买家前往托运点取货，有的并非能立即找到藏匿毒品的托运物，有的还可能会因突发情况临时变更接货计划。例如，在被告人董某某贩卖毒品死刑复核案中，有两次是通过物流托运毒品，最后一次是2014 年 8 月 4 日，董某某经与物流公司电话联系，与闫某某一起开车去物流公司取货，当时货车正在卸货，二人没有找到，遂先去吃午饭。饭后二人又到货运站，经反复查找，在货车车厢的最底层找到了托运的藏匿有毒品的金属配件，并让工作人员帮助联系出租三轮车，在办好了提货手续正要装货时，被公安人员抓获，藏匿在金属配件内的 3000 克冰毒亦被查获。再如，在被告人荣某甲贩卖毒品、被告人荣某乙贩卖毒品、非法持有枪支死刑复核案中，荣某甲在某亥市将 2000 克冰毒藏匿于烤鸭袋中用纸箱包装交付托运后，通知荣某乙在某卯市接货。后荣某乙伙同卢某某、杜某某、荣某丙前往某卯市托运点接货，临近托运点时，发现附近停靠着一辆特警车辆，四人没敢接货，直接离开。后荣某乙又打电话让卢某某、杜某某开车前去接货，卢某某、杜某某到托运点拿到藏有冰毒的纸箱后，带到荣某丙家，与荣某乙、荣某丙共同打开纸箱，取出里面藏匿在烤鸭袋内的冰毒。如果荣某乙等在第一次前往取货时即被查获，因其尚未拿到毒品，能否认定贩卖毒品罪既遂，又会有很多争论。

---

① 参见邵宁：《以邮寄方式购进毒品的犯罪形态认定》，载《中国检察官》2018 年第 14 期，第 79 页。

31. 简易交付的，双方已开始协商但尚未谈妥。简易交付、占有改定、指示交付这些民法理论上的拟制交付概念，虽然在贩卖毒品罪的研究中少有提及，但并不是说这些交付方式在实践中不存在。在有的案件中，行为人基于各种因素而保管毒贩的毒品，例如，有的是受毒贩指使、雇用而运输毒品，有的是基于朋友关系而替毒贩存放毒品，有的是基于先前的毒品交易关系而帮助毒贩接收毒品，但该毒品并不是贩卖给行为人的，而是由行为人暂为保管。之后，又基于双方协商，一致同意原本由行为人暂为保管的毒品改为行为人向毒贩购买的，从而在毒品没有实际变动的情况下实现毒品所有权的转移。例如，在被告人荣某甲贩卖毒品、被告人荣某乙贩卖毒品、非法持有枪支死刑复核案中，因之前荣某乙回款不及时，荣某甲在最后一次让徐某丙给荣某乙送5000克冰毒时，明确对荣某乙说，这次的毒品并非卖给荣某乙的，只是让荣某乙帮助接货并保管，让荣某乙先不要动，等荣某甲从某辛省到某卯市后再做安排。但在荣某甲还没有到某卯市前，荣某乙就给荣某甲打电话，希望能将该冰毒向外出售，荣某甲在电话中同意让荣某乙先卖着。在此起犯罪中，双方通过电话协商，就将已经由荣某乙实际保管的毒品改变为荣某甲贩卖给荣某乙。但这种协商往往也需要一个过程，存在双方尚在协商未能谈妥即被查获的情形。

32. 占有改定的，双方已开始协商但尚未谈妥。与简易交付相反，占有改定是在毒品尚在上家毒贩实际控制的情况下，双方经协商毒品改由买家所有。在该情形下，毒品的所有权已经转移给买家，但还是由卖家保管，之后再按照买家的指示转移毒品。在买家已经支付毒资，但现实交付毒品存在实际困难，或者买家对毒品有其他安排等情况下，占有改定可以降低毒品转移过程中暴露的风险。这种拟制交付的双方在商议过程中，也存在尚未谈妥即被查获的情形。

33. 指示交付的，双方已开始协商但尚未谈妥。与简易交付、占有改定不同，卖家也可以与买家协商，将卖家存放在第三人处的毒品交付给买家，由买家代替卖家直接从第三人处取货。这种指示交付的方式，也降低了毒品频繁转移所带来的暴露风险。与前述简易交付、占有改定一样，指示交付也存在双方在尚未谈妥时即被查获的情形。

34. 交付完成。经过各种复杂的交付环节，卖家完成向买家交付毒品行为，买家最终取得毒品。由于交付方式的不同，完成交付的实际状态表现为多种情形。有的是买家直接拿到毒品，有的是买家的马仔、雇用的人或者其指使的不知情者拿到毒品。有的是现实交付，拿到毒品实物；有的则是拟制交付，取得的是毒品的所有权；等等。如前所述，有的学者认为，买家实际买入了毒品，或者说购买毒品的行为实施完毕的，才构成贩卖毒品罪的既遂。①

35. 持有。买家拿到毒品后，大多数情况下并非立即转手卖出，而是先行持有，存放在自己住处，或者专门租用的房屋，或者亲友处等。例如，在被告人王某戊、彭某乙贩卖、运输毒品死刑复核案中，公安机关除了在抓获王某戊时当场查获海洛因 6969. 23 克、麻古 1819. 67 克之外，还从王某戊的姐姐王某己处查获王某戊送交王某己保管的海洛因 19. 94 克。在被告人胡某甲贩卖、运输毒品、被告人板某某贩卖毒品死刑复核案中，公安机关除了在抓获胡某甲时当场从其驾驶的奥迪轿车后备箱内查获海洛因 13 323 克，还从其住处查获吗啡 5037. 2 克。对于行为人为贩卖而持有的毒品，一般也都作为贩卖毒品罪的既遂认定，而非作为贩卖未遂或非法持有毒品罪处理。②

36. 行为人与下家达成出售毒品协议。行为人向下家出售毒品，典型的模式是将从上家毒贩处买进的毒品向外出售。但在贩卖毒品罪的框架中，还存在另外一种贩卖毒品行为模式，即单纯地出售毒品，也即其所售的毒品并非从上家毒贩处购得，而是从其他渠道而来，例如，有的是走私、制造、运输、偷盗、抢劫或其他非法手段所得的毒品；有的是家中祖上传下来的毒品；有的是亲朋好友赠送的毒品；有的是因支付劳务费、偿还债务所得的毒品；等等。无论来源如何，只要行为人向外出售，均成立贩卖毒品罪。行为人为出售毒品，需要先与下家进行接触、协商。实践中，有的案件就停留在协商阶段。例如，某犯罪嫌疑人在云南经商，年底以 3000 元购买了 60 克海洛因回老家，通过他人介绍认识一吸毒人员，双方谈妥将海洛因以 8000 元卖给吸毒人员，并约定好 3 天后付款取货。但第二天，该犯罪嫌疑人担心事发，非常害怕，在其妻规劝下，将全部毒品淋上水后销毁，并埋在垃圾堆里。第三天，买主如约带款来取货未果，遂向公安机关告发，后公安机关根据犯罪嫌疑人交代，在垃圾堆里检出大量海洛因成分。③ 按照如前所述的“契约说”，只

---

① 参见陈兴良主编：《罪名指南》，中国政法大学出版社 2000 年版，第 1278 页；刘家琛主编：《新刑法常用罪认定与处理》，人民法院出版社 1998 年版，第 1327 页。

② 参见黄祥青：《浅析贩卖、运输毒品罪的既遂和未遂》，载《政治与法律》1999 年第 3 期，第 69 ~ 70 页。

③ 参见卢勤忠：《犯罪既遂标准新论——以犯罪客体为判断的视角》，载《甘肃政法学院学报》2010 年第 6 期，第 58 页。

要行为人与下家达成了出售毒品协议，即使未开始实际交付，亦应认定为贩卖毒品罪既遂。

37. 行为人与下家开始毒品交付。行为人与下家达成协议后，开始安排向下家交付毒品。与前述行为人为了贩卖而向上家毒贩购买毒品过程中的各种交付方式一样，行为人向下家出售毒品，也可能采取各种交付方式，在任何一种交付方式中都存在中断的可能。持“交易环节说”的学者认为，只要行为人开始实施向下家的交易行为，无论是否实际成交，也无论是否最终获利，均成立贩卖毒品罪的既遂。①

38. 行为人向下家完成毒品交付。行为人通过各种方式，最终向下家交付毒品完毕，下家最终取得毒品。如前所述，持“交易说”的学者认为，行为人只有实际向下家出售转移了毒品，才能认定为贩卖毒品罪的既遂；并认为前述“契约说”“交易环节说”等均过于提前。对于司法实务中将为贩卖而购买毒品的行为认定为贩卖毒品罪既遂的做法，有的学者认为这混淆了犯罪形态，认为贩卖毒品罪中的贩卖“只要求单纯出售，而不要求先买进毒品后再卖出毒品”“为了贩卖而购买毒品的行为，因还没有着手实行贩卖行为，既不可能认定为贩卖毒品未遂，更不能认定为贩卖毒品既遂，只能认定为贩卖毒品的预备犯”。②

39. 获利。获利是贩卖毒品行为的最终目的，也是贩卖毒品过程的最后一个环节。贩卖毒品的获利，在实践中存在各种情形。绝大多数是金钱获利，但也有的是其他形式的利益补偿或利益交换等。以金钱形式获利的，有的是毒品交付前下家支付部分或全部毒资，有的是在交付毒品时同时支付，有的则是在毒品交付后约定的时间内支付。从纯理论的角度讲，贩卖毒品是一种目的性行为，只有最终获利才能满足行为人贩卖毒品的目的，才能真正“遂”其所“愿”，但即使是在理论界，也鲜有学者提出将贩卖毒品获利作为贩卖毒品罪既遂的标准。

在以上对贩卖毒品行为所划分的39个环节的框架内分析，前述各种观点和做法实际上是将贩卖毒品罪的既遂标准界定在了贩卖毒品行为的不同环节。德国联邦最高法院大刑事庭裁决认为行为人只要与卖家开始进行“严肃协商”即为既遂，对应于上述第四个环节“与卖家协商”，这是一种极为宽泛的界定。德国联邦最高法院第三、第四刑事庭主张行为人只有与卖家达成协议才能认定既遂，对应于上述

---

① 参见张穹主编：《刑法各罪司法精要》，中国检察出版社2002年版，第751页。

② 张明楷：《简评近年来的刑事司法解释》，载《清华法学》2014年第1期，第23~24页。

第6个环节“与卖家达成协议”。学者们提出的“进入实质交易环节”观点，上海市高级人民法院所规定的“现实地带入了交易环节”即贩毒者已将毒品带到购买者面前着手交易的标准，根据交付方式不同，对应不同的环节。《刑事审判参考》（总第117集）（2017年第4集）中第1290号指导案例被告人唐立新、蔡立兵贩卖毒品案所提的“实质交易”，对应于上述第18个环节“双方开始交接但尚未交接完毕”。学者们提出的“买入说”，对应于上述第34个环节“交付完成”，“契约说”“交易环节说”“交付说”，则分别对应于上述第36个至第38个环节“行为人与下家达成出售毒品协议”“行为人与下家开始毒品交付”“行为人向下家完成毒品交付”。

（三）思考与选择

深入了解贩卖毒品罪既遂标准界定的各种观点与做法，并结合审判实践进行分析，笔者认为，审判实务中普遍践行、理论界很多学者支持的以贩卖毒品进入“实质交易环节说”为既遂界定标准的观点是妥当的，但该标准的具体内容还需要进一步完善。鉴于毒品交付在整个交易过程中的核心地位和交付本身的危害性、复杂性、隐蔽性，应特别注意对毒品交付环节的研究和判断，用“交付”代替“交易”作为界定标准的中心词，确立和强化以毒品交易进入“实质交付环节”为既遂标准的观念，并以此为基础，明确贩卖毒品罪既遂的各种具体情形。

1. 对贩卖毒品罪既遂标准的理论研究应密切结合司法实践

对于贩卖毒品罪既遂标准的界定，国内外的各种观点与做法之间存在明显的差异。且不说德国联邦最高法院所坚持的行为人只要与卖家开始“严肃协商”即为既遂的标准，即以我国的各种观点与做法比较，最宽泛的界定认为，以贩卖毒品为目的的行为人只要开始购买毒品且人赃俱在的，就应认定为贩卖毒品罪既遂①，最严格的界定则认为，贩卖以卖方将毒品实际上转移给买方为既遂，行为人以贩卖为目的购买了毒品但未能出售给他人的，宜认定为犯罪未遂。② 其间的差距，实在太大。理论与实践之间，存在严重的背离。

造成这种背离的原因，笔者认为，最根本的在于贩卖毒品罪自身的特殊性。

首先，贩卖毒品罪的危害极为严重。毒品曾给中华民族带来深重灾难。“东亚病夫”的历史称呼让每一个中国人都有着难以释怀的严重耻辱感。20世纪70年代

---

① 参见黄祥青：《浅析贩卖、运输毒品罪的既遂和未遂》，载《政治与法律》1999年第3期，第69~70页。

② 参见张明楷：《刑法学》，法律出版社2007年版，第831页。

末期以来，国际毒潮不断侵袭中国，过境贩毒引发的毒品违法犯罪活动死灰复燃，境外毒品对我国的走私渗透不断加剧，全国各省、自治区、直辖市都不同程度地存在与毒品有关的违法犯罪活动，中国已由毒品过境受害国转变为毒品过境与消费并存的受害国。三代毒品叠加，制毒、贩毒、吸毒问题极为严重，打击、监管、戒治难度极大。吸食毒品不仅对吸食者本人造成了严重的身体损害和巨大的精神创伤，而且引发了一系列严重的家庭和社会问题。吸毒者一旦吸毒成瘾，有很多人格变态，道德沦丧，为购买毒品而耗尽正当收入后，往往变卖家产，四处举债，倾家荡产，六亲不认。很多吸毒者妻离子散，家破人亡，因毒品引发的盗窃、诈骗甚至抢劫、杀人犯罪危害十分严重。从整体看，毒品犯罪是近年增长最快的案件类型之一，毒品案件数在全部刑事案件中位居前列。在各类毒品犯罪中，贩卖毒品罪无论是案件数量还是造成的社会危害都十分突出。事实上，走私、制造毒品的，最终也都是通过贩卖流向市场，运输毒品也只是贩卖毒品行为整体的一部分。因此，贩卖毒品既是毒品危害社会的最关键环节，也是打击毒品犯罪的重中之重。

其次，贩卖毒品罪的危害产生相对前置。虽然行为人的目的在于出售毒品并获取非法利益，但其为了取得用于出售的毒品而先购买毒品的行为本身就已经造成了严重的社会危害。行为人为了购进毒品，与上家毒贩进行接触、协商。上家毒贩根据行为人的购买要求，层层向上直至到毒源地购买毒品。毒品最初的来源可能是从境外走私，也可能是在境内制造。毒品在从毒源地转移到行为人上家的过程中，有的已经经过了制造、运输、贩卖等环节，无论何种渠道、何种环节，都已经严重危害了国家对毒品的管理制度。有的犯罪人为了逃避侦查，甚至雇用年轻人采用人体藏毒的方式转移毒品，一旦发生意外，后果不堪设想。虽然实践中为数不多的毒品是行为人上家本来就有的，包括家中祖传的、朋友馈赠的等，但只要上家将毒品拿出来贩卖，本身就已经危害了国家毒品管理制度。而这一切都始于行为人的购买意向。没有购买就没有供给，没有购买就没有危害。行为人向上家约购毒品，当上家将毒品拿过来交付时，对社会的危害就已经客观地发生了。

再次，贩卖毒品的组织体系往往十分复杂。与一般刑事犯罪不同，贩卖毒品的犯罪人为了逃避侦查，确保犯罪的顺利实施，往往会通过各种方式组织多人参与，建立严密、有等级、有分工的组织体系，充分利用各种资源，通过伪装、共谋、寻找“保护伞”等，层层化解风险，并尽可能将暴露风险转移给层级较低的人，这就导致整个贩卖毒品犯罪中，往往只有部分犯罪人、部分行为能被发现。因此，相对宽泛的贩卖毒品罪既遂标准能够尽可能地将打击范围向上延展，将应该严厉打击的犯罪人尽可能涵盖进来。

最后，贩卖毒品罪的交付过程往往非常隐蔽。如前所述，贩卖毒品犯罪中，毒品的交付方式多种多样，情形纷繁复杂，过程往往十分隐蔽。有的是现实交付实物，有的是拟制交付权利；有的是当面交付，有的是隔空交付即约定点交付或者代办托运。即使是当面交付，行为人绝大多数情况下都高度警惕，有的在约定的时间不到达约定地点，发现异常随时撤离；有的在跟对方见面时先不将毒品带到现场，等确认安全后再通知人送货到现场进行交付；有的在交付完成后突然发现异常情况，随手便将毒品丢弃；等等。因此，对贩卖毒品犯罪人的查处难度极大。如果每个案件都追求人毒俱获，甚至要求只有行为人将购买的毒品出售给下家才能以既遂论，无疑会极大地增加侦查工作的难度和风险。

贩卖毒品罪的这些特性，是我们研究贩卖毒品罪既遂标准问题的实践基础。理论研究应该牢牢扎根于实践的土壤。但观察理论界关于贩卖毒品罪的各种观点，有很多并没有很好地回应实践的关切。例如，对于贩卖毒品罪的基本行为方式，最高人民法院早在 1994 年就已经通过司法解释明确“贩卖毒品，是指明知是毒品而非法销售或者以贩卖为目的而非法收买毒品的行为”，司法实践中也都一直如此贯彻执行，较好地实现了对毒品犯罪的打击和预防。但 20 多年过去了，仍有很多学者坚持贩卖毒品罪中的贩卖只包括单纯的出售，对于为了贩卖而购买毒品的行为，既不能认定为未遂，更不能认定为既遂，只能认定为贩卖毒品的预备。似乎这些实务中已经践行多年的规定从来不曾存在一样。理论与实践的距离，实在过于遥远。

2. 贩卖毒品罪既遂标准问题既是一个法律问题，更是一个政策问题

在贩卖毒品罪既遂标准的讨论中，有的学者认为，司法实践中将为了贩卖而购买毒品的行为认定为贩卖毒品罪既遂，是“混淆了犯罪形态”①，有的更提出，对贩卖毒品罪既遂标准应作限缩解释，否则就有“忽视人权保护、强化重刑思想、弱化人民法院司法属性的法治风险”。②

但贩卖毒品罪的既遂标准问题并不仅仅是一个法律问题，更是一个政策问题。站在一个更宽广的视角观察，对贩卖毒品罪既遂标准的研究，必须要从解决问题的

---

① 张明楷：《简评近年来的刑事司法解释》，载《清华法学》2014 年第 1 期，第 23 页。

② 蔡庆：《贩卖毒品罪既遂标准的理性思辨与去情绪化》，载《黑龙江省政法管理干部学院学报》2017 年第 3 期，第 25 ~ 28 页。

实际需要出发，必须要回应实践的关切。为此，我们既要严格遵循法律，严格贯彻罪刑法定原则，同时又不能对法律的规定做机械的、错误的解读。我们要坚持的是理论结合实践的、活泼的“法治思维”，而不是机械适用法条、生搬硬套的“法条思维”。

对贩卖毒品罪中“贩卖”的理解，法律从来没有规定仅仅指出售毒品。根据汉语言本身的含义，贩卖就是指买进货物后再加价卖出以获取利润。如果严格按照这个解释理解，单纯的出售就不属于贩卖的范畴。果如此，行为人将本来就持有的毒品出售给他人，无论这些毒品是家中祖传的、朋友馈赠的，还是通过走私、制造、偷盗、抢劫等非法渠道得来的，只要不能证明是从上家毒贩处购买来的，那就都不能按贩卖毒品罪来认定，这无疑是完全错误的。本来，语言是用来表达思想的，文字也只是一个符号，是人们之间交流沟通的工具。对于一些重要的字词，大众只要达成明确的认识，就可以广泛使用，流通无碍。对于贩卖毒品罪中的“贩卖”，最高人民法院早在1994年就已经通过司法解释明确“是指明知是毒品而非法销售或者以贩卖为目的而非法收买毒品的行为”，司法实践中也都一直如此贯彻执行。所以，无论是单纯的非法出售毒品，还是为了出售而非法购买毒品，都属于贩卖毒品行为。司法解释的这一规定实质上已成为法律规范的一部分。因此，将为出售而购买毒品的行为界定为贩卖毒品完全符合罪刑法定原则，并没有违背法治的要求。

问题的实质远不止此。最高人民法院在1994年对贩卖毒品所作的界定，并非“情绪化的对刑事政策的过度回应”①，更非一时兴起，心血来潮，而是基于实践的需要。为此，我们必须对于实践中裁判的逻辑有比较明确的认识。

通常情况下，大众所能看到的是法院认定的案件事实，由于司法所固有的事后追溯的特征，法院认定的事实并不一定就等同于客观事实，不一定与事实的原始状态完全相符，而只是在所收集证据之上经过裁剪、拼接、构建的法律事实。证据的收集、审查、运用是由法律规定的，而看似零散、孤单的法律条文的背后，则是政策在发挥指引作用。决定政策内容的是权力意志，左右权力意志的是社会的价值判断，而社会的价值判断，从根本的意义上是由社会文明发展程度决定的。由此，事实、证据、法律、政策、权力意志、价值判断、社会文明发展，构成司法裁判背后

---

① 蔡庆：《贩卖毒品罪既遂标准的理性思辨与去情绪化》，载《黑龙江省政法管理干部学院学报》2017年第3期，第25～28页。

完整的逻辑体系。

因此，法律并不是孤零零地存在的。在法律的制定、实施全过程中，政策都在发挥指引性的作用。从最广泛的意义上讲，刑事政策是应对犯罪的策略，刑事法律只是刑事政策的一部分，要在刑事政策的大视野和大框架中找到自己的位置，发挥自己的功能。但刑事法律与一般的刑事政策相比，毕竟有自己独特的属性。一般来讲，法律更稳定，能给公众以更明确、更稳定的预期，政策则更灵活，能随时适应社会的发展变化；法律更理性，其制定、实施都有确定的规则和程序的制约，政策则更感性，往往可能受社会发展、舆论、民意的影响；法律有明确的约束力，由国家的强制力为后盾推行，政策则更多的是号召力，依靠政府的权威、公众的舆论力量，并间接地依靠国家强制力推动实施。刑事法律固然有其不可替代的优势，是建立社会主义法治国家不可或缺的柱石，但如果要真正建立社会主义法治国家，要真正准确执行法律，就必须要深刻理解法律背后的决定性因素。任何法律的背后，最终、最根本的都是社会文明的发展，都是社会实践的需要。就贩卖毒品罪中对“贩卖”的理解而言，贩卖毒品的危害是如此严重，即使是经多年来持续严厉地打击仍十分猖獗，虽然其根本原因在于国际范围内的毒情猖獗大背景和国内经济社会发展中存在的各种问题，我们不能说经过多年严厉打击，减少了多少毒品犯罪的发生，但这并不意味着，我们这些年就不应该对毒品犯罪进行严厉打击。相反，即使最高人民法院没有在 1994 年作出那样的司法解释，那也一定会在之后的某个时间，作出类似的司法解释，因为这是实践的需要。作为站在与毒品犯罪作斗争第一线的司法部门，需要这样的制度支撑。这一实践性的需求，从最高人民检察院、公安部 2012 年 5 月 16 日《关于公安机关管辖的刑事案件立案追诉标准的规定（三）》中就贩卖毒品罪的“贩卖”所作与最高人民法院解释完全相同的界定中，也可以得到进一步的印证。

因此，贩卖毒品罪的既遂标准问题并不只是一个法律问题，是否将为贩卖而买进毒品界定为贩卖毒品行为，从刑法条文本身并没有明确的规定，无论是包括还是排除都不能简单地说违背了法律，违背了罪刑法定原则。司法解释将此包括进来，符合法律的规定和法治的要求，从根本上讲，这并非出于情绪性的判断。政策的指引、实践的客观需求才是最终的决定性因素。贩卖毒品罪的既遂标准问题，从表层上看是一个法律问题，但从实质上看，则是一个刑事政策问题。

3. 对贩卖毒品罪既遂标准的界定可采用“实质交付环节”标准

在前述贩卖毒品过程39个环节的框架内，比较关于贩卖毒品罪既遂标准的各种观点和做法，结合审判实践，可以对贩卖毒品罪的既遂标准问题有更深入的认识和判断。

首先，“契约说”“交易环节说”“交付说”等各种将贩卖毒品罪既遂标准限定在出售毒品环节的观点可直接予以排除。行为人为出售而非法购买毒品的，在毒品购买环节已经严重破坏了国家对毒品的管理制度，已经造成了严重的危害。虽然将购买的毒品再行出售会给社会造成更大的危害，但不能因此而淡化之前购买行为的严重危害性。尤其是考虑到贩卖毒品行为所具有的组织性、复杂性、隐蔽性等特征，贩毒分子在将购买的大宗毒品“化整为零”，出售给吸毒者，流向市场之后，再行取证极为困难。真正在消费端查获贩卖毒品罪的，往往只是冰山一角。司法实践中，大量贩卖毒品案件都是在购买阶段被公安机关查获。例如，前述被告人王某戊、彭某乙贩卖、运输毒品死刑复核案，被告人唐立新、蔡立兵贩卖毒品案和被告人胡某甲贩卖、运输毒品、被告人板某某贩卖毒品死刑复核案等，均是在购买阶段查获。对这些已经严重破坏国家毒品管理制度，严重危害社会的犯罪，如果只是按照贩卖毒品罪的未遂，甚至预备来处理，无疑是对犯罪的放纵。

其次，“买入说”将贩卖毒品罪既遂标准提前到毒品的购买阶段，与“契约说”“交易环节说”“交付说”等各种将贩卖毒品罪既遂标准限定在出售毒品环节的观点相比，固然有很大的合理性，但其认为只有毒品已经买进，完成交付才能认定既遂，则仍过于严格。这一方面是因为，为贩卖而购买毒品，在毒品交付完成前，对社会的危害就已经客观产生，交付完成只是交付行为水到渠成、自然而然的结果；另一方面则是因为，毒品犯罪由于其独具的特性，交付过程往往十分复杂、隐蔽，很多时候确定交付是否完成十分困难，如果要一味追求交付完成才开始收网，往往会错过最佳的抓捕时机，甚至给侦查工作和侦查人员造成额外的巨大风险。因此，“买入说”并不十分妥当。

再次，德国联邦最高法院大刑事庭确定的“严肃协商”标准和德国联邦最高法院第三、四刑事庭主张的“与卖家达成协议”标准均过于宽泛。德国法院将贩卖毒品罪既遂标准界定得如此宽泛，一方面是其国情和打击犯罪的客观需要，另一方面也与其一贯的司法传统、司法体系相契合。但将既遂标准如此前置，并不符合我国的实际。行为人虽然已经开始与卖家进行“严肃”的协商，甚至达成了毒品买卖协议，但也只是主观意思之间的合意，卖家并未实际地为备货购入毒品，尚未客观、现实地违背毒品管理制度，实施购入毒品并转移、运输等严重危害社会的行为，毒品距离行为人尚十分遥远。而且，根据我国的国情，在贩卖毒品双方仅有合意而无实际行动的情况下即对买家以既遂进行打击，尚无现实的必要性。当然，这种宽泛的界定，对我们确定贩卖毒品罪的既遂标准具有一定的借鉴和参考价值。

最后，"进入实质交易环节说"将贩卖毒品罪既遂的标准界定在双方开始进入实质交易环节，既纠正了将既遂标准限定在毒品出售阶段各种观点的偏颇，也避免了将既遂标准界定在购入毒品交付完成的不妥，同时也不像德国那样将既遂标准大幅前置导致界定标准过于宽泛，是真正立足于我国司法实践，符合实践需要，能真正对实践发挥指导作用的理论。但该观点也存在一些值得继续完善之处。一方面是因为该观点未能充分突出交付在整个贩卖毒品过程中的特别重要性和复杂性，另一方面则是因为该观点对贩卖毒品罪既遂的各种情形未做具体的研究和描述。为此，尚需做进一步的分析。

笔者认为，贩卖毒品罪的既遂界定可采用"实质交付环节"标准，即只要行为人与对方就贩卖毒品开始进入实质交付环节，就认定为贩卖毒品罪的既遂。从概念上讲，毒品的交易，从行为人与对方进行协商就应该算开始，但真正对社会产生危害，则是从毒品进入实际交付环节开始的。以"交付"概念代替"进入实质交易环节"中的"交易"概念，旨在对交付环节的特别重视和特别强调。

而"实质交付"，就是毒品交付进入实质性阶段。正如前述有的学者所提出的，以贩卖毒品为目的购买毒品，正在进行毒品交易、人赃俱在的，就应认定为贩卖毒品罪既遂。前述 2008 年 9 月 24 日时任最高人民法院副院长张军讲话中指出："毒品交易双方约定交易地点后尚未见面，在路途中即被抓获的，对于卖方，仍应按以上原则认定为犯罪既遂，因为他是为卖而买到毒品，或者为卖而通过走私、制造获得了毒品，如其毒品是祖上传下来的，尚未出手即被查获，也可认定为贩卖毒品未遂；对于买方，因其尚未与卖方进行实际交易，应认定为犯罪未遂。"前述最高人民法院指导案例被告人唐立新、蔡立兵贩卖毒品案中也认为，本案毒品交易完成之前，公安人员即采取收网行动，将各被告人抓获并查获了被告人蔡立兵的毒品，毒品上下家已经进入毒品交易现场并实施了验货、谈价、称重等实际交易行为，仅差支付毒资后交付毒品的环节未完成，故以既遂认定。

结合审判实践，深入分析贩卖毒品行为的危害和环节，笔者认为，毒品的实质交付，是指卖家向买家交付毒品。从最典型的情形而言，毒品的实质交付，意味着卖家、买家和毒品同时出现，处于同一时空。换言之，只要卖家、买家和毒品三因素齐聚于同一时空，就可以认定为毒品开始进入实质交付环节。因此，毒品的实质交付以卖家、买家和毒品“三因聚齐”为基本要求和特征。只要卖家、买家和毒品三因素齐聚在同一时空，就可以认定贩卖毒品罪构成既遂。

但由于毒品犯罪固有的特性，贩卖毒品的实质交付存在多种复杂情形。基于证据证明的需要，最理想的情形是将犯罪人与毒品同时查获，这种人毒俱获的情形从司法工作的角度而言最为扎实、可靠。但犯罪人为了逃避侦查，会通过各种方式逃避、伪装，尽可能减少毒品与人同时出现的机会，尤其是尽可能减少买卖双方与毒品处于同一时空的机会。例如，卖家送货上门的，卖家已将毒品带到约定点，买家已经到现场或现场附近但并未立即上前接货，而是继续观察环境以确认安全；买家上门提货的，买家已按约定到达取货点，卖家也已备好货，但却先只身到场，待确认安全后再通知同伙将毒品送过来；约定特定的地点交付，但双方不见面；代办托运，双方不见面；等等。这就使毒品的实质交付会出现多种多样的变型，给认定贩卖毒品罪的既遂带来很多困惑。

笔者认为，毒品交付的7种方式从性质上可以划分为三类：第一类是当面交付，包括送货上门、上门提货；第二类是隔空交付，包括约定点交付、代办托运；第三类是拟制交付，包括简易交付、占有改定与指示交付。卖家、买家与毒品三因素齐聚于同一时空，也即“三因聚齐”既遂标准在不同交付方式中的具体要求是不一样的。对当面交付而言，自然要求双方见面，且现场有毒品。对隔空交付而言，因双方采用隔空交付方式，本来就是要刻意地避免三因素齐聚于同一时空的风险，但这种隔空交付又是双方的约定，故卖方在将毒品放置到约定点并告知买家或者代办托运完毕，就形同于完成了向买家的交付。对此，或可作一个形象的类比，如果说当面交付是“手递手”的交付，那么隔空交付就相当于“隔空抛物”，只要卖方在约定点将毒品放置好并告知买家，或者代办托运办理完毕，就形同于隔空将物抛出离手，只待买方接货。在此，三因素相当于处于同一时空，只要卖家将毒品出手，就应该认定为双方的交付进入“实质交付”阶段，进而认定双方既遂。而对拟制交付而言，三因素天然地隔离，但双方达成协议之时，即同时意味着交付的开始、进行和完成。因交付是拟制的，所以三因素也就拟制在同一时空。

将贩卖毒品罪的既遂认定标准提前到毒品进入实质交付环节，根本原因还在于毒品犯罪的特殊复杂性和特别危害性。首先，买家在与卖家达成毒品交易协议、支付毒资后，卖家经大量环节，已经完成了毒品的走私、制造或者购买、运输转移等行为，这些行为已经客观地违背了国家对毒品的管理制度，对社会的危害已经客观发生。其次，法律不允许任何人利用自己的反侦查能力获取明显的不当利益。贩卖毒品的犯罪分子，有的组织体系较为复杂、层级保护十分严密，有的组织体系较为简单、层级保护相对疏松，有的智商较高、用心较多、隐蔽性更强，有的用心较少、隐蔽性较差。但无论如何差别，其实施的贩卖毒品犯罪对社会造成的危害是一样的。对有着一样危害的犯罪，法律应该进行一样的追究，给予一样的惩罚。不能只满足于惩处那些组织性较低、隐蔽性较差、容易被抓获的犯罪人，而对那些组织性相对较高、隐蔽性相对较强、一般情况下不容易被抓获的犯罪人就放松、减少惩罚，让这些犯罪人从自己较强的反侦查能力中明显获利。最后，将贩卖毒品罪既遂界定标准提前，也能在相当程度上降低侦查工作的难度，减少侦查工作的风险。毒品犯罪由于其容易获取暴利的特征，一些犯罪人铤而走险，不惜以身试法，有的将犯罪地点选择在荒郊野外，有的配备防撞性能较高的车辆，有的甚至随身携带枪支、利刃等防身、掩护，这些情况从客观上提高了侦查工作的难度，也加大了侦查人员的人身安全风险。如果将贩卖毒品罪的既遂标准界定得过于严格，就会使侦查人员在很多情况下进退维谷，难以把握收网的适当时机，严重降低侦查工作的效率，影响打击毒品犯罪的效果。

对应于毒品实质交付的各种方式和环节，贩卖毒品罪的既遂一般包括以下 8 种情形。

1. 卖家送货的，一般情况下，卖家见到买家并开始交付毒品即可认定为贩卖毒品罪的既遂，但特殊情况下，即使买家并未到现场，亦可认定既遂。卖家送货的，一般情况下，交接点是由买家确定的，买家对交接点相对更熟悉，进而对交付进程有更多的掌控。在卖家携带毒品到达交接点时，按照常理，买家应当事先或者同时到达现场等待接货。实践中，有的买家事先已经与卖家约定好交易的一切事宜，且已支付毒资，卖家也已经携带毒品到达交接点准备交货，该买家也已经在交接点或已经到达交接点附近，例如，在约定交接的房屋的另一个楼层、另一个房间，或者在约定交接的路段的边上或隐蔽处等，但其出于谨慎的考虑，先行反复观察环境，以确认没有侦查人员出现，确保安全。侦查人员在此情形下抓获买家的，笔者认为，也可以认定为贩卖毒品罪的既遂。例如，在被告人荣某甲贩卖毒品、被告人荣某乙贩卖毒品、非法持有枪支死刑复核案中，荣某甲最后一次向荣某乙售卖毒品，交接点在某卯市的高速路口，荣某甲指使徐某丙驾车将毒品从某辛省送到某卯市高速路口的加油站边后，荣某乙等人根据约定前往接货。如果荣某乙等到达加油站边后迟迟不上前接货，而是反复观察，此时被查获的，亦应按照既遂认定。但如果荣某乙是在前往加油站接货的路上被侦查人员查获的，则可以认定未遂。

2. 买家自提的，一般情况下，买家见到卖家并开始接受毒品交付即可认定为贩卖毒品罪的既遂，但特殊情况下，即使卖家并未到现场，或者毒品尚未送到现场，亦可认定既遂。买家自提的情形下，一般情况下，交接点就是卖家的处所或者卖家确定的地点，如宾馆某房间、野外某地等。相对而言，卖家对交接点环境更为熟悉，对交接过程的把控程度更高。虽然很多案件中，卖家确实是拿着毒品在交接点等待买家上门来提货，但也有很多案件中，卖家为了降低风险，让买家先行到达交接点，自己并不先露面。有的卖家虽然自己在现场等待，但并未将毒品放置在现场，而是将毒品先藏匿在别的处所，等买家到达，经反复观察，确认安全后，再派人将毒品临时送过来进行交接。对于这种买家已经按照约定到达交接点，卖家已经在现场或现场附近，但并不露面而是在暗中观察的，或者卖家不将毒品放置在交接点，而是准备确认安全后随时安排人将毒品送过来交接的，笔者认为，也可以认定买家构成贩卖毒品罪的既遂。例如，在被告人唐立新、蔡立兵贩卖毒品案中，唐立新在安排彭永根从广东省陆丰市买到毒品带回湖南省郴州市后，购买了电子秤并接应彭永根，将蔡立兵约至郴州市某公寓进行交易，三人会合后，蔡立兵对毒品验货、称重、包装等，准备出门取毒资时被抓获，法院认定蔡立兵构成贩卖毒品罪的既遂。其实，只要唐立新等携带毒品与蔡立兵共同进入上述公寓，其贩卖毒品罪就应该认定为既遂。虽然本案认定既遂的理由中强调双方已经完成了毒品验货、称重、包装等，但这些双方在封闭空间自行实施的行为，作为侦查人员怎么能够准确掌握呢？换个角度思考，双方携带毒品进入到公寓，就是为了实施毒品交付，接下来的行为是自然而然的发展过程。既然是这样，为什么一定要侦查人员等待其交付必须进行到某个阶段才能抓捕呢？只要有确凿的证据能够证实双方进入公寓就是进行毒品交接，那只要进了公寓就可以实施抓捕，就可以认定行为构成既遂。再如，在被告人胡某甲贩卖、运输毒品、被告人板某某贩卖毒品死刑复核案中，胡某甲根据板某某的电话通知，再次驾驶奥迪轿车来到某丙镇桥头见到板某某准备接货，板某某在确定安全后，打电话通知送货，约两分钟后一名女子骑电动车送毒品过来，双方进行交接。在此案中，如果侦查机关在该女子送毒品到达现场后即对双方实施抓捕，也应认定贩卖行为构成既遂。即使是该女子尚未将毒品送到现场，只要有证据证实卖家已经将毒品拿到了现场附近，随时可以交付，也可以认定贩卖行为构成既遂。

3. 约定点交付的，只要卖家将毒品带到约定点放置、藏匿好并通知买家，就应该对买家认定为贩卖毒品罪的既遂。在约定点交付的情形下，“三因聚齐”的要素从现实的角度看是天然缺失的，而这正是犯罪分子想要的效果。但法律不能掉到犯罪人所设置的陷阱中，不能允许犯罪人利用这种精心设计的圈套逃避罪责。例如，在被告人王某戊、彭某乙贩卖、运输毒品死刑复核案中，王某戊在与娜某甲等达成毒品交易、安排彭某乙试吸毒品验货后，要求娜某甲去找个宾馆开房间，将毒品送到宾馆后，自己再安排人去取，娜某甲遂去某宾馆开了一间房，将房卡交给岩某某，由岩某某带着房卡到宾馆房间去放毒品。岩某某藏匿好毒品后将房卡交给娜某甲，娜某甲再将房卡交给王某戊，由王某戊派人去取。在此案中，王某戊为了规避风险，一方面与娜某甲约定不采取当面交付毒品的方式，由娜某甲派人将毒品藏匿到宾馆房间进行交付，这样就避免了双方与毒品共处于同一时空的风险，另一方面，王某戊从娜某甲处拿到藏匿毒品房间的房卡后，将房卡交给其事先已联系好的长途客车司机姚某某，让姚某某前往拿取毒品，这样就进一步降低了自己暴露的风险。但从毒品交付的实质进展来看，岩某某在根据娜某甲安排携带毒品进入娜某甲开好的房间放置、藏匿好毒品，娜某甲再将房卡交给王某戊后，就应该属于进入了毒品的实质交付环节。因为在这种交付模式下，双方是约定好不见面的，只要卖家将毒品携带到约定点放置好，并通知买家，就相当于已“隔空”将毒品“抛出”，就已进入实质交付环节。当然，如果卖家在携带毒品前往约定点的路上即被抓获或者因其他原因未进入约定点的，对买家应按照贩卖毒品罪的未遂来处理。

4. 代办托运的，只要卖家将毒品带到托运点办理物流、邮寄等托运手续完毕，对买家就应该认定为贩卖毒品罪的既遂。与约定点交付一样，代办托运也是贩卖毒品交易双方为了避免暴露风险而采取的一种隔空交付方式。卖家根据约定将毒品带到托运点办理完毕托运手续，将毒品交付托运，即相当于“隔空”将毒品向买家“抛出”，只待买家接货，毒品交付已进入实质交付环节。例如，在被告人荣某甲贩卖毒品、被告人荣某乙贩卖毒品、非法持有枪支死刑复核案中，荣某甲先后三次通过物流渠道向荣某乙托运冰毒，分别是将冰毒藏匿于音箱中放在密码行李箱内托运、藏匿于奶粉罐中用纸箱包装托运、藏匿于烤鸭袋中用纸箱包装托运。只要荣某甲将毒品带到托运点，办理托运手续完毕，交付托运，即相当于“隔空”将毒品向荣某乙“抛出”，即应该认定毒品交付进入实质交付环节，应认定荣某乙构成贩卖毒品罪的既遂。毒品只要交付托运，即使在途中被查获，或者毒品经过物流到达双方约定的物流点，荣某乙尚未前往取货，也不影响其贩卖毒品罪既遂的成立。但如果荣某甲在携带毒品前往物流点途中即被抓获，或者因交通事故等其他原因未到托运点即撤回的，则可认定荣某乙贩卖毒品罪构成未遂。

5. 简易交付的，从双方就毒品交易达成协议之时，就应该认定买家构成贩卖毒品罪既遂。与前述各种现实交付方式不同，在简易交付等拟制交付方式中，双方并不现实地交接毒品，但协议一旦达成，毒品的所有权便即时发生转移，因而，这些交付方式与现实交付的效果是完全相同的。在简易交付中，行为人或是因受毒贩指使、雇用而运输毒品，或是因朋友关系而替毒贩存放毒品，或是因先前的毒品交易关系而帮助毒贩接收毒品等，事先已经实际占有毒品，一旦双方就毒品的交易再达成协议，毒品就即时转移给买家，买家就随时可以将毒品向下家出售转移，从而将毒品流向市场。由于简易交付固有的特性，双方达成协议之时，就是毒品的实质交付之时，而且实质交付的开始与结束是同时发生的。因此，对于简易交付的，一旦双方达成交易协议，对买家就应该认定为贩卖毒品罪的既遂。例如，在被告人荣某甲贩卖毒品、被告人荣某乙贩卖毒品、非法持有枪支死刑复核案中，荣某甲基于荣某乙之前回款不及时，对荣某乙产生不信任感，故在最后一次让徐某丙给荣某乙送5000克冰毒时，明确对荣某乙说，这次的毒品并非卖给荣某乙的，让荣某乙先不要动，只是让荣某乙帮助接货并保管，等荣某甲从某辛省到某卯市后再做安排。故在荣某乙拿到徐某丙送来的毒品后，其虽然实际占有毒品，但并无对毒品的所有、控制和支配权。如果此时被公安机关查获，就该起毒品犯罪来讲，对荣某乙只能以协助荣某甲贩卖毒品的角色进行处罚。但本案中，在荣某甲还没有到某卯市前，荣某乙就给荣某甲打电话，希望能将该冰毒向外出售，荣某甲在电话中同意让荣某乙先卖着。在此，双方通过电话协商，就将已经本来是荣某甲交由荣某乙保管的毒品改变为荣某甲贩卖给荣某乙。荣某甲在电话中同意荣某乙贩卖的要求，即意味着毒品的实质交付，也就意味着荣某乙此起贩卖毒品罪的既遂。但如果荣某乙经向荣某甲提议、协商，荣某甲不同意荣某乙的要求，双方商谈未果，就不能认定进行了实质的交付。

6. 占有改定的，从双方就毒品交易达成协议之时，就应该认定买家构成贩卖毒品罪既遂。与简易交付一样，占有改定也不实际地转移毒品，而只是转移毒品的所有权。从现实的角度来讲，毒品仍由卖家实际占有，但对毒品的支配、处理权转由买家行使。因此，一旦双方就毒品交易达成协议，毒品就即时实现实质的交付，买家也就构成贩卖毒品罪的既遂。如果双方虽经协商但未达成协议，则毒品的所有权未发生转移，毒品未实质交付，对买家只能以贩卖毒品罪的未遂处罚。

7. 指示交付的，从双方就毒品交易达成协议之时，就应该认定买家构成贩卖毒品罪既遂。指示交付与简易交付、占有改定不同，毒品并非由买卖双方实际占有，但交付的内容是相同的，即毒品的所有权，交付的效果也是相同的，即买家取得毒品的所有权。因此，一旦双方达成交易协议，卖方就将对毒品向第三人的请求权即时转移给买家，毒品即时完成实质交付，对买家就以贩卖毒品罪的既遂追究刑事责任。同简易交付、占有改定一样，如果双方经协商未能达成交易协议，则对买家只能认定为贩卖毒品罪的未遂。

8. 单纯出售毒品的，从行为人向下家开始实质交付毒品开始，就应该认定为贩卖毒品罪的既遂。前述 7 种贩卖毒品罪的既遂均为在购买毒品阶段即可构成既遂的情形，行为人在从卖家处购得毒品后，再转手向下家出售，其行为均属于既遂状态的延续。在实践中，还有一种情形，就是行为人将自己本来就持有的毒品向外出售。这些毒品并非从上家毒贩处购买所得，而是从其他渠道而来，但无论是走私、制造、运输、偷盗、抢劫或其他非法手段所得，还是从家中祖上继承、亲朋好友赠送所得，或是因支付劳务费、偿还债务所得等，只要行为人拿来向外出售，即构成贩卖毒品罪。与购买阶段的交付方式一样，行为人向下家出售毒品也可能采取卖家送货、买家自提等各种交付方式。无论哪种交付方式，只要毒品交易开始进入实质交付阶段，作为卖家的行为人就构成贩卖毒品罪的既遂。无论交付是否完成，都不影响对行为人既遂的认定。

综上所述，将贩卖毒品罪的既遂标准界定在毒品交易进入实质交付环节，既是基于贩卖毒品罪自身危害的严重性、前置性和行为的复杂性、隐蔽性等特性，也是应对毒品犯罪严峻形势的客观需要。这种界定较之理论界主张的将贩卖毒品罪既遂限定在出售阶段的各种观点均大幅前置，较之学者提出的将既遂界定在毒品已购买完成的观点也有所提前，从而大幅度压缩了贩卖毒品罪未遂的空间，进而在整体上提高了贩卖毒品罪的处罚力度。笔者也深知，刑罚不是万能的，一味的重刑并不能从根本上解决毒品犯罪问题，应对毒品犯罪严峻形势最根本的还是要靠预防，要靠社会治安综合治理。但是，刑期于无刑。在目前的经济社会发展阶段，在毒品犯罪如此猖獗的形势下，为了保障人民群众生命健康，维护经济社会稳定发展，对毒品犯罪，尤其是贩卖毒品犯罪依法从严打击，是一种迫不得已的选择。笔者也希望，早一天看到毒品犯罪危害明显减小，刑罚惩罚的必要性大幅度降低，对贩卖毒品罪既遂标准的界定大幅后置至卖出交付完成，甚至获利到手。但是，抬眼前望，那一天貌似还十分遥远。

> 罚惩非死，人极于病。
> ——《尚书·吕刑》

第六节　自首制度的价值分析与实践运用

——被告人苗某甲故意杀人死刑复核案

引　言

自首是法定的从宽处罚情节。对于自首的把握，历来是司法实践中的重点和难点之一。尤其是对于死刑案件中自首的被告人是否适用死刑，屡屡引发公众的关注。对此，可以运用价值分析的方法，深刻挖掘自首的本质，全面厘清自首的种类，进而准确把握自首在案件处理中的作用。

一、基本案情

被告人苗某甲，男，1960 年 1 月 18 日出生。2014 年 7 月 18 日被逮捕。

某丙省某己市中级人民法院审理某己市人民检察院指控被告人苗某甲犯故意杀人罪一案，于 2014 年 12 月 16 日以刑事附带民事判决，认定被告人苗某甲犯故意杀人罪，判处死刑，剥夺政治权利终身。宣判后，苗某甲提出上诉。某丙省高级人民法院经依法开庭审理，于 2015 年 12 月 1 日以刑事裁定，驳回上诉，维持原判，并依法报请最高人民法院核准。

公诉机关指控，被告人苗某甲故意杀害被害人苗某乙，其行为已构成故意杀人罪，应依法惩处。

被告人苗某甲对公诉机关的指控未提出异议，其辩护人的意见是：（1）公诉机关指控苗某甲犯故意杀人罪不当，苗某甲的行为应定性为故意伤害罪；（2）苗某甲具有自首情节，应依法从轻、减轻处罚。

一审法院认定：2014 年 7 月 4 日 15 时许，被告人苗某甲在某丙省某乙县某丁村村民仇某某家门前路上与被害人苗某乙相遇，二人因琐事发生争吵和殴斗，厮打中苗某乙转身逃离，苗某甲从苗某乙身后持砖头砸苗某乙头部，致苗某乙倒地当场死亡。经鉴定，苗某乙系他人钝性外力作用头部致严重脑挫伤死亡。

认定上述事实的证据，有从现场提取的两块砖头等物证，手机通话记录、出诊证明等书证，证人郭某乙、杨某辛、李某丑、李某寅、苗某丙等的证言，DNA 鉴定意见、痕迹鉴定意见、尸体鉴定意见，现场勘验、检查、辨认笔录，“110”报警录音光盘，被告人归案证明和被告人苗某甲的供述等。

一审法院认为，被告人苗某甲持砖头击打被害人苗某乙头部，致苗某乙死亡，故意非法剥夺他人生命，其行为已构成故意杀人罪。苗某甲拨打“110”报警电话后，停留在现场附近等待，在公安机关到来后没有拒捕行为，到案后如实供述主要犯罪事实，具有自首情节。苗某甲因琐事纠纷即故意杀人，罪行严重，虽有自首情节，但不足以从轻处罚。据此，依法判决：被告人苗某甲犯故意杀人罪，判处死刑，剥夺政治权利终身。

被告人苗某甲上诉及辩护人提出：（1）被害人苗某乙挑衅在先并先使用砖头，有过错；（2）苗某甲没有杀人故意，不构成故意杀人罪；（3）苗某甲有自首情节，量刑重，请求从轻处罚。

检察机关的意见是：原判认定事实清楚，证据确实、充分，定性正确，量刑适当，程序合法。本案虽系民间矛盾引发，被告人苗某甲有自首情节，但后果严重，没有取得被害人亲属谅解，建议依法裁判。

二审法院认定的事实和依据的证据与一审基本相同，增加认定了相关报警内容：被告人苗某甲在与苗某乙厮打过程中于 15 时 13 分报警称有人打架，请求出警；苗某甲持砖将苗某乙打倒后，于 15 时 17 分再次拨打电话报警，之后民警赶到现场将苗某甲抓获。

二审法院认为，被告人苗某甲故意非法剥夺他人生命，其行为已构成故意杀人罪，且罪行极其严重，依法应予严惩。关于苗某甲及其辩护人所提“被害人挑衅在先并先使用砖头，有过错，苗某甲没有杀人故意，不构成故意杀人罪，有自首情节，量刑重”的上诉理由及辩护意见，经查，被害人系小儿麻痹症患者，属残疾人，且身材瘦弱，苗某甲在厮打中处于明显优势，其先将被害人眼睛、鼻子等部位打伤后，在被害人转身逃离时，又持砖头砸被害人头部致被害人倒地当场死亡。基于苗某甲持砖砸击被害人头部致使一个整砖分离成两截，并造成被害人严重脑挫伤当场死亡的结果，足以认定苗某甲主观上具有非法剥夺他人生命的故意，其行为符合故意杀人罪的构成要件。苗某甲虽于作案后打电话报警并在原地等待民警抓捕，依法应当视为自动投案，并如实供述其犯罪事实，构成自首情节，但其在报警后被害人转身逃离现场时，持砖砸死被害人，行为性质恶劣，后果严重，且双方矛盾又系多年形成的积怨，苗某甲亲属赔偿不积极，没有取得被害人亲属谅解，不足以对其从轻处罚。原审法院根据苗某甲犯罪的事实、性质、情节和对社会的危害程度所作出的刑事判决并无不当。据此，依法裁定：驳回上诉，维持原判。

最高人民法院经复核确认：被告人苗某甲系某丙省某乙县某丁村村民，与被害人苗某乙（某乙县某戊村村民，殁年35岁）素有积怨。2014年7月4日15时许，苗某甲在某丁村村民仇某某家门前路上与苗某乙相遇，二人发生争吵和厮打。苗某甲一边拨打“110”报警称有人打架，一边殴打苗某乙。当苗某乙转身逃离时，苗某甲持砖头追赶，猛砸苗某乙头部，致苗某乙严重脑挫伤当场死亡。后苗某甲又两次拨打“110”催促公安人员出警，称在现场等候。公安人员赶到后将其抓获。

最高人民法院确认上述事实的证据与一、二审相同。

最高人民法院认为，被告人苗某甲故意非法剥夺他人生命，其行为已构成故意杀人罪。苗某甲因陈年旧怨与被害人发生争执并厮打，在被害人转身逃离时继续追打，持砖头从背后猛击被害人头部，致一人死亡，罪行极其严重，应依法惩处。虽然苗某甲在作案后打电话报警的行为构成自首，但其第一次打电话报警的同时及之后，不仅对身有残疾的被害人不停止殴打，而且在被害人逃离时持砖头进行追打，情节特别恶劣，不足以对其从轻处罚。第一审判决、第二审裁定认定的事实清楚，证据确实、充分，定罪准确，量刑适当。审判程序合法。据此，依法裁定：核准某丙省高级人民法院维持第一审以故意杀人罪判处被告人苗某甲死刑，剥夺政治权利终身的刑事裁定。

二、主要问题

对于具有自首情节的被告人，应该如何把握死刑适用的尺度？

笔者认为，被告人作案后自首的，应将其自首情节与案件的事实、其他情节进行综合考量，决定是否从轻处罚。对于自首的被告人，并非一律不能适用死刑。

三、延伸思考

《刑法》第 67 条第 1 款中规定："犯罪以后自动投案，如实供述自己的罪行的，是自首。对于自首的犯罪分子，可以从轻或者减轻处罚。"自首是刑法中一项重要的刑罚制度，也是一个非常重要的法定的从宽处罚情节。对于自首的把握，历来是司法实践中的重点和难点之一。尤其是对于死刑案件中自首的被告人是否适用死刑，屡屡引发社会的广泛关注。深刻理解自首的本质，全面厘清自首的种类，准确把握自首的价值，对于确保案件质量，维护司法公正具有十分重要的意义。

（一）自首的本质

自首的本质，就是自首制度本身所固有的根本属性。这种属性体现了自首制度固有的价值内涵，并为自首从宽提供基本的依据和遵循。

对于自首的本质，学界主要存在以下四种观点。

第一种观点认为，自首从宽的本质是犯罪的社会危害性的降低。例如，有的认为自首从宽处罚的本质应该归纳为犯罪客观危害程度的减少①，有的认为是行为人主观恶性的减小②等。对此，有的学者提出反对意见认为，犯罪行为发生后，客观危害性和主观恶性都是一个既定的量，都已通过犯罪行为表现出来了，之后的自首不可能对此再有所增加或减少。虽然自首能反映出犯罪嫌疑人对其已犯罪行的悔罪态度，体现了其人身危险性的降低，但不能由自首而推导出已犯罪行的客观危害性和主观恶性的减少。③

第二种观点认为，自首从宽是法律对犯罪人向善的一种鼓励和引导。例如，有的学者认为，对犯罪者悔罪向善的趋向应予以鼓励和助长，自首是既遂犯走向从善的大门。④ 对此，有的学者提出反对意见认为，适用自首制度应当以罪刑相适应原

---

① 参见周振想：《刑罚适用论》，法律出版社 1990 年版，第 297 ~ 298 页。

② 参见丁慕英等：《刑法实施中的重点和难点问题研究》，法律出版社 1998 年版，第 547 ~ 549 页。

③ 参见梁经顺等：《对"自动投案"的认定——结合自首的本质探究》，载《西南政法大学学报》2008 年第 6 期，第 84 ~ 85 页。

④ 参见甘雨沛、何鹏：《外国刑法学》（上册），北京大学出版社 1984 年版，第 69 页。

则以及刑罚目的为指导。[1]

第三种观点认为，自首从宽完全出于功利目的。例如，有的学者认为，自首的本质是使犯罪人犯罪后把自己交付国家追诉。[2] 有的学者认为，自首的本质是功利，国家确立自首制度，是从功利的角度出发，以小的刑罚成本来获得大的产出。而从犯罪人的角度，自首是犯罪人所寻求的一种在行为成本与行为收益之间权衡的功利选择。自首制度是犯罪人与国家签订的一份契约，通过这份契约，犯罪人得到了宽大处理，国家及时实现了刑罚的目的，提高了刑罚的效益，从而形成一种“双赢”的局面。由此可见，功利主义是自首制度的人性基础，若没有这种基础，则自首制度只能是摆设。[3] 有的学者认为，自首的本质在于功利置换，“自首作为一个从轻量刑情节，为被告人提供了一条回归社会的桥梁，这是刑法基于综合考量多方因素在国家与被告人之间所做出的相互妥协。……不排除一些被告人基于悔罪而真诚地向侦查机关自首和向被害人道歉，但如果将其普遍化则是个人的一厢情愿或者说是堵塞了很多犯罪嫌疑人的自首之路。抛去表面的美好道德寄托，自首其实只不过是国家与犯罪嫌疑人之间的一次各取所需的功利置换。因为自首的价值和意义在于节约司法资源、减少司法运作成本、分化瓦解犯罪团伙、提高办案效率、降低犯罪嫌疑人人身危险性等。因此，犯罪嫌疑人无论是基于认罪悔罪，还是天网恢恢的强大侦查压力或者实现最大功利化的动机而主动选择自动投案、如实供述，都可以认定为自首，毕竟犯罪嫌疑人主动将自己置于司法机关的控制之下，客观上直接减少了对社会安全的现实威胁，因而刑法针对犯罪嫌疑人对案件侦破所做的‘贡献’而给予从宽褒奖。说到底，悔罪只不过是犯罪人的一种心理状态，它的确征表行为人内在和主观上的人身危险性降低，而其他类型的自首只是证实行为人外在和客观上的人身危险性降低。如果强行赋予自首的本质是‘认罪悔罪’，则是对彼此追逐功利心理的伪装”。[4]

第四种观点认为，自首从宽的理由既包括促使犯罪人悔过自新也包括提高办案

---

① 参见霍俊阁：《自首对于死刑裁量的价值分析》，载《西南政法大学学报》（哲学社会科学版）2014 年第 2 期，第 85 页。

② 参见高铭暄主编：《刑法学原理》（第 3 卷），中国人民大学出版社 1994 年版，第 318 页。

③ 参见董邦俊、丁祥雄：《论自首制度的本质》，载《中国地质大学学报》（社会科学版）2003 年第 4 期，第 87 ~ 88 页。

④ 潘庸鲁：《自首并非免死：关于自首在中国当下死刑适用语境中的反思——以药家鑫案、李昌奎案为探究视角》，载《山东警察学院学报》2012 年第 1 期，第 66 页。

效率。例如，有的学者认为：“自首制度的设立，固然有促成犯罪人更好地改造成新人的目的，但这并不排斥自首制度还有更直接、在一定意义上也是更重要的目的，这就是提高破案率，以加强刑事斗争的有效性。……没有任何理由要把自首制度对于改造犯罪人和提高破案率这两方面的意义对立起来。”① 有的学者认为，自首制度“旨在通过鼓励犯罪人自动投案，一方面促使犯罪人悔过自新，不再继续作案，另一方面使案件及时侦破和审判。这两个方面既是设立自首制度的目的，也是设立自首制度的根据。换言之，将自首规定为任意的（‘可以’而非‘应当’）从轻、减轻处罚事由，一方面是考虑到犯罪人可能具有悔过自新之意，因其再犯可能性减小，另一方面则是基于使案件得以及时侦破和审判的政策理由”。这两方面的理由只要具备其中之一即可成立自首。也就是说，“行为人虽自动投案后如实供述自己的罪行，但无悔过自新之意的，也因为其行为使案件的侦查与审判变得更加容易而应认定为自首”。② 司法实务中，也有观点认为：“自首体现了犯罪嫌疑人的悔罪态度，可以防止其留在社会上继续犯罪，另一方面也有利于节约司法资源，实现司法的经济性。”③ 对此，有学者提出反对意见认为，悔罪或悔改不能作为自首的本质，因为悔罪不是自首的特有属性，将悔罪作为自首的本质会不适当地缩小自首的范围，且根据刑法规定，将自首的本质归纳为悔罪于法无据。④

笔者认为，上述第四种观点更贴近对自首本质的揭示，自首从宽不仅是因为节约了司法资源，提高了办案效率，而且是因为其可以促使犯罪人悔过自新、迁善去恶。但对这两个方面的内涵尚需进一步阐释，对二者的关系亦需要准确地界定。

从最初始的目的和最核心的内容而言，自首制度是国家与犯罪人之间的一个交易，这个交易的内容就是，国家以刑罚的减让为条件，换取犯罪人的自动投案并认罪。犯罪的实施必然会产生一定的社会危害，这种危害是对既有社会秩序的破坏，国家作为社会秩序的维护者，有责任尽快惩处犯罪，并恢复社会秩序。而且，犯罪人在作案后只要没有归案，就始终还是对社会秩序的潜在威胁，因为其还可能会继续犯罪，对社会秩序造成更大的危害，这也会使社会公众遭受持续的严重恐慌，国

---

① 王学沛：《论新刑法对自首制度的修改》，载《法商研究》1998 年第 5 期，第 79 页。

② 张明楷：《刑法学》，法律出版社 2007 年版，第 446 ~ 447 页。

③ 周峰等：《〈关于处理自首和立功若干具体问题的意见〉的理解与适用》，载《人民司法》2011 年第 3 期，第 23 页。

④ 参见高铭暄主编：《刑法专论》，高等教育出版社 2003 年版，第 569 页。

家有责任尽快消除这种恐慌，还公众一份安宁。这种需求从实践中一些杀人、强奸、抢劫等严重暴力犯罪案件发生后，被害方及公众的强烈反应中均可以感受到。但犯罪人作案后往往逃之夭夭，政法机关难以迅速将其抓获。由于犯罪人在暗处，政法机关在明处，而且犯罪人作案往往是经过周密的准备，作案后也会做精心的伪装，混杂在公众之中，具有高度隐蔽性，政法机关既要尽快破案，又不能为了破案而侵犯人权，需要遵守各种规定，尤其是无罪推定原则、证据裁判原则等，不能采取刑讯逼供、诱供等非法方式办案，这都在不同程度上限制了政法机关的侦破能力和工作效率。在社会公众对破案的强烈要求和侦查工作所面临的巨大困难之间，国家就策略性地向潜逃的犯罪人发出呼吁和承诺，只要自动归案并认罪，就可以考虑对其从宽处罚，希望其尽快归案。而作为犯罪人，自身亦有难处，无论是什么原因所导致，犯罪总是不对的，迟早是要受惩罚的，总是这样隐姓埋名潜逃，身心都始终遭受着巨大的折磨，而且，这样长期潜逃，不仅自己承受压力，家人亲友也都遭受巨大的耻辱和压力。因此，犯罪人自身也有摆脱这种困境的强烈需求。在国家发出自首从宽的呼吁和承诺下，犯罪人自动归案并供认犯罪，法院在量刑时对自首情节给予充分的考虑，既实现了国家尽快破案，恢复社会秩序的目的，也为犯罪人得到刑罚减让提供了充足的机会，可以说是国家和犯罪人的“双赢”。这种“双赢”的协议类似于英美的辩诉交易、德国的刑事协商和我国的认罪认罚从宽制度，都是国家与犯罪人之间的一种交易，只是自首交易的“标的”内容较为提前而已。抛开伦理道德层面的粉饰和包装，在自首制度的框架下，国家在权衡利弊，犯罪人也在权衡利弊，最终国家与犯罪人达成妥协，而这种妥协的背后，是实实在在的利益。国家鼓励犯罪人投案，目的在于尽快侦破案件，节约司法资源，降低社会危害，恢复社会秩序。犯罪人响应国家的呼吁主动投案，将自身交付国家追诉和审判，目的则在于希望国家对其从宽处罚。因此，自首制度从其最初始和最根本的意义上而言，实现的是国家需要尽快侦破案件这一针对已然之罪消除社会影响的功利性的需要。换言之，尽快侦破案件，节约司法资源就成为自首的基本的功利价值。

在具有基本功利价值的同时，自首还有其附加的功利追求，就是国家希望犯罪人在自动归案、供述犯罪的同时能够真诚地悔过自新、迁善去恶，进而达到避免未然之罪发生、提升公众安全感的目标。这一目标不一定确保能实现，但国家不能没有这方面的考虑和安排。因为，国家既有惩罚已然之罪的任务，也有预防未然之罪的责任。从维护社会长治久安的角度讲，预防犯罪才是刑事政策的重中之重。犯罪人作案是非理性的，但国家的制度设计则必须是理性的。犯罪人应国家的呼吁而自首可能只想着希望能从轻处罚，但国家在呼吁犯罪人投案时却不能只想着节省司法资源，还要有希望犯罪人悔过自新、减少未来可能发生犯罪的追求和导向。自首作为国家的一项刑罚制度，作为一种理性设计并长久实施的制度，必然要包含这样的需要与追求。而且，促使犯罪人悔过自新、迁善去恶也意味着犯罪人人身危险性的降低，这就为国家进行刑罚的减让提供了更充足的法律支持，为国家广泛宣传自首制度提供了重要的道德伦理支撑。因此，自首制度内含的这种促使犯罪人悔过自新、迁善去恶的追求体现了一种预防未然之罪、筑牢社会秩序根基的功利性的需求。换言之，促使犯罪人悔过自新、迁善去恶就成为自首制度的附加的功利价值。

据此，自首制度既具有尽快侦破案件、节约司法资源的交易性功利价值，也具有促使犯罪人悔过自新、迁善去恶的改进性功利价值。根据功利主义的理论，人类的行为完全以快乐和痛苦为动机，人类行为的唯一目的就是求得幸福，所以对幸福的促进就成为判断人的一切行为的标准。而幸福一方面意味着快乐的增加，另一方面意味着痛苦的减少。但是，"从道德观念看，痛苦与幸福是不对称的，也就是说，在任何情况下，对受苦难的人给予帮助并使之避免痛苦，都比增加幸福要迫切得多。减少痛苦比增加幸福更重要更迫切"。① 借用功利主义理论分析自首的功利价值，可以发现，自首的两种功利价值并不是等同的，而是有着明确的主次顺序。尽快侦破案件、节约司法资源的交易性功利价值是自首最原始、最根本、最重要的价值，也是自首之所以能成立所必须具备的前提条件，其内涵相当于功利主义的"减少痛苦"，也即消除因已然之罪给社会带来的痛苦和困扰。如果犯罪人没有将自己主动置于政法机关控制之下，或者没有如实供述其犯罪事实，就不能实现国家尽快侦破案件、节约司法资源的功利性需要，因而就不能成立自首。只有功利价值实现的情况下，自首才能成立。从另一角度而言，只要功利价值实现了，自首即宣告成立。交易性功利价值既是自首成立的必要条件，也是充分条件。而促使犯罪人悔过自新、迁善去恶的改进性功利价值则是自首的衍生性、次要性的价值，其内涵相当于功利主义的"增加快乐"，也即避免未然之罪的发生、增加对稳定秩序和幸福生活的保障，这就可以使自首的效果更加圆满。如果没有改进性功利价值，固然

① 盖昭华：《增加幸福还是减少痛苦？说说波普尔对边沁的质疑》，载博客中国网，http：//gaizhaohua. blogchina. com/721506953. html，最后访问日期：2020 年 8 月 8 日。

不会影响自首的成立，但自首就只剩简单的针对已然之罪的功利交易，无法发挥其对预防犯罪、治理社会的更高层次的价值。自首的改进性功利价值就如锦上之花，有之如锦上添花，自然更好，无之则如无花之锦，无关根本。

基于自首所内含的这两种功利价值，笔者认为，自首具有强烈的功利色彩，其本质可归纳为以迁善去恶为追求的功利置换，是以交易性价值为基础并追求改进性价值的一种制度安排。国家以刑罚的减让为条件换取犯罪人自动投案认罪，因而尽快侦破案件、节约司法资源的交易性功利价值是自首的基础性、根本性的价值，是必备品，无此则已然之罪的影响无法消除，社会的“痛苦”无法减少，自首亦不能成立。而促使犯罪人悔过自新、迁善去恶的改进性功利价值则是自首的附加性、衍生性的价值，是可选品、奢侈品，无之固然不影响自首之成立，但有之则可避免未然之罪发生，维护社会的安定、和谐，增进社会的“快乐”，使自首的效果更加圆满。

（二）自首的种类

对于自首，1984 年最高人民法院、最高人民检察院、公安部《关于当前处理自首和有关问题具体应用法律的解答》（已失效）规定了三个条件：一是自动投案，二是如实交代自己的罪行，三是接受审查和裁判。1997 年《刑法》则只规定了两个条件：一是自动投案，二是如实供述自己的罪行，从而降低了自首的门槛，扩大了自首的范围。这种改变完全符合自首制度所固有的有伦理追求的功利置换本质，但同时也使实践中对自首的认定存在诸多争议。为了准确界定自首的范围，有必要对自首的种类进行必要的厘清。

司法实践中，自首的情形纷繁复杂。1998 年 5 月 9 日最高人民法院《关于处理自首和立功具体应用法律若干问题的解释》、2010 年 12 月 22 日最高人民法院《关于处理自首和立功若干具体问题的意见》和文件起草人员《〈关于处理自首和立功若干具体问题的意见〉的理解与适用》等对此均作了列举和说明。以不同的要素为标准，可以对自首的各种情形进行不同的划分。

1. 投案的及时性。犯罪人作案后是否及时投案，对于政法机关侦破工作效率具有重要影响，也在一定程度上体现了犯罪人的人身危险程度。从犯罪人的角度而言，根据投案的时机，可以将自首分为如下几类：（1）作案后立即投案；（2）逃离现场后投案；（3）潜逃过程中投案；（4）被排查、盘问、教育后交代；（5）因其他违法犯罪被采取强制措施后交代。

而从政法机关的角度而言，根据投案的时机，可以将自首分为如下几类：（1）事实尚未被发觉时投案；（2）事实已被发觉但犯罪人尚未被明确时投案，包括犯罪后主动报案，虽未表明自己是作案人，但没有逃离现场，在司法机关询问时交代自己罪行的；（3）事实已被发觉且犯罪人已被明确但尚未被采取措施前投案，包括明知他人报案而在现场等待，抓捕时无拒捕行为的；（4）政法机关未确定犯罪人，尚在一般性排查询问中主动交代；（5）被通缉、追捕过程中投案，包括确已准备去投案，或者正在投案途中，被抓获的；（6）因形迹可疑而被盘查、教育后主动交代；① （7）因违法行为被采取行政拘留、司法拘留、强制隔离戒毒等行政、司法强制措施期间，主动向执行机关交代；（8）因其他犯罪被采取强制措施期间交代；（9）因其他犯罪被判决后交代；（10）临刑前交代；（11）被采取强制措施后脱逃又投案的，对其原犯罪不能认定为自首，但对脱逃期间新犯罪可认定为自首。②

2. 投案的主动性。犯罪人投案的主动性直接反映了其人身危险性的大小，同时也影响着侦查工作的效率。根据犯罪人投案的主动程度，可以将自首分为如下几类：（1）完全主动投案；（2）经他人提醒主动投案；（3）明知他人报案而在现场等待，抓捕时无拒捕行为而投案，即“能逃而不逃”；（4）并非出于犯罪人主动，而是经亲友规劝、陪同投案，即“陪同自首”或称“陪首”；（5）公安机关通知犯罪人的亲友，或者亲友主动报案后，将犯罪人送去投案，即“送亲自首”或称“送首”③。

---

① 根据2010年最高人民法院《关于处理自首和立功若干具体问题的意见》的规定，罪行未被有关部门、司法机关发觉，仅因形迹可疑被盘问、教育后，主动交代了犯罪事实的，应当视为自动投案，但有关部门、司法机关在其身上、随身携带的物品、驾乘的交通工具等处发现与犯罪有关的物品的，不能认定为自动投案。

② 例如，被告人吴某强奸、故意伤害案中，被告人在因涉嫌强奸罪被取保候审期间逃跑，被公安机关依法通缉。在脱逃期间，被告人实施故意伤害犯罪，后主动投案，交代了其强奸、故意伤害犯罪事实。对强奸罪不应认定自首，但对故意伤害罪应认定自首。参见张云、王禹：《吴某强奸、故意伤害案［第1081号］——行为人在取保候审期间犯新罪而逃跑，被公安机关依法通缉后又自动投案并如实供述罪行的，是否认定全案构成自首》，载《刑事审判参考》（总第103集），法律出版社2016年版，第54～58页。再如，被告人潘平盗窃案中，被告人因盗窃被抓获归案，因需要就医治疗而被取保候审，在取保候审期间脱逃，经多次传讯未到案，后向公安机关投案，因不符合刑法关于自动投案的构成条件，不成立自首。参见吴献平、赵东东：《潘平盗窃案［第1303号］——取保候审期间脱逃又主动投案并如实供述罪行的，不能认定为自首》，载《刑事审判参考》（总第120集），法律出版社2020年版，第40～44页。

③ 根据2010年最高人民法院《关于处理自首和立功若干具体问题的意见》的规定，犯罪嫌疑人被亲友采用捆绑等手段送到司法机关，或者在亲友带领侦查人员前来抓捕时无拒捕行为，并如实供认犯罪事实的，虽然不能认定为自动投案，但可以参照法律对自首的有关规定酌情从轻处罚。

3. 供述的彻底性。犯罪人归案后是否彻底供述犯罪事实，不仅反映了其人身危险性，也直接影响案件侦破效率。根据供述的彻底程度，可以将自首分为如下几类：（1）完全彻底供述；（2）供述绝大部分事实；（3）供述主要事实；[①]（4）仅供述部分事实、有所隐瞒。[②]

4. 供述的反复性。供述的反复程度，直接反映了犯罪人的人身危险性和悔罪程度，也会对办案效率产生一定的影响。根据供述的反复程度，可以将自首分为如下两类：（1）供述稳定无反复；（2）供述有反复，例如，自动投案并如实供述自己的罪行后又翻供的，不能认定为自首，但在一审判决前又能如实供述的，应当认定为自首。[③]

5. 自首的真诚性。犯罪人归案后是否真诚悔罪，直接反映了其人身危险程度。根据自首的真诚程度，可以将自首分为如下几类：（1）真诚悔罪、愿意接受惩罚；（2）并非真诚悔罪，而是慑于法律的强大威力而自首，包括在潜逃中饥寒交迫、走投无路、被迫投案的；（3）不仅不真诚悔罪，反而是有意利用自首而减轻刑事责任。

6. 自首的计划性。犯罪人是否属于有计划的自首，在实践中也存在复杂的情况。根据自首的计划性，可以将自首分为如下几类：（1）作案前就计划好自首；（2）作案中计划自首；（3）作案后随机自首；（4）作案后潜逃期间经计划后自首。

以上根据投案的及时性、主动性，供述的彻底性、反复性和自首的真诚性、计划性，对自首划分为不同的种类。而将各系列的不同种类的情形进行排列组合，再加上实践中存在的其他复杂因素，从理论上而言，自首的具体情形可能达数百种

---

① 主要犯罪事实，是指对犯罪人行为的性质认定有决定意义的事实、情节（定罪事实）以及对量刑有重大影响的事实、情节（重大量刑事实）；而所谓“对量刑有重大影响的事实、情节”，是指决定着对犯罪人应适用的法定刑档次是否升格的事实、情节，以及在总体危害程度上比其他部分事实、情节更大的事实、情节。对于量刑事实，应区分已如实供述部分与未如实供述部分的严重程度，决定是否认定为如实供述自己的主要犯罪事实。同时，“主要犯罪事实”之“主要”，是相对于“次要”而言的，如果用百分比表示，“主要”是超过50%。在无法区分已交代的与未交代的犯罪情节的严重程度，或者已交代的犯罪数额与未交代的犯罪数额相当的情形下，一般不认定为如实供述主要犯罪事实。参见周峰等：《〈关于处理自首和立功若干具体问题的意见〉的理解与适用》，载《人民司法》2011年第3期，第24～25页。

② 对仅供述部分犯罪的，只对如实供述部分犯罪的行为认定为自首。

③ 对一审阶段翻供、二审阶段又如实供述的，不能认定为自首；而对一审认定为自首、二审阶段翻供的，也不能改变自首的认定。参见周峰等：《〈关于处理自首和立功若干具体问题的意见〉的理解与适用》，载《人民司法》2011年第3期，第25页。

之多。

这些纷繁复杂的各种自首，价值是各不相同的。一般而言，价值是客体对主体的有用性，是客体在与主体相互作用的关系中产生的一种关系属性。[①] 自首的价值，就是犯罪人的自首行为对于自首的交易性功利价值和改进性功利价值的实现程度，也即自首是否有效地实现了尽快侦破案件、节约司法资源的任务，是否有效地实现了促使犯罪人悔过自新、迁善去恶的目标。对于实践中纷繁复杂的各种自首，也可以按照价值实现程度的不同进行简要的划分。

第一类是兼具交易性功利价值和改进性功利价值的自首。司法实践中绝大多数的自首行为，除了能使案件及时得到侦破、节约司法资源外，还成功地促使犯罪人悔过自新、迁善去恶，人身危险性明显降低，从而在实现交易性价值的同时实现了改进性价值。这是一种理想的状态，是我们追求和鼓励的一种自首。

第二类是仅具有交易性功利价值的自首。根据法律规定，犯罪人只要自动投案并如实供述犯罪就成立自首，而自首的成立，意味着案件得以尽早地侦破，司法资源得到了节约，也就意味着自首交易性功利价值的实现。但很多案件的自首价值也仅止步于此，因为，犯罪人虽然自动到案并认罪，但并非真诚悔罪，人身危险性并未降低。

例如，被告人张某丙故意杀人死刑复核案[②]中，张某丙曾因犯故意伤害罪被判刑，案发当天，其因琐事对邻居被害人魏某某不满，持尖刀连续捅刺魏某某致死，后张某丙当场用魏某某的手机拨打“110”电话报警，并等待公安人员到达后将其抓获。到案后，张某丙如实供述了犯罪，但称其打电话报警，不是为了自首，是活够了，投案的目的是敢做敢当，希望判处其死刑，如果法院不判处其死刑，其到监狱一定要再杀人。审判期间张某丙气焰嚣张，毫无悔罪之意。

---

① 参见侯宏林：《刑事政策的价值分析》，中国政法大学出版社2005年版，第9页。

② 被告人张某丙故意杀人死刑复核案基本案情：被告人张某丙曾因犯故意伤害罪被判处有期徒刑三年，缓刑四年，缓刑考验期至2019年9月16日止。2017年6月16日早晨，张某丙认为被害人魏某某（同村村民，殁年62岁）路过其家门口时对其指桑骂槐，加之因怀疑魏某某多年前偷摘其种植的葡萄等原因早就对魏某某不满，产生报复魏某某之念。当日7时至8时许，张某丙携带尖刀在同村魏某某之子家门口游走，后于8时13分进入魏某某之子家院内，被魏某某推出，二人在魏某某之子家门口发生争执，其间张某丙多次阻拦魏某某离开。当魏某某欲拨打电话报警时，张某丙持随身携带的尖刀连续捅刺魏某某颈部、胸部等处十余刀，致魏某某右侧颈内静脉、心脏、双侧肺脏、肺静脉及胸主动脉破裂当场死亡。张某丙作案后用魏某某的手机拨打“110”电话报警，并等待公安人员到达后将其抓获。该案核准被告人张某丙死刑。

第三类是无价值自首。从价值论的层面分析，根据客体对主体需要的满足的性质，可以将价值分为正价值、零价值和负价值。① 客体对于主体需要所具有的积极、肯定的属性为正价值，消极、否定的属性为负价值，中性、无影响的为零价值。零价值与负价值还可统称为无价值，与有价值相对。对于自首，一般都认为是有价值的。因此，如果指称有的自首行为是零价值，肯定会有不同意见，而指称有的自首行为是负价值，恐更有强烈的异议。同时，鉴于实践中对零价值尤其是负价值的自首的证明极为不易，为避免不必要的争执，笔者模糊地将这两种价值形态的自首统称为无价值自首。

自首制度的设立和实施，从其本意来讲肯定是好的，希望犯罪人自动投案、认罪服法、悔过自新、迁善去恶。但实践的情况实在太复杂，总是有那么一些人，恶意地利用制度的漏洞为自己谋利。就自首制度而言，有的犯罪人就恶意地利用自首规避法律的制裁。有的犯罪人很早就有犯罪动机，只是因为害怕法律的惩罚而迟迟不敢动手，但在了解到自首从宽的制度规定后，抱着“只要自首就会从轻”“只要自首就不会被判死刑”“只要不被判死刑就可以大胆干了”的心态主动挑起事端、恶意实施犯罪，这种情况虽然不容易证实，但实践中确实存在。还有的犯罪人在准备着手犯罪前，先打电话报警，在等待公安人员前来抓捕的空档，实施犯罪，更有的犯罪人在已经实施了犯罪后打电话报警，在等待公安人员前来抓捕的空档，继续实施犯罪，造成更为严重的伤亡后果。这些情形在实践中屡有出现。

例如，被告人苗某甲故意杀人死刑复核案中，苗某甲与被害人苗某乙素有积怨，案发当天，苗某甲在一开始与被害人苗某乙发生争执时就打电话报警，请求公安人员前来处置，而后在苗某乙欲跑离现场时，持砖头追打苗某乙，从背后持砖头猛击苗某乙头部，致砖头断离，苗某乙倒地死亡，后苗某甲再次打报警电话，催促公安人员前来，可见，苗某甲虽然在一开始争执时就报警，但其在第一次报警后并未停止对苗某乙的侵害，而是在苗某乙欲跑离现场时追打苗某乙，持砖头从背后猛击苗某乙头部致死，后又两次拨打“110”电话报警，重申其打人的事实并请公安人员尽快前来。苗某乙腿有残疾、身材瘦弱，而苗某甲身强力壮，在对抗、厮打中苗某甲具有明显优势，而苗某甲在供述中亦称“他每次见我就骂我，这次不解决还能等下次吗”等。综合分析，苗某甲从一开始就有严厉报复苗某乙的故意，这

① 参见卓泽渊：《法的价值论》，法律出版社 1999 年版，第 49 页。

种故意并未因其拨打报警电话而终止，而是报警后又继续追打苗某乙，从背后用砖头猛击苗某乙致死，犯罪故意十分明确、坚决。故苗某甲虽然构成自首，但根据在案证据，不能完全排除其恶意自首的可能。

对于那些基于自首从宽的激励和宽慰铤而走险实施犯罪后自首的，本意良好的自首制度成了这些人实施犯罪的“帮凶”，这种情形的自首对于社会治理来讲，无疑具有负价值。

（三）自首情节的运用

根据《刑法》的规定，“对于自首的犯罪分子，可以从轻或者减轻处罚”。最高人民法院《宽严相济意见》也规定：“对于自首的被告人，除了罪行极其严重、主观恶性极深、人身危险性极大，或者恶意地利用自首规避法律制裁者以外，一般均应当依法从宽处罚。”这些规定是处理自首案件的基本法律政策依据。

借助价值分析的方法进行研究，可以对于自首情节的运用有更加深刻的把握。

1. 刑法将自首确定为可以从宽处罚情节是基于价值考量的必然选择。

自首是一种目的性非常强、功利价值非常明确的刑罚制度。就国家而言，自首能鼓励犯罪人尽快自动投案并认罪，可以在节约司法资源的前提下查清案件事实，推动诉讼进程，同时还因犯罪人的到案而消除了社会恐慌，稳定了社会秩序。就犯罪人而言，自首能作为法定的从宽处罚情节而为其提供强有力的辩护理由，国家要依据承诺充分考虑其自首因素，对其进行刑罚的减让，从而减少犯罪人实际承担的责任。而且，自首还有助于鼓励犯罪人悔过自新、迁善去恶，这不仅对犯罪人有好处，更有利于社会的长治久安。因此，自首对于国家和犯罪人两个方面，都有明确的利益，国家和犯罪人通过自首这一制度安排实现了完美的“双赢”，实现了对国家和犯罪人的功利性需要的满足，这也可称为自首制度的功利价值或者效率价值。

但自首作为一种国家设立和实施的刑罚制度，不能仅具有功利价值，不能仅以功利、效率为价值导向。自首虽然是犯罪人和国家的事，表现为国家与犯罪人的交易，但是自首从宽的后果却不仅会影响国家治理和社会秩序，影响犯罪人量刑的轻重，而且关乎被害人权益的维护和社会公众对公正的期望。国家借助犯罪人的自首破获了案件，犯罪人通过自首换取了刑罚的减让，各得所需，但被害人呢？社会公众呢？在国家与犯罪人皆大欢喜的交易中，被害人和社会公众又得到什么了呢？如果仅仅因为犯罪人的自首，国家就一律从宽处罚，那被害方强烈呼吁的权益保护何在，社会公众普遍期待的司法公正何在？

刑罚制度，同其他社会制度一样，必须同时具备功利价值和公正价值，也即不仅要满足各方经济性的功利需要，而且要满足各方伦理性的公正需要。以此观察自首制度，从价值分析的角度，自首制度在一定程度上天然地存在功利价值有余而公正价值不足的问题。如果简单地不加制约地履行国家与犯罪人之间的功利置换协议，必然会严重影响被害人和社会公众对司法公正的期待，严重损害自首制度的公正价值。为此，有必要通过特别的制度安排对自首的功利价值予以适当的牵制，注重被害方、社会公众的关切，确保自首制度的实施在实现功利价值的同时具有公正价值。

而刑法将自首规定为“可以”从宽处罚的情节，而非“应当”从宽处罚的情节，可以在相当程度上满足这一价值需要。对于自首的犯罪人，国家在定罪量刑时原则上要从宽处罚，这是对承诺的遵守，但并非必须从宽处罚，国家要将其自首情节与犯罪事实、其他情节放在一个整体的框架内进行综合的考量和评判，决定最终是否对其从轻处罚。这样既兑现了对犯罪人的将自首作为法定情节予以充分考虑，原则上均予以从轻的承诺，也综合考虑了全案事实、情节，坚守了保护被害人权益、维护司法公正的底线，从而兼顾了自首制度的功利价值与公正价值。

2. 对于有价值的自首，应将自首情节置于犯罪的事实、情节整体中进行综合分析，并非一律从宽处罚。

自首的具体情形，如前所述，在实践中可能有数百种之多。虽然说绝大多数的自首都具有正价值，有的具有使案件尽快侦破、节约司法资源的交易性功利价值，有的还同时具有促使犯罪人悔过自新、迁善去恶的改进性功利价值，但各种情形的自首的价值大小是不同的。如果简单地不加区别地对自首被告人一律从宽处罚，既不符合实事求是原则和公正的要求，也不利于自首制度的充分贯彻和实施。

在司法实践中，有的同志认为，对自首的犯罪人应一律从宽处罚，尤其是要一律排除死刑的适用。理论界也有这种观点。例如，有的学者认为，在死刑案件中，对于自首的犯罪人应该一律排除死刑的适用，只有这样，才符合刑罚目的，才符合社会功利目的，才符合刑罚发展趋势。[①] 这一观点既不符合法律的明确规定，也违背了自首在实现功利价值的同时必须兼顾公正价值的客观要求。从实践的情况看，

---

① 参见霍俊阁：《自首对于死刑裁量的价值分析》，载《西南政法大学学报》（哲学社会科学版）2014 年第 2 期，第 87 ~ 88 页。

法院对自首的被告人从来都不是一律不判处死刑的。根据学者对选自“北大法意网”的全国各地法院审判的493个故意杀人犯罪案例的统计，犯罪后自首的死刑立即执行判决率为22.6%，如果没有造成2人或以上死亡的被判处死刑立即执行率为12.5%。[①] 而且，法院对少数自首的被告人适用死刑也有着强大的民意支持。例如，被告人李昌奎故意杀人、强奸案中，李昌奎于2009年5月16日将同村的19岁女子击昏后强奸，之后将该女子与其年仅3岁的弟弟一同杀害，极其凶残。案发后公安机关向全国发出通缉，会同周边地区设岗堵卡，捉拿凶犯。李昌奎在出逃四天后自首。该案一审判处李昌奎死刑，二审鉴于其具有自首情节等而改判死缓，后经再审，改判并执行死刑。[②] 因此，自首并非犯罪人的“免死金牌”，对于罪行极其严重、主观恶性极深、人身危险性极大，确实应该判处死刑的，必须依法判处死刑。

3. 对于无价值的自首，不考虑因具有自首情节而从宽处罚。

无价值的自首，虽然在自首的大家族中只是为数极少的一部分，且司法实际中往往难以查证，但鉴于其特殊的性质，仍有必要给予特别的注意。犯罪人恶意利用自首规避法律制裁的，尤其是那些本来还不敢实施犯罪，只是因认为只要犯罪后自首就能从宽处罚，至少能免死而实施犯罪的，自首制度在这里就成了这些犯罪人的“护身符”、“保命丹”甚至“催化剂”，就社会治理而言，其实质性地发挥了负面的价值功能。因为，如果不是仗着自首从宽的想法，这些人可能还不会那么容易就实施犯罪。对于这些自首的被告人，不应该考虑从轻处罚。

实践中，有的同志对无价值自首的实质和危害认识不清，简单地认为只要是自首，原则上都考虑从轻，尤其在一些严重犯罪案件中对是否判处死刑犹豫不决。学界也有类似的模糊认识。例如，有的学者提出：“司法实践中有‘自首不问动机’的政策规则，说的就是动机不影响自首的成立。自动投案意味着犯罪人自己主动投案，但任何投案都必须基于一定的原因，不要将引起犯罪人投案的原因看成是犯罪人被迫的结果，不能因为出于争取宽大处理或生活所迫的动机而否认投案的自动性。”“刑法对自首采取的是可减主义，而恶意自首本质上属于自首，因此，对于

---

① 参见尹明灿、李晓明：《故意杀人罪实证研究——以493例故意杀人罪案例为视角》，载《中国刑事法杂志》2009年第6期，第115页。

② 参见百度百科“李昌奎案”，https：//baike. baidu. com/item/% E6% 9D% 8E% E6% 98% 8C% E5% A5% 8E% E6% A1% 88/9000529，最后访问日期：2020年6月14日。

恶意自首的行为人，亦可采取可减主义的原则对待”，“只要不存在特殊情况，就可以对行为人从宽处罚”。① 这种观点实际上只考虑了犯罪人实施犯罪后再决定自首的情形，而对于犯罪人在实施犯罪前就已经预谋好先实施犯罪再自首、利用自首制度规避罪责的情况则未予论及，但恰恰正是这种情形，才属于真正的“恶意自首”，才是在刑事审判中应该特别予以警惕的情形。

> 犯罪一方面是犯罪人在犯罪时个性的产物，另一方面是犯罪人在犯罪时所处的外部的尤其是经济关系的产物。②
> ——［德］冯·李斯特

第七节　运输毒品罪的死刑适用

——被告人谢某某运输毒品死刑复核案

引　言

运输毒品罪是一类普通而又特别的犯罪，论其危害程度，远不如走私、贩卖、制造等毒品犯罪，但在死刑适用方面，却占据了毒品犯罪死刑适用的相当一部分。对于运输毒品罪，应该考虑在立法上废除死刑。在立法控制尚未实现的情况下，有必要通过出台司法解释等规范性文件和严格贯彻刑事政策的方式对运输毒品罪的死刑适用进行有效的控制。

一、基本案情

被告人谢某某，男，1986 年 4 月 5 日出生。2017 年 3 月 28 日被逮捕。

某乙省某庚市中级人民法院审理某庚市人民检察院指控被告人谢某某犯运输毒品罪一案，于 2017 年 9 月 27 日以刑事判决，认定被告人谢某某犯运输毒品罪，判处死刑，剥夺政治权利终身，并处没收个人全部财产。宣判后，谢某某提出上诉。

---

① 金京海：《恶意自首的本质及量刑原则——以公交车司机张斌碾压乘客案为例》，载《经济师》2011 年第 3 期，第 96 ~ 97 页。

② ［德］冯·李斯特：《论犯罪、刑罚与刑事政策》，徐久生译，北京大学出版社 2016 年版，第 183 页。

某乙省高级人民法院经依法开庭审理，于2018年7月13日以刑事裁定，驳回上诉，维持原判，并依法报请最高人民法院核准。

公诉机关指控，被告人谢某某邀约同案被告人李某辛共同将海洛因从边境运往内地，其行为已构成运输毒品罪，且系主犯，应依法惩处。

被告人谢某某辩称，其被查获的毒品不是从边境拿的，是从某乙省某申市拿的。其辩护人的意见是：谢某某没有前科，可能构成立功，受人雇用运输毒品，系吸毒人员，如实供述犯罪，请求对其从轻处罚。

一审法院认定：2017年1月，被告人谢某某受人雇用后邀约同案被告人李某辛一同运输毒品。1月28日，谢某某、李某辛从某庚省某子市出发，途经某乙省某戊县、某己县、某庚县、某丑市等地，根据幕后毒品老板的指使拿到毒品后，将毒品藏匿于某丑市内的山上。2月17日，二人在某丑市某辰区购买了一辆钱江牌摩托车，取回藏匿于山上的毒品后，采用骑摩托车运输的方式欲将毒品运回某子市。2月19日15时许，二人运输毒品途经某己县某己村时，被公安人员抓获。公安人员当场查获用黄色塑料袋包裹的海洛因31块，净重11 110克，从谢某某身上查获海洛因2块，净重2.92克。

认定上述事实的证据，有从被告人谢某某、同案被告人李某辛处提取的海洛因、手机、农业银行卡等物证，银行交易记录、宾馆住宿记录等书证，证人张某丁、金某乙等的证言，毒品鉴定意见，检查、称量、提取、扣押、辨认笔录，同案被告人李某辛和被告人谢某某的供述等。

一审法院认为，被告人谢某某为牟取非法利益运输毒品，其行为已构成运输毒品罪，应依法惩处。在共同犯罪中，谢某某起主要作用。据此，依法判决：被告人谢某某犯运输毒品罪，判处死刑，剥夺政治权利终身，并处没收个人全部财产。

被告人谢某某上诉提出：其是受人雇用运输毒品，归案后认罪态度好，请求改判死缓。其辩护人的意见是：谢某某在本案中应当认定为从犯，归案后认罪态度好，请求对谢某某从轻处罚。

检察机关的意见是：本案事实清楚，证据确实、充分，定罪准确，量刑适当，审判程序合法，建议驳回上诉，维持原判。

二审法院认定的事实和依据的证据与一审基本相同。

二审法院认为，被告人谢某某无视国家法律，为牟取非法利益运输海洛因，其行为已构成运输毒品罪，应依法惩处。本案系共同犯罪，谢某某受他人雇用后邀约李某辛运输毒品，李某辛受邀后积极实施运送毒品行为，应根据二人的实际行为承担相应的刑事责任。原判定罪准确，量刑适当。审判程序合法。据此，依法裁定：驳回上诉，维持原判。

最高人民法院经复核确认：2017 年 1 月，被告人谢某某接受他人雇用运输毒品，并邀约其表弟李某辛（同案被告人，已判刑）参与。1 月 28 日，谢某某、李某辛从某庚省某子市出发，于 2 月中旬到达某乙省边境接取毒品，后运往某子市。2 月 19 日 15 时许，谢某某、李某辛携带毒品途经某乙省某己县某己村时，被公安人员抓获。公安人员当场从谢某某、李某辛携带的军绿色双肩包内查获海洛因 31 块，净重 11 110 克，从谢某某身上查获海洛因 2 块，净重 2. 92 克，共计查获海洛因 11 112. 92 克。

最高人民法院确认上述事实的证据与一、二审相同。

最高人民法院认为，被告人谢某某明知是毒品而运输，其行为已构成运输毒品罪。谢某某为获取非法利益，接受他人雇用运输海洛因，并纠集同案被告人李某辛参与，在共同犯罪中起主要作用，系罪责最为严重的主犯，应当按照其所参与的全部犯罪处罚。谢某某运输海洛因数量巨大，犯罪情节恶劣，罪行极其严重，应依法惩处。第一审判决、第二审裁定认定的事实清楚，证据确实、充分，定罪准确，量刑适当。审判程序合法。据此，依法裁定：核准某乙省高级人民法院维持第一审以运输毒品罪判处被告人谢某某死刑，剥夺政治权利终身，并处没收个人全部财产的刑事裁定。

二、主要问题

被告人谢某某为获取非法利益，接受他人雇用运输毒品，邀约同案被告人李某辛参与，运输海洛因 11 112. 92 克，是否应判处死刑?

笔者认为，对于运输毒品犯罪，应特别注意贯彻死刑政策，严格控制和慎重适用死刑。

三、延伸思考

运输毒品罪是一类普通而又特别的犯罪。说其普通，是因为在现行《刑法》400 多个罪名中，运输毒品罪只是十分普通的一个。一方面，其犯罪构成十分简单，不论是行为表现还是法律认定上均无特别之处。另一方面，其混杂在刑法分则第六章“妨害社会管理秩序罪”的诸多罪名之中，作为走私、贩卖、运输、制造毒品罪这一选择性罪名中的一种行为，其不论是危害程度还是复杂程度都远不及走私、贩卖、制造毒品，俨然是这个庞杂的选择性罪名中的一个“小兄弟”。说其特别，则是因为就是这样的一个不起眼的“小兄弟”，却承载了毒品犯罪相当部分的重刑乃至死刑判决。尤其是在一个时期以来的死刑复核审判实践中，死刑罪名基本集中在毒品、杀人、抢劫等少数几类犯罪上，尤以毒品与杀人为多。而在判处死刑的毒品犯罪中，运输毒品罪又占了相当的比例。可以说，运输毒品罪这样一个构成十分简单，危害程度远不如走私、贩卖、制造毒品的毒品犯罪家族的“小兄弟”，在刑事审判中却摇身一变成了死刑适用的“大哥大”。

对于运输毒品罪的死刑适用，多年来在理论和实践中存在诸多争议。下面对此做一些简单地梳理和分析。

（一）运输毒品罪死刑适用的现状

根据《刑法》第347条的规定，走私、贩卖、运输、制造毒品，有走私、贩卖、运输、制造鸦片1000克以上、海洛因或者甲基苯丙胺50克以上或者其他毒品数量大等情形的，处十五年有期徒刑、无期徒刑或者死刑，并处没收财产。

2008年《大连会议纪要》以专条对“运输毒品罪的刑罚适用问题”作了规定：“对于运输毒品犯罪，要注意重点打击指使、雇佣他人运输毒品的犯罪分子和接应、接货的毒品所有者、买家或者卖家。对于运输毒品犯罪集团首要分子，组织、指使、雇佣他人运输毒品的主犯或者毒枭、职业毒犯、毒品再犯，以及具有武装掩护、暴力抗拒检查、拘留或者逮捕、参与有组织的国际毒品犯罪、以运输毒品为业、多次运输毒品或者其他严重情节的，应当按照刑法、有关司法解释和司法实践实际掌握的数量标准，从严惩处，依法应判处死刑的必须坚决判处死刑。毒品犯罪中，单纯的运输毒品行为具有从属性、辅助性特点，且情况复杂多样。部分涉案人员系受指使、雇佣的贫民、边民或者无业人员，只是为了赚取少量运费而为他人运输毒品，他们不是毒品的所有者、买家或者卖家，与幕后的组织、指使、雇佣者相比，在整个毒品犯罪环节中处于从属、辅助和被支配地位，所起作用和主观恶性相对较小，社会危害性也相对较小。因此，对于运输毒品犯罪中的这部分人员，在量刑标准的把握上，应当与走私、贩卖、制造毒品和前述具有严重情节的运输毒品犯罪分子有所区别，不应单纯以涉案毒品数量的大小决定刑罚适用的轻重。对有证据证明被告人确属受人指使、雇佣参与运输毒品犯罪，又系初犯、偶犯的，可以从轻处罚，即使毒品数量超过实际掌握的死刑数量标准，也可以不判处死刑立即执行。毒品数量超过实际掌握的死刑数量标准，不能证明被告人系受人指使、雇佣参与运输毒品犯罪的，可以依法判处重刑直至死刑。涉嫌为贩卖而自行运输毒品，由于认定贩卖毒品的证据不足，因而认定为运输毒品罪的，不同于单纯的受指使为他人运输毒品行为，其量刑标准应当与单纯的运输毒品行为有所区别。”

2015 年《武汉会议纪要》专门强调了“运输毒品犯罪的死刑适用”问题：“对于运输毒品犯罪，应当继续按照《大连会议纪要》的有关精神，重点打击运输毒品犯罪集团首要分子，组织、指使、雇用他人运输毒品的主犯或者毒枭、职业毒犯、毒品再犯，以及具有武装掩护运输毒品、以运输毒品为业、多次运输毒品等严重情节的被告人，对其中依法应当判处死刑的，坚决依法判处。对于受人指使、雇用参与运输毒品的被告人，应当综合考虑毒品数量、犯罪次数、犯罪的主动性和独立性、在共同犯罪中的地位作用、获利程度和方式及其主观恶性、人身危险性等因素，予以区别对待，慎重适用死刑。对于有证据证明确属受人指使、雇用运输毒品，又系初犯、偶犯的被告人，即使毒品数量超过实际掌握的死刑数量标准，也可以不判处死刑；尤其对于其中被动参与犯罪，从属性、辅助性较强，获利程度较低的被告人，一般不应当判处死刑。对于不能排除受人指使、雇用初次运输毒品的被告人，毒品数量超过实际掌握的死刑数量标准，但尚不属数量巨大的，一般也可以不判处死刑。一案中有多人受雇运输毒品的，在决定死刑适用时，除各被告人运输毒品的数量外，还应结合其具体犯罪情节、参与犯罪程度、与雇用者关系的紧密性及其主观恶性、人身危险性等因素综合考虑，同时判处二人以上死刑要特别慎重。”

根据以上规定，虽然《刑法》将运输毒品与走私、贩卖、制造毒品并列规定在同一个选择性罪名中，从字面上看四种毒品犯罪行为的社会危害、刑罚追究力度似乎相同，但《大连会议纪要》和《武汉会议纪要》对运输毒品的刑罚特别是死刑适用均作了专门规定，明确指出对运输毒品要区分不同情形，注意运输毒品在社会危害和刑罚处理上与走私、贩卖、制造毒品的区别，明确强调对运输毒品适用死刑一定要特别慎重。在一定程度上，这两个纪要或可以理解为司法实务部门通过政策性文件对刑法规定的一种补充说明，或者说是对实践中将运输毒品与走私、贩卖、制造毒品的社会危害和刑罚处理基本等同的不当认识的一种纠偏。

但在司法实践中，毒品犯罪包括运输毒品罪的重刑率却始终居高不下。从全国范围来看，2015 年至 2019 年，全国毒品犯罪的年均重刑率为 22.37%，各年度的重刑率均明显高于同期全部刑事案件重刑率。[①] 在毒品犯罪形势严峻的云南省，2012～2016年毒品犯罪案件总体重刑率为71.08%，高出同期全国总体重刑率49.17%。[②] 2019年，云南法院毒品犯罪案件的重刑率达53.58%。[③] 在具体罪名方面，以2016年、2017年为例，全国毒品犯罪案件罪名集中于“走私、贩卖、运输、制造毒品罪”“容留他人吸毒罪”“非法持有毒品罪”，共计占比98.38%，其中，走私、贩卖、运输、制造毒品罪占比最高，达64.78%。[④] 考虑到容留他人吸毒罪、非法持有毒品罪刑罚相对较轻，毒品犯罪的重刑判决基本集中在走私、贩卖、运输、制造毒品罪。其中，由于侦查、取证等各方面因素，运输毒品罪的案发率又很高，例如，根据有关资料，云南运输毒品犯罪案件在整个毒品犯罪案件的比例多年来一般均在80%以上。[⑤] 综合分析，在司法实践中，运输毒品罪在死刑适用中占有相当的比例。

对于运输毒品罪的死刑适用，学界存在明显的分歧。很多学者主张废除运输毒品罪的死刑。例如，2011年《刑法修正案（八）》征求意见中，有的部门、地方、专家指出：“运输毒品犯罪行为是走私、贩卖、制造毒品犯罪的辅助环节或手段，在整个毒品犯罪中具有从属、辅助性特点，其社会危害性与走私、贩卖、制造毒品等源头性犯罪明显不同。司法实践中，运输毒品罪占到毒品犯罪死刑的三分之一。该罪的行为人大多是受雇、受指使的贫民、边民、孕产妇及无业人员。他们并非毒品所有者，不是最大获利者，很多是出于生活贫困或受人利诱赚取少量运费，主观恶性一般不大。从宽严相济的刑事政策出发，对运输毒品罪死刑的适用标准应当与走私、贩卖、制造毒品罪有所区别。”[⑥] 有的学者认为，废除运输毒品罪的死刑，既有形式上的理由，也有实质性的理由。从形式上而言，运输毒品作为毒品犯罪的

---

① 参见《充分发挥刑事审判职能　推动新时代人民法院禁毒工作取得更大成效——专访最高人民法院副院长李少平》，载最高人民法院网，http：//www. court. gov. cn/zixun－xiangqing－238001. html，最后访问日期：2020年8月9日。

② 参见《云南高院发布禁毒白皮书　毒品犯罪案件呈上升趋势》，载中国禁毒网，http：//www. nncc626. com/2018－11/08/c_129988600. htm，最后访问日期：2020年5月10日。

③ 参见《【国际禁毒日】出重拳、下重手！云南法院2019年审结毒品犯罪案件6434件，重刑率达53.58%！》，载澎湃网，https：//www. thepaper. cn/newsDetail_forward_7970196，最后访问日期：2020年8月9日。

④ 参见《最高人民法院发布毒品犯罪司法大数据》，载中国法院网，https：//www. chinacourt. org/article/detail/2018/06/id/3371760. shtml，最后访问日期：2020年5月10日。

⑤ 参见周道鸾：《人权保障与死刑限制》，载《国家检察官学院学报》2013年第4期，第11页。

⑥ 黄太云：《〈刑法修正案（八）〉解读（一）》，载《人民检察》2011年第6期，第7页。

中间环节，地位次要，被告人群体特征反映社会危害性低，司法认定存在模糊之处，适用死刑存在罪刑不均衡问题，世界范围内很少单独设运输毒品罪或对此规定死刑。从实质上而言，以毒品数量为主决定死刑适用不合理，毒品数量与法益侵害的抽象风险之间关联不大，仅从司法上限制运输毒品罪死刑适用是不足的，运输毒品犯罪主观方面推定“明知”不宜适用死刑，运输毒品罪适用死刑无益于打击毒品犯罪。① 有的学者认为：“在运输毒品罪的死刑适用问题上，《武汉会议纪要》延续《大连会议纪要》精神，与宽严相济刑事政策的精神相冲突；对受雇参与运输毒品的行为人适用死刑仍然过重；对运输新类型、混合型毒品的情形适用死刑违背罪刑法定原则中的刑法明确性原则。严打运输毒品罪，尤其是对之适用死刑，并不符合毒品犯罪的生成机理。同时，单纯运输毒品行为所造成的法益侵害结果并非‘罪行极其严重’，对之适用死刑明显违背罪刑相当原则。并且，对运输毒品罪适用死刑明显不符合司法上逐步废除死刑的趋势。”②

对此，立法部门也做了大量努力。例如，全国人大常委会法制工作委员会曾在《刑法修正案（八）》的方案中提出，要继续研究取消运输毒品罪死刑问题。有学者认为，废除运输毒品罪死刑的障碍根本上依旧是对死刑威慑性的偏执和对毒品犯罪社会危害性的重视。③

（二）运输毒品罪死刑适用的社会学分析

基于前述现状，笔者拟换个思路，从社会学的角度对运输毒品罪的死刑适用问题进行分析，希望对此问题能有更深刻的认识。

运用社会学的观点和方法研究刑法问题，始于近代德国刑法学家李斯特。与以贝卡利亚、费尔巴哈等为代表的刑事古典学派所主张的“理性人”、自由意志的观点不同，以李斯特、菲利等为代表的刑事社会学派主张“经验人”、意志决定论，认为犯罪是犯罪的条件决定的，是这个条件所产生的结果，研究刑罚本质，应在国家刑罚制度和社会现象中找原因。在刑事社会学的多种理论中，有一种理论为“替罪羊论”或称替罪羊假说，具有一定参考价值。

---

① 参见莫洪宪、薛文超：《“厉行禁毒”刑事政策下运输毒品罪的死刑废止》，载《广西大学学报》（哲学社会科学版）2016 年第 2 期，第 48 ~ 53 页。

② 贾银生：《论运输毒品罪死刑的适用——兼评〈武汉会议纪要〉中的相关规定》，载《西部法学评论》2016 年第 3 期，第 73 ~ 83 页。

③ 参见莫洪宪、薛文超：《“厉行禁毒”刑事政策下运输毒品罪的死刑废止》，载《广西大学学报》（哲学社会科学版）2016 年第 2 期，第 53 页。

"替罪羊"一词最早是英国宗教改革家威廉·廷德尔在将希伯来文《圣经·旧约》译成英文时所采用的。在赎罪节的祭祀活动中，犹太祭司把两只手放在一只活山羊头上，向它忏悔以色列人的罪过，借此把以色列人的罪恶转移到山羊身上，之后再把山羊赶到荒野使它永不返回，以免山羊带回罪恶。这只用于献祭和替罪的羊就叫替罪羊。美国人类学家玛利亚·利奇认为，替罪羊是指"象征性地承担厄运、疾病、不幸以及个人或集团的罪行的任何物品、动物、鸟或人，然后被疏离，用石头驱赶走，扔进河里或海里等，以期带走所有的罪孽"。替罪羊是对承担罪行的隐喻，实际上反映了社会历史进程中个人命运和社会命运之间的复杂关系。能够成为替罪羊类的人一般可以归结为三类：外乡人、道德败坏的人和杰出的人。替罪羊既是社区里的成员，又是被驱逐者；既是用于治愈的药，又是要排除的毒。它作为边界的标志而存在，同时又是人们反对的对象。①

替罪羊假说建立在弗洛伊德的本能理论之上。根据这一理论，本能在受教育过程中虽然被压制下去，但仍然在暗中活动着并寻找替代性的满足。这种替代性的满足在于把自己的无意识的过失、罪责推卸到与社会格格不入的人身上，推到犯罪人身上。正因为如此，该理论认为，社会本身在产生犯罪，社会为了给自己的病态寻求医治方法，就需要犯罪，需要犯罪人。例如，德国学者凯泽认为，社会极需要那些有越轨行为、违法犯罪行为的人，社会对犯罪现象应当承担不可推卸的责任。德国学者葛平格儿也是替罪羊理论的支持者，他认为，刑事犯罪分子是被作为赐奉社会的牺牲品，就此点而言，刑法是一种合法地集体地阻止攻击本能的手段。替罪羊假说的贡献在于其实际的结论，即强调社会对于犯罪的责任和刑法反应的人道化。②

借助替罪羊假说观察运输毒品罪的死刑适用，以下三个问题值得思考。

1. 运输毒品罪的产生原因根本上是以贫困为核心的社会问题，是社会发展不足的产物。对运输毒品犯罪人适用死刑只能治标，惟有着力于解决社会贫困等问题才能治本。

运输毒品罪在本质上属于一种贪利型犯罪。但这种犯罪所能贪图到的利益，既无法与走私、贩卖、制造毒品所获得的巨额利润相比，也无法与其因长时间跟毒品

---

① 参见赵静蓉、张培芳：《神话、历史与替罪羊——兼论石黑一雄小说中的替罪羊母题》，载《江西社会科学》2019 年第 2 期，第 116 ~ 118 页。

② 参见徐久生：《德语国家的犯罪学研究》，中国法制出版社 1999 年版，第 88 ~ 89 页。

在一起所要承担的巨大风险相称。即使如此，参与运输毒品犯罪者仍屡禁不绝。究其根本，在于经济的贫困。例如，在被告人谢某某运输毒品死刑复核案中，谢某某因受人雇用运输毒品而被判死刑。复核提讯中，谢某某供称，其老家在某庚省某乙州某山村，自幼家贫，其父亲因患肝病去世得早，其与兄妹三人全靠其母亲辛勤劳作维持生活，二年级时便辍学。一方面因其对读书没有兴趣，另一方面因读书要徒步离家十余里山路，学费每年四五十元，其母亲一年也挣不出来，遂辍学在家，稍长大后外出务工，但外出三次均是只干活却拿不到工钱，从此对打工彻底失去了信心，后来其跟了一个某庚省某辰市的老板，老板诱骗其吸食毒品，从此一发不可收拾，就跟着老板混，为老板跑腿送毒品、收钱之类的。这次运毒前，老板先带其去了一次境外，从边境经某丑市、某申市到某子市一路试走了一遍，熟悉了路线。这次是其邀约表弟一起，二人从某子市出发一路转车到某丑市，毒贩派人开车把他们带到边境。在边境接到毒品后，其与表弟二人经山路绕开检查站徒步十多天，跋山涉水走到某丑市，在某丑市休整后买了摩托车经某申市前往某子市，途经某已县时被抓。谢某某的以上供述，尤其是其早年成长经历及开始接触毒品的过程，虽未经进一步查证，但从其坦然面对死刑的表现和敞开心扉谈心的态度，看不到其故意说谎的理由。由此分析，其早年的家庭贫困、教育缺失及稍长后就业机会的缺乏等，都成为其走上违法犯罪道路的最初的原因。当然，我们不能说家庭贫困、教育缺失及就业机会缺乏就一定会导致犯罪，被告人自身的性格和素质才是决定其最终实施犯罪的最根本原因，但不可否认这些外因的重要作用。在被告人实施运输毒品罪被抓获后，如果考虑到了这些外在因素对其犯罪的重要作用，那么在量刑时就应酌予考虑从轻处罚，并可以此为标本或反面教材，时时反思，真正解决产生犯罪的深层次、根本性问题。

2. 运输毒品是走私、贩卖、制造毒品的附属或辅助环节。对运输毒品犯罪人适用死刑，并不能实现对隐藏在幕后的毒品老板的有效打击。

司法实践中的运输毒品，既包括为自己运输毒品，也包括为他人运输毒品。前者既有连同走私、贩卖、制造一起被认定为运输毒品的，也有因取证不足而只能单独认定运输毒品的。但通常意义上，典型的运输毒品是指后者，即单纯地为他人运输毒品。这种情形的运输毒品都有人在背后指使，这些指使人要么是毒品的卖家，要么是毒品的买家，无论怎样，都是运毒人背后的老板，是毒品犯罪最大的受益人。毒品犯罪的复杂性和打击难度恰在于此。毒品犯罪往往有多层级的组织，处在层级最末端的是直接与毒品接触的人，尤其是将毒品从此地运往彼地的运输者，一旦被查获，就是人毒俱获，逃无可逃。而那些真正的毒枭、大老板，都是躲在幕后，通过层层指令来安排毒品交易、运输，因此，暴露的风险也是最小的。虽然说，风险最小并不是就没有风险，如果通过毒品运输者层层追查，顺藤摸瓜，最终查到毒品老板也不是没有可能，但如果将运输毒品的犯罪人判处死刑，就人为地切断了这些追查的"藤蔓"。例如，被告人谢某某运输毒品死刑复核案中，谢某某归案后多次向侦查机关供述指使其运输毒品的某辰市老板，交代了该某辰市老板的姓名、电话、家庭住址等，并对某辰市老板进行了照片辨认，但侦查机关经向其所交代的某辰市老板的户籍地派出所打电话核查，未能查实，遂不再继续查证。对被告人适用了死刑，就使幕后的毒品老板可能逃脱法律的惩处。

3. 与毒品犯罪作斗争是一个庞杂、浩大的社会工程。判处运输毒品犯罪人死刑，对毒品犯罪治理的效果较为有限。

多年来毒品犯罪的严峻形势，既有国际原因，也有国内原因，既有法律执行方面的原因，也有经济社会方面的原因。要想有效解决毒品犯罪问题，必须依靠综合治理，打防结合，以防为主。过于倚重于重刑乃至死刑，并不是解决毒品问题的根本之策。对社会危害性远不及且从属于走私、贩卖、制造毒品的运输毒品罪适用死刑，对防控毒品犯罪的效果较为有限。还是以被告人谢某某运输毒品死刑复核案为例，谢某某之所以供出雇用其运输毒品的老板并希望公安机关进一步侦查，是因为该老板没有按照最初的承诺给谢某某家人以经济补偿。据谢某某供述，按照他们老家的规矩，出来"背毒"的运输毒品人一旦被抓，毒品老板要按照每块海洛因（约350克）3.5万元的标准向运输毒品人的家人进行经济补偿，本案谢某某运输海洛因31块，按理毒品老板应该向谢某某家人补偿100余万元。但据谢某某从律师处了解到，该老板并未按照承诺补偿，其气不过，遂将老板供了出来。经向当地同志了解，一些地方民间确实存在类似的补偿规矩。果如此，那么毒品犯罪的防治远不是对运输毒品犯罪人多判处几个死刑就能解决的。必须要找到问题的根，要抓到运输毒品人背后的指使、雇用人，抓到真正的毒品老板。运输毒品连接的是供需两端，如果供给的一方不切断，需求的一方不遏制，那么交易就永远不会停止。运输毒品者只是中间的一个环节，在一定程度上，只是一个毒品转移的工具，而这个工具的价值是可以计量的。运输一趟，3万元不行5万元，5万元不行10万元，10万元不行20万元，只要报酬够高，总是有人愿意去干的，尤其是对于那些经济贫困者而言。而社会的贫困显然不是很快就能彻底解决的问题。因此，更根本的，是要对毒品犯罪进行综合治理，要从源头上预防，既遏制下家毒贩对毒品的购买需求，又切断上家毒贩对毒品的走私、贩卖、制造等供给。打掉两端中的任何一端，中间也就自然没有存在的价值了。对运输毒品犯罪人适用死刑，在防控毒品犯罪治本方面效果有限。

（三）运输毒品罪死刑适用的控制

展望未来，死刑呈逐渐减少的趋势。我国刑法的死刑罪名，从1997年《刑法》的68个，到2011年《刑法修正案（八）》后的55个，再到2015年《刑法修正案（九）》后的46个，死刑罪名在一步步减少。而且，在现有的46个死刑罪名中，很多也是“备而不用”的。实践中，死刑的适用主要集中在毒品、杀人、抢劫等极少数几类罪名。顺应社会文明的发展趋势，贯彻“严格控制和慎重适用死刑”的死刑政策，要想减少死刑的适用，从现实的角度分析，运输毒品罪是一个比较适合的切入点。

2011年《刑法修正案（八）》征求意见中，对废除运输毒品罪死刑持反对意见的观点认为：“目前我国毒品犯罪形势严峻，为保持对毒品犯罪的高压态势，不宜取消运输毒品罪的死刑。况且运输毒品罪只是走私、制造、贩卖、运输毒品罪的一个选择性罪名，即便取消运输毒品罪的死刑也不会减少死刑罪名的总数。如果要控制运输毒品罪的死刑，不一定要修改刑法，通过司法控制就可实现。”① 该观点中部分内容是符合实际的，例如，我国毒品犯罪形势严峻，必须保持对毒品犯罪的高压态势。但也有部分内容值得商榷，保持对毒品犯罪的高压态势，不一定必须对运输毒品罪适用死刑；虽然运输毒品罪只是走私、贩卖、运输、制造毒品罪的一个选择性罪名，但其适用死刑的比例却相当高，如果取消运输毒品罪的死刑，可以大幅度地减少死刑的适用；而控制运输毒品罪的死刑，虽然理论上可以通过司法控制来实现，但多年来的实践表明，司法控制的效果十分有限，最有效的办法还是通过立法控制。

对于运输毒品罪死刑的立法控制，有的学者提出直接废除运输毒品罪的死刑规定。例如，有的学者指出，立法将行为表现、危害性质明显不同的运输毒品罪与贩卖等其他三种犯罪的量刑混为一谈，有必要将运输毒品罪单独成罪，并将其法定最

① 黄太云：《〈刑法修正案（八）〉解读（一）》，载《人民检察》2011年第6期，第7页。

高刑确定为无期徒刑。① 有的学者认为，在“厉行禁毒”刑事政策下，遽然废除在司法实践中较常适用的死刑罪名，存在社会观念上的障碍，但就废除运输毒品罪的死刑而言，障碍并不大。刑法并非毒品犯罪治理的最有效手段，死刑更不是。毒品以市场化的方式运行，市场运行的根本动力在于利益，而在切断毒品犯罪的利益根源这一问题上，刑法是无能为力的。对运输毒品罪取消死刑，能够降低实际执行死刑人数，推动我国死刑制度改革的进度。②

在对运输毒品罪的死刑适用尚未通过立法渠道进行控制的情况下，只能通过司法的渠道进行控制。在各种司法控制的方式中，通过制定司法解释等规范性文件，也能填补立法的空隙。最高司法机关多年来在毒品犯罪方面出台了不少司法解释等规范性文件，但在控制死刑适用方面，还有很多工作可以做。

（四）运输毒品罪死刑适用的数量标准

在立法控制和司法规范性文件控制之外，还可考虑从刑事政策角度对运输毒品罪的死刑适用进行控制。依据政策性文件的相关规定，结合运输毒品犯罪案件的审判实践，对运输毒品罪确定合理的死刑适用数量标准，既能统一司法尺度，避免司法的随意性，也能在一定程度上控制死刑的适用。

1. 运输毒品罪适用死刑的基本数量标准

对于运输毒品罪适用死刑的毒品数量标准，刑法并无明确的规定。政策性文件对此的规定也存在一个逐渐变化的过程。例如，2008 年《大连会议纪要》规定：“毒品数量超过实际掌握的死刑数量标准，不能证明被告人系受人指使、雇佣参与运输毒品犯罪的，可以依法判处重刑直至死刑。”2015 年《武汉会议纪要》则规定：“对于不能排除受人指使、雇用初次运输毒品的被告人，毒品数量超过实际掌握的死刑数量标准，但尚不属数量巨大的，一般也可以不判处死刑。”《武汉会议纪要》对《大连会议纪要》的相关规定既有传承，也有发展。传承体现在，对于受人指使、雇用运输毒品，数量只是超过实际掌握的死刑数量标准的，原则上不判处死刑，换言之，受人指使、雇用运输毒品，原则上只有数量巨大的，才考虑判处死刑。发展则体现在，对于是否系受人指使、雇用存疑情形的处理，从“不能证

① 参见曾嘉佳等：《运输毒品罪死刑量刑适用问题研究》，载《山西省政法管理干部学院学报》2019 年第 3 期，第 76～79 页。

② 参见莫洪宪、薛文超：《“厉行禁毒”刑事政策下运输毒品罪的死刑废止》，载《广西大学学报》（哲学社会科学版）2016 年第 2 期，第 53～54 页。

明”受人指使、雇用到“不能排除”受人指使、雇用，从“毒品数量超过实际掌握的死刑数量标准”到“尚不属数量巨大”，从“可以判处”死刑到“一般也可以不判处”死刑，政策精神的变化清晰可见，体现了政策性文件对运输毒品犯罪特征和刑罚功能的深刻把握。据此，对于不能排除受人指使、雇用运输毒品的，一般情况下，只有毒品数量巨大的，才考虑判处死刑。

《武汉会议纪要》的这一规定，并不是孤立存在的。《武汉会议纪要》先后三次出现“数量巨大”，且均与毒品犯罪适用死刑的标准直接相关。除上述规定外，另外两处分别是：针对毒品共同犯罪案件，“涉案毒品数量达到巨大以上，二名以上主犯的罪责均很突出，或者罪责稍次的主犯具有法定、重大酌定从重处罚情节，判处二人以上死刑符合罪刑相适应原则，并有利于全案量刑平衡的，可以依法判处。”对于贩卖毒品案件中的上下家，“涉案毒品数量达到巨大以上的……同时判处上下家死刑符合罪刑相适应原则，并有利于全案量刑平衡的，可以依法判处。”

毒品犯罪多人参与的情形虽然复杂，但一般不外乎两种基本类型：一种是横向而言，走私、贩卖、运输、制造毒品的共同犯罪人，另一种是纵向而言，贩卖毒品的上下家，而指使、雇用运输毒品只是共同运输毒品犯罪中的一种特殊情形。《武汉会议纪要》站在政策的高度，兼顾实践的需要，对这两种基本类型和一种特殊情形分别列举，一一阐释了不同情形下判处毒品犯罪分子死刑与“毒品数量巨大以上”的密切关联。这些规定共同体现了明确的政策精神，即对于同宗毒品犯罪，一般情况下，只有毒品数量巨大以上的，才考虑同时判处二人以上死刑；对于不能排除受人指使、雇用运输毒品的，一般情况下，只有毒品数量巨大以上的，才考虑判处被告人死刑。

2. 何谓毒品“数量巨大”

对于走私、贩卖、运输、制造毒品数量的大小，《刑法》第 347 条规定了三个档次，即“少量”“数量较大”“数量大”。以海洛因为例，不满 10 克的为“少量”，处三年以下有期徒刑、拘役或者管制，并处罚金，情节严重的，处三年以上七年以下有期徒刑，并处罚金；10 克以上不满 50 克的为“数量较大”，处七年以上有期徒刑，并处罚金；50 克以上的为“数量大”，处十五年有期徒刑、无期徒刑或者死刑，并处没收财产。但对于多少数量的毒品能够判处死刑，刑法并未进一步明确规定。

因应司法实践的需要，政策性文件提出毒品犯罪“实际掌握的死刑数量标准”这一概念，与此相伴随出现的，还有毒品“数量巨大”“数量特别巨大”两个概念。其中，“实际掌握的死刑数量标准”是可以判处死刑的数量起点，一般理解，也就是对毒品犯罪可判处一人死刑的数量起点，与死刑又称为“极刑”、死刑犯罪的罪行一般都评价为“极其严重”相对应，对这一数量标准或可称之为“极大”。据此，司法实践中关于毒品数量的大小就分为六个档次：“少量”“数量较大”“数量大”“数量极大”“数量巨大”“数量特别巨大”。根据法律规定和政策精神，一般情况下，毒品犯罪只有“数量极大”以上的，才考虑判处死刑，只有“数量巨大”以上的，才考虑同时判处二人以上死刑。根据“死刑只适用于极少数罪行极其严重的犯罪分子”的法律规定、政策要求和司法实际，笔者认为，对于同宗毒品犯罪，一般情况下，只有毒品“数量特别巨大”以上的，才可以考虑同时判处三人以上死刑。

对于毒品“少量”“数量较大”“数量大”，《刑法》第347条有具体的数量标准，而对于“数量极大”“数量巨大”“数量特别巨大”，则只是政策性文件的规定。“数量极大”也即“实际掌握的死刑数量标准”在一定程度上本身就是一个浮动的标准，而“数量巨大”“数量特别巨大”则依附于“数量极大”，是以“数量极大”为逻辑基础和前提的。

对于“数量巨大”到底是多大，政策性文件并未明确，实践中的理解也不完全一致。从司法解释对盗窃罪、诈骗罪、敲诈勒索罪、集资诈骗罪、滥伐林木罪等常见数额型犯罪的规定而言，两个相邻的数量级之间的倍数关系一般在三倍至三十倍之间，例如，个人集资诈骗“数额较大”“数额巨大”“数额特别巨大”的起点分别为10万元、30万元、100万元（2010年最高人民法院《关于审理非法集资刑事案件具体应用法律若干问题的解释》），滥伐林木“数量较大”“数量巨大”的起点分别为10立方米至20立方米或者幼树500株至1000株、50立方米至100立方米或者幼树2500株至5000株（2000年最高人民法院《关于审理破坏森林资源刑事案件具体应用法律若干问题的解释》），诈骗公私财物“数额较大”“数额巨大”“数额特别巨大”的起点分别为3千元至1万元、3万元至10万元、50万元（2011年最高人民法院、最高人民检察院《关于办理诈骗刑事案件具体应用法律若干问题的解释》），敲诈勒索公私财物“数额较大”“数额巨大”“数额特别巨大”的起点分别为2000元至5000元、3万元至10万元、30万元至50万元（2013年最高人民法院、最高人民检察院《关于办理敲诈勒索刑事案件适用法律若干问题的解释》)，盗窃公私财物“数额较大”“数额巨大”“数额特别巨大”的起点分别为1千元至3千元、3万元至10万元、30万元至50万元（2013年最高人民法院、最高人民检察院《关于办理盗窃刑事案件适用法律若干问题的解释》）等。从汉语言用词的逻辑和习惯而言，毒品“数量特别巨大”相对于“数量巨大”，“数量巨大”相对于“数量极大”，均是相邻的更高的一个数量级，这种数量级的提升，一般理解应在三倍以上。刑法多处规定的“多人”“多次”，一般也都理解为三人以上、三次以上。据此，毒品“数量巨大”，相对于“实际掌握的死刑数量标准”或称之“数量极大”而言，至少应在三倍以上。而毒品“数量特别巨大”相对于“数量极大”而言，一般理解，至少应在十倍以上。

3. 运输毒品罪死刑适用的“数量巨大”标准的具体应用

对于运输毒品罪毒品数量达到巨大以上的，是否当然就可以判处死刑呢？笔者认为，也不尽然。根据政策精神，对于不能排除受人指使、雇用运输毒品的，数量巨大只是适用死刑的必要条件。对于个案是否适用死刑，还应结合具体的案情进行综合分析。依据笔者个人的理解，对运输毒品罪适用死刑的数量标准应注意把握以下几点：

（1）一般情况下，运输毒品数量只有达到巨大以上的，才考虑判处被告人死刑；尚未达到巨大以上的，不判处被告人死刑。司法实践中，由于对运输毒品犯罪与走私、贩卖、制造毒品犯罪危害的差别与刑罚功能的局限性认识的模糊，以及对政策精神理解的不足，一些运输毒品犯罪案件并未达到数量巨大被告人就判处了死刑，在实践中造成了司法尺度的不统一。例如，在有的运输毒品死刑复核案中，涉案毒品数量为该省毒品犯罪“实际掌握的死刑数量标准”的近二倍，如果被告人是贩卖或者走私、制造毒品，判处死刑均不存在争议，但被告人系受人雇用运毒，且系首次实施。根据在案证据，有境外毒贩准备将毒品走私入境并运往内地，安排境外人员“小甲”帮助物色运毒人员，“小甲”联系到被告人，商定由被告人提供运毒车辆，并负责将毒品运往内地，事成之后给被告人8万元报酬，后“小甲”将毒品走私入境，再将毒品藏匿到被告人的车内后交给被告人运输，而被告人虽然提供了运毒的车辆，且承诺将毒品从边境地区运往内地，但其驾乘车辆还未离开其所在的县城即被查获，运毒行为尚未真正地开展。故本案还有涉嫌共同作案的境外毒贩和“小甲”在逃，该二人的罪责均大于被告人。如本案核准被告人死刑，后续境外毒贩和“小甲”到案，再判处该二人死刑，以仅仅接近“实际掌握的死刑数量标准”两倍的毒品数量，就判处三人死刑，量刑显然过重，即使只再判处境外毒贩一人死刑，量刑也明显过重；如果不判处罪责更重的该二人死刑，则量刑失衡。

（2）运输毒品数量达到巨大以上，但有证据证明同宗毒品犯罪还有两个以上罪责更为严重的犯罪人的，一般不判处运输毒品的被告人死刑。受人指使、雇用运输毒品这一界定本身，就意味着对于同宗毒品，除受指使、雇用的运输者之外，还至少有一名指使、雇用者，一般即为毒主。作为指使、雇用者，毒主的作用显然是要大于作为打工者的运输者的。这也正是政策性文件对受人指使、雇用运输毒品，尚未达到数量巨大以上的被告人不判处死刑的法理基础和逻辑前提。司法实践中，作为指使、雇用者的毒品老板至少有一个人，但通常也可能会有二人甚至更多。这两个或多个毒品老板对于同宗毒品犯罪的罪责，一般来讲，都远远大于受指使、雇用的运输者。在此情形下，对于受指使、雇用的运输毒品被告人原则上也就不再考虑判处死刑了。例如，被告人陈某丙走私、运输毒品死刑复核案①中，陈某丙、李某戌归案后一致供述，二人系受袁某乙、陈某丁指使走私、运输毒品，并对袁某乙、陈某丁进行了辨认。本案二审期间袁某乙被抓获到案，复核期间陈某丁被抓获到案，二人对共同指使陈某丙、李某戌实施本起毒品犯罪的事实均供认不讳。根据袁某乙、陈某丁供述和在案其他证据，本案系袁某乙联系陈某丁购毒，并支付部分毒资，陈某丁到境外联系上家购毒，二人指使陈某丙、李某戌驾乘车辆到境外接取并运送毒品。后袁某乙因本起犯罪被另案一审判处死刑。既然袁某乙、陈某丁的罪责均明显大于陈某丙、李某戌，那么对于与李某戌地位作用基本相当的陈某丙是否核准死刑，就应该进行审慎地把握。

（3）运输毒品刚达到数量特别巨大，但有证据证明同宗毒品犯罪有三个以上罪责更为严重的犯罪人的，一般不再考虑判处运输毒品的被告人死刑。如前所述，一般情况下，运输毒品只有数量达到特别巨大以上的，才考虑同时判处三名以上被

① 被告人陈某丙走私、运输毒品死刑复核案基本案情：2017 年 10 月 3 日，被告人陈某丙与李某戌（同案被告人，已判刑）驾乘轿车到境外接取毒品，后经某乙省某巳市某己镇某边境小路非法入境。当日 17 时 12 分，当车行至某己镇某路段时，公安人员将陈某丙、李某戌抓获，当场从该车后排座脚垫上的提包和纸箱内查获甲基苯丙胺、甲基苯丙胺片剂若干克（总数量为该省毒品犯罪“实际掌握的死刑数量标准”的约 5 倍）。该案未核准被告人陈某丙死刑。

告人死刑。如果对于同宗毒品犯罪，有证据证明存在三个毒主，或者其他罪责更为严重的犯罪人，那么，对于受人指使、雇用，作为打工者的毒品运输者，原则上就应严格控制、慎重适用死刑。司法实践中，对于同宗毒品犯罪，能够通过缜密布控、延伸侦查或其他途径，查明有三个以上毒主或其他罪责更为严重的犯罪人的情况虽然不多，但实践中还是时有出现。例如，被告人杨某壬运输毒品死刑复核案①中，杨某壬受雇运输毒品，邀约杨某癸、杨某寅二人参与，在共同运送毒品过程中被人毒俱获。在本案二审期间，指使杨某壬运输毒品的毒主沙某某和另外两名毒主王某壬、韩某某相继到案，三人罪责均明显大于杨某壬等，后该三人均被另案判处死刑。在此情形下，对于杨某壬的处理，就应该重新慎重考量。

（4）运输毒品罪的被告人具有特殊严重情节的，适用死刑的数量可以略低于相应的毒品数量标准。在此需要注意三点，一是仅针对具有特殊严重情节的运输毒品罪的被告人，实践中常见的特殊严重情节主要包括具有累犯、毒品再犯、武装掩护运输、暴力抗拒抓捕、职业运毒等情节，且较为严重的。二是对这些被告人，仍应以相应的毒品数量标准为基准。例如，被告人苏某某运输毒品死刑复核案②中，苏某某供称受境外毒贩“小乙”指使将装有毒品的单肩包从边境地区运往内地，在案没有证据证实存在两个以上罪责更为严重的犯罪人，故原则上仍应按照受人指使、雇用运输毒品犯罪死刑数量的一般标准，即数量巨大以上的才对苏某某适用死刑。换言之，只有在苏某某所运输的毒品数量达到该省“实际掌握的死刑数量标准”的三倍以上，才考量对苏某某适用死刑。但本案中，苏某某运输的毒品仅为该省“实际掌握的死刑数量标准”的约60%，与三倍以上的要求相距甚远。三是略低的幅度是有限的。对于毒品犯罪，实践中通常采取“数量＋情节”的处理原

---

① 被告人杨某壬运输毒品死刑复核案基本案情：2017年8月，被告人杨某壬为获取非法利益，接受毒贩沙某某（另案被告人，已判刑）安排运输毒品，杨某壬又邀约杨某癸、杨某寅（均系同案被告人，已判刑）参与。9月11日，杨某壬在某庚省某午市某未区某辛乡某辛村租房用于藏匿毒品。9月13日上午，杨某壬按照沙某某授意，带领杨某癸、杨某寅到某午市某申区某转盘处，从一辆大货车上接到藏有毒品的两个白色麻袋，后先乘三轮车，再乘汽车将毒品运往租用房。当日11时许，公安人员在某辛村东街菜市场内将杨某壬、杨某癸、杨某寅抓获，当场从三人携带的两个白色麻袋内查获海洛因若干克（数量为该省毒品犯罪“实际掌握的死刑数量标准”的10倍多）。该案未核准被告人杨某壬死刑。

② 被告人苏某某运输毒品死刑复核案基本案情：被告人苏某某曾因犯贩卖毒品罪被判处死缓，2014年12月4日刑满释放。2018年5月20日8时许，苏某某携带毒品乘坐其朋友王某癸驾驶的轿车途经某乙省某丙高速某乙收费站时，被公安人员抓获，公安人员当场从苏某某携带的单肩包内查获海洛因、甲基苯丙胺片剂若干克（总数量为该省毒品犯罪“实际掌握的死刑数量标准”的约60%）。该案未核准被告人苏某某死刑。

则，对于运输毒品有特殊严重情节的，可以适当降低死刑数量标准，但降低的幅度是有限的，一般不低于相应数量标准的90%，最低不低于80%。故即使有特殊情节，也应注意相应数量标准对量刑的基础制约作用。

（5）对于运输毒品犯罪案件，要对同宗毒品全部涉案人员的罪责进行综合比较。对有证据证明的毒主或者其他毒品犯罪人在逃的，应在对全部涉案人员进行全面分析和综合比较的基础上，确定在案被告人的罪责。因客观原因造成分案处理的，应坚持分清罪责，注重量刑平衡。对于同宗毒品犯罪的其他犯罪人，是否要一并纳入综合比较罪责，实践中存在不同认识。而对于将哪一个层次的其他犯罪人纳入比较，更存在诸多分歧。一般而言，同宗毒品犯罪的其他犯罪人，大致可分为以下四类：一是已另案被抓获的。例如，被告人陈某丙走私、运输毒品死刑复核案中，两名毒主袁某乙、陈某丁均已到案，其中袁某乙已被判处死刑，陈某丁亦在审理中。又如，被告人杨某壬运输毒品死刑复核案中，三名毒主沙某某、王某壬和韩某某三人均已到案，且均已因本案犯罪被判处死刑。二是已明确身份并开始抓捕的。例如，前文提及的被告人环某某贩卖毒品死刑复核案中，根据各被告人的供述等证据，本案还有一名出资人为李某癸，其实际持有与藏毒冰柜内两个 GPS 定位器相关联的手机卡，负责接取毒品后转运到外地贩卖，公安机关经查证确有其人，并已对李某癸上网追逃。三是身份虽未明确但确有其人的。例如，前述某运输毒品死刑复核案中，公安机关是在对境外毒贩的侦查中，发现其委托“小甲”物色运毒人员，进而了解到被告人接受雇用运输毒品的。故本案虽然目前只有被告人到案，但幕后老板境外毒贩，和受境外毒贩指使物色运毒人员、将毒品走私入境并藏匿到被告人越野车内交给被告人运输的“小甲”均确有其人。该二人虽目前尚未到案，但具有很强的可查性，后续很可能被抓获到案。四是虽不排除有其人但缺乏必要证据或线索的。例如，被告人苏某某运输毒品死刑复核案中，虽然苏某某供称受境外毒贩“小乙”指使运输毒品，但其对“小乙”的具体身份信息交代不清，难以查证。又如，被告人李某亥运输毒品死刑复核案[①]中，李某亥供称，案发当日早上其受陌生男子邀约从某巳市区家中出发前往某巳市某戊镇接人，快到某戊镇时

① 被告人李某亥运输毒品死刑复核案基本案情：2019 年 5 月 18 日，被告人李某亥驾驶其商务车携带毒品从某乙省某巳市出发，驶往某乙省某未市。当车行至某未市某丙检查站时，被公安人员截获，公安人员从该车驾驶位座位下、副驾驶位操作台盖板下凹槽内、车底备胎内查获甲基苯丙胺 19 991.77 克。该案核准被告人李某亥死刑。

被另一陌生男子拦下说不用接人了、将车交给他开走一小时即可，一小时后其回到现场时看见车已停在原地，车上有一纸条，纸条上写有让其将车开到某未市宾馆后开着车门离开、之后会有人将20万元报酬放到车上、让其看过纸条后即销毁等内容。在案未发现李某亥有贩卖毒品的证据，故不排除涉案毒品另有其主，但李某亥所说的毒品来源过于离奇，所说的毒品老板过于神秘，根本无从查证，而车辆轨迹信息和案发当天与李某亥同行的其妻妹夫邹某某则证实，李某亥驾驶的商务车当天并未到过某戍镇。笔者认为，对于以上前三类同宗毒品犯罪人，即已另案被抓获的、已明确身份并开始抓捕的、身份虽未明确但确有其人的，均应纳入罪责综合比较的范畴，并在比较的基础上确定到案被告人的罪责和处理。我们一直强调，要把死刑案件办成铁案，经得起历史的检验。《武汉会议纪要》也明确要求："在案被告人与未到案共同犯罪人的罪责大小难以准确认定，进而影响准确适用死刑的，不应对在案被告人判处死刑。"如果对于同宗毒品犯罪中有证据证明的其他犯罪人不一并考虑，那么一旦这些犯罪人归案，罪责确实大于本案被告人，那就会对本案的量刑产生重大影响，有的甚至会发现，已经被判处死刑的被告人原本不应被判处死刑。如此反转，岂不尴尬。

综上所述，对运输毒品罪死刑适用的控制，最有效的是立法控制，其次是司法规范性文件控制，再次是司法政策性控制。在立法控制和司法规范性文件控制尚未充分实现的情况下，就只能由法官依据对政策性文件的理解，在明确死刑适用数量标准的基础上，对运输毒品罪的死刑适用进行政策性的控制。任何刑罚裁判结果，表面上虽然是以犯罪事实为根据，以刑法规定为准绳，但根本上都对应于犯罪的实质的社会危害，法律的规定只是一个"桥梁"。刑事裁判，固然要严格遵守法律的规定，在刑法规定的范围内定罪量刑，但更要让目光穿透犯罪事实的表层，穿越法律规定的"桥梁"，深刻认识犯罪的实质危害，从而在刑法规定的范围内，找到与犯罪实质危害相适应的刑罚，作出恰当的裁判。应当说，这不是一件很容易的事。但惟其艰难，才需要法官的担当与情怀。事实上，对于法律的很多规定，包括罪刑法定原则、罪刑相适应原则、无罪推定原则、上诉不加刑原则等，都必须深刻理解，准确把握法条背后深藏的天理、法意、人情。如果简单地依文解义，机械地照搬法条就可以办案，那我们还何必学习那么多年法律。

求其生而不得，则死者与我皆无恨也。①

——（北宋）欧阳观

第八节 死刑复核案件中的附民调解工作

——被告人耿某甲故意杀人死刑复核案

引 言

对于因民间矛盾激化、被害方过错等引发的死刑案件，符合做民调工作条件的，应切实做好附民调解工作，努力化解双方矛盾。对于此类案件，一审、二审法院往往已经做了大量工作，但未能调解成功，死刑复核阶段再做民调工作，难度确实非常大。但如果能切实全面把握案情，深入了解双方情况，准确找到双方纠结的关键点，并能争取相关部门、人员的支持、配合，进行耐心细致的释法析理、沟通交流工作，还是有可能促使双方达成谅解，进而做到案结事了，实现案件处理法律效果与社会效果有机统一的良好效果。

一、基本案情

被告人耿某甲，男，1963 年 9 月 4 日出生。2013 年 4 月 19 日被逮捕。

某丙省某辛市中级人民法院审理某辛市人民检察院指控被告人耿某甲犯故意杀人罪一案，于 2014 年 3 月 5 日以刑事附带民事判决，认定被告人耿某甲犯故意杀人罪，判处死刑，剥夺政治权利终身。宣判后，在法定期限内没有上诉、抗诉。某丙省高级人民法院经依法复核，于 2015 年 4 月 10 日以刑事裁定，同意原判，并依法报请最高人民法院核准。

公诉机关指控，被告人耿某甲故意杀害被害人耿某乙、安某某夫妇，其行为已构成故意杀人罪，应依法惩处。

被告人耿某甲对公诉机关的指控未提出异议，其辩护人的意见是：（1）耿某

① （北宋）欧阳修：《唐宋名家文集·欧阳修集》，李之亮注译，中州古籍出版社 2013 年版，第 275～277 页。欧阳观，系欧阳修之父，历任道州判官、泗州、绵州推官、泰州判官，多主管刑狱。

甲构成自首；（2）被害人对本案发生有过错；（3）耿某甲认罪态度较好，建议对耿某甲从轻处罚。

原审法院认定：被告人耿某甲与被害人耿某乙（殁年53岁）系同胞兄弟，二人因耿某甲帮助耿某乙出售宅基地及房屋等存在纠纷。2013年4月6日上午，耿某甲到某丙省某辛市耿某乙家商谈解决纠纷未果。同日14时许，耿某甲携带尖刀再次到耿某乙家商谈，与耿某乙、被害人安某某（殁年54岁）夫妇发生争执，耿某甲持尖刀先后捅刺安某某和耿某乙颈部、胸部数刀，致安某某右颈内静脉、心脏、主动脉及上腔静脉破裂失血性休克死亡，致耿某乙左颈内静脉、主动脉及右肺动脉破裂失血性休克死亡。

认定上述事实的证据，有从被告人耿某甲处提取的其作案时所穿夹克、裤子、皮鞋和从现场提取的作案工具尖刀及眼镜、烟蒂等物证，宅基地及房屋买卖协议书等书证，证人冯某甲、耿某丙、袁某丙、贾某某等的证言，尸体鉴定意见、足迹鉴定意见、DNA鉴定意见，现场勘验、检查、辨认笔录和被告人耿某甲的供述等。

原审法院认为，被告人耿某甲故意非法剥夺他人生命，致二人死亡，其行为已构成故意杀人罪。根据在案证据，不能认定耿某甲构成自首，亦不能认定二被害人对案发具有刑法意义上的过错。耿某甲犯罪情节特别恶劣，罪行极其严重，依法应予严惩。据此，依法判决：被告人耿某甲犯故意杀人罪，判处死刑，剥夺政治权利终身。

原审宣判后，在法定期限内没有上诉、抗诉。

高院复核审认定的事实和依据的证据与原审基本相同。

高院复核审认为，被告人耿某甲故意非法剥夺他人生命，其行为已构成故意杀人罪，且作案手段残忍，罪行极其严重，依法应予严惩。据此，依法裁定：同意原判。

最高人民法院经复核确认的事实和依据的证据与一、二审相同。

最高人民法院认为，被告人耿某甲故意非法剥夺他人生命，其行为已构成故意杀人罪。耿某甲因琐事纠纷持刀捅刺胞兄夫妇二人致死，后果特别严重，应依法惩处。鉴于本案系近亲属之间琐事纠纷引发，耿某甲归案后认罪、悔罪，依法对其可不判处死刑，立即执行。原审判决、高院复核审裁定认定的事实清楚，证据确实、充分，定罪准确。审判程序合法。据此，依法裁定：不核准并撤销某丙省高级人民法院同意原审以故意杀人罪判处被告人耿某甲死刑，剥夺政治权利终身的刑事裁定，发回某丙省高级人民法院重新审判。①

二、主要问题

本案系胞兄弟之间因琐事纠纷激化引发，案发后双方亲属情绪对抗激烈，一、二审法院经大量工作均未能调解成功，复核期间是否应继续大力开展民调工作，促成双方达成谅解？

笔者认为，对于因民间矛盾激化、被害方过错等引发的死刑案件，应该认真深入开展附民调解工作，努力化解双方矛盾，做到案结事了，实现案件处理法律效果与社会效果的有机统一。

三、延伸思考

死刑复核程序是死刑案件的最后一道关口，复核结果直接关系多方权益，可以说是多方牵涉，多方关注。在死刑复核案件审判工作中，附带民事调解是一项重要的内容。尤其对于部分因民间矛盾激化、被害方过错等引发的故意杀人死刑复核案件，民调工作更是重中之重，对案件最终处理具有十分重要的意义。

（一）死刑复核案件民调工作的重要意义

1. 保障各方权益

任何一起杀人案件的发生，受损害的都不仅是被害人的生命和社会公众的安全感，更包括被害人亲属的权益、被告人亲属的权益，甚至包括被告人本身的权益等。在这些权益中，虽然一般情况下，我们说被害人的生命、被害人亲属的权益最重要，但被告人自身的权益、被告人亲属的权益受到损害也是客观的事实。而考虑到犯罪原因的复杂性，尤其是一些案件的被害方有过错等因素，对被告人权益的保护也应给予足够的重视。生命原无高下，权益本应平等。在审理死刑复核案件的工作中，对于各方权益，要作全面的考量，给予全面的保障。

例如，被告人郭某丙故意杀人死刑复核案②中，被告人因家庭琐事将同居女友

---

① 本案发回后，二审法院经重新审理，对被告人耿某甲以故意杀人罪改判死刑，缓期二年执行，剥夺政治权利终身。

② 被告人郭某丙故意杀人死刑复核案基本案情：被告人郭某丙于2009年年底开始与被害人王某庚（女，殁年23岁）同居。2010年12月2日22时许，郭某丙与王某庚在其位于某壬省的家中因琐事发生争执，郭用手掐、用枕巾勒王颈部，致王机械性窒息死亡。后郭某丙将王某庚的尸体移至家中后院，被家人发现后欲自杀，因亲友阻拦未果，遂逃离现场。次日11时许，郭某丙在自家附近田地里被发现，郭的亲属带领公安人员前往田地将郭抓获。该案经调解双方达成谅解，未核准被告人郭某丙死刑。

掐扼致死。一、二审阶段，被害方反应激烈，存在严重上访倾向和不稳定因素。在复核中，发现该案有诸多值得酌予考虑从轻处罚的因素：一是本案起因于家庭生活纠纷，属典型的民间矛盾。被告人与被害人已同居生活约一年，在同居生活中因琐事发生争执，临时起意犯罪。二是案发后，被告人亲属积极协助公安人员抓捕被告人，在得知被告人下落后，带领公安人员前往抓获，被告人无拒捕行为，并如实供述犯罪事实，对此虽不能认定为自动投案，但可以参照法律对自首的有关规定酌情从轻处罚。三是被告人有家族精神病史，其本人虽经鉴定无精神疾病，作案时具有完全刑事责任能力，但精神状况确实异于常人，对此在量刑时应酌予考虑。被告人生父早年因精神疾病服毒自杀，其母亲和继父没有赔偿能力。被告人姐姐与其感情深厚，提出愿意拿自己的住房赔偿被害方，但因该房属农村自建房，无产权证，无法更名、过户，且系其姐姐家的唯一住房，家中经济亦十分困难。对于上述各方权益，法院在审理案件过程中，均应给予充分考虑和保障。

2. 避免二次伤害

杀人案件的发生，已经对各方权益造成了巨大的损害，审理死刑复核案件，一定要注意妥善处理，避免造成二次伤害。审判工作的目的，在于维护秩序和正义，消除已经存在的矛盾，而不能因为工作的简单、机械，使矛盾得不到有效解决，甚至造成更多的矛盾，给各方权益造成更大的损害。

例如，被告人耿某甲故意杀人死刑复核案，系同胞兄弟之间因家庭琐事纠纷而引发，被告人将其兄嫂杀害，但二被害人对案发具有一定的责任，被告人归案后认罪态度较好，且在案证据不排除其准备主动投案的可能性，当地干部、群众普遍同情被告人，希望法院对其从轻处罚。原审与高院复核审阶段，被害人安某某子女与被告人妻子及众兄弟姐妹之间情绪对抗激烈。被告人众兄弟姐妹对安某某及其儿女十分不满，认为被告人之所以杀人，完全是安某某屡屡挑唆被告人之兄耿某乙向被告人要钱，贪图被告人钱财，破坏耿家兄弟关系，被告人忍无可忍被逼杀人，安某某是最大的责任者。安某某的儿子袁某丙对其母亲及继父被杀非常痛心，要求严惩耿某甲，但其系在20多岁时才随母亲从外地来案发地与耿某乙共同生活，以后还要长期在本地生活，与被告人众兄弟姐妹生活在同一地区，并听闻被告人的孩子在武校学武，非常担心被告人众兄弟姐妹及孩子以后对其及孩子家人进行报复。而且，袁某丙所居住的房屋，正是耿某乙用卖掉被告人及众兄弟姐妹共同帮助其建筑的房子的钱款所购买，属耿某乙的婚前个人财产，耿某乙的其他兄弟姐妹均有继承权。如果被告人众兄弟姐妹坚持主张该房产权益，袁某丙就只能让出房屋，但其自身经济条件有限，刚结婚生子，并无自有房产，也没有经济能力购置房产。因此，本案如简单地核准死刑，后续恐将产生更激烈的矛盾。

3. 软化人心，引导社会更加理性、文明

我国台湾地区作家林清玄在散文集《你心柔软，却有力量》中说："柔软的心最有力量。""唯其柔软，我们才能敏感；唯其柔软，我们才能包容；唯其柔软，我们才能精致；也唯其柔软，我们才能超拔自我，在受伤的时候甚至能包容我们的伤口。"① 这也正合于《老子》"上善若水""天下莫柔弱于水，而攻坚强者莫之能胜"的道理。当今社会，由于各种因素的影响，暴戾之气过重，浮躁心态蔓延，人与人之间的信任和包容较为缺乏。很多人都认为自己是弱势群体，缺乏幸福感。如何在加强法治建设的同时提升民众的精神文明建设，是全社会的一个重要问题，更是死刑复核法官的一份重要责任。

对死刑复核案件开展民调工作，就是要引导民众淡化"杀人偿命"的传统观念，淡化"你死我活"的对抗心理，淡化"非黑即白"的简单思维，营造一种和谐、共赢的氛围。毕竟，在"死人"和"活人"之间，"活人"更重要，在打击与预防之间，预防更有效。社会文明的进步，不能只喊口号，而是需要实实在在的努力。开展死刑复核工作，就是要努力将"严格控制和慎重适用死刑"的政策落到实处，引导民众更加理性、宽容。

需要特别提出的是，刑事司法人员的死刑观、刑罚观亦需要引导。美国当代著名法理学家罗纳德·德沃金教授说："法院是法律帝国的首都，法官是帝国的王侯。"② 法官对死刑的态度是死刑适用及其限制的重要因素。根据 2007 年武汉大学刑事法研究中心和德国马普外国刑法与国际刑法研究所联合开展的中国死刑态度的调研报告，在对死刑的一般性态度调查，也即对犯罪情节类型或犯罪人特点没有任何限定的情况下，普通民众中支持死刑的人不到 2/3（60.1%），而刑事司法专业人士（包括法官、检察官、警察、律师和立法、司法行政人员）中有九成以上

---

① 林清玄：《你心柔软，却有力量》，载国风中文网，http：//guofeng. yuedu. 163. com/book_reader/5f8be1f57fc94c848b96e7b9f75de8be_4/facbaddb9e614024b19b101ef2a18f10_4，最后访问日期：2020年8月8日。

② ［美］德沃金：《法律帝国》，李常青等译，中国大百科全书出版社 1996 年版，第 361 页。

(91.2%)支持死刑。[①] 与普通民众将“杀人偿命”作为支持死刑首要理由不同，刑事司法专业人士是将安抚被害人和一般预防的功利目的放在了优先位置。在一个具体问题“某妇女为和情夫共同生活，在饭中下毒，将丈夫毒死。邻居发现她丈夫死亡后向警方报了案。您个人赞同哪种判决？”中，专业人士选择死刑立即执行的占63.3%，普通民众只有30.3%。[②] 根据此民调，中国刑事司法专业人士远比普通民众更倾向于死刑。

自2007年统一行使死刑核准权以来，最高人民法院完善了多项制度，印发了多个文件，通过各种会议和培训宣传贯彻“严格控制和慎重适用死刑”的政策，取得了良好的效果。各高中级法院在控制死刑方面作了巨大努力。有的案件在一、二审阶段，承办法官就反复向被害人亲属宣讲死刑政策，讲“这个案子到了最高人民法院很可能不会被核准”“最高人民法院肯定还要做工作”等，苦口婆心地做被害人亲属工作。很多案件的被害人亲属通过电视、报刊等各种渠道，对最高人民法院控制死刑的政策都已经有所了解，在内心对地方法院承办人的意见也能够理解，但总还是有一种“不到黄河心不死”的心理，认为这个案子最终又不是你们说了算，就是不接受；如果案子报送到最高人民法院复核，最高人民法院也说不能核准，也就认了。因此，符合做附民调解工作条件的死刑复核案件，一定要下大力气切实开展好民调工作。

（二）死刑复核案件民调工作的基本内涵

如何正确理解死刑复核案件中的附民调解工作？附民调解是不是“花钱买命”“以钱抵罪”，是不是“和稀泥”？

笔者认为，死刑复核案件中的附民调解，就是对于因民间矛盾激化、被害方过错等引发的死刑复核案件，根据案件的具体情况，召集被害方与被告方及相关人员，就附带民事赔偿问题进行沟通、协调，促使双方达成谅解，从而在保障各方权益的同时，为死刑政策的全面贯彻创造良好的条件。

首先，附民调解不是“花钱买命”。是否民赔与是否判死刑之间不存在必然的对应关系。一方面，附民调解只针对特定的案件，“花钱”不一定能“保命”。不

---

① 参见武汉大学刑事法研究中心、德国马普外国刑法与国际刑法研究所：《中国死刑态度调研报告》，台北，元照出版有限公司2010年版，第243～244页。

② 参见武汉大学刑事法研究中心、德国马普外国刑法与国际刑法研究所：《中国死刑态度调研报告》，台北，元照出版有限公司2010年版，第248页。

是所有的案件都要做民调工作，也不是所有的案件赔了钱就可以不判死刑。死刑复核程序中的附民调解原则上主要限定于因民间矛盾激化、被害方过错等引发的故意杀人等案件。对于抢劫、绑架等恶性案件，原则上不主动开展民调工作。2016 年 1 月 6 日，最高人民法院印发的《关于审理抢劫刑事案件适用法律若干问题的指导意见》第七部分明确了“关于抢劫案件附带民事赔偿的处理原则”，指出“要妥善处理抢劫案件附带民事赔偿工作。审理抢劫刑事案件，一般情况下人民法院不主动开展附带民事调解工作。但是，对于犯罪情节不是特别恶劣或者被害方生活、医疗陷入困境，被告人与被害方自行达成民事赔偿和解协议的，民事赔偿情况可作为评价被告人悔罪态度的依据之一，在量刑上酌情予以考虑”。另一方面，也不是所有的案件只要民调不成功就一定要核准死刑，“不花钱”不一定就“保不了命”。对于因民间矛盾激化引发及存在自首等情节的案件，一般均应开展民调工作，不仅是争取对被害方更多的经济补偿，而且要对其心理进行抚慰。尤其是对于一些很可能不核准死刑的案件，要向被害人亲属深入解释死刑政策，讲明不核准死刑并非针对哪个人、哪个案件，而是国家的一项普遍性的政策，让被害人亲属能感受到最高人民法院的关切和诚意。但对于其中的有些案件，调解是否成功与是否核准被告人死刑之间并非必然对应关系，对被告人不核准死刑，并不以被告方赔偿或被害方谅解为必要条件。换言之，即使调解不能达成协议，也有可能不核准被告人死刑。例如，被告人刘某丁故意杀人死刑复核案①中，被告人因在劳动中受到身为老板的被害人责骂而蓄意报复，杀死被害人后自首。本案虽经多次前往当地调解，又多次电话沟通，开展大量民调工作，但被告方没有赔偿能力，被害方拒绝接受调解，坚决不予谅解，强烈要求判处被告人死刑。尽管如此，综合全案事实、性质、情节、社会危害程度及被告人的主观恶性、人身危险性等因素，最终仍决定不核准被告人死刑。

其次，附民调解不是“以钱抵罪”。对于死刑复核案件进行附民调解，无论调解是否能达成协议，都不能免除被告人的罪责，即使达成协议，对被告人一般也是改判死缓。而且，金钱赔偿本身就是一种代价，也是一种惩罚。财产刑本身是一种

① 被告人刘某丁故意杀人死刑复核案基本案情：被告人刘某丁系被害人周某丁（殁年 48 岁）承包经营的某壬省某砖厂的工人。2012 年 9 月 23 日，刘某丁在砖厂干活时因琐事被周某丁责骂，二人发生争吵，刘产生杀死周之念。9 月 25 日 5 时 30 分许，刘某丁携带购买的羊角锤来到砖厂，看见周某丁进入砖厂北数第三个窑洞，尾随而入，持羊角锤击打周头部，将周打倒在地。因羊角锤锤把折断，刘某丁又从地上捡起一块砖头，连续打击周某丁头部数下，致周颅脑损伤死亡。后刘某丁到公安机关投案。该案经调解双方未达成谅解，但根据法律和政策，未核准被告人刘某丁死刑。

古老的刑种。在法定的财产刑之外，由被告方主动给予被害方一定的赔偿，也是被告人对被害方的额外的补偿、赎罪。在现代社会，金钱本身就是一种利益，就是一种支配的权利。被告方主动放弃一定的金钱权益，转让给被害方，这本质上也是赎罪的一种方式，符合公平正义的精神。有的人可能会认为，金钱赔偿没有痛苦，但正如有的学者所指出的："在一个以金钱作通行交易中介的社会里，剥夺一个人的金钱就等于剥夺他利用金钱购买快乐的机会。那么，金钱的损失就是痛苦"。① 还有学者认为，行为人为损害赔偿及与被害人和解所做的努力，使犯罪物质的或非物质的后果减轻，虽不能减轻罪责，但它基于不同的原因降低了处罚的必要性：第一，行为人承认其罪责，以至于不需要用刑罚来证明规范的有效性；第二，自愿赔偿还常常表明，就预防行为人继续犯罪的目的而言，不需要对他施加持续的影响；第三，行为人通过损害赔偿的努力，事实上已经将一部分刑罚服刑完毕。也就是说，由于行为人的损害赔偿努力，刑罚的多种目的已经实现，制裁可被（在特定的情况下明显地）减轻。② 这种处罚必要性的降低为刑罚的减让提供了重要的基础和前提，也符合罪刑相适应的原则。

最后，附民调解不是"和稀泥"。死刑复核案件中的附民调解，是在确定的框架内依照确定的规则进行的，而不是无原则、随心所欲的。调解工作必须基于案件的事实和证据，必须遵守法律的原则和规定。只有可能不判处被告人死刑的案件，才组织双方当事人进行调解。在调解工作中，也并不是要"和稀泥"，不是简单地做个"和事佬"，而是必须坚持"以事实为根据，以法律为准绳"的原则，坚持"严格控制和慎重适用死刑"的政策导向，坚持尊重当事人意愿，尽可能使各方利益最大化，尽可能平复遭到破坏的社会关系。

（三）死刑复核案件民调工作的方式方法

1. 全面审查，研究确定是否启动民调工作

对于因民间矛盾激化、被害方过错等引发的死刑复核案件，并不是所有的都必须要开展民调工作，也不是所有的案件如果调解不成就只能核准死刑。对于是否开展调解，要全面了解案情，认真研究甄别。对于拟开展调解的案件调解成功与否和是否核准死刑之间的联系，应该事先有个初步的预判。总体而言，对于这些案件，

---

① 王立峰：《惩罚的哲理》，清华大学出版社 2006 年版，第 196 页。

② 参见［德］汉斯·海因里希·耶塞克、托马斯·魏根特：《德国刑法教科书》，徐久生译，中国法制出版社 2001 年版，第 1068～1069 页。

是否开展调解，可以分为三类情形：第一类是不宜开展调解，因为即使调解成功也必须核准死刑；第二类是可以开展调解，如果调解成功则可以不核准死刑；第三类是应该开展调解，即使调解不成功也不能核准死刑。

有的死刑复核案件，由于存在累犯、手段极其残忍、后果极其严重、社会影响极其恶劣等情节，综合全案分析，不宜开展民调工作。例如，被告人汪某某故意杀人死刑复核案①中，被告人因家庭琐事纠纷蓄意报复，持刀捅刺其妻子及娘家亲属共 13 人，致 9 人死亡、3 人重伤、1 人轻伤，情节特别恶劣，后果和罪行极其严重，社会危害极大，对汪某某应予依法严惩，不宜开展民调工作。

还有一些死刑复核案件，由于存在琐事纠纷引发、被害方过错、自首等情节，综合全案分析，应该大力开展民调工作，即使民调工作不成功，也不能轻易核准死刑。例如，被告人李某壬故意杀人死刑复核案②中，被告人与被害人系多年酒友，二人酒后因琐事争执，被告人将被害人杀死。本案发生在熟人之间，起因于酒后争执，属典型的民间矛盾。被告人愿意积极赔偿被害方经济损失，其亲属已筹集 3 万元赔偿款交存到法院，达到了一审判决确定的 2.1 万余元赔偿数额。被告人无前科劣迹，系初犯、偶犯，到案后认罪、悔罪，且其已经 63 岁，人身危险性相对较小。经两次前往当地召集双方座谈，又与双方多次电话沟通，做了大量民调工作，被害人亲属始终不予谅解，坚决要求判处被告人死刑，调解未能达成协议。尽管如此，本案最终仍决定不核准死刑。

上述第一类不宜开展调解的和第三类应该开展调解的案件，从比例上看毕竟属于少数，绝大多数案件，还是属于第二类，即可以开展调解、调解结果对是否核准死刑有影响的案件。

但对于有些案件，是否应该开展调解工作，是归类到不宜开展调解的范畴，还是归类到可以开展调解的范畴，在实践中可能会存在分歧。

---

① 被告人汪某某故意杀人死刑复核案基本案情：被告人汪某某因家庭暴力等矛盾致被害人何某乙（汪某某妻子，殁年 46 岁）外出打工拒绝回家，汪心怀不满，遂趁岳母去世时何某乙及众多亲属回家或前来料理后事之机，持尖刀连续捅刺何某乙及其亲属等 13 名被害人要害部位，包括 1 名婴儿、1 名儿童，致 9 人死亡、3 人重伤、1 人轻伤。该案未做调解工作，核准被告人汪某某死刑。

② 被告人李某壬故意杀人死刑复核案基本案情：2013 年 6 月 8 日 4 时许，被告人李某壬在某壬省其家中与被害人周某戊（同村村民，殁年 49 岁）饮酒时，因琐事发生争执。争执中，李某壬持斧子朝周某戊头面部、颈部等处猛砍数下，致周左颈外动脉分支处断裂引起大失血死亡。该案经调解未达成谅解，但根据法律和政策，未核准被告人李某壬死刑。

例如，被告人彭某丙故意杀人、盗窃死刑复核案①中，被告人因琐事纠纷将其初中同学被害人银某某杀死。对于该案是否开展民调工作，存在不同意见。一种意见认为，本案不排除彭某丙欲与银某某发生性关系遭到拒绝，遂强奸并杀人灭口的可能，故不应开展民调工作。另一种意见认为，二人本系初中同学，案发又是在二人相约共同外出打板栗期间，被告人因口角争执激情犯罪，犯罪对象特定，且无前科劣迹，故对本案可以开展民调工作，如调解不成功再核准死刑。

因此，死刑复核案件的民调工作，第一步就是研究甄别对具体的个案是否启动民调工作。影响是否启动的，包括宏观的、微观的各种因素。宏观的因素包括刑事法律、死刑政策、经济发展水平、社会文明程度等，微观的因素包括个案的案发起因、犯罪手段、危害后果、社会影响等。另一个需要特别注意的问题，就是决定是否启动民调工作的主体和程序。虽然说，法官对案件应该有一定的自由裁量权，且对于所承办案件是否开展、如何开展民调工作应有一定的主动权，但不可否认的是，法官对政策的理解、对案情的认识、对是否开展民调工作的判断，在有些情况下，可能会有个体的局限。如果个体判断失当，对本不应开展民调工作的案件做了大量民调工作，耗费大量审判资源，甚至促成双方当事人达成了和解，被告方将赔偿款交存到了法院，但案件根据法律、政策却不能不核准死刑，或者对本应开展民调工作的案件，仅仅根据双方在一、二审阶段的意见就简单地决定不开展民调工作，致使各方的利益得不到充分保障，案“结”但事不“了”，死刑政策不能充分贯彻，效果都不理想。因此，笔者认为，决定是否启动民调工作，原则上应由合议庭研究决定。个别难以决定的，可提请上级研究决定。

2. 深入分析，认真制定民调工作方案

对于拟开展民调工作的死刑复核案件，要全面分析案情，与案件各方深入沟通，认真制定民调工作方案。

---

① 被告人彭某丙故意杀人、盗窃死刑复核案基本案情：2014 年 10 月 3 日 11 时许，被告人彭某丙在与被害人银某某（彭某丙的初中同学，女，殁年 28 岁）电话相约后，骑摩托车到银某某家中接银到某甲省彭某丙家地里捡板栗，二人发生了一次性关系。后彭某丙带银某某到附近另一块板栗地捡板栗。其间，二人因琐事产生口角争执，彭某丙打了银某某一个耳光，银某某用手将彭某丙的右手腕及双手手背抓破。后彭某丙将银某某仰面摔倒在地，骑在银身上，用双手掐银颈部，又撕开银所穿的长裤及内裤，再次与银发生了一次性关系。在发生性关系过程中，彭某丙见银某某还有微弱呼吸，又继续用手掐银的颈部，致其机械性窒息死亡。后彭某丙将银某某身上的金项链、金指环（价值共计 2348 元）取下变卖。该案核准被告人彭某丙死刑。

一是要深入了解被害方情况。被害方对民调工作的态度大致可分为三类。第一类是坚决不接受调解。很多子女遇害，征求父母意见的，都属此类，父母情绪激烈，坚决不接受赔偿，强烈要求判处被告人死刑。第二类是态度相对平和，愿意接受赔偿。在司法实践中有个别案件存在此类情形。第三类是处于前二者之间，有做工作的需要和余地，此情况为绝大多数。

在了解被害方对民调工作的态度时，要特别注意被害方态度在不同阶段可能发生的变化。《周易》告诉我们，世界上任何事物都是变化的。没有不变的人，也没有不变的事。变，是一个永恒的规律。在死刑复核案件民调工作中，法官对当事人释法析理，就是要尽可能引导当事人态度朝国家死刑政策倡导的方向变化发展。

但与此同时，也要高度警惕，附民调解不能走向另一个极端，要坚决避免“过度调解”。要充分尊重被害方的意愿，避免因过度调解而给被害人亲属造成二次伤害。如果经了解，被害方在一、二审阶段已经多次明确表示不接受调解，强烈要求判处被告人死刑，甚至在最高人民法院复核阶段也表示过不接受调解，那法官就要注意，不要再频繁地做调解工作。对于一些已经铁了心只求“杀人偿命”的被害人亲属来讲，被害人遇害就像他们心头的伤疤，每一次再提起，每一环节的工作包括法官的民调工作启动，都可能对他们产生就像揭伤疤一样的痛苦。对此，应该有深刻的理解，必须审慎开展工作。

二是要准确了解被告方情况。一般而言，被告方对民调工作的态度也可以大致分为三类。第一类是赔偿态度非常积极的，典型的是儿子犯罪、父母筹钱的，例如，被告人楚某某故意杀人死刑复核案①中，被告人父母卖掉家里的房子、耕地等筹集了17.2万元用于赔偿。有的姐姐救弟弟的态度也非常积极，例如，被告人郭某丙故意杀人死刑复核案中，被告人生父早年离世，母亲另组建家庭，经济状况较差，其自幼与姐姐相依为命，感情极深，案发后，其姐姐想方设法筹钱赔偿，甚至想用其唯一的房产赔偿。第二类是赔偿态度相对消极的，例如，被告人李某壬故意杀人死刑复核案中，被告人儿子筹集3万元后经多次工作仍表示不能筹措更多赔偿款。而在被告人耿某甲故意杀人死刑复核案中，被告人家中有房产，但其妻子表示没有能

---

① 被告人楚某某故意杀人死刑复核案基本案情：被告人楚某某于2013年5月与被害人冯某乙（女，殁年22岁）相识，后二人经常联系。2014年3月21日14时许，楚某某在其位于某丙省的住处与冯某乙发生争执。在争执中，楚某某骑在冯某乙身上，用右手扇冯的脸，用左手掐冯的颈部，致冯机械性窒息死亡。后楚某某将冯某乙的尸体藏匿于附近的废弃床箱内，携冯的黄金转运珠（价值362元）等物逃离现场。该案经调解双方达成谅解，未核准被告人楚某某死刑。

力赔偿，其兄弟姐妹经大量工作，刚开始答应筹集3万元，但最终只交存2.5万元。第三类是介乎前二者之间的，被告方不确定赔偿之后的被害方意见、法院态度，对调解工作持观望态度，这种情况是绝大多数。

三是要全面了解法院的司法救助相关情况。司法救助在很多死刑复核案件的民调工作中都可以发挥很大的作用。尤其是有的案件中，被告方经济困难，拿不出太多的赔偿款，而被害方亦经济十分困难，愿意接受赔偿或救助，法院的数万元救助款就能极大地缓解被害方的经济困境，对调解协议的达成发挥重要的甚至是关键性的作用。为此，一方面，要根据最高人民法院的司法救助规定，了解最高人民法院所能提供的司法救助数额；另一方面，要与地方法院进行沟通，了解地方高级法院、中级法院的司法救助相关规定及对个案所能提供的司法救助数额。了解司法救助情况，可以使法官在与当事人进行座谈时胸中有数，灵活运用司法救助这一制度，更好地开展民调工作。例如，被告人陈某戊故意杀人死刑复核案①中，陈某戊因琐事纠纷杀死工友张某戊后自首。被害人妻女提起附民赔偿诉讼，但被告人及其亲属没有赔偿能力。死刑复核期间，法官电话联系被害人妻子及其女儿征求意见，告知其我国现行的死刑政策，因被告人及其家人无能力赔偿，国家对于经济困难的被害方可以救助3万~5万元。经耐心细致的工作，被害人妻女表示，鉴于被告人有自首情节，其家人愿意接受国家救助，谅解被告人，后被害人妻女提交了谅解书，案件处理取得良好效果。

在制订民调工作方案，乃至在开展民调工作中，要特别注意的一点就是，要充分考虑当事人的“面子”，在一些特定的情况下要多考虑给当事人“台阶”下。中国人好“面子”，对很多事情都要讨个“说法”。这一点在一些影视作品如《秋菊打官司》《我不是潘金莲》中都有生动、深刻的表现。有的案件，被害方并不是不愿意接受赔偿，但只是顾及情面，怕别人说自己是贪财，名声不好。在工作中，法官要充分注意这一点，顾及当事人的“面子”，消除当事人的顾虑，切实开展好民调相关工作。例如，被告人楚某某故意杀人死刑复核案中，在座谈中，被害人母亲

---

① 被告人陈某戊故意杀人死刑复核案基本案情：被告人陈某戊与被害人张某戊（殁年51岁）均系某甲省某酒店员工，住同一宿舍。2015年12月7日1时许，因张某戊下班回房间后未将门关好，陈某戊被冻醒，后二人发生争吵。在争吵过程中，陈某戊掏出尖刀下床，张某戊见状跑出房间，陈某戊追上后持刀连续捅刺张数刀，致张左肺、胸主动脉等破裂失血性休克死亡。后陈某戊主动拨打“110”电话报警，并在现场等待公安人员抓捕。该案经调解双方达成谅解，未核准被告人陈某戊死刑。

表示自己还有未成家的儿子，经济困难，但同时表态不接受赔偿，要求判处被告人死刑。经向参加座谈的被害人姨父了解，被害人母亲内心还是愿意接受赔偿的，但又恐怕别人说闲话、“面子”上不好看。后又经大量工作，被害人母亲答应接受赔偿，对被告人表示谅解，该案最终达成协议。

3. 精心组织，扎实开展民调工作

在全面了解案情，认真制定民调工作方案后，就要精心组织，扎实开展民调工作。在民调工作中，要注意充分发掘资源，切实加强配合，形成合力。南怀瑾先生在《论语别裁》中讲过一个有趣的故事：有大小两条蛇要过街，大蛇想大摇大摆过去，小蛇不敢过去，叫住大蛇说，这样过街你我两个都会被打死。大蛇问该怎么办？小蛇说有一个办法过去，不但不被人打死，还有人替我们修龙王庙。大蛇问它什么办法？小蛇说，你仍然昂起头来大摇大摆过去，但让我站在你头上一起过去。这样一来，我们不但不被打死，人们看了觉得稀奇，一定认为龙王出来了，摆起香案拜我们。还再把我们送到一个地方，盖一个龙王庙。结果照这个办法过街，果然当地人看后盖了一个龙王庙。[①]“两蛇过路”给我们的启示，就是要充分发挥相关人员、相关制度的作用，确保民调工作效果最大化。面对重大复杂的案情，面对想法各异的当事人，有的时候，作为个体的承办法官能力是很有限的，即使苦口婆心也不一定能取得理想的效果。这时候，如果能发挥相关人员、制度的作用，从旁助力，往往能取得更好的效果。

例如，被告人耿某甲故意杀人死刑复核案，笔者在收到案件之初，就发现该案存在的极其敏感、复杂的矛盾和极为严重的隐患，当时就跟同事讲：这个案子一定要调成。其实，现在想想，这个世界上哪有什么一定的事情呢？尤其是这个案子，情节如此复杂，后果如此严重，双方矛盾如此尖锐，地方两级法院做了那么多工作，都没有调解成功，案件到了最高人民法院，双方矛盾还在不断发酵，要做好调解工作，谈何容易。但难归难，工作还是要做的。为此，笔者两次赴某丙省某辛市，与双方亲属座谈，详细释法析理，反复沟通交流，深入了解双方情况与诉求，后又与双方多次电话联系、沟通，在当地法院及相关人员的配合下，最终促使双方亲属达成谅解协议：被告人耿某甲的其他兄弟姐妹赔偿被害人安某某子女经济损失 2. 5 万元（此款在复核阶段经工作已交存到某丙高院）；耿某乙所有的、位于某辛市某地的单元房，耿某乙的其他兄弟

---

① 参见南怀瑾：《论语别裁》，复旦大学出版社 2014 年版，第 781 ~ 782 页。

姐妹自愿放弃继承权，归安某某子女所有；安某某子女对耿某甲给予谅解，尊重法院依照法律政策作出的判决。根据司法救助工作相关规定精神，最高人民法院会同地方法院共同对安某某子女提供一定的司法救助。双方均表示满意，案件处理取得良好效果。

又如，被告人范某甲故意杀人死刑复核案①，系农村两大家族之间因耕地权属争议引发家族械斗，导致被害方 2 人死亡，并导致双方 1 人轻伤、7 人轻微伤。双方对引发案件均负有不可推卸的责任。案发后，双方对抗情绪激烈。被害人孙某丙、孙某丁亲属拒绝接受赔偿，强烈要求判处被告人范某甲与同案被告人范某丁死刑立即执行。孙某丙母亲一审期间连续数日在法院门口拉横幅，二审期间在法院门口举孙某丙遗像及横幅，复核期间还曾多次来京到最高人民法院上访，强烈要求判处范某甲、范某丁死刑。孙某丙尸体一直存放在殡仪馆，未安葬处理。本案存在的隐患十分严重。如果处理不当，很可能会再次发生冲突，造成更严重的危害后果。

为了彻底解决本案中的矛盾，确保案结事了，合议庭深入研究案情，精心制定调解工作方案，在地方法院同志的大力支持、配合下，到当地乡政府召集双方当事人开展附民调解工作，全面释法析理，深入沟通交流，之后又进行了多次电话沟通、交流。经大量工作，最终促使双方达成一致意见。被告人范某甲亲属表示：愿意在已交存 25 万元的基础上，再努力筹集 15 万元交存到法院，总共 40 万元赔偿款积极赔偿二被害人亲属的经济损失，希望能取得二被害人亲属谅解；愿意今后在

---

① 被告人范某甲故意杀人死刑复核案基本案情：被告人范某甲的叔叔范某乙（另案处理）多年来在某丙省某卯县某庚乡某庚村砖窑厂西北角开垦一块荒地进行耕种，后承包该砖窑厂的孙某乙（另案处理）认为该块地应属砖窑厂，双方为此发生争执。2012 年 10 月 17 日，范某乙等与孙某乙为此两次发生厮打，孙某乙提出，自己两次被打，双方需分别召集人员，到地里丈量土地，解决此事。10 月 18 日，范某乙召集家族成员开会，商议携带工具到争议土地，防止打架时吃亏。10 月 20 日，时任村主任的孙某乙召集家族成员及村干部开会，商定携带铁锹到争议土地，并安排村干部带人前往壮声势。其间，范某甲的胞兄范某丙（另案处理）多次给乡书记、包村干部打电话反映此事，请乡里出面协调、阻止。10 月 21 日，范某甲等人购买长钢管并截成 20 余根钢管，在每根钢管一端焊接磨尖的细钢筋头。当日上午，孙家 40 余人到争议地，被害人孙某丙（孙某乙的胞弟，殁年 32 岁）给未携带工具的人分发铁锹，孙某乙、孙某丙并多次打电话催促范某甲、范某丙等人前来。范家 20 余人准备到地里与孙家人员打架时，被乡干部和范家长辈围堵在范某丙家院内。当日 12 时许，孙家人员从地里返回村中，持铁锹行至范某丙家门口，与聚集在范某丙家院内的范家人员发生吵骂，后范家人员持带尖的钢管从院内拥出，双方发生打斗。在打斗中，范某甲持钢管捅刺被害人孙某丁（孙某乙的叔叔，殁年 53 岁）致死，范某甲的胞弟范某丁（同案被告人，已判刑）持钢管捅刺孙某丙致死。打斗还导致双方 1 人轻伤、7 人轻微伤。后经公安机关会同乡政府人员测量，双方争议土地有 1/4 系范某乙开垦。该案经调解双方达成谅解，未核准被告人范某甲死刑。

村里积极退让，与孙家一方和平相处。被害人孙某丙亲属、孙某丁亲属表示：愿意接受并平分被告方赔偿的40万元，不再要求法院判处范某甲、范某丁死刑立即执行，愿意尊重法院的判决。后又与当地乡、村干部座谈，通报附民调解工作情况，请乡、村干部配合做好后续的附民赔偿及地界丈量、尸体安葬、止恶劝善等工作，确保本案处理效果良好。乡、村干部均完全赞同并高度评价法院对本案的附民调解工作，愿意积极协助做好本案后续工作，确保双方今后和平相处，不再发生类似恶性事件。后被告方将后续赔偿款15万元交存于一审法院，总40万元赔偿被害方。在合议庭的持续督促下，双方在乡、村干部的主持下对争议地界进行了丈量、划定，彻底解决了一直以来悬而未决、最终引发本案家族械斗的根本问题。经多方协调，孙某丙尸体在医院殡仪馆长达6年的存尸费得以解决，被害方将孙某丙尸体安葬处理。至此，双方就本案达成谅解，案件存在的隐患得以排除，案件处理达到预期效果。

死刑复核案件中的附民调解工作，在一定程度上，是一个“良心”活。对于死刑复核案件中的民调工作，是否开展、如何开展、主观意愿要达到怎样的结果、客观上做了多大努力以追求最佳结果等，在相当程度上，都是没有办法客观量化的，而只能依靠个人的自觉，依赖个人的良知。死刑复核工作是死刑案件审判的最后一个环节，是把握死刑案件质量的最后一道关口，唯有尽全力做好相关案件的附民调解工作，才能真正履行好肩负的职责，真正做到不忘初心，不违良知，不辱使命，不负期待。

> 曲则全，枉则直，洼则盈，敝则新，少则得，多则惑。
> ——《老子》

第九节　死刑复核案件中的刑事和解

——被告人王某辛故意杀人死刑复核案

引　言

死刑复核案件中的刑事和解是一个十分重要而又特别敏感的问题。要正确把握死刑复核案件中刑事和解的适用范围，并在实践中严格审查、准确适用，坚决防止出现“花钱买刑”“花钱买命”等扭曲司法公正的现象。

一、基本案情

被告人王某辛，男，1993 年 11 月 3 日出生。2016 年 8 月 13 日被逮捕。

某乙省某壬市中级人民法院审理某壬市人民检察院指控被告人王某辛犯故意杀人罪一案，于 2017 年 10 月 10 日以刑事附带民事判决，认定被告人王某辛犯故意杀人罪，判处死刑，剥夺政治权利终身。宣判后，王某辛提出上诉。某乙省高级人民法院经依法开庭审理，于 2018 年 5 月 14 日以刑事附带民事裁定，驳回上诉，维持原判，并依法报请最高人民法院核准。

公诉机关指控，被告人王某辛故意杀害被害人孙某戊，其行为已构成故意杀人罪，应依法惩处。

被告人王某辛辩称：（1）案发当天其是为了解决感情纠纷，没想杀人，其应构成故意伤害罪；（2）其没有预谋杀人，作案用的杀猪刀系在案发现场附近阴沟里捡的，而非从家里拿去的；（3）其愿意对被害人亲属进行赔偿，但其本人及亲属没有赔偿能力；（4）其当庭悔罪并提交悔过书，希望给其改过自新的机会。

被告人王某辛的辩护人除提出与王某辛辩解相同的辩护意见外，另提出如下意见：（1）王某辛对于作案工具杀猪刀来源的供述不稳定，且其关于从家中带杀猪刀去现场的供述与其亲属关于自家没有杀猪刀的证言相矛盾，王某辛称其所用作案工具系普通水果刀，故应排除王某辛关于从家中携带杀猪刀前往现场作案的相关供述；（2）被害人孙某戊不务正业，指使自己的妻子吴某丁招嫖卖淫，存在严重的违法性，吴某丁在卖淫过程中，谎称丈夫对其不好，与王某辛发展成为恋爱关系，致王某辛误入歧途，孙某戊在与王某辛发生冲突后，未理性妥善处理，加剧了王某辛对孙某戊的仇恨，王某辛精神受到严重打击、刺激，进而引发命案，故孙某戊与吴某丁对案发存在严重过错；（3）王某辛可能因先天遗传、个性特征及体质因素、器官因素、社会环境因素等造成间歇性精神障碍疾病或者人格性改变，受到刺激后无意识控制自己行为，激情引发命案；（4）王某辛系初犯、偶犯，有坦白、悔罪情节，在母亲患癌症、哥哥精神分裂、家庭特别困难的情况下，亲属尽力赔偿了被害方18 000 元，希望对王某辛从轻处罚。

一审法院认定：2016 年 5 月至 7 月，被告人王某辛因不能正确处理感情问题，与被害人孙某戊多次发生争执，并打算将孙某戊杀死。同年 7 月 29 日，王某辛准备了杀猪刀、甩棍、手套和灶灰，在孙某戊经常路过的某乙省某丙县某街道附近蹲守。当日 10 时许，孙某戊经过此地时，王某辛用事先准备好的刀具将孙某戊砍杀身亡后逃离现场。次日，王某辛在某壬市火车站被抓获。

认定上述事实的证据，有从案发现场提取的作案工具杀猪刀的刀柄、灶灰、黄色手提袋、根据被告人王某辛供述和指认提取的作案工具甩棍、从王某辛处提取的其作案时所穿的上衣、牛仔裤、板鞋等物证，受案登记表、在逃人员登记表等书证，目击证人吴某丁、李某卯和证人李某辰、胡某乙等的证言，尸体鉴定意见、DNA 鉴定意见、司法精神病鉴定意见，现场勘验、检查、提取、辨认笔录和被告人王某辛的供述等。

一审法院认为，被告人王某辛的行为已构成故意杀人罪。王某辛经预谋携带尖刀当街捅刺被害人孙某戊致死，犯罪情节恶劣，罪行极其严重。据此，依法判决：被告人王某辛犯故意杀人罪，判处死刑，剥夺政治权利终身，并赔偿被害人孙某戊亲属经济损失人民币 43 452 元（含王某辛亲属先行支付的 18 000 元）。

被告人王某辛上诉及其辩护人辩护提出：（1）王某辛找被害人孙某戊的目的和动机是解决感情纠葛问题，没有剥夺孙某戊生命的故意，其行为应为故意伤害，不构成故意杀人；（2）王某辛可能存在先天遗传、个性特征及体质因素、器质因素、社会环境因素等造成的间歇性精神疾病或者人格性改变，受到刺激后无意识控制自己的行为，激情引发命案；（3）作案工具尖刀未找到，存在事实不清和证据不确实、充分的情况；（4）王某辛因感情纠葛误入歧途走上犯罪道路，孙某戊及其妻子吴某丁对本案的诱因和后果存在严重过错；（5）王某辛没有前科劣迹，系初犯、偶犯，如实供述自己的罪行，有坦白情节和悔罪表现；（6）王某辛及亲属愿意尽力赔偿被害方经济损失，目前已履行赔偿 18 000 元，表明了其悔罪道歉的诚意；（7）本案即便认定为故意杀人罪，比照上传到裁判文书网的其他省市案例，量刑也明显过重。王某辛在庭审中还提出：（1）孙某戊用木棒对其人身攻击；（2）其使用的刀没有找到，不能确定刀是其用的，也不能确定刀是其从家带来的；（3）其与孙某戊约好 7 月 29 日那天见面，孙某戊是知道的，不是其一个人蹲点，不是自己悄悄进行的；（4）其主观上没有致死孙某戊的意图，其受过高等教育，不会犯杀人这样的低级错误；（5）其对孙某戊是无意识行为，是孙某戊用木棒刺激到其，在打架过程中，打到孙某戊的哪些部位是控制不住的，其在作案后第一时间逃离现场是正常的反应；（6）其家人代为赔偿 18 000 元，已经尽到了最大努力。

其辩护人在庭审中还提出：王某辛作案使用的刀应该不是杀猪刀，且刀的来源不清楚，现场捡到的刀柄没有刀刃，也没有鉴定出王某辛的指纹等，刀柄和王某辛没有关系。

检察机关的意见是：本案事实清楚，证据确实、充分，定罪准确，量刑适当，审判程序合法，建议驳回上诉，维持原判。

二审法院认定的事实和依据的证据与一审基本相同，并对案发起因进行了具体表述：2016 年 5 月，被告人王某辛在嫖娼过程中结识卖淫的吴某丁（被害人孙某戊之妻），后双方持续交往。在交往过程中，王某辛提出让吴某丁与孙某戊离婚并与其结婚，因此与孙某戊发生多次争执。

二审法院认为，被告人王某辛不能正确处理与被害人孙某戊妻子吴某丁之间的感情纠葛，采用暴力手段杀死孙某戊，其行为已构成故意杀人罪。关于王某辛及其辩护人所提理由及意见，经查，王某辛为达到与吴某丁结婚的目的，多次与孙某戊发生争执，虽经民警调解处理，但王某辛仍然准备工具并将孙某戊杀死，其行为应认定为故意杀人罪。一审期间，公安机关已经委托鉴定机构对王某辛进行了精神病鉴定，确认王某辛具有完全刑事责任能力。故上诉理由及辩护意见不能成立。王某辛一意孤行、不思退让，执意杀死孙某戊，主观恶性大，且犯罪手段残忍、犯罪后果严重。对其上诉理由及辩护人的意见不予采纳。据此，依法裁定：驳回上诉，维持原判。

最高人民法院经复核确认：2016 年 5 月，被告人王某辛在嫖娼过程中结识被害人孙某戊（殁年 40 岁）之妻吴某丁，后王某辛提出让吴某丁先与孙某戊离婚再与其结婚，遭到吴某丁和孙某戊拒绝。为此，王某辛带人对孙某戊进行威胁，并多次与孙某戊发生争执。7 月 29 日，王某辛携带尖刀、甩棍、手套、灶灰等作案工具，守候在孙某戊居住的某乙省某丙县某街道附近。当日 10 时许，孙某戊与吴某丁经过此地时，王某辛冲上前持尖刀捅刺孙某戊胸腹部、颈部等处数刀，孙某戊跑开倒地后，王某辛追上前继续对孙某戊踢踹并持刀捅刺，致孙心肺破裂死亡。次日，王某辛在潜逃途中被抓获。

最高人民法院确认上述事实的证据与一、二审相同。

最高人民法院认为，被告人王某辛故意非法剥夺他人生命，其行为已构成故意杀人罪。王某辛夺人之妻未逞，即有预谋地持尖刀等作案工具在道路上公然拦截杀人，致被害人死亡，犯罪动机十分卑劣，犯罪情节和社会影响特别恶劣，罪行极其严重，应依法惩处。第一审判决、第二审裁定认定的事实清楚，证据确实、充分，定罪准确，量刑适当。审判程序合法。据此，依法裁定：核准某乙省高级人民法院维持第一审以故意杀人罪判处被告人王某辛死刑，剥夺政治权利终身的刑事附带民事裁定。

二、主要问题

最高人民法院复核期间，被告人王某辛亲属与被害人孙某戊部分亲属在双方律师的协助下，经自行协商，达成刑事和解协议，并提交最高人民法院。最高人民法院经审查并研究，未采纳该和解协议，依法核准被告人王某辛死刑。

对于死刑复核案件中的刑事和解，应如何把握？笔者认为，对于双方当事人经自行协商达成的和解协议，应依法审查并综合全案情节考量是否采纳，既要充分尊重当事人的意愿，也要高度重视维护司法的公正。

三、延伸思考

死刑复核案件能否适用刑事和解，在理论界存在很大争议。而一些适用了刑事和解个案的披露，更一次次撩拨着大众对于司法公正的敏感神经。如何正确把握死刑复核案件中的刑事和解，就成为一个在理论和实践中都非常重要的课题。

（一）死刑复核案件中刑事和解的基本含义

在展开讨论前，首先有必要对死刑复核案件中的刑事和解有一个明确的界定。

一般来讲，刑事和解是指在刑事诉讼程序运行过程中，加害人（被告人或犯罪嫌疑人）与被害人及其亲属以认罪、赔偿、道歉等方式达成谅解与协议以后，国家专门机关不再追究加害人刑事责任或者对其从轻处罚的一种案件处理方式。①而死刑复核案件中的刑事和解，则是指在死刑复核程序中，对于因犯罪行为造成被害方经济损失的案件，双方当事人就民事赔偿部分经自行协商，自愿达成赔偿谅解协议，并将协议提交法院，请求法院予以认可并对刑事部分从轻处罚的情形。具体而言，死刑复核案件中的刑事和解包括以下三个要点：

1. 刑事和解并非适用于所有的案件，而是限于由于被告人犯罪行为给被害方造成物质损失的案件。这与《刑事诉讼法》规定的附带民事诉讼的范围是一致的。据此，像毒品犯罪、走私犯罪等无直接被害人的案件不适用刑事和解。

---

① 参见陈光中：《刑事和解再探》，载《中国刑事法杂志》2010 年第 2 期，第 3 页。

2. 刑事和解的主体是双方当事人，法院并不参与。双方当事人经自行协商（实践中多是在律师、亲属或其他人员的协助下进行沟通），基于自愿原则就民事赔偿部分达成协议，由被告方（一般是被告人亲属，因被告人在押）向被害方（一般是被害人亲属，因被害人一般要么死亡要么重伤）提供一定数量的经济赔偿（赔偿款一般都暂时交存到一审或者二审法院，因被告人在押，且基于中国目前的产权现状，一般都难以将被告人个人的财产从家庭共有财产中分割出来，故实践中都是被告人亲属以代为赔偿的形式与被害方协商），被害方接受赔偿并谅解被告人，建议法院对被告人从轻处罚。

3. 刑事和解协议并非自动生效，而是有待法院的审查确认。被告方自愿向被害方进行赔偿，由于多是以被告人亲属代为赔偿的形式进行，因此一般均附有条件，即只有法院认可协议并对被告人予以从轻处罚的前提下，该赔偿款才实际支付给被害方。但协议是否能被法院所认可，是不确定的，因此，协议在达成之时，效力尚处在未定的状态。

准确理解死刑复核案件中的刑事和解，必须正确把握其与相关制度、概念的区别。

一是刑事和解不同于辩诉交易、刑事协商、认罪认罚从宽等制度。英美国家的辩诉交易制度、德国的刑事协商制度和我国的认罪认罚从宽制度等虽然存在诸多的差别，但共同之处都是由刑事案件的辩方和控方就定罪量刑进行“协商”，被告人以认罪认罚换取控方和法院的从宽处理，是对刑事部分的直接处理。而刑事和解则仅仅是双方当事人就民事部分达成的协商，不直接涉及刑事部分。

二是刑事和解不同于刑事附带民事调解。刑事附带民事调解是由法院主持进行的一项工作，主导者是法院，参与者是双方当事人，内容是就附带民事赔偿在双方当事人之间进行沟通交流，促使双方达成调解协议。调解的方式多种多样。实践中，很多附民诉讼中的调解工作因被害方不接受调解而直接终止。而刑事和解则没有法院的参与，是双方当事人自主进行的，其中可能也有其他人的参与，包括双方的律师、亲属或当地社区、基层组织的相关人员等，但总体而言，都是按照当事人自己的意愿展开和推进的，作为对案件处理尤其是对定罪量刑有决定权的法院并不参与其中。

三是刑事和解并非“私了”。“私了”与“公了”相对，是民间对于诉讼双方自行和解行为的一种俗称，既包括民事案件、行政案件，也包括刑事案件。脱离了公权力监督和审查的“私了”情况比较复杂，既包括一些民间可以自行平复、未构成犯罪的违法事件，也包含有不少已构成犯罪的案件。由于脱离了公权力的视野，加害人和被害人的权利都很难得到法律保护。但因“私了”能够给被害人和加害人带来“实惠”，此种解决方式在我国民间颇具市场。有学者根据有关资料统计称，社会上发生的刑事案件，有30%左右是私了的，个别地方人身损害、盗窃、重婚三类案件私了率达70%。无论真实比例如何，都说明刑事纠纷的解决采取公权力视野之外的和解是一个广泛存在的社会现实。① 但刑事和解与这种“私了”并不相同。双方当事人就犯罪行为造成的物质损失赔偿达成协议，并不能“了结”刑事部分，而只是预期和解协议可能会对刑事部分产生一定的影响，在死刑复核案件中，这种可能的影响一般也只是将死刑立即执行从轻改判为死刑缓期二年执行。

（二）死刑复核案件是否适用刑事和解

重罪案件包括死刑案件能否适用刑事和解，这本来不是一个问题。在刑事附带民事诉讼中，双方当事人就民事部分，无论在法官的主持下还是自行自愿协商达成协议，都是对自身民事权益的处分，都不违背法律的规定。无论是理论上还是法律上都不存在障碍，在实践中也都一直在施行。但对于重罪案件尤其是死刑案件的刑事和解，理论界却存在很大争议。为此，简要说明如下。

1. 重罪案件同轻罪案件一样可以适用刑事和解。2018 年《刑事诉讼法》第 101 条第 1 款规定：“被害人由于被告人的犯罪行为而遭受物质损失的，在刑事诉讼过程中，有权提起附带民事诉讼。被害人死亡或者丧失行为能力的，被害人的法定代理人、近亲属有权提起附带民事诉讼。”第 103 条规定：“人民法院审理附带民事诉讼案件，可以进行调解，或者根据物质损失情况作出判决、裁定。”据此，法院对附带民事诉讼可以进行调解。既然双方当事人可以在法院的主持下就附民赔偿部分进行协商，那么双方也可以经自主协商自愿达成谅解协议，然后报请法院审查，只要协商内容合法、可执行且确实是双方真实意思的反映。这既有效化解了矛盾，又免得法官再费心费力地去做工作，节省了司法资源，岂不更好。虽然《刑事诉讼法》在分则的刑事和解特别程序章节未规定重罪案件包括死刑案件的和解问题，但同样并未规定重罪案件不可以进行刑事和解。而且，2018 年《刑事诉讼法》确立的认罪认罚从宽制度中，对刑事部分尚且可以在认罪认罚的情况下依法

① 参见陈光中、葛琳：《刑事和解初探》，载《中国法学》2006 年第 5 期，第 5 页。

从宽，对于民事部分更无任何原则性的限制。讨论重罪案件是否适用刑事和解，恰似讨论病人是否应该吃药这样的问题一样，笼统地讲，病人当然应该吃药，但具体到每个病人，吃什么药、什么时候吃、怎么吃，则需要具体分析。刑事和解的适用也是如此。虽然具体的个案情节不同，应做不同的处理，有的案件根本就没有被害人，自然不存在刑事和解，还有的案件，由于犯罪情节、后果、影响等因素，即使和解也必须严惩甚至只能判处死刑，但这并不妨碍，从总体而言，重罪案件也可以适用刑事和解。

2. 刑事和解可以适用于所有刑事诉讼环节。与刑事附带民事调解只能在审判阶段开展不同，刑事和解则可以在刑事诉讼全流程开展。在侦查、审查起诉和审判任何阶段，双方当事人均可以就民事赔偿部分进行协商，并将协议提请公安司法机关审查，这实质上是双方对自己享有的法定民事权益的处分。

3. 死刑复核案件也可以适用刑事和解。死刑复核程序是死刑案件的最后一道程序，也是双方当事人就民事部分进行协商的最后机会，当然也可以适用刑事和解。从最高人民法院复核死刑案件的实践看，不核准死刑的理由一般分为三类，即事实问题、政策问题和程序问题，其中，因政策问题不核准，主要就是因双方达成民事赔偿协议而按照政策可以不核准死刑。根据最高人民检察院课题组的统计，2015～2016 年 8 月，最高人民法院不核准死刑案件中，具有民事赔偿情节的案件接近办案总数的 30%。司法实践中，双方当事人达成民事赔偿协议已经逐渐成为死刑改判的主要原因。一些地方因民事赔偿而从死刑立即执行改判为死刑缓期执行的案件数量居所有改判案件数量之首。有的省检察院办理的死刑二审案件中，已审结案件中有 62.3% 的案件因具有民事赔偿情节而在二审或复核阶段被改判，还有的省检察院这一比例达到 78%。①

一些学者反对在重罪案件中适用刑事和解，尤其是坚决反对在死刑案件中适用刑事和解。例如，有的学者从法理逻辑、法治语境等 10 个方面对死刑案件适用刑事和解进行“证伪”，认为：“死刑案件的刑事和解在当下主流刑事司法模式下缺乏运作的法理逻辑根据，其庸俗化地理解了构建和谐社会的治国方略，教条主义地理解了宽严相济的刑事司法政策，违背了罪刑法定原则，超越了能动司法允许的合

① 参见最高人民检察院公诉二厅课题组：《民事赔偿情节对死刑适用的影响》，载《国家检察官学院学报》2018 年第 1 期，第 97～100 页。

理限度，转移了国家对犯罪的发生本应承担的社会集体罪责。此外，死刑案件的刑事和解潜藏着司法腐败的巨大危险”。[①] 这一观点在反对论者中具有相当的代表性。但纵观全文，其反对适用刑事和解的实际上只是“罪行极其严重、依法罪该处死并须立即执行的极端凶恶的犯罪分子”,[②] 对于可杀可不杀的案件并无否定之意。而司法实践中，适用刑事和解的死刑案件恰恰正是这些可杀可不杀的案件，因为只有这些案件才有和解的需要和空间。

（三）死刑复核案件中如何把握刑事和解

在死刑复核案件中适用刑事和解，主要包括两个环节的工作，一是审查个案是否属于可以适用刑事和解的范畴，二是审查双方当事人自主达成的和解协议是否合法有效，决定是否采纳，并据此决定是否对被告人从轻处罚。

审查个案是否属于可以适用刑事和解的范畴，是死刑复核案件适用刑事和解首要的也是基础性的内容。只有可以适用刑事和解的案件，当事人就民事部分自主协商才可能对刑事部分产生影响，否则，就没有协商的必要。

而具体的死刑复核案件是否适用刑事和解，取决于个案是否属于不应该杀或者可以不杀的范畴。实践中，各地高院报送的死刑复核案件，除了罪行极其严重、确实必须判处死刑立即执行而应当核准的和因存在事实、程序问题或因法律政策因素而不应核准的之外，还有一些属于可杀可不杀的案件。只有这些不应该杀和可杀可不杀的案件，才允许适用刑事和解。

问题的难点恰恰在于，如何确定可杀可不杀的案件的范围。《刑法》第 48 条规定：“死刑只适用于罪行极其严重的犯罪分子。对于应当判处死刑的犯罪分子，如果不是必须立即执行的，可以判处死刑同时宣告缓期二年执行。”最高人民法院《宽严相济意见》第 29 条规定：“……死刑只适用于极少数罪行极其严重的犯罪分子……对于罪行极其严重，但只要是依法可不立即执行的，就不应当判处死刑立即执行。”据此，可杀可不杀的案件就是罪行极其严重，应当判处死刑，但是否立即执行处在两者之间的案件。

对于可杀可不杀案件的范围，不仅法律政策没有具体的规定，实践中也没有明确的规则，但运用排除法，可大致作如下理解：

首先，可杀可不杀案件不包括因事实、程序存在问题而不应当判处死刑的案件。

① 梁根林：《死刑案件被刑事和解的十大证伪》，载《法学》2010 年第 4 期，第 3 ~ 19 页。

② 梁根林：《死刑案件被刑事和解的十大证伪》，载《法学》2010 年第 4 期，第 20 页。

事实问题类的，是指事实不清、证据不足、存在尚未排除的合理怀疑的案件。程序问题类的，则是指案件在程序上存在严重问题，可能影响正确定罪量刑的案件。

其次，可杀可不杀案件不包括根据法律政策本就不应当判处死刑立即执行的案件。有些案件，虽然事实清楚，证据确实、充分，但根据法律规定和政策精神，本来就不应当判处死刑立即执行。

最后，可杀可不杀案件不包括依据法律和政策判处死刑，确实必须立即执行的案件。必须立即执行死刑的案件，是指那些最严重的案件。至于何为最严重的案件，法律政策没有明确的规定，只能根据法律精神和司法实践进行具体的判断。通常我们将法律类比为天平，对于何为最严重案件这样的问题，就需要放到我们认知的天平上进行称量，看是否属于最严重的那一类。根据法律政策的规定，"死刑只适用于极少数罪行极其严重的犯罪分子"，依据"极少数"和"罪行极其严重"这些标准，最严重案件应该是那些在所有犯罪案件中危害层级最高、没有比它更严重的那一类案件。同时，由于每个人的感受不尽相同，严重与否在一定程度上具有主观判断的色彩，而死刑案件的判决是要为整个社会维护公正，要取得社会绝大多数人的认可，因此，对于是否属于最严重案件、是否必须判处死刑立即执行这样的问题，在理论上应该取得社会上绝大多数人的认可。换言之，不同于一般问题的少数服从多数的规则，在这个问题上，应该采取多数服从少数的规则。当然，这里所说的少数不是指极少数或个别，而是有一定比例的少数。只要认为不属于最严重的不是极少数人或称个别人，即使人数不占多数，也不应该认定为是最严重案件而判处死刑立即执行。

据此，只有那些不存在事实、程序问题，根据事实依法应当判处死刑，但是否立即执行死刑处在两可之间的，才属于可杀可不杀的案件。

而可杀可不杀的案件，一般可以分为两类：一类是根据政策，更倾向于不杀的案件。对此类案件，根据政策要求，法官应该做附民调解工作，只要双方达成谅解，即可不核准死刑。另一类是根据政策，更倾向于杀的案件。对此类案件，根据政策要求，法官可以做附民调解工作，也可以不做，如果双方达成了谅解，法官可以考虑采纳和解协议从而对被告人从轻处罚。据此，从法官采纳当事人刑事和解协议的角度，对死刑复核案件可以分为三类：应该采纳和解协议的案件，可以采纳和解协议的案件和不应该采纳和解协议的案件。

1. 应该采纳和解协议的案件。这类案件，虽然法律规定可以判处死刑，但根据政策的要求，本来就应该或倾向于不判处死刑立即执行，属于死刑政策中严格控制和慎重适用死刑的范畴。对此类案件，法官依据职责要求，本来就应该主动做附民调解工作，尽可能促使双方达成谅解，解决矛盾，化解纠纷，做到案结事了，实现案件处理法律效果和社会效果的统一。如果在法官尚未开展附民调解工作之前，或者在法官开展附民调解工作之外，双方当事人自行就附民赔偿部分达成谅解协议，只要合法有效，法官当然乐于采纳。这类案件在实践中有很多。例如，被告人郭某丙故意杀人死刑复核案中，郭某丙于 2010 年 12 月 2 日 22 时许在家中与同居女友王某庚因琐事发生争执，郭用手掐、用枕巾勒王颈部，致王机械性窒息死亡。后公安人员在郭的亲属帮助下将郭抓获。本案起因于家庭生活纠纷，属典型的民间矛盾，被告人系临时起意犯罪。案发后，被告人亲属积极协助公安人员抓捕被告人，被告人无拒捕行为，归案后认罪态度好，且其亲属愿意积极代为赔偿被害方经济损失，被害方亦有明确的愿意接受赔偿的意愿，只是因赔偿金额存在分歧而未达成协议。此案就属于应该开展附民调解工作的案件。实践中，很多因民间矛盾激化引发的故意杀人等案件，严格依据政策要求，都可以不判处死刑，但由于双方当事人就附民赔偿未能达成协议，或者被害方反应强烈等，最终都判处死刑报请最高人民法院复核。对很多案件，各方对于最高人民法院在复核阶段可能还会做附民调解工作是有预期的。对此类案件，如果不做附民调解工作，或者对当事人自行达成的和解协议不予审查，就有与职责要求不符之嫌。

2. 可以采纳和解协议的案件。这类案件是指那些可杀可不杀案件中倾向于杀的案件。有的案件虽然不属于绝对的必须判处死刑立即执行的案件，但也不属于应该做附民调解工作或适用刑事和解的案件，而是处在二者之间，不是绝对的必须判处死刑，但又倾向于判死刑。很多案件虽然存在民间矛盾激化引发等因素，但由于后果与罪行特别严重，或者存在累犯等加重情节，法官开展附民调解工作不是不可以，但不宜过于主动、过于深入，甚至不做工作也不是不可以。例如，被告人何某甲故意杀人死刑复核案①中，被告人何某甲因女友张某己提出与其分手而不满，经预谋报复杀人，致张某己胞弟张某庚、父亲张某辛死亡，致张某己母亲穆某某轻

① 被告人何某甲故意杀人死刑复核案基本案情：被告人何某甲因女友张某己提出与其分手，产生杀害张某己家人进行报复之念。2016 年 3 月 12 日晚，何某甲在某乙省某西县购买了一把尖刀和一把钉锤，后乘出租车到某西县某壬村。次日零时许，何某甲持尖刀和钉锤潜入某壬村张某己家，先后持尖刀捅刺、持钉锤击打被害人张某庚（张某乙胞弟，殁年 14 岁）、张某辛（张某己之父，殁年 47 岁）致死，持木棒击打被害人穆某某（张某己之母，时年 40 岁）致其轻伤。当日 12 时 30 分许，何某甲向公安人员投案。该案核准被告人何某甲死刑。

伤。虽然本案起因于民间矛盾，何某甲作案后自首，但鉴于被告人行为造成二死一轻伤的特别严重后果，被害方强烈要求判处何某甲死刑，何某甲亦没有赔偿能力，不具备开展民调工作的基础，故本案未开展民调工作。同样，对于此类案件，即使双方当事人自行达成和解协议，法官也可以结合全案情节决定是否采纳。

3. 不应该采纳和解协议的案件。这类案件，就是上文所讲的大家普遍认为最严重、必须判处死刑立即执行的案件。这类案件无论在比例上还是在绝对量上都属于“极少数”，处于危害层级“金字塔”的顶端。对此类案件，法官不应该主动开展附民调解工作，即使当事人自愿达成谅解协议，也不应该采纳，而只能核准被告人死刑。例如，被告人汪某某故意杀人死刑复核案中，汪某某因家庭暴力等矛盾致妻子何某乙外出打工拒绝回家，汪心怀不满，遂趁岳母去世时何某乙及众多亲属回家或前来料理后事之机，持尖刀连续捅刺何某乙及其亲属等13名被害人要害部位，包括1名婴儿、1名儿童，致9人死亡、3人重伤、1人轻伤。虽然该案起因于家庭矛盾，但被告人犯罪手段特别残忍，情节特别恶劣，后果和罪行极其严重，社会危害极大，根本不存在做附民调解工作的空间。换言之，即使当事人就民事赔偿部分达成谅解，也还是应当核准被告人死刑。

对于可以适用刑事和解的案件，双方当事人自主达成和解协议的，法官要依法审查其协议是否合法有效，进而决定是否采纳，并对被告人从轻处罚。

（四）如何消除大众对死刑复核案件刑事和解的顾虑

很多学者反对在重罪案件特别是死刑案件中适用刑事和解，主要理由都是担心因经济赔偿而出现“花钱买刑”“花钱买命”的情形，由此严重冲击法律和伦理底线，造成司法不公。对此，实务界也有高度的警惕，例如，有同志认为：“民事赔偿与死刑适用的关系重大而脆弱：一方面，处理好二者的关系能够使附民原告人尽可能获得物质赔偿并减少死刑适用，有利于弱化被害方的激愤情绪和贯彻‘少杀、慎杀’的刑事政策，促进社会和谐；另一方面，二者的关系处在正义的边缘，把握不好则会造成处刑上的贫富差距甚至出现‘以钱赎命’现象，违背法律适用的平等原则，并损害公众对刑法无偏私性的认同与忠诚”。[①] 在死刑复核案件中适用刑事和解，必须首先消除大众的这种顾虑。

笔者认为，消除大众对死刑复核案件中适用刑事和解的顾虑，必须把握以下三点。

---

① 方文军：《民事赔偿与死刑适用的平衡规则探微》，载《法律适用》2007年第2期，第19页。

1. 始终坚持对最严重案件坚决判处死刑的底线。在保留死刑的情况下，坚持对最严重案件坚决判处死刑是一个必须坚持的原则和底线。而必须判处死刑的最严重案件，如前所述，是处在危害层级“金字塔”顶端的那些“极少数”“罪行极其严重”的案件。个案要被确定为最严重的案件，应该取得社会绝大多数人的认可，也即采取多数服从少数的规则。这里的少数，并非指极少数，或称个别。至于极少数是多少，虽然没有一个固定的比例标准，但根据一般的理解，还是可以有一个大致的范围。在100个人里面，两三个人肯定是极少数，但二三十个就肯定不是。同样，60个人肯定不是绝大多数，至少也得八九十人吧。一个刑事案件，如果100个人里面，有20个人甚至30个人都认为不属于没有任何商量余地、必须判处死刑的，恐怕那七八十个人还是要尊重这二三十个人的意见。既然这么多人都认为有商量余地，那就再商量一下也未尝不可。在这些最重要的事情上，多数人还是要尊重少数人的意见，毕竟，不是只有个别人提反对意见。实践中，对于最严重、必须判处死刑的案件，一般情况下，还是比较容易识别的。典型的如媒体广泛报道的被告人靳如超故意杀人致1人死亡、爆炸致108人死亡案①等。实践中，还有很多类似的案件，如前所述的被告人汪某某故意杀人死刑复核案中，汪某某因家庭矛盾捅刺其妻子及亲属13人致9人死亡、3人重伤、1人轻伤。再如，被告人李某巳强奸死刑复核案②中，2009年暑期至2011年6月，李某巳先后奸淫时年6~7岁的幼女14人26次；等等。对这些案件核准死刑，一般不会有任何犹豫。

实践中，对有些案件是否属于最严重、必须判处死刑，可能会存在争议。事实上，也应该允许有争议。因为，是否属于最严重，是一个主观性很强的问题，而主观的判断背后，一般都有一些客观的因素在做支撑，不好片面地、武断地、绝对地说谁一定是对的，谁一定是错的。人们的成长背景、知识阅历不同，各地的风俗民情、环境条件不同，都可能影响对某一犯罪危害性的认识。例如，盗窃7万元应当

---

① 被告人靳如超故意杀人、爆炸案基本案情：靳如超曾因犯强奸罪被判处有期徒刑十年，1997年8月19日刑满释放。2001年3月9日，靳如超因琐事纠纷，在云南省持柴刀将女友杀死。3月16日凌晨，靳如超在河北省石家庄市制造了震惊海内外的石家庄特大爆炸案，造成108人死亡、38人受伤。3月23日，靳如超被抓获。后靳如超被判处并执行死刑。参见百度百科，https：//baike. baidu. com/item/%E9%9D%B3%E5%A6%82%E8%B6%85/4514327？fr = aladdin，最后访问日期：2020年8月9日。

② 被告人李某巳强奸死刑复核案基本案情：被告人李某巳曾因犯奸淫幼女罪被判刑，2004年7月20日刑满释放。2009年暑期至2011年6月，李某巳采取带被害人外出玩耍、给钱、送小人书等手段，先后在某甲省某村山坡、某单元房等地奸淫幼女14人（时年均为6~7岁）26次。该案核准被告人李某巳死刑。

判什么刑，就不能一概而论，如果在广东广州等地，只属“数额较大”，只能在有期徒刑三年以下量刑，如果在宁夏，则属“数额巨大”，应该在有期徒刑三至十年之间量刑，因为，广东广州等地的盗窃罪数额巨大的起点标准是10万元，宁夏的标准则是3万元，而这些标准都不违背最高人民法院、最高人民检察院于2013年4月2日发布的《关于办理盗窃刑事案件适用法律若干问题的解释》中确定的盗窃“数额巨大”应在“三万元至十万元以上”的规定。对于一些中等重要程度的问题尚且允许存在一定的差别判断，何况是最重要的、人命关天的问题。

2. 大力加强死刑案件被害人司法救助工作力度。大众对死刑案件适用刑事和解最重要的担忧就在于“花钱买命”，其核心矛盾在于被害方因犯罪行为而陷入严重的经济、医疗困难但得不到有效的救济。如果能得到有效救济，被害方自然也就不会有强烈的经济诉求，进而大众也就不必担心被告方用金钱来换取从轻处罚了。而被害方要想得到有效救济，实践中指望被告人一般是不可能的，因为被告人羁押在案，人身自由都没有，遑论拿出大额的赔偿，由于我国的产权现状，一般也很难将被告人的个人财产权益从其家庭共同财产中划拨出来，指望亲属接济、社会捐助一般也不现实，因此，能够靠得住的就只有国家的司法救助了。如果国家能对被害方提供及时、有效的司法救助，解决被害方的经济之困、燃眉之急，被害方自然能有足够的底气抵御来自被告方经济赔偿的诱惑，法院也不用有任何顾虑，直接依法对被告人判处刑罚，该判死刑的坚决判处死刑，实现多方都期待的司法公正。从一定程度上讲，对被害方进行司法救助也是国家的一种责任。正如有的学者所言：“犯罪的发生在某种意义上也可以解读为国家未能恪尽其预防犯罪、维护秩序、保护国民之职责的结果，国家作为法秩序的维护者应当对犯罪的发生承担超越道义责任与政治责任、具有更确定与丰富内涵的间接的法律责任。基于这种国家法律责任，国家不仅应当于犯罪事件发生后依法追究犯罪者的刑事责任，惩罚犯罪，伸张正义，恢复秩序，并借鉴犯罪的教训寻求更为有效的预防与控制犯罪之道，而且应当积极关注刑事案件被害人的权利保护与恢复，避免被害方在被犯罪侵害后的刑事责任追究与民事权利救济过程中遭遇第二次被害。”①

对于刑事被害人司法救助工作，国家有关部门十分重视。2015年12月7日，中央政法委、财政部、最高人民法院、最高人民检察院、公安部、司法部印发

① 梁根林：《死刑案件被刑事和解的十大证伪》，载《法家》2010年第4期，第17页。

《关于建立完善国家司法救助制度的意见（试行）》，对国家司法救助工作提出了明确要求，以期维护当事人合法权益，保障社会公平正义，促进社会和谐稳定。2016年7月1日，最高人民法院发布《关于加强和规范人民法院国家司法救助工作的意见》，对人民法院落实国家司法救助工作进行了具体规定，其中第6条明确规定："救助金以案件管辖法院所在省、自治区、直辖市上一年度职工月平均工资为基准确定，一般不超过三十六个月的月平均工资总额。损失特别重大、生活特别困难，需适当突破救助限额的，应当严格审核控制，救助金额不得超过人民法院依法应当判决给付或者虽已判决但未执行到位的标的数额"。这些制度对于解决死刑案件被害方的经济困难问题、维护司法公正有重要的意义。国家司法救助工作如果能及时足额到位，不仅可以极大地缓解被害方的生活、医疗困境，而且能为司法机关依法公正处理刑事部分提供良好的基础。因为在救助到位的情况下，被告方的民事赔偿就不再是"雪中之炭"，对被害方就不那么重要了，司法机关处理案件对此也就不必有太多的顾虑。

3. 切实做好新闻舆论引导工作。在当代社会，新闻媒体被誉为"立法权、行政权、司法权"之外的"第四权力"，通过舆论监督对社会发展发挥重要的作用。在建设社会主义法治社会过程中，充分发挥新闻舆论的宣传引导功能，对促进公众与司法机关之间互动、向公众普及法律知识、确保公众对司法机关进行有效的监督有积极的作用，进而能够有力地推进社会主义法治建设。正如英国丹宁勋爵所说："报纸有——也应该有——对公众感兴趣的问题发表公正意见的权力……只要报道正确，态度端正，评论公正，就不能非难它们……因为公正的意见是不会损害公正的审讯的……"① 但如果新闻媒体不能正确地发挥宣传引导功能，而是捕风捉影，断章取义，进行错误的宣传、引导，其结果就会适得其反，对司法公正乃至法治建设造成很大的困扰。对于在重罪案件包括死刑复核案件中适用刑事和解，尤其需要新闻媒体发挥正确的宣传和舆论引导作用。

（五）在死刑复核个案中认真做好适用刑事和解工作

死刑复核案件中的刑事和解工作，既十分重要又特别敏感，为此，一定要严格把关，准确适用。

例如，被告人王某辛故意杀人死刑复核案中，王某辛因要求在嫖娼中结识的卖

---

① ［英］丹宁勋爵：《法律的正当程序》，李克强等译，法律出版社2011年版，第15页。

淫的吴某丁与丈夫孙某戊离婚并与自己结婚遭拒，经预谋将孙某戊杀死。该案虽然起因于感情纠纷，但并不是通常意义上的符合传统伦理道德的感情纠纷，王某辛经预谋杀人，相当于“奸夫杀本夫”，严重违背了法律和社会伦理道德。故在经初步审查后，笔者认为，本案虽然不属于最严重、必须判处死刑立即执行、不需要任何犹豫的案件，但也不属于应该主动去做工作、努力促成双方达成和解的案件，而是属于做不做工作两可之间，倾向不做的案件，故未主动开展附民调解工作。

复核期间，被告人王某辛亲属与被害人孙某戊部分亲属在双方律师的协助下，经自行协商，自愿达成刑事和解，被告人亲属代为赔偿一审法院判决赔偿款 43 452 元中除已支付 18 000 元之外的 25 452 元，并将此款交存至一审法院，被害人亲属给予谅解，并建议对王某辛从轻、减轻处罚。和解协议上被害方签字的 5 人中，除了被害人妻子吴某丁和女儿孙某己，儿子孙某庚、孙某辛外，还有被害人父亲孙某壬。

为核实上述和解协议的真实性并准确了解被害人孙某戊亲属对本案的处理意见，笔者和同事前往当地与被害人亲属进行座谈。被害人妻子吴某丁与 3 个孩子均在案发地生活，吴某丁表示：孙某戊人死不能复生，王某辛的父母案发后来求情，也很可怜，故自己不是因为钱才原谅王某辛的，无论国家是否救助、救助多少钱，无论王某辛家能赔多少钱，自己都愿意谅解王某辛。孙某戊女儿孙某己起初不愿意谅解王某辛，但在其母亲吴某丁的劝说下在谅解书上签了字。孙某戊两个儿子孙某庚、孙某辛年幼，由吴某丁做主同意谅解王某辛。被害人父亲孙某壬在某乙省某未市某寅县山区老家与孙某戊的四哥孙某癸等一起生活，孙某壬年逾 80 岁，身体尚好，但耳朵有点儿背，在座谈中表示：其不知道谅解协议的事，也没有签过字；被告方赔多少钱都没用，儿子孙某戊死了，杀人犯也该死，国家有政策，杀人要偿命。孙某癸表示：其服从法院的判决，另因其二哥智力障碍、三哥外出打工无法联系、大姐嫁到外地无法联系，故其只征求了大哥孙某寅和二姐孙某卯的意见，孙某寅和孙某卯均表示不谅解被告人，杀人就要偿命。

基于以上座谈情况，综合全案事实、情节，经研究，最终决定不采纳被告方与被害人部分亲属自行达成的刑事和解协议，依法核准被告人死刑，并协调地方法院向被害人亲属提供数万元的国家司法救助。

我当法官时，常认真地履行我的责任，实际上我也是如此做的。但在我心某处，潜伏着这么一种意识：我只是在人生的舞台上扮演一个法官的角色。每当我判一个人死刑，都秘密地向他的灵魂祈求，要它原谅我这么做，我判他的刑只是因为这是我的角色，而非因为这是我的意愿。我觉得像彼拉多（Pilate）一样，并且希望洗干净我的手，免得沾上人的血，尽管他也许有罪。唯有完人才够资格向罪人扔石头，但完人是没有的。①

——吴经熊

第十节　努力维护司法公正

——被告人李某申故意杀人死刑复核案

引　言

公正是司法的灵魂，是司法活动的最高价值追求。但公正是相对的，这既是由司法活动的本质属性决定的，也与人们的立场、认识能力等有密切关系。司法公正的实现，终归要落实到具体的司法实践中，这需要做大量扎实的工作。

一、基本案情

被告人李某申，女，1976 年 3 月 30 日出生。2014 年 5 月 29 日被逮捕。

某丁省某癸市中级人民法院审理某癸市人民检察院指控被告人李某申犯故意杀人罪一案，于 2015 年 10 月 16 日以刑事附带民事判决，认定被告人李某申犯故意杀人罪，判处死刑，剥夺政治权利终身。宣判后，李某申提出上诉。某丁省高级人民法院经依法开庭审理，于 2017 年 9 月 27 日以刑事裁定，驳回上诉，维持原判，并依法报请最高人民法院核准。

公诉机关指控，被告人李某申故意杀害被害人翟某甲，其行为已构成故意杀人罪，应依法惩处。

被告人李某申对公诉机关的指控未提出异议，辩称被害人翟某甲长期对其实施家庭暴力，双方矛盾激化，导致其实施杀人行为。其辩护人提出：（1）本案系因

① 吴经熊：《超越东西方：吴经熊自传》，社会科学文献出版社 2013 年版，“法官的角色”，第 169 页。

婚姻家庭矛盾引发；（2）翟某甲与李某申离婚后还生活在一起，翟某甲在与其他多名女人交往的情况下，却对李某申进行控制，经常殴打李某申，威胁李某申，称要杀掉李某申全家，翟某甲在案发起因上有一定过错；（3）李某申系激情犯罪；（4）李某申归案后如实供述犯罪事实，并带领公安人员指认抛尸现场，当庭认罪、悔罪，请求对李某申从轻处罚。

一审法院认定：被告人李某申与被害人翟某甲原系夫妻，2000年生育一女。2009年1月，翟某甲、李某申为生育二胎、逃避计划生育政策办理了离婚登记，但仍以夫妻名义共同生活。2014年2月15日上午，李某申接听情夫张某壬电话，被翟某甲发现，二人发生争吵、厮打。次日2时许，李某申趁翟某甲酒后熟睡之机，在家里客厅内用长筒丝袜缠绕翟某甲颈部将其勒死。为掩盖罪行，李某申购买了剔骨刀、手提包等工具，在家中阳台上用剔骨刀、扳手、剪刀将翟某甲尸体肢解，并用塑料袋、手提包、编织袋等将尸块分装，抛至其家附近河道等处。后李某申邀张某壬到某乙省游玩，之后藏匿于某己省等地。2014年5月14日，李某申在某丁省某出租房内被抓获。

认定上述事实的证据，有根据被告人李某申供述和指认提取的人体尸块、编织袋等物证，离婚登记审查处理表、手机通话记录、宾馆住宿账单等书证，证人翟某乙、翟某丙、李某酉、张某壬、常某某等的证言，DNA鉴定意见、尸体鉴定意见，现场勘验、检查、指认、提取笔录和被告人李某申的供述等。

一审法院认为，被告人李某申的行为已构成故意杀人罪。被告人及辩护人所提被害人与多名女性交往，并长期对被告人实施家庭暴力的辩解及辩护意见，没有其他证据印证，不予采纳。辩护人所提被害人在案发起因上有一定过错的辩护意见，经查，被告人与被害人离婚后仍以夫妻名义共同生活，后被告人与有妇之夫保持两性关系长达两年之久，直至两人通电话，引起被害人怀疑，双方为此矛盾激化，虽然被害人当晚有过激行为，但不能据此认定被害人在案发前因上有过错。被告人不能正确处理与被害人的情感纠葛，产生杀人恶念，趁被害人熟睡之机，用丝袜将被害人勒颈致死，为掩盖罪行，逃避法律处罚，购买剔骨刀等工具，肢解被害人尸体，将尸块抛弃后与他人外出游玩，直至被公安机关抓获，犯罪手段残忍，犯罪情节恶劣，罪行极其严重，依法应予严惩。据此，依法判决：被告人李某申犯故意杀人罪，判处死刑，剥夺政治权利终身。

被告人李某申上诉提出：（1）被害人翟某甲与张某癸、华某某等其他女人有男女关系；（2）翟某甲长期对其实施家庭暴力，对引发本案有明显过错，请求对其从轻处罚。其辩护人提出与李某申上诉理由相同的辩护意见，并提出：李某申系初犯、偶犯，且系一时激情作案，归案后认罪态度好，能够积极赔偿，希望对李某申从轻处罚。

检察机关的意见是：本案事实清楚，证据确实、充分，定罪准确，量刑适当，审判程序合法。虽然被害人对引发本案有一定责任，但不构成过错，建议驳回上诉，维持原判。

二审法院认定的事实和依据的证据与一审基本相同。

二审法院认为，被告人李某申故意非法剥夺他人生命的行为已构成故意杀人罪。李某申完全不念及家人及两人之前的感情，与情人联络被发现遭质问便起杀心，趁被害人熟睡之机将其杀害，并肢解、抛尸，后在潜逃期间偕同情人游山玩水，手段特别残忍，情节特别恶劣，主观恶性极深，社会影响极坏。关于李某申及辩护人所提被害人与张某癸、华某某等人有男女关系的意见，经查，张某癸称不认识翟某甲，不存在男女朋友关系；至于华某某，因李某申未能提供具体信息，侦查机关无法查找，卷中虽有被害人父亲提到一个叫华某某的女人曾到家中找过被害人，但这并不能佐证被害人与华某某有男女关系。关于李某申及辩护人所提被害人对李某申长期实施家庭暴力，对引发本案有明显过错的意见，经查，在案证据中只有邻居证实以往曾听到过二人在家中的吵架声，并没有任何能够佐证被害人长期对李某申实施家暴的证据。即便案发当晚，被害人因发现李某申与他人有男女关系，言行上有所过激，亦不能构成刑法意义上的过错。故以上意见均不足以采信。李某申归案后虽能如实供述，且亲属愿意代其赔偿，但未能取得被害人亲属的谅解。综上，第一审判决认定的事实清楚，证据确实、充分，定罪准确，量刑适当。审判程序合法。据此，依法裁定：驳回上诉，维持原判。

最高人民法院经复核确认：被告人李某申与被害人翟某甲（殁年38岁）原系夫妻，育有一女，2009年1月为规避计划生育政策再生育一男孩而协议假离婚，但仍以夫妻名义共同居住。后李某申认为翟某甲与他人有不正当男女关系，其亦与张某壬（另案处理）发生不正当男女关系。2014年2月15日上午，李某申接听张某壬电话时被翟某甲发现，翟某甲对李某申进行质问。当日下午，二人在某丁省某癸市某巳区家中又因此发生争吵、厮打，并持续至次日凌晨。李某申产生杀害翟某甲之念，遂于翟某甲熟睡之后，趁机用长筒丝袜勒翟颈部，致翟死亡。李某申将翟某甲尸体肢解，分别抛至某巳区某河道等处，后潜逃。

最高人民法院确认上述事实的证据与一、二审相同。

最高人民法院认为，被告人李某申故意非法剥夺他人生命，其行为已构成故意杀人罪。李某申杀人又分尸、抛尸，犯罪手段极其残忍，情节特别恶劣，罪行极其严重，应依法惩处。第一审判决、第二审裁定认定的事实清楚，证据确实、充分，定罪准确，量刑适当。审判程序合法。据此，依法裁定：核准某丁省高级人民法院维持第一审以故意杀人罪判处被告人李某申死刑，剥夺政治权利终身的刑事裁定。

二、主要问题

本案复核期间做了大量工作，最终因被害人部分亲属反应强烈等因素，依法裁定核准被告人死刑。

在被执行死刑前，被告人说了最后一句话：法律未必是公平公正的。

三、延伸思考

法律总是公平公正的吗？

中共中央《关于全面推进依法治国若干重大问题的决定》指出："公正是法治的生命线。司法公正对社会公正具有重要引领作用，司法不公对社会公正具有致命破坏作用。"必须"努力让人民群众在每一个司法案件中感受到公平正义。"司法公正为何会如此重要？怎样的司法才是公正的？我们该如何维护司法公正？

（一）司法公正的重要性

法律为什么必须是公正的？为什么司法公正是如此重要？对此，前人已有反复的论述，下面仅简要列举三点。

1. 公正是人的本能需要。关于人性本善还是本恶，虽然自古以来争论不休，但自我保护无疑是人的本能。人天然地会保护自己的存在，维护自身的利益。至少对绝大多数人而言，好逸恶劳、特权思维、自我中心是人的天性。如果有可能，人人都希望能将自己的利益最大化，我的是我的，你的也是我的，最好全世界的都是我的。但这是不可能的。如果人人都这样想，都这样做，就必然会发生冲突。为了避免冲突，大家只好相互妥协，各退一步，我的是我的，你的是你的，互相尊重，互不侵犯。我不欺负你，你也不准欺负我，谁违反了就要受惩罚。我不占别人的便宜，但别人也不能占我的便宜。这应该是人需要公正的天然的、基本的逻辑。孔子讲："己所不欲，勿施于人。"这是人际交往的基本准则。要求公正，要求被公正地对待，是人最大限度地可以摆上台面、可以大声喊出来的要求，同时也是大多数人自我保护的底线。各安本位，各得其所，同等的情况同等对待，不同的情况不同对待，就成为人的一种本能需要。

2. 公正是社会稳定的必要基石。社会是由人组成的，而人都有七情六欲，有人的地方就有江湖，有江湖的地方就有是非，有是非的地方就必须有规矩，而规矩的核心就是公正。正如有的学者所言："一个法律制度之实效的首要保障必须是它能为社会所接受，而强制性的制裁只能是作为次要的和辅助性的保障。"否则，"这种制度的存在也不可能被期望维持多久，因为要少数政府官员将一个不为人们接受的法律制度强加给广大人民实是极为困难的。""警察权力当然是必不可少的，然而却永远是不充分的。""秩序的真正生命力依然源自内部。"① 任何一个社会，必须要首先尊重、满足大多数人的基本情感，维护大多数人的基本需求。公正是大多数人利益的"最大公约数"，是能将大多数人团结在一起的基本的纽带，因而成为社会稳定的必要基石。

3. 公正是司法的天然属性。司法的内容是解决纠纷，而解决纠纷的核心目的，就是要维护公正。因此，维护公正是司法的天然职责。如果没有公正，司法就失去了存在的意义。从词源上分析，法的本义就在于公正。例如，拉丁文的"*jus*"、法文的"Droit"、德文的"Recht"等兼有法律与公正的含义，英文的"justice"更具有司法、正义、公正、法官、正当等多种含义。在汉语中，"法"字古为"灋"，本身就有去不平、定分止争、持平若水等含义。公正是法律的首要价值目标。正如有的学者所指出的，"正义是社会制度的首要价值""每个人都拥有一种基于正义的不可侵犯性，这种不可侵犯性即使以社会整体利益之名也不能逾越"②。像"杀人者死，伤人及盗抵罪""以血还血，以牙还牙，以眼还眼"这些观念历经数千年而不衰，其中就包含人们最原始、最朴素的需求。即使到现在，尽管科学技术日新月异，物质生活有了翻天覆地的变化，但人们对公正的基本需求仍一如既往。"每当涉及道德和惩罚等主题，人们总会讲出一些冠冕堂皇的理由。但实际上，相对于威慑或者剥夺犯罪能力，以牙还牙的报复心理才可能是惩罚的终极原因。"③ 实践

① ［美］E. 博登海默：《法理学——法律哲学与法律方法》，邓正来译，中国政法大学出版社2004年版，第365～366页。

② ［美］约翰·罗尔斯：《正义论》，何怀宏等译，中国社会科学出版社1988年版，第1～2页。

③ 陈光中：《司法不公成因的科学探究》，载《中国法律评论》2019年第4期，第5页。

中，在很多有人命的死刑复核案件中，被害方仍会提出“杀人偿命”“血债血偿”，要求判处被告人死刑，这体现了公众的朴素情感和对公正的强烈需求。

（二）司法公正的含义

当我们谈司法公正的时候，我们是在表达什么意思？司法公正到底是指什么？

公正与公平、正义等词虽有使用语境的差异，但实质内容是一致的，都来自人们内心的认同，核心内容在于伦理上的正当性、合理性。① 对于公正概念的界定，虽然有很多分歧，正如有的学者所指出的，“正义有着一张普罗透斯似的脸（a Protean face），变幻无常、随时可呈不同形状并具有极不相同的面貌。当我们仔细查看这张脸并试图解开隐藏其表面背后的秘密时，我们往往会深感迷惑”②，但大众对于公正还是存在一些最基本的共识或者“最大公约数”，这就是“个人应得的归于个人”，或称“各得其所”。

司法公正，就是司法应具有正当性、合理性，这是司法权运作的理想状态，其内在地包含和全面体现公平、正义、正当、合理、平等、理性的精神。一般而言，司法公正既包括实体公正，即事实清楚，证据确实、充分，定罪准确，量刑适当，也包括程序公正，即程序正当合理；既包括对事的公正，即对每个案件都作出公正的处理，也包括对人的公正，即对每个参与者都给予公正的对待；既包括个案公正，即每个案件都无例外地公正处理，也包括制度公正，即对公正有稳定的保障机制，民众对公正有稳定的预期等。司法公正是多种要素的有机统一。

司法公正还是绝对性与相对性的统一。人们对司法公正的需要与追求是绝对的，对公正的“最大公约数”即“个人应得的归于个人”或称“各得其所”的共识也是绝对的，进而对一些基本法律原则如“罪刑法定原则”“罪刑相适应原则”“法律面前人人平等原则”“以事实为根据，以法律为准绳”“证据裁判原则”等的共识也是绝对的。但是，司法公正同时具有相对性，这既是由司法活动的本质属性决定的，也与人们的立场、认识能力等有密切关系。③ 案件事实不等于真相，法律事实与客观事实天然地具有一定程度的不一致性，法律自身的一些规则，如诉讼

---

① 参见侯宏林：《刑事政策的价值分析》，中国政法大学出版社 2005 年版，第 203 ~ 204 页。

② ［美］E. 博登海默：《法理学——法律哲学与法律方法》，邓正来译，中国政法大学出版社 2004 年版，第 261 页。

③ 参见孙丽英：《解读司法公正的绝对性与相对性——培养法律思维，消解思想疑惑》，载《运城学院学报》2007 年第 1 期，第 77 ~ 78 页。

时效、举证责任、非法证据排除等也在实质上限制了案件事实的查明。司法人员的业务能力、认识水平等直接决定案件的办理质量，进而影响司法的公正程度。而人们的立场不同，看法自然也就会有差别。虽然我们都希望“胜败皆服”“两造俱欢”，但在很多情况下这是难以做到的。一个裁判，即使在绝大多数人看来是公正的，但在少数人尤其是被作出不利判决的一方来看，总还可能会认为判决不公。一个案件的处理，很难取得所有人的认同，很难使百分之百的人满意，这是司法公正相对性的重要体现。

为了更准确地认识司法公正，有必要对作为其反面的司法不公进行全面的梳理。一般而言，司法不公主要有以下 10 种表现。

1. 实体不公正。在整个社会特别注重实体正义的情况下，实体不公正在各种司法不公中占有非常突出的地位，也是人民群众关注最多、反应最强烈的一种司法不公现象。虽然有的人对于程序的、细节的其他问题可以容忍、忽略，但对司法实体的错误，几乎所有人都是不原谅的。实体不公正，有的表现为案件的事实认定错误，证据不足，有的表现为对案件的定罪不准，量刑不当。典型的就是近年来曝光的多起刑事冤假错案，给司法工作带来严重的负面影响，引发公众的诟病。

2. 程序不公正。实体不公正之外的其他司法不公，虽然公众关注相对较少，但都切切实实地影响了当事人的切身利益。尤其是近年来随着经济社会的发展和权利意识的提高，大众对刑事诉讼的程序越来越关注。对犯罪嫌疑人、被告人以刑讯逼供或各种变相刑讯手段逼取口供问题，对证人非法提取证言问题，刑事自诉立案难的问题，依法应该公开开庭审理的案件没有公开审理，重要证据没有在庭审中出示质证等，都在不同程度上侵犯了诉讼参与人的合法权益，损害了司法的公正性。

3. 办案效率低下。刑事案件只有及时审判，才能使受到侵害的被害方尽快地得到安慰和补偿，才能使无辜的被告人尽快申冤昭雪。效率是公正的重要组成部分。唯有有效率的公正，才是人民群众真正需要的公正。但在实践中，有的情况下办案效率低下，案件久拖不决，诉讼拖延、超审限及隐形超审限现象时有发生，严重不符合公众的预期。

4. 诉讼成本过高。刑事诉讼虽然不需要当事人缴纳诉讼费用，但很多案件由于久拖不决，或者办案机制、司法人员的工作作风等原因，使当事人需要为诉讼倾注过多的时间、精力和费用，人为地增加了诉讼成本。例如，有的司法人员在做刑事附民调解工作时，不是到当地去与当事人座谈，而是一再要求当事人从偏远的地方专程到省城，给当事人增加了很多的负担。

5. 权利行使不对等。刑事诉讼中，“两造具备，师听五辞”，法官居中审判，必须保障诉讼双方有基本对等的权利。尤其是在强大的公诉机关面前，律师的有效辩护对于查明案件事实，确保司法公正有重要的意义。但在实践中，有的案件仍然存在被告人辩护不充分的问题。虽然我国执业律师截至 2019 年年底已有 47.3 万多人①，“刑事案件律师辩护全覆盖”制度也已全面施行，但一些案件中还存在辩护难、辩护质量不高等问题，这导致在诉讼中无法形成对控方指控的有效对抗。

6. 司法尺度不统一。公正最核心的要求之一就是“同等的情况同等对待”，维护司法公正，也就要求对于同类案件要同类处理。但在实践中，由于各种因素影响，还在一定程度上存在司法尺度不统一的问题。虽然我国地域广大，南北、东西差距明显，各地民俗风情、治安状况等都有所不同，民众对同一犯罪行为危害性的感受也有差别，进而为司法的微调提供了客观的需求，但我们毕竟施行同样的法律制度，类似的案件，如果在不同地方处理结果相差过于明显，即使这些处理都在法律规定的范围之内，也难免会引发民众的质疑。

7. 司法腐败。司法腐败是多年来最为民众所诟病的一种现象。有的案件，无论实体的处理结果如何，只要司法人员在办案中有吃请、受贿等腐败行为，即使最后的裁判结果是正确的，也必然要遭受民众的唾弃。不用说因司法腐败而枉法裁判、徇私舞弊等造成的案件处理不公，腐败本身就已经是一种严重的不公正。

8. 司法不公开。司法公开是实现司法公正的重要保障，而公开本身，就是公正的一部分。秘密裁判，“暗箱操作”，必然会影响司法的公正性。实践中，刑事审判尤其是庭审的公开性仍有待加强。裁判文书的公开也是司法公开的重要部分，但目前仍存在裁判文书公开程度不够，尤其是裁判文书说理不充分的问题。这也给民众质疑司法不公留下了一定的空间。

9. 审判不独立。虽然法律规定司法机关依法行使审判权“不受行政机关、社会团体和个人的干涉”，但在实践中，审判权受到干涉的现象并不在少数，有的情况下，审判的独立程度较差，审判定力不够。有的案件受到来自地方部门、新闻舆

---

① 参见《2019 年度律师、基层法律服务工作统计分析》，载司法部政府网，http://www.moj.gov.cn/government_public/content/2020-06/22/634_3251200.html，最后访问日期：2020 年 8 月 9 日。

论等的影响。例如，被告人药家鑫故意杀人案①在审理阶段，新闻媒体广泛报道，其中掺杂了大量的不实内容，对民众情绪形成了严重的误导。一些专家学者公开发言，有的高校教授甚至发出“他长的是典型的杀人犯的那种面孔……一看就知道是罪该万死的人”② 等评论。对此，有的学者指出：在药家鑫案中，“媒介利用自身优势，对案件事实进行夸大甚至虚假报道，激发群众的非理性情绪，造成强大的社会舆论，对审判产生了诸多不良的影响，形成了事实上的媒介审判”。③ 在媒体的严重影响下，药家鑫被判处并执行死刑。但后来，民众又反思该案的处理，有的提出药家鑫其实并不是什么“官二代”“富二代”，有的以案件具有自首情节、属于激情杀人等认为药家鑫不应该被判死刑，认为法院没有守住底线，司法定力不够。

10. 纠错不力。司法工作由于其固有的以证据为基础回溯既往事实的属性等各种主客观因素，出现一些错误具有一定程度的必然性。有的案件，虽然事实并未完全查清，证据并不确实、充分，但仍勉强地下判了。如果没有“真凶出现”“亡者归来”或者科技进步颠覆了原有事实证据，很多案件即使明知不妥，也很难认定为错误。即使是已经发现明确有错误的案件，有的仍存在知错难改，纠错迟缓的现象，这也导致了民众对司法工作的不满。

（三）维护司法公正的路径

维护司法公正是一个复杂的系统工程，需要从多条路径共同发力。下面仅简要列举较为重要的 10 个方面。

1. 建构完备的法制。“无规矩不成方圆”。实现司法公正，必须首先明确是非的标准，确立公正的遵循。当人们就某一事件发生争议时，应该能找到解决争议所依据和参照的标准。为此，必须建立完备的法制，做到“有法可依”。这与罪刑法定原则的要求是一致的。近年来，刑事立法成效显著，《刑法》经数个修正案不断

---

① 被告人药家鑫故意杀人案基本案情：2010 年 10 月 20 日晚，被告人药家鑫驾驶雪弗兰轿车从西安外国语大学长安校区返回市区途中，将骑电动车同向行驶的被害人张妙撞倒。药家鑫恐张妙记住车牌号找其麻烦，持尖刀捅刺张妙胸、腹、背等处数刀，致张死亡，逃跑途中又撞伤二人。10 月 23 日，药家鑫在其父母陪同下到公安机关投案。后药家鑫于 2011 年 4 月 22 日一审被判处死刑，5 月 20 日二审被维持原判，经最高人民法院核准，6 月 7 日被执行死刑。参见相关百度词条及新闻报道。

② 某高校教授语。参见商登珲：《新媒体视野下媒介审判与司法公正的博弈——以“药家鑫案”为例》，载《西南石油大学学报》（社会科学版）2013 年第 3 期，第 83 页。

③ 商登珲：《新媒体视野下媒介审判与司法公正的博弈——以“药家鑫案”为例》，载《西南石油大学学报》（社会科学版）2013 年第 3 期，第 80 页。

补充，《刑事诉讼法》也更加完善，但相对于民众对法制的需求，尤其是随着实践的不断发展、变化，法律也还需要不断调整、完善。实践中，在与地方法院同仁的交流中，经常会有同志提出关于某个犯罪问题作出司法解释的期望，这并不是说大家对这些问题没有自己的见解，更不是说大家没有担当，只是因为争议太大，如果能有统一的法律规定或司法解释，就更容易服众。这也体现了完备的法制的重要性。

2. 配备合格的人才。天下万事，以人为先。有了人，事才能做。人对了，事才能对。司法工作尤其需要大量高素质的人才。在一些发达国家，法学教育是以其他学科的本科教育为基础，从研究生阶段才开始的，法官在整个社会具有特别的权威，这根源于司法工作特殊的复杂性和特别的重要性。在我国，司法人才的选拔也有严格的要求，但司法人员的配备与司法工作的客观需要相比，还有很大的提升空间。我们一直强调要建设一支政治过硬、业务精通、作风优良的司法队伍，但实践中还有很多工作可做。例如，在法官员额制改革后，一些地方的中级法院、基层法院刑事审判庭甚至连组成一个合议庭所必备的三个刑事员额法官都不够，普通程序案件只能请民事、行政员额法官或者人民陪审员参加，这在客观上影响了办案质量。又如，书记员工作是整个审判工作重要的、基础的环节，对确保审判质量、提高审判效率具有重要的作用，但近年来，书记员绝大多数都是聘用制，收入待遇不高，职业前景不明，缺乏归属感，招录进来的书记员严重缺乏稳定性，书记员岗位成了“流水席”，给案件质量带来很大隐患。因此，必须要为司法岗位配置足够的合格人才。

3. 保障司法机关依法独立行使司法权。司法的任务是裁决双方的纠纷，如果规则安排天然地倾向于某一方，或者本应中立的裁判者由于主观情绪或者威逼利诱而人为地偏向了任何一方，那么裁判者就不再是中立的了，而是或明或暗地伙同一方对付另一方，这对于另一方是极不公正的。因此，司法机关依法独立行使司法权是实现司法公正的首要保障。在坚持党的领导、人大监督的前提下，必须保证司法机关行使司法权“不受行政机关、社会团体和个人的干涉”。要特别注意规范新闻媒体对司法工作的影响。对于在审的案件，要注意规范新闻媒体报道的尺度和方式。而司法机关，尤其是法院和法官，也要加强司法定力，严格依法办理案件，确保司法公正。

4. 坚持司法公开。公开是公正的必要保障。“没有公开就没有正义……公开是正义的灵魂。它是对努力工作的最有力的鞭策，是对不当最有效的抵制。它使法官在审判时保持法官的形象。”① “阳光是最好的防腐剂”。只有公开，才能真正地取信于民，才是真正的司法为民。司法公开，不仅是裁判标准的公开，还包括裁判过程的公开，不仅是裁判结果的公开，还包括裁判理由的公开。对于实践中存在的有的司法机关信息公开不够全面充分等问题，要给予高度重视，切实解决。要加强与社会各界的良性互动，构建开放、动态、透明、便民的阳光司法体制，通过公开促进司法公正。

5. 完善监督、保障机制。司法权的运行必须要依法接受人大和社会各界、人民群众的监督。有效的监督是确保司法权正常运转必不可少的条件。需要注意的是，对司法权的监督应该讲究具体的方式方法。在制度设计和实际操作中，要注重合理设置监督方式，防止监督变相地构成对审判权独立运行的非法干预，同时要正确把握错案认定的标准和责任追究的合理限度，建立对司法人员合理范围内失误的司法豁免制度，鼓励司法人员敢于担当，严格依法办案。要加强司法工作的保障机制。例如，司法救助对于维护当事人尤其是死刑案件被害人权益、确保案件公正审判有重要作用，要不断完善司法救助工作机制，切实加强司法救助工作力度。

6. 运用科技手段。对于制约司法公正的各种主客观因素，要尽可能借助现代科技手段进行有效地解决。科技发展日新月异，光学技术、电子技术、生物技术、基因技术等已经有了长足的进步，心理学和神经科学等领域也已经对影响司法公正的潜藏因素形成了很多富有洞见的成果。充分运用这些科学技术研究成果，可以在很大程度上完善现有的刑事程序。实践中，基因技术、通信技术、录音录像技术等已经在刑事诉讼中发挥重要作用。但由于各种原因，现代科技手段的运用还有巨大空间。一些老少边穷的基层公安司法部门的技术装备还比较落后，科技对诉讼的助力还没有充分发挥。应进一步研究充分运用现代科技，有效提高刑事诉讼的质量和效率。

7. 完善纠错机制。司法案件出现错误固然可怕，但“错而能改，善莫大焉”，更可怕的是知错不改，一错再错。要建立有效的错误发现机制，充分依靠各方面的监督，尽可能早地发现错误，尽可能全面地改正错误。要健全错误纠正机制，勇于

---

① 英国哲学家、法学家杰里米·边沁语。参见［美］万斯庭：《美国法官的工作》，载宋冰编：《程序正义与现代化》，中国政法大学出版社 1998 年版，第 288 页。

面对，敢于担责，及时、有效纠正错误，还当事人以公平，还社会以正义。

8. 严惩司法腐败。司法是社会正义的最后一道防线，是社会的良心。如果司法出现腐败，损害的不仅是个案当事人的权益，更是整个社会的寄托和希望。因此，绝对不能允许司法出现腐败。一方面，对于司法活动中的吃请受贿、徇私舞弊、枉法裁判等腐败现象，要扎紧制度的“笼子”，通过各种制度机制和反面典型警示教育等，严防死守，避免出现司法腐败现象；另一方面，对于司法腐败现象，一旦出现，就要坚决予以严厉打击。要通过司法公开、监督检查等，彻底堵死司法腐败的路径，全面暴露司法腐败的行径，真正做到“让‘暗箱操作’没有空间，让司法腐败无处藏身”。

9. 大力推进司法改革。实践中，司法不公、司法公信力不足，很大程度上都与司法体制、工作机制不合理有关。维护司法公正最重要的举措就是大力推进司法改革。随着改革进入“深水区”，改革的难度越来越大。为此，既要有科学的方案设计，也要有正确的推进落实。司法责任制是司法体制改革的关键。要按照“让审理者裁判、让裁判者负责”的要求，完善主审法官责任制、合议庭办案责任制和检察官责任制。“要紧紧牵住司法责任制这个‘牛鼻子’……把对司法权的法律监督、社会监督、舆论监督等落实到位，保证法官、检察官做到‘以至正无私之心，行正大光明之事’，把司法权关进制度的笼子，让公平正义的阳光照进人民心田，让老百姓看到实实在在的改革成效。”① 对于在改革中出现的问题，如刑事员额法官人数不足、书记员队伍不稳定等问题，要用发展的眼光在改革中给予有效解决。

10. 坚决摒弃偏见。最后一点但绝不是最不重要的一点，就是一定要摒弃偏见，尤其是作为裁判者的法官，一定要摒弃内心的偏见。虽然人人反对偏见，但每个人都难以摆脱偏见。由于成长环境、教育经历、人生阅历以及个人的身体状况、兴趣爱好等因素，每个人在世界观、价值观、人生观形成和发展的过程中，总会对特定的人、特定的事形成相对固定的看法。这种看法不一定符合客观实际，也不一定与社会大众的认识相同，但它包含或潜藏在人的内心，自觉或不自觉地影响人的判断。很多时候，人们有可能意识不到自己的偏见，即使意识到也往往不会去刻意纠正。但法官，要作为中立的裁判者，居中裁判案件是非，就必须要努力摒弃偏

① 《习近平谈治国理政》（第2卷），外文出版社2017年版，第131页。

见，始终坚持公正的立场、观点和标准。古希腊罗马神话中的“正义女神”朱斯提提亚用布条蒙眼，就是在提示司法纯靠理智，要用心灵观察，不靠误人的感官印象，不因看见诉讼双方而有主观上的倾向性。摒弃偏见，对刑事审判工作尤其重要。正如有的学者所指出的：“法官在更衣室中披上法袍，并不能免除各种偏见的影响。实际上，法官很容易受到各种潜在的偏见影响，例如年龄、种族、性别等因素，都会影响他们对客观事实和法律的认知，也影响着他们的裁决结果。……这些影响法官决策的偏见非常微妙或者极其隐蔽，很难被人察觉。问题在于：法官极少承认自己存在偏见，并且坚信自己能够摒弃偏见因素。此外，那些旨在克服司法偏见的职业准则等因素，反过来也可能会固化法官客观公正的迷信。”① 实践中，对于一些案件，经初看案情或者受新闻宣传、舆论炒作等各种因素的影响，有可能在深入了解案件之前就形成了一些先入为主的观念，甚至可能会不自觉地以被害人心态来办理案件，这样就可能会淡化甚至忽视对被告人有利的证据、情节。即使是真实地面对当事人，也可能会被一些假象所欺骗。例如，有的被告人，在复核提讯时表现得极为温顺、善良、诚实、无辜、通情达理，只有经全面审查和深入了解，才能发现其隐藏在肆意屠戮、滥杀无辜行为背后残忍的、狡诈的一面；有的被害人亲属，在附民调解座谈中表现得极为暴躁、粗鲁甚至有极端行为倾向，但深入了解，才会发现其内心的悲痛、绝望、柔弱、无奈。意识到偏见不容易，摒弃偏见更难，但作为法官，必须要有这份自觉，要提高自身修养，时时警醒，不让偏见、假象蒙蔽自己的双眼。要努力超越自身的局限，始终站在公正的立场，恪守中立裁判者的职责和使命，切实维护司法公正。

（四）在每一个个案中维护司法公正

司法公正的维护，终归要落实到具体的个案中。但现实的情况纷繁复杂，维护司法公正需要开展大量的工作。

以被告人李某申故意杀人死刑复核案为例，该案中，李某申因共同生活矛盾将被害人翟某甲杀死，后又分尸、抛尸。就案件自身情节而言，既有应当从重处罚的情节，也有可以从轻处罚的情节。从重的情节有：（1）李某申不念及家人及其与翟某甲多年共同生活的感情，与情人联络被发现后不能正确处理与翟的矛盾，趁翟熟睡之机，用丝袜猛勒翟颈部，致翟死亡。（2）李某申将翟杀死后，又分尸、抛

① 陈光中：《司法不公成因的科学探究》，载《中国法律评论》2019 年第 4 期，第 3 页。

尸，还在潜逃期间偕同情人游山玩水，社会影响恶劣，对被害人亲属造成巨大的精神打击。(3) 现有证据尚不足以证实翟某甲与他人有不正当男女关系，亦不足以证实翟某甲对李某申有长期实施家暴行为。即便案发当晚翟某甲言行过激，对引发本案有一定责任，也不能构成刑法意义上的过错。从轻的情节有：(1) 本案起因于共同生活矛盾，属民间矛盾激化引发。翟某甲与李某申在已育有一女孩的情况下，为规避计划生育政策再生育一男孩而假离婚，但此后没要成男孩，开始感情不和，经常吵架，双方先后有外遇致关系恶化。故本案发生在具有特殊关系的二人之间，事发起因明确，侵害对象特定，与发生在社会上的以不特定人为侵害对象的故意杀人犯罪相比，社会危害性相对较小。(2) 翟某甲对案发负有一定责任。李某申因认为翟某甲有外遇，自己也与其他男子相好，引发翟某甲强烈不满，酒后大肆辱骂并殴打李某申。李某申在翟某甲对其长时间辱骂、打闹精疲力竭睡熟后，将翟某甲杀死。故本案虽然不能认定翟某甲对引发本案有明显过错，但其辱骂、殴打李某申的不当行为对引发本案确实有一定的责任。(3) 李某申杀人后又分尸、抛尸，确实恶劣，但其杀人是用丝袜勒颈，与其他故意杀人案件中的手段相比，杀人手段一般，且分尸、抛尸属于杀人后逃避法律制裁的行为，邀约情人外出游玩既是为了逃避法律制裁，也是为了缓解其内心的巨大压力。因此，就基本情节而言，本案属于一般所讲的可杀可不杀的案件，但考虑到其分尸、抛尸的恶劣情节，可杀的分量更重一些。

其他情节方面，本案不存在自首、立功、前科等因素，重点就只有附民调解和被害方态度这两点了。一、二审期间经大量工作，被告人亲属向法院交存了代为赔偿款数十万元，希望被害方能给予谅解。但被害方则存在分歧意见。被害人与被告人唯一的孩子翟某丙希望法院对其母亲从轻处罚。但被害人的父母则拒不接受调解，强烈要求判处被告人死刑。尤其是被害人父亲翟某乙，情绪激动，反应强烈。因此，被害人的两个至亲即其父亲翟某乙和其女儿翟某丙的态度就成为本案处理的关键因素。

为此，在翟某丙参加完高考后，笔者与同事前往案发地与双方当事人进行座谈，深入了解情况，开展附民调解工作。被告人父亲、弟弟表示：对于本案的发生深感痛心，愿意积极代为赔偿被害方经济损失，希望取得被害方谅解，希望法院对李某申从轻处罚。翟某乙未按照通知将翟某丙带来座谈，而是在被害人妹妹翟某丁的陪同下前来。翟某乙表示：李某申作案手段凶残，坚决要求杀人偿命，绝不接受赔偿，绝不谅解李某申，要求法院尽快核准李某申死刑；自己患有心梗、低血糖等病，如果法院不核准李某申死刑，其将实施极端行为为儿子报仇；如果孙女翟某丙不愿意，不听话，其管不了也不管了，其只想给其儿子报仇；对方的钱再多，其也不要，孙女其肯定会养好，其不原谅李某申，也是不想给孙女留个累赘，留个负担。

为了准确了解翟某丙的态度，笔者后与同事前往翟某丙的高校所在地，与翟某丙进行座谈。翟某丙表示：其父亲翟某甲对其母亲李某申确实有家暴行为，其知道翟某甲外遇有4个女人。关于本案的处理，翟某丙明确表示：其已经失去了父亲，不想再失去母亲，其母亲是其生命和今后成长的支柱，其完全谅解母亲，希望法院对其母亲李某申从轻处罚。

复核期间，翟某乙曾到最高人民法院上访，并多次给笔者打电话，催问案件进展情况，希望尽快核准李某申死刑，并表示：如果法院不核准李某申死刑，其将实施极端行为为翟某甲报仇。

为此，笔者又与同事前往当地召集双方所在地基层组织、政法部门等相关人员座谈，了解情况，听取意见。后又与翟某乙、翟某丙多次联系，沟通交流。经反复研究，依法裁定核准李某申死刑。

数月后，执行材料寄回，验明正身笔录中，李某申的最后一句话是：法律未必是公平公正的。

法律是公平公正的吗？怎样的法律才是公平公正的？

在一个利益多元的社会，每个人都在按照自己的意愿行事。没有人天生就是坏人，也没有人天生就不想让这个世界变得更好。本案中，被告人李某申中专毕业后参加工作，当她不顾父母家人的反对，执意与被害人自由恋爱的时候，她没有想着成为杀人犯。当她与被害人结婚并生下女儿翟某丙，一家三口其乐融融的时候，她没有想着成为杀人犯。当她顶着巨大的压力，与被害人假离婚，只为规避计划生育政策为翟家生一个男孩的时候，她也没有想着成为杀人犯。但到最后，她怎么就成了杀人犯了呢？翟某丙作为双方唯一的女儿，在这样的环境中成长、考学，在家庭已经遭遇不幸的情况下，希望留其母亲一命，这是不是一种正当的要求？被害人的父亲翟某乙，家中三代男丁单传，其本来还期望能有一个孙子，结果孙子没要成，儿子却没了，其内心的崩溃、绝望谁能感受？而且儿子不仅是被杀死，而且被分尸、抛尸，这样的耻辱如何洗刷？忠厚、善良的老人，在儿子遇害后，还专门从乡下到城里，住在被害人家照顾孙女生活，直到孙女高考结束到外地去上大学，其内心唯一的期望就是要为儿子报仇，要让被告人偿命，即使其因担心法院改判，有极端威胁之语，应该也是能理解的吧？但是，当所有的这些相互冲突的意愿汇集到一起的时候，法院该怎么办？怎样才能同时实现所有人的愿望？

或许，有些事情确实众口难调。正如古老的民谣：作天难作四月天，蚕要温和麦要寒，行人望晴农望雨，采桑娘子望阴天。但守土有责，守土尽责，司法工作还是应该更用心一点，更努力一点，争取不留遗憾。

附　录

最高人民法院印发
《关于贯彻宽严相济刑事政策的若干意见》的通知

法发〔2010〕9号

各省、自治区、直辖市高级人民法院，解放军军事法院，新疆维吾尔自治区高级人民法院生产建设兵团分院：

宽严相济刑事政策，是党中央在构建社会主义和谐社会新形势下提出的一项重要政策，是我国的基本刑事政策。它对于最大限度地预防和减少犯罪、化解社会矛盾、维护社会和谐稳定，具有特别重要的意义。最高人民法院在深入调查研究、广泛征求各方面意见的基础上，制定了《最高人民法院关于贯彻宽严相济刑事政策的若干意见》(以下简称《意见》)，对人民法院在刑事审判工作中如何更好地贯彻落实宽严相济的刑事政策，提出了具体、明确的要求。

各级人民法院要认真组织学习，充分认识《意见》对于刑事审判工作的重要指导作用。要深刻领会《意见》精神，切实增强贯彻执行宽严相济刑事政策的自觉性，将这一政策的基本要求落实到刑事审判工作的每一个环节中去，切实做到该宽则宽，当严则严，宽严相济，罚当其罪，确保裁判法律效果和社会效果的高度统一。

现将《最高人民法院关于贯彻宽严相济刑事政策的若干意见》印发给你们，请结合落实好今年政法工作的“三项重点工作”，认真贯彻执行。执行中的具体问题，请及时层报我院。

二〇一〇年二月八日

最高人民法院
关于贯彻宽严相济刑事政策的若干意见

宽严相济刑事政策是我国的基本刑事政策，贯穿于刑事立法、刑事司法和刑罚执行的全过程，是惩办与宽大相结合政策在新时期的继承、发展和完善，是司法机关惩罚犯罪，预防犯罪，保护人民，保障人权，正确实施国家法律的指南。为了在刑事审判工作中切实贯彻执行这一政策，特制定本意见。

一、贯彻宽严相济刑事政策的总体要求

1. 贯彻宽严相济刑事政策，要根据犯罪的具体情况，实行区别对待，做到该宽则宽，当严则严，宽严相济，罚当其罪，打击和孤立极少数，教育、感化和挽救大多数，最大限度地减少社会对立面，促进社会和谐稳定，维护国家长治久安。

2. 要正确把握宽与严的关系，切实做到宽严并用。既要注意克服重刑主义思想影响，防止片面从严，也要避免受轻刑化思想影响，一味从宽。

3. 贯彻宽严相济刑事政策，必须坚持严格依法办案，切实贯彻落实罪刑法定原则、罪刑相适应原则和法律面前人人平等原则，依照法律规定准确定罪量刑。从宽和从严都必须依照法律规定进行，做到宽严有据，罚当其罪。

4. 要根据经济社会的发展和治安形势的变化，尤其要根据犯罪情况的变化，在法律规定的范围内，适时调整从宽和从严的对象、范围和力度。要全面、客观把握不同时期不同地区的经济社会状况和社会治安形势，充分考虑人民群众的安全感以及惩治犯罪的实际需要，注重从严打击严重危害国家安全、社会治安和人民群众利益的犯罪。对于犯罪性质尚不严重，情节较轻和社会危害性较小的犯罪，以及被告人认罪、悔罪，从宽处罚更有利于社会和谐稳定的，依法可以从宽处理。

5. 贯彻宽严相济刑事政策，必须严格依法进行，维护法律的统一和权威，确保良好的法律效果。同时，必须充分考虑案件的处理是否有利于赢得广大人民群众的支持和社会稳定，是否有利于瓦解犯罪，化解矛盾，是否有利于罪犯的教育改造和回归社会，是否有利于减少社会对抗，促进社会和谐，争取更好的社会效果。要注意在裁判文书中充分说明裁判理由，尤其是从宽或从严的理由，促使被告人认罪服法，注重教育群众，实现案件裁判法律效果和社会效果的有机统一。

二、准确把握和正确适用依法从“严”的政策要求

6. 宽严相济刑事政策中的从“严”，主要是指对于罪行十分严重、社会危害性极大，依法应当判处重刑或死刑的，要坚决地判处重刑或死刑；对于社会危害大或者具有法定、酌定从重处罚情节，以及主观恶性深、人身危险性大的被告人，要依法从严惩处。在审判活动中通过体现依法从“严”的政策要求，有效震慑犯罪分子和社会不稳定分子，达到有效遏制犯罪、预防犯罪的目的。

7. 贯彻宽严相济刑事政策，必须毫不动摇地坚持依法严惩严重刑事犯罪的方针。对于危害国家安全犯罪、恐怖组织犯罪、邪教组织犯罪、黑社会性质组织犯罪、恶势力犯罪、故意危害公共安全犯罪等严重危害国家政权稳固和社会治安的犯罪，故意杀人、故意伤害致人死亡、强奸、绑架、拐卖妇女儿童、抢劫、重大抢夺、重大盗窃等严重暴力犯罪和严重影响人民群众安全感的犯罪，走私、贩卖、运输、制造毒品等毒害人民健康的犯罪，要作为严惩的重点，依法从重处罚。尤其对于极端仇视国家和社会，以不特定人为侵害对象，所犯罪行特别严重的犯罪分子，该重判的要坚决依法重判，该判处死刑的要坚决依法判处死刑。

8. 对于国家工作人员贪污贿赂、滥用职权、失职渎职的严重犯罪，黑恶势力犯罪、重大安全责任事故、制售伪劣食品药品所涉及的国家工作人员职务犯罪，发生在社会保障、征地拆迁、灾后重建、企业改制、医疗、教育、就业等领域严重损害群众利益、社会影响恶劣、群众反映强烈的国家工作人员职务犯罪，发生在经济社会建设重点领域、重点行业的严重商业贿赂犯罪等，要依法从严惩处。

对于国家工作人员职务犯罪和商业贿赂犯罪中性质恶劣、情节严重、涉案范围广、影响面大的，或者案发后隐瞒犯罪事实、毁灭证据、订立攻守同盟、负案潜逃等拒不认罪悔罪的，要坚决依法从严惩处。

对于被告人犯罪所得数额不大，但对国家财产和人民群众利益造成重大损失、社会影响极其恶劣的职务犯罪和商业贿赂犯罪案件，也应依法从严惩处。

要严格掌握职务犯罪法定减轻处罚情节的认定标准与减轻处罚的幅度，严格控制依法减轻处罚后判处三年以下有期徒刑适用缓刑的范围，切实规范职务犯罪缓刑、免予刑事处罚的适用。

9. 当前和今后一段时期，对于集资诈骗、贷款诈骗、制贩假币以及扰乱、操纵证券、期货市场等严重危害金融秩序的犯罪，生产、销售假药、劣药、有毒有害食品等严重危害食品药品安全的犯罪，走私等严重侵害国家经济利益的犯罪，造成

严重后果的重大安全责任事故犯罪，重大环境污染、非法采矿、盗伐林木等各种严重破坏环境资源的犯罪等，要依法从严惩处，维护国家的经济秩序，保护广大人民群众的生命健康安全。

10. 严惩严重刑事犯罪，必须充分考虑被告人的主观恶性和人身危险性。对于事先精心预谋、策划犯罪的被告人，具有惯犯、职业犯等情节的被告人，或者因故意犯罪受过刑事处罚、在缓刑、假释考验期内又犯罪的被告人，要依法严惩，以实现刑罚特殊预防的功能。

11. 要依法从严惩处累犯和毒品再犯。凡是依法构成累犯和毒品再犯的，即使犯罪情节较轻，也要体现从严惩处的精神。尤其是对于前罪为暴力犯罪或被判处重刑的累犯，更要依法从严惩处。

12. 要注重综合运用多种刑罚手段，特别是要重视依法适用财产刑，有效惩治犯罪。对于法律规定有附加财产刑的，要依法适用。对于侵财型和贪利型犯罪，更要注重通过依法适用财产刑使犯罪分子受到经济上的惩罚，剥夺其重新犯罪的能力和条件。要切实加大财产刑的执行力度，确保刑罚的严厉性和惩罚功能得以实现。被告人非法占有、处置被害人财产不能退赃的，在决定刑罚时，应作为重要情节予以考虑，体现从严处罚的精神。

13. 对于刑事案件被告人，要严格依法追究刑事责任，切实做到不枉不纵。要在确保司法公正的前提下，努力提高司法效率。特别是对于那些严重危害社会治安，引起社会关注的刑事案件，要在确保案件质量的前提下，抓紧审理，及时宣判。

三、准确把握和正确适用依法从“宽”的政策要求

14. 宽严相济刑事政策中的从“宽”，主要是指对于情节较轻、社会危害性较小的犯罪，或者罪行虽然严重，但具有法定、酌定从宽处罚情节，以及主观恶性相对较小、人身危险性不大的被告人，可以依法从轻、减轻或者免除处罚；对于具有一定社会危害性，但情节显著轻微危害不大的行为，不作为犯罪处理；对于依法可不监禁的，尽量适用缓刑或者判处管制、单处罚金等非监禁刑。

15. 被告人的行为已经构成犯罪，但犯罪情节轻微，或者未成年人、在校学生实施的较轻犯罪，或者被告人具有犯罪预备、犯罪中止、从犯、胁从犯、防卫过当、避险过当等情节，依法不需要判处刑罚的，可以免予刑事处罚。对免予刑事处罚的，应当根据刑法第三十七条规定，做好善后、帮教工作或者交由有关部门进行处理，争取更好的社会效果。

16. 对于所犯罪行不重、主观恶性不深、人身危险性较小、有悔改表现、不致再危害社会的犯罪分子，要依法从宽处理。对于其中具备条件的，应当依法适用缓刑或者管制、单处罚金等非监禁刑。同时配合做好社区矫正，加强教育、感化、帮教、挽救工作。

17. 对于自首的被告人，除了罪行极其严重、主观恶性极深、人身危险性极大，或者恶意地利用自首规避法律制裁者以外，一般均应当依法从宽处罚。

对于亲属以不同形式送被告人归案或协助司法机关抓获被告人而认定为自首的，原则上都应当依法从宽处罚；有的虽然不能认定为自首，但考虑到被告人亲属支持司法机关工作，促使被告人到案、认罪、悔罪，在决定对被告人具体处罚时，也应当予以充分考虑。

18. 对于被告人检举揭发他人犯罪构成立功的，一般均应当依法从宽处罚。对于犯罪情节不是十分恶劣，犯罪后果不是十分严重的被告人立功的，从宽处罚的幅度应当更大。

19. 对于较轻犯罪的初犯、偶犯，应当综合考虑其犯罪的动机、手段、情节、后果和犯罪时的主观状态，酌情予以从宽处罚。对于犯罪情节轻微的初犯、偶犯，可以免予刑事处罚；依法应当予以刑事处罚的，也应当尽量适用缓刑或者判处管制、单处罚金等非监禁刑。

20. 对于未成年人犯罪，在具体考虑其实施犯罪的动机和目的、犯罪性质、情节和社会危害程度的同时，还要充分考虑其是否属于初犯，归案后是否悔罪，以及个人成长经历和一贯表现等因素，坚持“教育为主、惩罚为辅”的原则和“教育、感化、挽救”的方针进行处理。对于偶尔盗窃、抢夺、诈骗，数额刚达到较大的标准，案发后能如实交代并积极退赃的，可以认定为情节显著轻微，不作为犯罪处理。对于罪行较轻的，可以依法适当多适用缓刑或者判处管制、单处罚金等非监禁刑；依法可免予刑事处罚的，应当免予刑事处罚。对于犯罪情节严重的未成年人，也应当依照刑法第十七条第三款的规定予以从轻或者减轻处罚。对于已满十四周岁不满十六周岁的未成年犯罪人，一般不判处无期徒刑。

21. 对于老年人犯罪，要充分考虑其犯罪的动机、目的、情节、后果以及悔罪表现等，并结合其人身危险性和再犯可能性，酌情予以从宽处罚。

22. 对于因恋爱、婚姻、家庭、邻里纠纷等民间矛盾激化引发的犯罪，因劳动纠纷、管理失当等原因引发、犯罪动机不属恶劣的犯罪，因被害方过错或者基于义愤引发的或者具有防卫因素的突发性犯罪，应酌情从宽处罚。

23. 被告人案发后对被害人积极进行赔偿，并认罪、悔罪的，依法可以作为酌定量刑情节予以考虑。因婚姻家庭等民间纠纷激化引发的犯罪，被害人及其家属对被告人表示谅解的，应当作为酌定量刑情节予以考虑。犯罪情节轻微，取得被害人谅解的，可以依法从宽处理，不需判处刑罚的，可以免予刑事处罚。

24. 对于刑事被告人，如果采取取保候审、监视居住等非羁押性强制措施足以防止发生社会危险性，且不影响刑事诉讼正常进行的，一般可不采取羁押措施。对人民检察院提起公诉而被告人未被采取逮捕措施的，除存在被告人逃跑、串供、重新犯罪等具有人身危险性或者可能影响刑事诉讼正常进行的情形外，人民法院一般可不决定逮捕被告人。

四、准确把握和正确适用宽严“相济”的政策要求

25. 宽严相济刑事政策中的“相济”，主要是指在对各类犯罪依法处罚时，要善于综合运用宽和严两种手段，对不同的犯罪和犯罪分子区别对待，做到严中有宽、宽以济严；宽中有严、严以济宽。

26. 在对严重刑事犯罪依法从严惩处的同时，对被告人具有自首、立功、从犯等法定或酌定从宽处罚情节的，还要注意宽以济严，根据犯罪的具体情况，依法应当或可以从宽的，都应当在量刑上予以充分考虑。

27. 在对较轻刑事犯罪依法从轻处罚的同时，要注意严以济宽，充分考虑被告人是否具有屡教不改、严重滋扰社会、群众反映强烈等酌定从严处罚的情况，对于不从严不足以有效惩戒者，也应当在量刑上有所体现，做到济之以严，使犯罪分子受到应有处罚，切实增强改造效果。

28. 对于被告人同时具有法定、酌定从严和法定、酌定从宽处罚情节的案件，要在全面考察犯罪的事实、性质、情节和对社会危害程度的基础上，结合被告人的主观恶性、人身危险性、社会治安状况等因素，综合作出分析判断，总体从严，或者总体从宽。

29. 要准确理解和严格执行“保留死刑，严格控制和慎重适用死刑”的政策。对于罪行极其严重的犯罪分子，论罪应当判处死刑的，要坚决依法判处死刑。要依法严格控制死刑的适用，统一死刑案件的裁判标准，确保死刑只适用于极少数罪行极其严重的犯罪分子。拟判处死刑的具体案件定罪或者量刑的证据必须确实、充分，得出唯一结论。对于罪行极其严重，但只要是依法可不立即执行的，就不应当判处死刑立即执行。

30. 对于恐怖组织犯罪、邪教组织犯罪、黑社会性质组织犯罪和进行走私、诈骗、贩毒等犯罪活动的犯罪集团，在处理时要分别情况，区别对待：对犯罪组织或集团中的为首组织、指挥、策划者和骨干分子，要依法从严惩处，该判处重刑或死刑的要坚决判处重刑或死刑；对受欺骗、胁迫参加犯罪组织、犯罪集团或只是一般参加者，在犯罪中起次要、辅助作用的从犯，依法应当从轻或减轻处罚，符合缓刑条件的，可以适用缓刑。

对于群体性事件中发生的杀人、放火、抢劫、伤害等犯罪案件，要注意重点打击其中的组织、指挥、策划者和直接实施犯罪行为的积极参与者；对因被煽动、欺骗、裹胁而参加，情节较轻，经教育确有悔改表现的，应当依法从宽处理。

31. 对于一般共同犯罪案件，应当充分考虑各被告人在共同犯罪中的地位和作用，以及在主观恶性和人身危险性方面的不同，根据事实和证据能分清主从犯的，都应当认定主从犯。有多名主犯的，应在主犯中进一步区分出罪行最为严重者。对于多名被告人共同致死一名被害人的案件，要进一步分清各被告人的作用，准确确定各被告人的罪责，以做到区别对待；不能以分不清主次为由，简单地一律判处重刑。

32. 对于过失犯罪，如安全责任事故犯罪等，主要应当根据犯罪造成危害后果的严重程度、被告人主观罪过的大小以及被告人案发后的表现等，综合掌握处罚的宽严尺度。对于过失犯罪后积极抢救、挽回损失或者有效防止损失进一步扩大的，要依法从宽。对于造成的危害后果虽然不是特别严重，但情节特别恶劣或案发后故意隐瞒案情，甚至逃逸，给及时查明事故原因和迅速组织抢救造成贻误的，则要依法从重处罚。

33. 在共同犯罪案件中，对于主犯或首要分子检举、揭发同案地位、作用较次犯罪分子构成立功的，从轻或者减轻处罚应当从严掌握，如果从轻处罚可能导致全案量刑失衡的，一般不予从轻处罚；如果检举、揭发的是其他犯罪案件中罪行同样严重的犯罪分子，或者协助抓获的是同案中的其他主犯、首要分子的，原则上应予依法从轻或者减轻处罚。对于从犯或犯罪集团中的一般成员立功，特别是协助抓获主犯、首要分子的，应当充分体现政策，依法从轻、减轻或者免除处罚。

34. 对于危害国家安全犯罪、故意危害公共安全犯罪、严重暴力犯罪、涉众型经济犯罪等严重犯罪；恐怖组织犯罪、邪教组织犯罪、黑恶势力犯罪等有组织犯罪的领导者、组织者和骨干分子；毒品犯罪再犯的严重犯罪者；确有执行能力而拒不依法积极主动缴付财产执行财产刑或确有履行能力而不积极主动履行附带民事赔偿责任的，在依法减刑、假释时，应当从严掌握。对累犯减刑时，应当从严掌握。拒不交代真实身份或对减刑、假释材料弄虚作假，不符合减刑、假释条件的，不得减刑、假释。

对于因犯故意杀人、爆炸、抢劫、强奸、绑架等暴力犯罪，致人死亡或严重残疾而被判处死刑缓期二年执行或无期徒刑的罪犯，要严格控制减刑的频度和每次减刑的幅度，要保证其相对较长的实际服刑期限，维护公平正义，确保改造效果。

对于未成年犯、老年犯、残疾罪犯、过失犯、中止犯、胁从犯、积极主动缴付财产执行财产刑或履行民事赔偿责任的罪犯、因防卫过当或避险过当而判处徒刑的罪犯以及其他主观恶性不深、人身危险性不大的罪犯，在依法减刑、假释时，应当根据悔改表现予以从宽掌握。对认罪服法，遵守监规，积极参加学习、劳动，确有悔改表现的，依法予以减刑，减刑的幅度可以适当放宽，间隔的时间可以相应缩短。符合刑法第八十一条第一款规定的假释条件的，应当依法多适用假释。

五、完善贯彻宽严相济刑事政策的工作机制

35. 要注意总结审判经验，积极稳妥地推进量刑规范化工作。要规范法官的自由裁量权，逐步把量刑纳入法庭审理程序，增强量刑的公开性和透明度，充分实现量刑的公正和均衡，不断提高审理刑事案件的质量和效率。

36. 最高人民法院将继续通过总结审判经验，制发典型案例，加强审判指导，并制定关于案例指导制度的规范性文件，推进对贯彻宽严相济刑事政策案例指导制度的不断健全和完善。

37. 要积极探索人民法庭受理轻微刑事案件的工作机制，充分发挥人民法庭便民、利民和受案、审理快捷的优势，进一步促进轻微刑事案件及时审判，确保法律效果和社会效果的有机统一。

38. 要充分发挥刑事简易程序节约司法资源、提高审判效率、促进司法公正的功能，进一步强化简易程序的适用。对于被告人对被指控的基本犯罪事实无异议，并自愿认罪的第一审公诉案件，要依法进一步强化普通程序简化审的适用力度，以保障符合条件的案件都能得到及时高效的审理。

39. 要建立健全符合未成年人特点的刑事案件审理机制，寓教于审，惩教结合，通过科学、人性化的审理方式，更好地实现“教育、感化、挽救”的目的，促使未成年犯罪人早日回归社会。要积极推动有利于未成年犯罪人改造和管理的各项制度建设。对公安部门针对未成年人在缓刑、假释期间违法犯罪情况报送的拟撤销未成年犯罪人的缓刑或假释的报告，要及时审查，并在法定期限内及时做出决定，以真正形成合力，共同做好未成年人犯罪的惩戒和预防工作。

40. 对于刑事自诉案件，要尽可能多做化解矛盾的调解工作，促进双方自行和解。对于经过司法机关做工作，被告人认罪悔过，愿意赔偿被害人损失，取得被害人谅解，从而达成和解协议的，可以由自诉人撤回起诉，或者对被告人依法从轻或免予刑事处罚。对于可公诉、也可自诉的刑事案件，检察机关提起公诉的，人民法院应当依法进行审理，依法定罪处罚。对民间纠纷引发的轻伤害等轻微刑事案件，诉至法院后当事人自行和解的，应当予以准许并记录在案。人民法院也可以在不违反法律规定的前提下，对此类案件尝试做一些促进和解的工作。

41. 要尽可能把握一切有利于附带民事诉讼调解结案的积极因素，多做促进当事人双方和解的辨法析理工作，以更好地落实宽严相济刑事政策，努力做到案结事了。要充分发挥被告人、被害人所在单位、社区基层组织、辩护人、诉讼代理人和近亲属在附带民事诉讼调解工作中的积极作用，协调各方共同做好促进调解工作，尽可能通过调解达成民事赔偿协议并以此取得被害人及其家属对被告人的谅解，化解矛盾，促进社会和谐。

42. 对于因受到犯罪行为侵害、无法及时获得有效赔偿、存在特殊生活困难的被害人及其亲属，由有关方面给予适当的资金救助，有利于化解矛盾纠纷，促进社会和谐稳定。各地法院要结合当地实际，在党委、政府的统筹协调和具体指导下，落实好、执行好刑事被害人救助制度，确保此项工作顺利开展，取得实效。

43. 对减刑、假释案件，要采取开庭审理与书面审理相结合的方式。对于职务犯罪案件，尤其是原为县处级以上领导干部罪犯的减刑、假释案件，要一律开庭审理。对于故意杀人、抢劫、故意伤害等严重危害社会治安的暴力犯罪分子，有组织犯罪案件中的首要分子和其他主犯以及其他重大、有影响案件罪犯的减刑、假释，原则上也要开庭审理。书面审理的案件，拟裁定减刑、假释的，要在羁押场所公示拟减刑、假释人员名单，接受其他在押罪犯的广泛监督。

44. 要完善对刑事审判人员贯彻宽严相济刑事政策的监督机制，防止宽严失当、枉法裁判、以权谋私。要改进审判考核考评指标体系，完善错案认定标准和错案责任追究制度，完善法官考核机制。要切实改变单纯以改判率、发回重审率的高低来衡量刑事审判工作质量和法官业绩的做法。要探索建立既能体现审判规律、符合法官职业特点，又能准确反映法官综合素质和司法能力的考评体制，对法官审理刑事案件质量，落实宽严相济刑事政策，实现刑事审判法律效果和社会效果有机统一进行全面、科学的考核。

45. 各级人民法院要加强与公安机关、国家安全机关、人民检察院、司法行政机关等部门的联系和协调，建立经常性的工作协调机制，共同研究贯彻宽严相济刑事政策的工作措施，及时解决工作中出现的具体问题。要根据“分工负责、相互配合、相互制约”的法律原则，加强与公安机关、人民检察院的工作联系，既各司其职，又进一步形成合力，不断提高司法公信，维护司法权威。要在律师辩护代理、法律援助、监狱提请减刑假释、开展社区矫正等方面加强与司法行政机关的沟通和协调，促进宽严相济刑事政策的有效实施。

参考文献

说明：文献依据编著者姓名（或名称）拼音字母排序，未标明编著者姓名（或名称）的文献以文献名称拼音字母为序。

1. ［美］阿尔温·托夫勒：《权力的转移》，刘江等译，中共中央党校出版社1991年版。

2. （东汉）班固：《汉书》，中华书局2007年版。

3. 北京大学哲学系外国哲学史教研室编译：《古希腊罗马哲学》，商务印书馆1961年版。

4. ［意］贝卡利亚：《论犯罪与刑罚》，黄风译，中国大百科全书出版社1993年版。

5. ［英］边沁：《立法理论——刑法典原理》，孙力等译，中国人民公安大学出版社1993年版。

6. ［古希腊］柏拉图：《理想国》，张竹明译，译林出版社2015年版。

7. 蔡庆：《贩卖毒品罪既遂标准的理性思辨与去情绪化》，载《黑龙江省政法管理干部学院学报》2017年第3期。

8. 蔡枢衡：《中国刑法史》，广西人民出版社1983年版。

9. 蔡伟雄：《再谈限定责任能力的分级问题》，载《中国司法鉴定》2006年第1期。

10. 陈光中：《司法不公成因的科学探究》，载《中国法律评论》2019年第4期。

11. 陈光中：《刑事和解再探》，载《中国刑事法杂志》2010年第2期。

12. 陈光中、葛琳：《刑事和解初探》，载《中国法学》2006年第5期。

13. 陈如超：《论中国死刑案件中的精神病抗辩》，载《西南政法大学学报》2013年第1期。

14. 陈卫东、柴煜峰：《精神障碍患者强制医疗的性质界定及程序解构》，载

《安徽大学学报》（哲学社会科学版）2013 年第 1 期。

15. 陈卫东、程雷：《司法精神病鉴定基本问题研究》，载《法学研究》2012 年第 1 期。

16. 陈兴良：《规范刑法学》（上册），中国人民大学出版社 2017 年版。

17. 陈兴良：《宽严相济刑事政策研究》，中国人民大学出版社 2007 年版。

18. 陈兴良：《刑法的启蒙》，法律出版社 1998 年版。

19. 陈兴良：《刑法适用总论》（上卷），中国人民大学出版社 2017 年版。

20. 陈兴良：《刑法哲学》，中国政法大学出版社 2004 年版。

21. 陈兴良：《刑法中的故意及其构造》，载《法治研究》2010 年第 6 期。

22. 陈兴良主编：《罪名指南》，中国政法大学出版社 2000 年版。

23. 陈璇：《正当防卫、维稳优先与结果导向——以“于欢故意伤害案”为契机展开的法理思考》，载《法律科学》（西北政法大学学报）2018 年第 3 期。

24. 储槐植：《美国刑法》，北京大学出版社 2005 年版。

25. 储槐植：《刑事一体化与关系刑法论》，北京大学出版社 1997 年版。

26. 戴建国：《宋代刑法史研究》，上海人民出版社 2008 年版。

27. ［英］丹宁勋爵：《法律的正当程序》，李克强等译，法律出版社 2011 年版。

28. 《德国联邦最高法院大刑事庭 2005 年 10 月 26 日 GSSt 1/05 号裁决》。

29. ［美］德沃金：《法律帝国》，李常青等译，中国大百科全书出版社 1996 年版。

30. ［法］迪尔凯姆：《社会学方法的准则》，狄玉明译，商务印书馆 1995 年版。

31. 丁慕英等：《刑法实施中的重点和难点问题研究》，法律出版社 1998 年版。

32. 董邦俊、丁祥雄：《论自首制度的本质》，载《中国地质大学学报》（社会科学版）2003 年第 4 期。

33. 段汉明：《“中”和“执中”的文化渊源梳理》，载《美与时代》（下）2019 年第 2 期。

34. ［美］E. 博登海默：《法理学——法律哲学与法律方法》，邓正来译，中国政法大学出版社 2004 年版。

35. ［意］恩里科·菲利：《犯罪社会学》，郭建安译，中国人民公安大学出版社 2004 年版。

36. ［意］恩里科·菲利：《实证派犯罪学》，郭建安译，中国人民公安大学出版社 2004 年版。

37. 法学教材编辑部《西方法律思想史编写组》编：《西方法律思想史资料选编》，北京大学出版社 1983 年版。

38. （南朝宋）范晔：《后汉书》，中华书局 2007 年版。

39. 方文军：《民事赔偿与死刑适用的平衡规则探微》，载《法律适用》2007 年第 2 期。

40. 冯军：《防卫过当：性质、成立要件与考察方法》，载《法学》2019 年第 1 期。

41. 冯象：《正义的蒙眼布》，载《读书》2002 年第 7 期。

42. 甘雨沛、何鹏：《外国刑法学》（上册），北京大学出版社 1984 年版。

43. 高贵君等：《〈办理毒品犯罪案件适用法律若干问题的意见〉的理解与适用》，载《人民司法·应用》2008 年第 5 期。

44. 高铭暄主编：《刑法学原理》（第 3 卷），中国人民大学出版社 1994 年版。

45. ［美］戈尔丁：《法律哲学》，齐海滨译，生活·读书·新知三联书店 1987 年版。

46. 葛洪义：《法与实践理性》，中国政法大学出版社 2002 年版。

47. 古加锦：《明知毒品的推定风险与证据证明》，载《西南政法大学学报》2017 年第 2 期。

48. 郭华：《精神病司法鉴定若干法律问题研究》，载《法学家》2012 年第 2 期。

49. 郭华：《证明责任与强制鉴定："精神病"的鉴定问题研究》，载《中国司法鉴定》2007 年第 3 期。

50. （晋）郭璞注、（北宋）邢昺疏：《尔雅注疏》，上海古籍出版社 2010 年版。

51. 郭泽强、胡陆生：《再论正当防卫的限度条件》，载《法学》2002 年第 10 期。

52. ［美］H. C. A. 哈特：《惩罚与责任》，王勇等译，华夏出版社 1989 年版。

53. ［英］H. P. 里克曼：《理性的探险：哲学在社会学中的应用》，姚休等译，商务印书馆2006年版。

54. 韩震:《重建理性主义信念》,北京出版社1998年版。

55. [德] 汉斯·海因里希·耶塞克、托马斯·魏根特:《德国刑法教科书》,徐久生译,中国法制出版社2001年版。

56. 何秉松:《对传统刑罚理论的反思》,2015年11月第七届全球化时代犯罪与刑法国际论坛会议文件之一。

57. 何秉松主编:《新时代曙光下刑法理论体系的反思与重构——全球性的考察》,中国人民公安大学出版社2008年版。

58. 何秉松主编:《刑事政策学》,群众出版社2002年版。

59. 何家弘:《美国刑事错案一瞥》,载《法制资讯》2011年第5期。

60. [德] 黑格尔:《法哲学原理》,范扬、张企泰译,商务印书馆1961年版。

61. [德] 黑格尔:《历史哲学》,王造时译,生活·读书·新知三联书店1956年版。

62. 侯宏林:《刑事政策的价值分析》,中国政法大学出版社2005年版。

63. 胡康生、李福成主编:《中华人民共和国刑法释义》,法律出版社1997年版。

64. 胡留元、冯卓慧:《夏商西周法制史》,商务印书馆2006年版。

65. 黄怀信:《尚书注训》,齐鲁书社2009年版。

66. 黄丽勤:《精神障碍者刑事责任能力司法判定问题研讨》,载《湖北社会科学》2010年第11期。

67. 黄丽勤:《司法精神病鉴定若干问题研究》,载《法学评论》2010年第5期。

68. 黄太云:《〈刑法修正案(八)〉解读(一)》,载《人民检察》2011年第6期。

69. 黄太云:《刑事诉讼法修改释义》,载《人民检察》2012年第8期。

70. 黄卫星、张玉能:《"中"字的文化阐释》,载《青岛科技大学学报》(社会科学版)2018年第4期。

71. 黄祥青:《浅析贩卖、运输毒品罪的既遂和未遂》,载《政治与法律》1999年第3期。

72. 霍俊阁:《自首对于死刑裁量的价值分析》,载《西南政法大学学报》(哲学社会科学版）2014 年第 2 期。

73. ［英］J. C. 史密斯、B. 霍根：《英国刑法》，李贵方等译，法律出版社 2000 年版。

74. 贾银生：《论运输毒品罪死刑的适用——兼评〈武汉会议纪要〉中的相关规定》，载《西部法学评论》2016 年第 3 期。

75. 江灏、钱宗武译注：《今古文尚书全译》，贵州人民出版社 2009 年版。

76. 蒋铁初：《中国古代的罪疑惟轻》，载《法学研究》2010 年第 2 期。

77. 金京海：《恶意自首的本质及量刑原则——以公交车司机张斌碾压乘客案为例》，载《经济师》2011 年第 3 期。

78. ［德］卡西尔：《启蒙哲学》，顾伟铭等译，山东人民出版社 2007 年版。

79. ［德］康德：《纯粹理性批判》，蓝公武译，商务印书馆 2009 年版。

80. ［德］康德：《法的形而上学原理——权利的科学》，沈叔平译，商务印书馆 1991 年版。

81. ［德］克劳斯·韦伯：《没有关于贸易行为的新见解？——论联邦最高法院大刑事庭 2005 年 10 月 26 日的裁决》，载 Juristische Rundschau 杂志。

82. 《孔子家语》，王国轩、王秀梅译注，中华书局 2011 年版。

83. 郎胜主编：《〈中华人民共和国刑法〉释解》，群众出版社 1997 年版。

84. ［法］勒内·弗洛里奥：《错案》，赵淑美、张洪竹译，法律出版社 1984 年版。

85. 雷庆翼：《“中”、“中庸”、“中和”平议》，载《孔子研究》2000 年第 3 期。

86. ［美］理查德·霍金斯等：《美国监狱制度——刑罚与正义》，孙晓雳等译，中国人民公安大学出版社 1991 年版。

87. 李海东：《刑法原理入门：犯罪论基础》，法律出版社 1998 年版。

88. 李民、王健：《尚书译注》，上海古籍出版社 2012 年版。

89. 李容华：《有限理性及其法律适用》，知识产权出版社 2007 年版。

90. 李晓光、赵娟：《唐立新、蔡立兵贩卖毒品案［第 1290 号］——如何把握贩卖毒品罪的既遂未遂标准与毒品犯罪上下家的死刑适用标准》，载最高人民法院刑事审判第一、二、三、四、五庭主办：《刑事审判参考》（总第 117 集）（2017 年第 4 集）。

91. 李泽厚：《批判哲学的批判——康德述评》，人民出版社 1984 年版。

92. 李泽厚：《中国古代思想史论》，人民出版社 1986 年版。

93. 梁根林：《死刑案件被刑事和解的十大证伪》，载《法学》2010 年第 4 期。

94. 梁经顺等：《对“自动投案”的认定——结合自首的本质探究》，载《西南政法大学学报》2008 年第 6 期。

95. 梁坤：《毒品犯罪主观明知推定规则之实证检讨——以 2000—2015 年的 14 份办案规范为考察对象》，载《证据科学》2018 年第 5 期。

96. 林山田：《刑罚学》，台北，台湾商务印书馆 1992 年版。

97. 刘家琛主编：《新刑法常用罪认定与处理》，人民法院出版社 1998 年版。

98. 《刘少奇选集》（下卷），人民出版社 1985 年版。

99. 刘艳红、程红：《“无限防卫权”的提法不妥当——兼谈新〈刑法〉第 20 条第 3 款的立法本意》，载《法商研究》1999 年第 4 期。

100. 卢建平：《刑事政策与刑法》，中国人民公安大学出版社 2004 年版。

101. 卢勤忠：《犯罪既遂标准新论——以犯罪客体为判断的视角》，载《甘肃政法学院学报》2010 年第 6 期。

102. 龙青春、孙毅：《建议将限定责任能力分为两级》，载《中华精神科杂志》2001 年第 1 期。

103. 龙宗智：《推定的界限及适用》，载《法学研究》2008 年第 1 期。

104. ［法］卢梭：《社会契约论》，何兆武译，商务印书馆 1980 年版。

105. ［英］洛克：《人类理解论》（下册），关文运译，商务印书馆 1981 年版。

106. ［英］洛克：《政府论》（下篇），叶启芳、瞿菊农译，商务印书馆 1964 年版。

107. 罗瑞卿：《我国肃反斗争的主要情况和若干经验》，载《人民日报》1956 年 9 月 20 日，第 8 版。

108. 罗小年：《也谈限定责任能力的分级问题》，载《中华精神科杂志》2003 年第 2 期。

109. 马克昌主编：《犯罪通论》，武汉大学出版社 1999 年版。

110. 马克昌：《宽严相济刑事政策研究》，清华大学出版社 2012 年版。

111. ［德］马克斯·韦伯：《经济与社会》（上），林荣远译，商务印书馆 1998 年版。

112. 麦子：《“婚姻家庭纠纷”该成为“免死金牌”吗?》，载《检察日报》2014 年 4 月 23 日，第 6 版。

113. 麦子：《杀害亲属恋人“罪轻一等”?》，载《检察日报》2014 年 5 月 7 日，第 5 版。

114. 《毛泽东选集》（第 1 卷），人民出版社 1991 年版。

115. 《毛泽东选集》（第 2 卷），人民出版社 1991 年版。

116. 《毛泽东选集》（第 4 卷），人民出版社 1991 年版。

117. ［法］孟德斯鸠：《论法的精神》（上册），张雁深译，商务印书馆 1961 年版。

118. ［法］孟德斯鸠：《罗马盛衰原因论》，婉玲译，商务印书馆 2011 年版。

119. （战国）孟子等：《四书五经》，中华书局 2009 年版。

120. 莫洪宪、薛文超：《“厉行禁毒”刑事政策下运输毒品罪的死刑废止》，载《广西大学学报》（哲学社会科学版）2016 年第 2 期。

121. 南怀瑾：《话说中庸》，东方出版社 2015 年版。

122. 南怀瑾：《老子他说》，复旦大学出版社 2017 年版。

123. 南怀瑾：《老子他说》（续集），东方出版社 2010 年版。

124. 南怀瑾：《论语别裁》，复旦大学出版社 2014 年版。

125. 南怀瑾：《廿一世纪初的前言后语》，东方出版社 2013 年版。

126. 南怀瑾：《易经杂说》，东方出版社 2015 年版。

127. ［德］尼采：《论道德的谱系 · 善恶之彼岸》，谢地坤等译，漓江出版社 2007 年版。

128. 宁汉林、魏克家：《刑罚的由来及其理论基础》，载《政法论坛》2000 年第 6 期。

129. 宁汉林、魏克家：《中国刑法简史》，中国检察出版社 1997 年版。

130. （北宋）欧阳修：《唐宋名家文集 · 欧阳修集》，李之亮注译，中州古籍出版社 2013 年版。

131. 潘庸鲁：《自首并非免死：关于自首在中国当下死刑适用语境中的反思——以药家鑫案、李昌奎案为探究视角》，载《山东警察学院学报》2012 年第 1 期。

132. 皮勇、黄琰：《论刑法中的“应当知道”——兼论刑法边界的扩张》，载《法学评论》2012 年第 1 期。

133. 钱宁：《“中庸”是做出抉择》，载《思维与智慧》2019 年第 4 期。

134.（明）邱濬编著、鲁嵩岳整理点评：《慎刑宪点评》，法律出版社 1998 年版。

135. 邱兴隆：《从复仇到该当——报应刑的生命路程》，载《法律科学》2000 年第 2 期。

136. 邱兴隆：《关于惩罚的哲学——刑罚根据论》，法律出版社 2000 年版。

137. 屈万里译注：《尚书今注今译》，新世界出版社 2011 年版。

138. 曲新久：《刑法的精神与范畴》，中国政法大学出版社 2000 年版。

139. 阮齐林：《刑法学》，中国政法大学出版社 2011 年版。

140. 商登珲：《新媒体视野下媒介审判与司法公正的博弈——以“药家鑫案”为例》，载《西南石油大学学报》（社会科学版）2013 年第 3 期。

141.《商君书》，石磊译注，中华书局 2011 年版。

142.《尚书》，顾迁译注，中州古籍出版社 2010 年版。

143.《尚书》，王世舜、王翠叶译注，中华书局 2012 年版。

144. 邵宁：《以邮寄方式购进毒品的犯罪形态认定》，载《中国检察官》2018 年第 14 期。

145. 邵阳等：《精神障碍者刑事责任能力的评定分级》，载《上海精神医学》2015 年第 1 期。

146. 沈德咏：《我们应当如何防范冤假错案》，载《人民法院报》2013 年 5 月 6 日，第 2 版。

147. 石华孟：《将限定责任能力分为二级评定原则的再探讨》，载《中华精神科杂志》2002 年第 1 期。

148. 石家慧：《德国刑法中的正当防卫制度》，载《中国应用法学》2018 年第 6 期。

149.（北宋）司马光编撰：《资治通鉴》，大众文艺出版社 1999 年版。

150.（西汉）司马迁：《史记》，中华书局 2009 年版。

151. 宋大琦：《天理、国法、人情与中国法律的方向》，载《团结》2010 年第 5 期。

152. 孙航：《周强出席第七次全国刑事审判工作会议强调　牢记初心使命　忠诚履职尽责　努力把新时代刑事审判工作提高到新水平》，载《人民法院报》2019

年10月18日，第1版。

153. 孙皓：《论刑事诉讼中精神病问题的证明责任分配》，载《法学杂志》2017年第1期。

154. 孙丽英：《解读司法公正的绝对性与相对性——培养法律思维，消解思想疑惑》，载《运城学院学报》2007年第1期。

155. ［美］梯利：《西方哲学史》，葛力译，商务印书馆1995年版。

156. 田广清：《中庸：实现社会和谐的正确思想方法》，载《孔子研究》2000年第3期。

157. 田文昌：《刑罚目的论》，中国政法大学出版社1987年版。

158. ［美］万斯庭：《美国法官的工作》，载宋冰编：《程序正义与现代化——外国法学家在华演讲录》，中国政法大学出版社1998年版。

159. 王爱鲜：《“刑期于无刑”思想的社会价值》，载《山西省政法管理干部学院学报》2007年第1期。

160. 王立峰：《惩罚的哲理》，清华大学出版社2006年版。

161. 王利明：《天理　国法　人情》，载《当代贵州》2015年第12期。

162. 王学沛：《论新刑法对自首制度的修改》，载《法商研究》1998年第5期。

163. 王哲：《西方政治法律学说史》，北京大学出版社1988年版。

164. 王作富主编：《刑法分则实务研究》（下），中国方正出版社2010年版。

165. 魏江辉、蔡伟雄：《不负刑事责任精神病人强制医疗相关问题探讨》，载《中国司法鉴定》2015年第4期。

166. （唐）魏征等：《群书治要》，沈锡麟整理，中华书局2014年版。

167. （唐）吴兢：《贞观政要》，俞婉君译注，二十一世纪出版社2018年版。

168. 吴经熊：《法官的角色》，载吴经熊：《超越东西方：吴经熊自传》，社会科学文献出版社2013年版。

169. 武汉大学刑事法研究中心、德国马普外国刑法与国际刑法研究所：《中国死刑态度调研报告》，台北，元照出版有限公司2010年版。

170. 武延平等编：《刑事诉讼法学参考资料汇编》（上册），北京大学出版社2005年版。

171. ［古罗马］西塞罗：《论共和国　论法律》，王焕生译，中国政法大学出版社 1997 年版。

172. 《习近平谈治国理政》，外文出版社 2014 年版。

173. 《习近平谈治国理政》（第 2 卷），外文出版社 2017 年版。

174. 夏军、张桂岳主编：《中西哲学简史》，江苏人民出版社 1987 年版。

175. 夏甄陶：《关于目的的哲学》，上海人民出版社 1982 年版。

176. 肖波、张华：《多份精神病鉴定结论的甄别》，载《人民司法》2008 年第 6 期。

177. 肖扬主编：《中国刑事政策与策略问题》，法律出版社 1996 年版。

178. 谢望原：《刑罚价值论》，中国检察出版社 1999 年版。

179. 熊海燕：《毒品犯罪研究综述与评价》，知识产权出版社 2019 年版。

180. 徐公喜：《朱熹与法家之学》，载《安徽史学》2006 年第 5 期。

181. 徐久生：《德语国家的犯罪学研究》，中国法制出版社 1999 年版。

182. 徐久生：《刑罚目的及其实现》，中国政法大学 2009 年博士学位论文。

183. 薛剑祥：《宽严相济刑事政策及其司法实现》，法律出版社 2013 年版。

184. 《荀子》，中华文化讲堂注译，团结出版社 2017 年版。

185. ［古希腊］亚里士多德：《政治学》，吴寿彭译，商务印书馆 1995 年版。

186. 阎光亮：《论康雍乾三朝宽严相济的施政方针》，载《社会科学辑刊》1993 年第 4 期。

187. 杨善群：《中国学术史奇观——“伪古文〈尚书〉”真相》，上海人民出版社 2019 年版。

188. 尹明灿、李晓明：《故意杀人罪实证研究——以 493 例故意杀人罪案例为视角》，载《中国刑事法杂志》2009 年第 6 期。

189. 俞荣根：《天理、国法、人情的冲突与整合——儒家之法的内在精神及现代法治的传统资源》，载《中华文化论坛》1998 年第 4 期。

190. 余仕麟：《孔子“中庸”思想与亚里士多德“中道”思想之比较》，载《北京大学学报》（哲学社会科学版）2003 年 S1 期。

191. ［美］约翰·罗尔斯：《正义论》，何怀宏等译，中国社会科学出版社 1988 年版。

192. 曾嘉佳等：《运输毒品罪死刑量刑适用问题研究》，载《山西省政法管理干部学院学报》2019 年第 3 期。

193. 曾运乾：《尚书正读》，华东师范大学出版社 2011 年版。

194. 詹兆园、吴敏：《对限制刑事责任能力人犯罪的量刑》，载《人民司法》2017 年第 2 期。

195. 张爱艳：《“精神病”与刑事责任能力的判断》，载《政法论丛》2011 年第 3 期。

196. 张爱艳：《精神鉴定的合理启动研究》，载《中国刑事法杂志》2010 年第 9 期。

197. 张爱艳：《精神鉴定的评价范围——基于鉴定人与司法人员职权划分的思考》，载《中国司法鉴定》2012 年第 1 期。

198. 张爱艳：《精神障碍者刑事责任能力判定研究》，载《法学家》2010 年第 5 期。

199. 张爱艳、亓瑞：《精神鉴定启动再论》，载《中国检察官》2019 年第 14 期。

200. 张晋藩：《古代司法文明的人文关怀：法、理、情的联通》，载《人民法治》2016 年第 7 期。

201. 张晋藩等：《中国刑法史新论》，人民法院出版社 1992 年版。

202. （明）张居正：《尚书直解》，王岚、英巍整理，九州出版社 2010 年版。

203. 张军主编：《刑事证据规则理解与适用》，法律出版社 2010 年版。

204. 张军：《在全国部分法院审理毒品犯罪案件工作座谈会上的讲话（节录）》，载最高人民法院刑事审判第一、二、三、四、五庭主办：《刑事审判参考》（总第 67 集）（2009 年第 2 集）。

205. 张明：《量刑基准的适用》，法律出版社 2008 年版。

206. 张明楷：《防卫过当：判断标准与过当类型》，载《法学》2019 年第 1 期。

207. 张明楷：《简评近年来的刑事司法解释》，载《清华法学》2014 年第 1 期。

208. 张明楷：《刑法学》，法律出版社 2007 年版。

209. 张穹主编：《刑法各罪司法精要》，中国检察出版社 2002 年版。

210. 张汝伦：《历史与实践》，上海人民出版社 1995 年版。

211. 张汝铮：《贩卖毒品罪既遂标准的审视与重构》，载《河北法学》2019 年第 12 期。

212. 张小虎：《宽严相济刑事政策的基本思想与制度建构》，北京大学出版社 2018 年版。

213. 张新泰主编：《〈左传〉精读》，新疆人民出版社 2011 年版。

214. 张郁乎：《“中庸”的分析》，载《哲学动态》2017 年第 11 期。

215. 张远煌主编：《宽严相济刑事政策与刑法改革研究》，中国人民公安大学出版社 2010 年版。

216. 张云、王禹：《吴某强奸、故意伤害案［第 1081 号］——行为人在取保候审期间犯新罪而逃跑，被公安机关依法通缉后又自动投案并如实供述罪行的，是否认定全案构成自首》，载最高人民法院刑事审判第一、二、三、四、五庭主办：《刑事审判参考》（总第 103 集）。

217. 张云鹏：《刑事推定研究》，载陈兴良主编：《刑事法评论》（第 20 卷），中国政法大学出版社 2007 年版。

218. 张智辉：《刑法理性论》，北京大学出版社 2006 年版。

219. 张中：《法官眼里无事实：证据裁判原则下的事实、证据与事实认定》，载《浙江工商大学学报》2017 年第 5 期。

220. 赵静蓉、张培芳：《神话、历史与替罪羊——兼论石黑一雄小说中的替罪羊母题》，载《江西社会科学》2019 年第 2 期。

221.（东汉）郑玄注、（唐）贾公彦疏：《周礼注疏》，上海古籍出版社 2010 年版。

222. 中共中央文献研究室编：《毛泽东文集》（第 6 卷），人民出版社 1999 年版。

223. 中共中央文献研究室编：《毛泽东文集》（第 7 卷），人民出版社 1999 年版。

224. 中国人民大学法律系刑法教研室、资料室编：《中华人民共和国刑法资料摘编》，群众出版社 1982 年版。

225. 周秉钧：《尚书易解》，华东师范大学出版社 2010 年版。

226. 周峰等：《〈关于处理自首和立功若干具体问题的意见〉的理解与适用》，载《人民司法》2011 年第 3 期。

227. 周光权：《明知与刑事推定》，载《现代法学》2009 年第 2 期。

228. 周光权:《正当防卫的司法异化与纠偏思路》,载《法学评论》2017 年第 5 期。

229.《周礼》,吕友仁、李正辉译注,中州古籍出版社 2010 年版。

230. 周娜、李雅琴:《论我国司法精神病鉴定制度之完善》,载《医学与哲学》2005 年第 9 期。

231. 周世中:《法的合理性研究》,山东人民出版社 2004 年版。

232. 周振想:《刑罚适用论》,法律出版社 1990 年版。

233. 卓泽渊:《法的价值论》,法律出版社 1999 年版。

234. 最高人民检察院公诉二厅课题组:《民事赔偿情节对死刑适用的影响》,载《国家检察官学院学报》2018 年第 1 期。

235.(春秋)左丘明:《左传》,张宗友译注,中州古籍出版社 2010 年版。

236.(春秋)左丘明著、李梦生注释:《左传今注》,凤凰出版社 2008 年版。

案例索引

后　　记

本书的写作，是为完成自己内心的一个许诺。2010 年 2 月，我参与起草的最高人民法院《关于贯彻宽严相济刑事政策的若干意见》出台后，虽然不再主要从事调研工作，但还是希望在理论研究方面尽自己的一份责任，于是就在内心给自己布置了这么一个任务。办案任务很重，抽出时间来写作很不容易。但惟其艰难，更显坚持的意义。累月经年，终于完成。

在本书完成之际，首先要向我的博士生导师、中国政法大学教授何秉松先生，致以最诚挚的感谢和最深切的思念。我从本科、硕士生阶段就开始接受恩师的教育，2001 年更是直接投到恩师门下，攻读博士学位。恩师指导我研究刑事政策，在选题、构思、写作、修改过程中，一直对我进行悉心指导。在写作最困难的时候，总是恩师给我以最热情的鼓励和最有力的帮助。博士毕业后，恩师还一直关心我的工作和学习，鼓励我要努力工作，做出更大的成绩。本书写作之初，我就想着书成之后，要请恩师把关并作序。然而，天有不测风云，2019 年 2 月，恩师突发疾病，溘然长逝。那个一生勤奋、醉心学术、著作等身、桃李天下的人，那个身居陋室、坐拥书城、甘贫乐道、心怀天下的人，那个最纯粹的学者，那个最简单的人，那个最慈祥的长者，他突然就走了。斯人已逝，风骨长存。品之弥久，仰之弥高。今后我当以师为范，遵吾师教，行吾师愿。

多年来，我还得到多位学界前辈、老师的关心和帮助。我的硕士生导师、中国政法大学教授裴广川先生，一直关心我的学习和成长，给我以巨大的帮助。北京大学储槐植教授，中国人民大学王作富教授、田宏杰教授，中国政法大学马登民教授、薛瑞麟教授等，一直给我以无私的关怀和重要的帮助。

本书的很多重要内容，都是我在最高人民法院参与宽严相济刑事政策调研过程中的思考与感悟。调研课题组领导和成员，时任最高人民法院副院长张军（现任最高人民检察院检察长）、时任刑五庭庭长高贵君、副庭长王勇（现任广东省广州市中级人民法院院长）、审判长李睿懿（现任最高人民法院刑三庭副庭长）、法官徐留成（现任职于山西省纪委监委）、法官毛宜全（现任最高人民法院新闻局党务廉政专员）给了我非常多的帮助。很怀念那段共同调研的时光，友好、团结、充实、奋进。

最高人民法院的领导和同事一直给我以重要的指导和帮助，李少平副院长和刑五庭张明庭长等各位庭领导、审判长、员额法官、法官助理、书记员给我以热情的关心和巨大的帮助，使我在顺利完成各项工作任务的同时，感受到家庭般的温馨与友爱。北京市高级人民法院、北京市房山区人民法院的领导和同事也一直给我以巨大的支持和重要的帮助。

博士同门曲新久、张琳、刘仁文、李文伟、董淑君、王桂萍、许秀中、包雯、陆敏、王顺安、刘艳萍、徐久生等各位博士、教授，硕士同学田明海、乔守东、胡鹏等，本科同学张占良、高晓春、陈立新、王晓燕、王昕、张颖辉、段春梅、王跃峰、莫灿、冯伟健等一直以来给了我非常多的帮助。同窗之情，山高水长。多年好友、中国人民大学陈景辉教授、北京师范大学夏扬教授、浙江工业大学杨艳霞博士、中国劳动关系学院王守俊副教授、最高人民法院张建英法官、张眉法官、田娟法官、北京市房山区人民法院赵东法官提前阅读了本书的部分章节，提出了很多中肯的意见和建议。法律出版社田浩编辑为本书的出版付出了辛勤的劳动。在此一并致谢！

我的父亲、母亲、岳父、岳母一直以来给我以最大的关爱和最重要的支持，兄弟姐妹也都给我以巨大的包容和重要的帮助。我的妻子在繁忙的工作和琐碎的家务之外，全力支持我的工作和学习，还与儿子一起支持我的户外活动爱好，多次陪我一起参加户外旅行，感受大自然的壮丽与美好。人生若此，夫复何憾。

社会的发展，需要一代人接一代人的持续努力。我出生于“文化大革命”期间，成长于改革开放年代，伴随着国家从富起来到强起来的步伐一路成长。我们有幸能赶上这样一个伟大的时代。但是，大国崛起，哪有随随便便的成功？外部的压力、阻挠，内部的矛盾、困难，无不需要我们付出艰辛的努力。在这个过程中，每个人都责无旁贷。梁慧星先生在谈及《民法典》的制定时说，“国家的事，我尽了我的职责。我最担心的是将来子孙后代说，别人不懂，你懂，别人不知道，你知道，你不敢说”。我们希望子孙后代生活在怎样的环境，我们就要为那样的目标而努力。惟有脚踏实地，各安本位，各司其职，各尽其能，才能担当起对这个国家和民族的责任，才能不负初心，不辱使命，不留遗憾。

是为记。

侯宏林

二〇二一年六月于北京